Littérature française
du Moyen Age

DU MÊME AUTEUR

La pastourelle, Paris, Bordas, 1972.

La prédication en langue romane avant 1300, Paris, Champion, 1976.

Les chansons de toile, Paris, Champion, 1978.

Roman rose et rose rouge, Paris, Nizet, 1979.

Le roman d'Apollonius de Tyr, Paris, UGE, « 10-18 », 1982.

La subjectivité littéraire. Autour du siècle de saint Louis, Paris, PUF, 1985.

Rutebeuf. Œuvres complètes, 2 vol., Paris, Classiques Garnier, 1989-1990.

Le Moyen Age. Littérature française, Presses Universitaires de Nancy, 1990.

**Collection
Premier
Cycle**

Littérature française
du Moyen Age

MICHEL ZINK
Professeur à l'Université de Paris IV - Sorbonne

*Presses
Universitaires
de France*

ISBN 2 13 044994 8

Dépôt légal — 1re édition : 1992, août

© Presses Universitaires de France, 1992
108, boulevard Saint-Germain, 75006 Paris

Sommaire

DEUXIÈME PARTIE

L'ÉPANOUISSEMENT

Avertissement

La littérature française du Moyen Age existe-t-elle ?

Y a-t-il une littérature *à une époque où ce mot n'existe pas encore et où la notion qu'il recouvre à nos yeux trouve difficilement son application ? Au Moyen Age, ni la nature du texte, ni l'usage de l'écrit, ni le mode de diffusion des œuvres ne correspondent vraiment à ceux qu'implique pour nous le terme de littérature. Si nous l'employons, c'est par commodité et par approximation.*

Et qu'entendre au Moyen Age par littérature française *? La littérature en français ? Mais on ne peut imaginer d'exclure la langue d'oc et de ne rien dire des troubadours. La littérature qui fleurit dans les limites de la France actuelle — ou plutôt des Gaules d'alors, car celle de l'actuelle Wallonie brille au Moyen Age d'un éclat particulier ? Mais du XIe au XIVe siècle l'Angleterre, sous ses rois normands, est un des hauts lieux de la culture française. Et peut-on oublier que pendant tout le Moyen Age, en France comme dans tout l'Occident, la langue des activités intellectuelles est d'abord le latin ?*

Ces questions sont réelles. Il nous faudra en tenir compte. Mais il serait futile de se laisser enfermer dans le piège de leur rhétorique. Le français, comme les autres langues romanes, apparaît au Moyen Age, où il naît du latin parlé. La poésie et la prose française apparaissent au Moyen Age. Si l'on jette un regard d'ensemble sur la littérature française, on voit que sa source est au Moyen Age et qu'elle coule à partir de là de façon continue jusqu'à nous. Si nous ignorons ses débuts médiévaux, il nous manque une clé pour la comprendre, et peut-être pour nous comprendre.

La littérature française apparaît donc au Moyen Age. L'âge moyen, l'âge intermédiaire, le « Moyen » Age, ainsi défini négativement comme la période qui sépare l'Antiquité des Temps modernes sans être caractérisée en elle-même, est l'âge des débuts. Au-delà du contraste entre cette expression de Moyen Age qui serait désobligeante si elle n'était aussi usée et la réalité qu'elle recouvre, se mêlent l'erreur et la vérité. Car il est bien vrai qu'il existe une continuité entre la culture antique et la culture médiévale, mais il est bien vrai aussi que la seconde est en rupture profonde avec la première et qu'elle marque à bien des égards, ne serait-ce qu'avec l'apparition de langues nouvelles, un véritable commencement.

Un commencement : voilà qui explique la fascination que peut exercer la littérature médiévale — la fascination fondée sur l'impression, ou l'illusion, que l'antériorité a valeur d'explication et que plus haut dans le passé, plus profond dans les racines se trouve une vérité de ce que nous sommes. Un commencement qui n'en est pas un : voilà où résident pour une bonne part sa complexité et son originalité. Le Moyen Age est le moment où nous pouvons saisir notre civilisation et notre littérature dans leur état primitif, et pourtant la civilisation médiévale n'est nullement une civilisation primitive, bien que certaines approches anthropologiques permettent parfois de mieux la comprendre.

Telle est la première ambiguïté de cette littérature. On peut y percevoir un effort délibéré pour imiter, poursuivre, adapter les modèles antiques au-delà des ruptures que constituent l'effondrement du monde romain, la formation des jeunes langues romanes, l'émergence de la société féodale. On peut juger au contraire qu'elle reflète pour l'essentiel un monde neuf, des sensibilités et des formes d'expression nouvelles. L'un et l'autre sont vrais, et l'harmonisation de ces deux vérités est difficile. Selon que l'on privilégie l'une ou l'autre, les relations entre le latin et la langue vulgaire, entre l'oral et l'écrit, entre la notion même de littérature et les pratiques du temps, apparaissent dans une perspective différente.

Au demeurant — et c'est la seconde difficulté à laquelle se heurte une étude d'ensemble —, cette littérature évolue très profondément au fil du temps. Comment pourrait-il en être autrement ? Il ne s'agit pas, comme pour d'autres époques, de découper et d'étudier un siècle unique dans l'histoire de notre littérature. Le Moyen Age s'étend sur mille ans. Les historiens le font commencer avec la chute de l'Empire romain d'Occident, symbolisée, plus que réalisée, par la déposition en 476 de l'empereur Romulus Augustule, et situent sa fin dans la seconde moitié du XVe siècle. S'il est vrai que la littérature française ne voit apparaître ses premiers monuments qu'à la fin du IXe siècle pour ne prendre son véritable essor qu'à la fin *du XIe, ce sont tout de même quatre ou cinq siècles qui se trouvent englobés sous la dénomination commune de littérature du Moyen Age.*

L'approche que l'on en propose ici fonde son plan d'ensemble sur les grandes divisions chronologiques de cette longue période, mais son ambition est aussi de montrer que ces divisions ne sont pas arbitraires et de les faire coïncider sans artifice avec les étapes d'un exposé capable de rendre compte de façon raisonnée et cohérente du développement de cette littérature. On envisagera d'abord les conditions de sa genèse en relation avec celle de la langue qui en est le véhicule et ses premières manifestations à travers les plus anciens textes conservés. La seconde partie décrira l'épanouissement d'une littérature française originale et abondante sous ses trois formes les plus anciennes et les plus importantes : la chanson de geste, la poésie lyrique, le roman. Le moment de cet épanouissement est le XIIe siècle. La troisième partie montrera comment le succès même de cette littérature entraîne sa mutation et son renouvellement dans certains domaines, sa sclérose dans d'autres, comment il modifie les conditions de la vie intellectuelle et littéraire, de la diffusion des œuvres, comment, plus généralement, il provoque un changement profond de la conscience littéraire. Cette évolution correspond grossièrement au XIIIe siècle. Enfin, les deux derniers siècles du Moyen Age, sans remettre en cause le système littéraire qui se met en place dans la seconde moitié du XIIIe siècle, forment à bien des égards un univers particulier et demandent à être traités à part.

La chronologie subira toutefois plus d'entorses que le plan d'ensemble ne le laisse supposer. Le chapitre 3 dessine la place des lettres latines dans la culture de l'époque et présente la production religieuse et didactique en langue vulgaire qu'elles commandent pour une large part : il anticipe ainsi dans une certaine mesure le développement de la littérature vernaculaire. Le chapitre 10 retrace rapidement l'évolution de la littérature en langue d'oc après la grande époque des troubadours : il couvre ainsi d'un coup, dans la perspective qui est la sienne, le champ de la troisième et de la quatrième partie. Les chapitres consacrés à une forme ou à un genre littéraire particuliers sont placés au moment de sa naissance ou de son apogée : ils sont ainsi amenés à envisager chaque fois, en amont, sa gestation, ses sources, ses origines, et en aval son développement. Mais ce manque apparent de rigueur a sa vertu. Mieux que ne le ferait un plan purement thématique ou purement chronologique, la combinaison des deux approches permettra, on l'espère du moins, de comprendre cette littérature et ses enjeux.

Ce livre se veut un manuel destiné aux étudiants du premier cycle des universités. On a donc préféré la clarté à l'exhaustivité, on a subordonné le foisonnement des faits et des œuvres à la cohérence de l'exposé, on a privilégié sans hésitation les textes et les auteurs les plus importants, ceux qui figurent le plus souvent dans les programmes, ceux surtout dont la connaissance est la plus nécessaire. Cela ne veut pas dire que des médiévistes plus avancés ne pourront tirer aucun profit de cet ouvrage. Mais ils devront se souvenir de son ambition modeste et ne pas se scandaliser de sa simplicité.

On a renoncé à proposer au début du livre un exposé systématique portant sur l'histoire de la période et sur les structures fondamentales de la société médiévale. D'une part, c'eût été occuper une place précieuse à donner, de façon nécessairement sommaire, une information que le lecteur trouvera aisément, et sous une forme plus sûre, dans des ouvrages et dans des manuels d'histoire nombreux, excellents et accessibles. D'autre part, la relation entre le fait historique et le fait littéraire ne va pas de soi. Faire précéder l'exposé littéraire d'un exposé historique, c'est supposer que le second éclaire naturellement, et comme automatiquement, le premier et ouvrir ainsi la porte à la tentation d'une causalité réductrice. On a préféré insérer le recours éventuel aux notions ou aux faits d'histoire et de société dans la perspective propre à chacune des questions traitées, dans le cadre d'une discussion particulière et sous une forme toujours problématique.

La bibliographie est distribuée par chapitres et placée à la fin de chacun d'eux. Volontairement réduite, elle se limite dans la mesure du possible aux ouvrages et évite de citer des articles. Chacun pourra la compléter en fonction de ses besoins propres grâce aux outils bibliographiques répertoriés en fin de volume en même temps qu'un choix d'ouvrages généraux, de manuels, d'instruments de travail. Quelques titres qui intéressent plusieurs chapitres reviennent à la fin de chacun. D'autres, dont l'objet est général et les angles d'approche multiples, sont cités en fin de volume et sous le chapitre qu'ils touchent de la façon la plus essentielle.

Fallait-il inclure dans la bibliographie les éditions de textes ? Citer ne fût-ce qu'une édition de chacune des œuvres mentionnées dans ce livre était matériellement impossible. N'en citer aucune eût été cohérent, mais c'était aussi priver systématiquement le lecteur de renseignements qui dans certains cas s'imposent. On s'est donc résigné à un choix arbitraire. On ne trouvera dans la bibliographie qu'un nombre extrêmement restreint d'éditions, concernant uniquement un petit nombre de textes essentiels (les deux plus anciennes chansons de geste, Chrétien de Troyes, Villon...). Pour le

*reste, le lecteur se reportera aux répertoires bibliographiques et aux cata-
logues des collections cités en fin de volume.*

   *Simple, trop simple sans doute, ce livre a bien des défauts. Le pire
serait qu'il fût, en plus de tout le reste, ennuyeux. S'il donne, au moins par
moments, à son lecteur le désir d'aborder directement les œuvres du Moyen
Age, il n'aura pas entièrement démérité.*

   Avant de rédiger le présent ouvrage, on en avait donné une première et brève
esquisse dans un petit livre intitulé *Le Moyen Age — Littérature française*, publié aux Presses
Universitaires de Nancy en 1990 et, sous le titre *Introduction à la littérature française du
Moyen Age*, au Livre de Poche, Paris, 1993. On en a repris ici la perspective générale, le
plan dans ses grandes lignes et d'assez nombreux développements. Les deux ouvrages, de
dimensions très différentes, sont toutefois difficilement comparables : celui-ci, environ
trois fois plus long que son prédécesseur, est évidemment beaucoup plus détaillé.

/

PREMIÈRE PARTIE
Naissance d'une langue, genèse d'une littérature

1. Les conditions d'une genèse

Latin et langue vulgaire

L'Eglise et la survie de la latinité

Tout, aux origines de la littérature française, est paradoxe. Elle s'est développée grâce à une suite de ruptures avec la littérature latine, de même que la langue française est apparue en se séparant du latin. Mais elle n'a pu voir le jour que parce que, quelques siècles plus tôt, la langue et les lettres latines avaient survécu à l'Empire romain. Beaucoup des formes qu'elle a revêtues ont éveillé la suspicion ou la condamnation de l'Eglise. Mais c'est l'Eglise qui a sauvé la latinité et c'est elle encore qui, à son corps défendant, a plus tard dû favoriser certaines formes d'expression dans les jeunes langues vulgaires.

Au moment des invasions germaniques et de l'effondrement de l'Empire romain d'Occident, en effet, l'Eglise est la seule institution qui survit au naufrage et assure la pérennité de la culture latine. Cependant, le latin parlé, introduit en Gaule cinq siècles plus tôt lors de la conquête romaine, et qui avait déjà subi des altérations sensibles, les voit alors s'accentuer rapidement. Plusieurs siècles plus tard, la littérature française naîtra de la rencontre — tantôt alliance, tantôt affrontement — entre la jeune langue née des ruines du latin et l'Eglise, qui avait préservé les lettres latines et assurait leur pérennité.

En « passant aux barbares », selon l'expression bien connue, en convertissant les conquérants germaniques, l'Eglise se sauve et sauve la latinité. Les seules écoles sont les siennes. Dans les plus grandes villes, à Ravenne, à Rome, à Lyon, ce sont des hommes d'Eglise qui enseignent encore la grammaire, la rhétorique, la métrique, la littérature profanes. C'est l'Eglise qui fournit en fonctionnaires sachant lire et écrire les cours des souverains goths, fascinés par la chancellerie romaine, comme, à Ravenne, celle du célèbre roi Théodoric au début du VIe siècle. Cette situation propre aux premiers temps qui ont suivi la chute de l'Empire ne survivra pas, il est vrai, au dépérissement des villes, à la dispersion d'une aristocratie qui vit désormais en quasi-autarcie sur ses domaines, dans ses *villas*, ni à l'arrivée de la dernière vague des conquérants germaniques, celle des Francs saliens qui n'avaient jamais vécu au contact du monde romain. Mais même alors, dans les siècles sombres qui précèdent la renaissance carolingienne, l'Eglise assure la survie des lettres latines. Ce sont les évêques — à l'exemple de Sidoine Apollinaire, évêque de Clermont, au Ve siècle, ou de Venance Fortunat, évêque de Poitiers, au VIe —, ce sont les moines qui cultivent encore la poésie, échangent des lettres à l'éloquence apprêtée, composent en hexamètres presque justes des poèmes héroïques nourris de souvenirs virgiliens, des vies de saints, des panégyriques, des épithalames pour des princes qui les comprennent à peine. C'est dans les monastères que sont conservés et recopiés les manuscrits sans lesquels la littérature latine serait pour nous perdue presque tout entière. Après la disparition des écoles urbaines, l'enseignement n'existe plus qu'au sein même de l'Eglise, dans les écoles monastiques ou épiscopales. Au VIe siècle, si l'évêque Fortunat de Poitiers, Italien élevé dans la prestigieuse Ravenne, écrit encore un latin presque classique malgré son maniérisme, son voisin l'évêque Grégoire de Tours, formé par un précepteur au fond de son Auvergne natale, est à juste titre conscient des incertitudes du sien au regard des normes anciennes.

En même temps, il est vrai, sous l'influence du monachisme, l'Eglise a tendance, au VIe et au VIIe siècle, à se replier sur elle-même, à se considérer comme une société autonome et idéale, à voir dans le monde laïque une sorte de mal nécessaire, et à manifester une sévérité toujours plus grande pour les lettres profanes. Saint Augustin admettait l'étude des arts libéraux et des auteurs païens comme une propédeutique à la lecture des textes sacrés. Cette concession se fait de plus en plus réticente, par exemple au VIᵉ siècle chez le pape Grégoire le Grand, pour disparaître parfois au VIIᵉ siècle, comme chez le moine anglo-saxon Bède le Vénérable. Une telle sévérité, si elle ne s'était heurtée à une forte résistance, aurait pu menacer la survie de l'héritage antique, préservé jusque-là à côté de l'héritage scripturaire et patristique.

D'un autre côté, elle a peut-être favorisé l'extraordinaire épanouissement d'une poésie liturgique nouvelle, bien que ses débuts remontent aux hymnes de saint Ambroise de Milan, dans sa forme, dans son expression, dans ses mélodies. Une poésie qui, se voulant proche du peuple, renonce à la métrique latine fondée sur l'alternance des syllabes longues et brèves, que la prononciation nouvelle du latin ne faisait plus entendre et que seuls les savants pouvaient reconstituer, au profit de la rime, du compte des syllabes et de leurs accentuations, bref de la versification qui allait être celle des futures langues vulgaires. Des mélodies dont le corpus recevra le nom de chant grégorien pour avoir été rassemblées et codifiées par le pape Grégoire — ce même Grégoire le Grand qui souligne que la parole de Dieu ne se soumet pas aux règles de la grammaire et blâme l'évêque de Vienne d'avoir composé un poème sur les divinités païennes.

A partir de la seconde moitié du VIIIᵉ siècle, ce qu'on appelle la renaissance carolingienne, dans son effort pour assurer une meilleure formation des fonctionnaires royaux et impériaux comme du clergé, achève de remettre en honneur l'étude des auteurs classiques. Les principaux n'avaient à vrai dire jamais été complètement oubliés. On n'avait jamais cessé de les recopier. Les exemples des ouvrages grammaticaux leur étaient empruntés. Rien d'étonnant donc à ce qu'ils affleurent constamment chez les auteurs du temps sous la forme de citations, d'allusions, de réminiscences ou de remplois. A une époque où, comme on l'a dit, la métrique classique est devenue difficile parce que les quantités vocaliques ne sont plus perçues, mais où les poètes érudits, ou qui se veulent tels, refusent d'y renoncer, les clausules virgiliennes sont une aide précieuse. En même temps la littérature historique et hagiographique, déjà assez abondante à l'époque mérovingienne comme en témoigne l'œuvre de Grégoire de Tours, la théologie et l'exégèse connaissent un essor nouveau.

Nous n'avons pas à traiter ici de cette sorte de préhistoire des lettres françaises qu'est la vie littéraire latine du haut Moyen Age. De même, nous devrons laisser de côté l'abondante et brillante littérature en latin qui, après l'apparition de celle en langue vulgaire, continue jusqu'à la fin du Moyen Age et au-delà. Nous ne pourrons faire moins, certes, que de jeter sur elle un rapide regard dans notre chapitre III, mais au risque d'en donner une image par trop rudimentaire qui inévitablement menacera de fausser les perspectives par son indigence même en dissimulant que, par l'abondance des manuscrits et celle des œuvres, elle l'emporte pendant longtemps sur celle en langue vulgaire. Mieux vaut pourtant ce risque que celui de complètement perdre de vue son existence. Nous aurons d'ailleurs fréquemment à en tenir compte pour situer par rapport à elle la production en langue vulgaire en dégageant ou en discutant les influences et les filiations. Sans être jamais véritablement traitée pour elle-même, elle sera donc constamment présente dans les développements qui vont suivre, en filigrane, en arrière-plan, sous la forme d'allusions ou de brefs rappels.

De la « lingua rustica » à la langue romane

L'époque carolingienne ne marque pas seulement un renouveau des lettres latines. Elle voit aussi se produire un phénomène capital qui, irrévocablement bien qu'à long terme, marque les limites et modifie la portée de toute conservation, de toute restauration, de tout prolongement si fécond soit-il, de la latinité. La langue parlée a évolué au point que les *illiterati*, ceux qui n'ont pas fait d'études, ne comprennent plus le latin. Il n'y a plus désormais un latin « littéraire » et un latin parlé, mais deux langues différentes. On ne possède, bien évidemment, sur l'évolution qui a conduit à cette situation que des témoignages indirects. Ainsi le fait que le latin tel que nous le livrent les textes reste homogène jusque vers 600 pour laisser paraître ensuite des divergences marquées et croissantes selon les régions. Ainsi la tentative de réforme de l'orthographe par le roi Chilpéric, un petit-fils de Clovis, qui cherchait à rendre compte de l'évolution phonétique et à reproduire dans l'écriture l'affaiblissement des dentales intervocaliques en faisant appel pour noter ces sons nouveaux à des lettres grecques. Ainsi l'apparition de glossaires, telles les célèbres gloses de Reichenau, qui donnent l'équivalent en latin classique de mots du latin vulgaire. Il est difficile de savoir à partir de quel moment les expressions dont usent les textes (*lingua rustica*, etc.) désignent, non plus ce latin vulgaire, mais la jeune langue romane. Il est probable, comme le pense Michel Banniard, qu'une situation ambiguë a persisté pendant assez longtemps et qu'une sorte de perméabilité permettait à une part importante de la population de comprendre *grosso modo* sous sa forme la plus simple un latin qu'elle ne parlait déjà plus.

Ce qui est certain, c'est que l'effort carolingien de restauration des normes du latin classique va de pair avec l'accélération du divorce entre le latin littéraire et la langue parlée. Cet effort est celui des lettrés de la cour de Charlemagne, comme Alcuin, Paul Diacre ou Théodulphe. C'est aussi celui de Charlemagne lui-même qui en 789, dans son *Admonitio generalis*, prend des mesures pour améliorer la correction du latin liturgique et administratif, et exige l'enseignement de la grammatica dans toutes les écoles. Les traités d'Alcuin sur l'orthographe et sur la grammaire sont une application de ces instructions. En un sens, cet effort n'a connu sur le moment qu'un succès relatif. La recherche dans l'expression, le maniérisme de bien des poètes carolingiens nuisent souvent à la clarté de leur langue plus qu'ils ne favorisent sa correction. Entre deux emprunts virgiliens, le latin d'Ermold le Noir, auteur d'un poème à la gloire de Louis le Pieux, est aussi riche en solécismes que celui de Grégoire de Tours. Mais d'une façon générale le latin écrit cesse d'évoluer avec la rapidité que l'on constatait jusque-là tandis que la langue commune poursuit son évolution.

L'interaction entre l'évolution du latin littéraire et celle de la langue parlée a d'ailleurs pu jouer dans les deux sens. Le retour aux règles classiques a creusé le fossé entre la langue savante et la langue commune. Mais inversement, l'apparition d'une langue nouvelle et différente, en réservant le latin aux érudits, a pu le libérer des soucis de la communication quotidienne et favoriser une recherche « gratuite » de la correction et de l'élégance. Au Xe siècle, comme le souligne Jean-Yves Tilliette, l'hypercorrection alambiquée du latin littéraire est le signe qu'il n'est plus la langue naturelle de ceux qui l'écrivent. Et le latin des poètes du XIIᵉ siècle viole moins les règles de la grammaire classique que celui de leurs prédécesseurs antérieurs à l'apparition du français.

Car entre-temps le français est apparu. Quoi qu'il en soit des incertitudes mentionnées plus haut, il est certain que dès le début du IXᵉ siècle, la *lingua rustica* est sentie comme une langue différente du latin. En 813, un canon du concile de Tours invite les prêtres à prêcher *in linguam rusticam gallicam aut theotiscam*, en langue populaire « gauloise » ou « teutonne », autrement dit en français ou en allemand. Trente ans plus tard, en 842, les serments de Strasbourg, prêtés lors d'une de leurs réconciliations sans lendemain par deux des fils de Louis le Pieux, Charles le Chauve et Louis le Germanique, sont prononcés en allemand et en langue romane par les souverains et par leurs partisans, et reproduits par l'historien Nithard dans son *Histoire des fils de Louis le Pieux*. Ainsi nous a été conservé le premier texte dans une langue qui n'est plus du latin et qui, au-delà des controverses philologiques qu'elle n'a pas manqué de susciter, est déjà une sorte de français.

Les langues romanes et leurs dialectes

Cette évolution s'accompagne d'un morcellement. Le latin parlé, appris de la bouche de légionnaires qui ne s'exprimaient pas comme Cicéron et venaient de tous les coins de l'Empire, déformé par les gosiers autochtones, enrichi d'apports germaniques qui sont venus s'ajouter aux résidus indigènes, ne s'est pas transformé de façon uniforme. La pondération de ces divers éléments, la diversité des habitudes phonétiques, la proportion des Germains dans la population, la profondeur et l'ancienneté de la culture latine, tout cela variait d'une région à une autre. C'est pourquoi dans l'espace où la colonisation romaine avait été assez forte pour que les langues nouvelles fussent filles du latin — la Romania —, ces langues — les langues romanes — se sont différenciées. Ainsi sont nés l'italien, l'espagnol, le portugais, le catalan et, dans l'ancienne Dacie, le roumain. Sur le territoire de la Gaule, deux langues apparaissent, désignées traditionnellement depuis Dante par la façon de dire oui dans chacune : la langue d'oïl au Nord et la langue d'oc au Sud.

Ces langues elles-mêmes se divisent en nombreux dialectes, au point que les contemporains semblent avoir eu longtemps le sentiment qu'il n'y avait qu'une seule langue romane et que toutes les variations étaient dialectales. Face à ce mouvement centrifuge la littérature fera œuvre d'unification, soit qu'un dialecte l'emporte — parfois momentanément — sur les autres, soit, plus souvent, que par un effort délibéré elle efface ou combine les marques dialectales dans le souci d'être comprise de tous, comme ce serait déjà le cas des serments de Strasbourg, à en croire Bernard Cerquiglini[1]. Ainsi, pour choisir un exemple à la fois plus tardif et plus assuré, les poèmes des troubadours, quelle qu'ait été leur région d'origine, sont copiés dans une langue d'oc unifiée, une sorte de *koinè* littéraire.

Mais revenons au moment où la langue romane émerge face au latin. Il ne lui suffit pas d'exister pour devenir une langue de culture, et rien n'assure alors qu'elle le deviendra. Ou plus exactement, rien n'assure qu'elle sera jamais écrite. L'Eglise a le monopole des outils et de l'apprentissage intellectuels. Les clercs sont tout occupés à recopier, commenter, imiter les auteurs antiques, à approfondir l'exégèse scripturaire, à composer des poèmes liturgiques, bientôt à renouer avec la philosophie, qu'illustre déjà au milieu du IXᵉ siècle le grand Jean Scot Erigène, venu d'Irlande à la cour de Charles le Chauve. En un mot, ils unissent, selon le titre magnifique de Dom Jean Leclerc, l' « amour des lettres et le désir de Dieu ». Pourquoi auraient-ils cherché à forger, dans une langue qui existait à peine, une culture qui n'existait pas ? Pourquoi auraient-ils pris la peine de copier les chansons à leurs yeux sauvages et immorales des rustres. Ces chansons existaient pourtant — quel peuple n'a pas ses chansons ? Sermons et ordonnances conciliaires les condamnent dès le VIᵉ siècle. Au Xᵉ siècle Bernard d'Angers les entend résonner dans l'église Sainte-Foy de Conques — et s'étonne d'apprendre qu'elles plaisent à la petite sainte, comme elle l'a fait savoir par une vision à l'abbé qui voulait les faire taire ? Pourquoi auraient-ils noté des légendes où affleuraient encore les croyances païennes ?

---

1. *La naissance du français*, « Que sais-je ? », n° 2576.

Et s'ils ne le faisaient pas, qui le ferait ? On ne pouvait apprendre à lire et à écrire qu'au sein de l'Eglise. Et apprendre à lire et à écrire, c'était apprendre le latin. A l'extrême fin du XIIIe siècle encore, à une époque où la littérature française est florissante depuis deux cents ans et où dans les faits bien des laïcs savent lire tout en ignorant complètement ou presque complètement le latin, le Catalan Raymond Lulle, dans son traité d'éducation *Doctrina pueril*, recommande comme une audace d'enseigner la lecture et l'écriture à l'enfant dans sa langue maternelle. Rien ne garantit donc, au moment où la langue romane se différencie du latin, qu'elle deviendra une langue de culture à part entière, et de culture écrite. Après tout, elle pouvait, semble-t-il, rester indéfiniment dans la situation où l'arabe dialectal s'est maintenu au regard de l'arabe littéral. Mais il en est allé autrement, et c'est pourquoi l'apparition des premiers textes en langue vulgaire mérite l'attention que nous lui porterons dans le prochain chapitre.

Ecrit et oral

Cependant, l'expression un peu contournée dont on vient d'user — « une langue de culture à part entière, et de culture écrite » — trahit une hésitation et une difficulté. En quel sens l'écrit est-il un critère de culture dans la civilisation médiévale ? Les deux couples en opposition latin/langue vulgaire et écrit/oral se recouvrent-ils exactement ? Au moment où apparaissent les langues romanes, le latin, c'est évident, a le monopole de l'écriture. Mais, durant tout le Moyen Age, et bien que la place de l'écrit ne cesse de s'étendre, les relations entre l'oral et l'écrit sont d'une façon générale très différentes de celles dont nous avons l'habitude. L'exécution orale — ce qu'on appelle fréquemment aujourd'hui la « performance » en donnant à ce mot le sens qui est le sien en anglais — joue en règle générale le rôle essentiel. L'écrit semble n'être là que pour pallier les défaillances de la mémoire.

Cela est vrai même dans le domaine juridique : il existe des chartes vierges, qui ne font que témoigner de l'existence d'un acte passé oralement ; il en est d'autres qui sont allusives et ne prennent pas la peine de transcrire le détail de la convention qu'elles mentionnent. Cela est beaucoup plus vrai encore s'agissant d'œuvres littéraires. Comme Paul Zumthor l'a montré avec force[1], l'œuvre médiévale, quelle qu'elle soit, est toujours appelée à transiter par la voix, se fonde souvent sur les effets mêmes de la vocalité et n'existe qu'en « performance ». L'essentiel de la poésie, latine et romane, est chanté. Bien plus, jusqu'à l'apparition du roman, toute la littérature en langue vulgaire, sans exception, est destinée au chant. La lecture, celle du vers comme celle de la prose, se fait à voix haute, et sur un mode qui est sans doute souvent celui de la cantillation. Il y a dans toute cette littérature une dimension théâtrale dont on mesurera plus loin l'importance. Dans cette perspective, le texte n'est qu'une partie de l'œuvre, et l'écrit ne livre celle-ci que mutilée. Que l'on songe à la notation musicale, à la notation neumatique du haut Moyen Age, sans portée et sans clé : elle ne permet pas de déchiffrer la mélodie, mais elle aide celui qui la connaît déjà à la retrouver avec exactitude, et lui fournit dans ce cas des indications parfois étonnamment précises. Il serait artificiel de pousser trop loin la comparaison entre la notation musicale et celle du texte. Mais il est bien vrai que le texte médiéval se veut avant tout un aide-mémoire.

L'écrit n'est donc pas le tout de la culture médiévale, tant s'en faut. Mais cette situation vaut pour le latin presque autant que pour la langue vulgaire. Les livres sont rares, même si, en règle générale, les œuvres latines les plus répandues sont recopiées à un bien plus grand nombre d'exemplaires que celles en langue vulgaire. Ils sont chers. Leur circulation est limitée. Une bibliothèque d'une cinquantaine de volumes est considérée comme riche. Au XIIIᵉ siècle encore, lorsque les universités sont fondées, leur fonctionnement témoigne du primat de l'oralité et de la médiatisation de la lecture par la voix jusque dans les sphères les plus élevées du savoir : le cours, qui se donne, bien entendu, toujours en latin, consiste dans la lecture à voix haute, accompagnée d'un commentaire, d'un texte que les étudiants n'ont pas sous les yeux. Et l'université répugne tant à l'écriture que les examens resteront uniquement oraux jusqu'à la fin du

---

1. *La lettre et la voix. De la « littérature » médiévale*, Paris, 1987.

XIXᵉ siècle. Tout ce que l'on peut dire est donc que le latin — et pour cause — a été écrit avant la langue vulgaire et que les professionnels de l'écriture sont aussi les professionnels du latin. Mais, qu'il s'agisse de la transmission d'un savoir ou de la mise en valeur d'effets esthétiques, l'oral occupe une place prépondérante dans l'ensemble de la culture médiévale, latine comme vernaculaire, et non pas seulement dans cette dernière.

Est-ce à dire qu'il s'agit réellement d'une culture orale et que la place de l'écrit y est secondaire ? Loin de là. L'accession au monde de l'écrit revêt une valeur considérable, à la fois sociale et religieuse. L'écrit s'impose comme source et comme autorité : nous verrons les auteurs de romans et de chansons de geste se réclamer systématiquement, à tort ou à raison, d'une source écrite, de préférence latine. L'autorité par excellence, c'est la Bible, le Livre, l'Ecriture. Au jour du Jugement, le salut ou la damnation de chacun dépendront de la trace écrite qu'aura laissée sa vie, chante le *Dies irae* : *Liber scriptus referetur | In quo totum continetur* (« On apportera le livre écrit où tout est contenu »). Et, selon de nombreux *exempla*, ou anecdotes édifiantes, la pénitence efface de ce grand livre divin le péché, dont le diable lui-même perd alors la mémoire. Dans le domaine proprement littéraire, l'attention portée à la transmission correcte des textes dément toute indifférence, même relative, à l'écrit. Quant aux marques de l'oralité préservées par certains textes, elles sont d'interprétation ambiguë dès lors que l'écrit les fossilise.

L'oral, dont on a vu qu'il est essentiel, est donc aussi, on le voit à présent, second. La performance est pratiquement nécessaire à l'accomplissement de l'œuvre — c'est-à-dire à la réalisation de ses virtualités et dans quelques cas peut-être, mais de façon douteuse, à sa composition — ou à la transmission ponctuelle du savoir. Mais la conservation est confiée à l'écrit, qui fait autorité. Et cela est vrai, là encore, aussi bien dans le domaine latin que dans celui de la langue vulgaire, dès l'instant où elle accède à l'écriture.

Enfin, si à l'opposition entre l'écrit et l'oral ne répond pas terme à terme celle entre le latin et le vernaculaire, celle entre une culture savante et une culture populaire n'y répond pas davantage. Certes, il existe des croyances et des coutumes populaires qui n'accèdent au monde de l'écriture que lorsque les clercs les mentionnent, généralement avec méfiance ou mépris, souvent sans les comprendre, ou lorsqu'un pénitentiel enjoint aux confesseurs de s'en enquérir pour les condamner. Mais, malgré les réticences et les condamnations, elles apparaissent de façon plus fréquente et plus explicite dans les textes latins et cléricaux que dans les littératures vernaculaires profanes, qui pourtant empruntent largement à des traditions étrangères à la latinité, et donc de caractère fondamentalement oral, traditions germaniques ou celtiques. C'est que ce sont les clercs eux-mêmes qui tiennent à accentuer le contraste entre l'univers des *rustici* et le leur. En réalité, les types de sensibilité, de croyances, de raisonnement diffèrent peu de l'un à l'autre. On ne saurait dire, par exemple, que la distinction entre la magie ou la divination, qui sont condamnées, et le miracle, qui est révéré, correspond à une opposition entre une mentalité « rationnelle » et une mentalité « primitive ». On ne saurait dire non plus, d'ailleurs, que magie, divination, miracle relèvent tous d'une mentalité prélogique et qu'il est arbitraire ou absurde de les opposer. Car Dieu peut bouleverser à son gré l'ordre de la nature, mais l'homme ne peut limiter la liberté de Dieu : Dieu ne se laisse ni contraindre par la volonté de l'homme ni arracher le secret de l'avenir. Les seules forces surnaturelles sur lesquelles l'homme peut agir sont les forces démoniaques. Telle est la position de l'Eglise et des clercs, position savante si l'on veut, fondée sur l'écrit par excellence — l'Ecriture —, position qui récuse la légitimité de certaines formes du surnaturel, mais qui ne nie pas le moins du monde leur existence.

Au demeurant, la ligne de partage entre les personnes cultivées et celles qui ne le sont pas, ne passe pas nécessairement par la capacité de lire et d'écrire, ni même par la connaissance du latin. On a vu que les traces d'une culture d'apparence populaire sont plus nombreuses et plus précises dans les textes latins que dans ceux en langue vulgaire. Des princes laïques, qui ne lisent et n'écrivent pas eux-mêmes, qui ne savent pas ou à peine le latin, mais qui se font chanter ou lire des chansons de geste, des vies de saints, des compilations historiques et bibliques, des romans, sont plus « cultivés » qu'un tâcheron de scribe qui les leur copie, qu'un marchand capable de tenir ses livres de compte et qui connaît les lettres et les chiffres, mais rien d'autre, ou même qu'un moine obscur, pourtant frotté de latin, au fond de son monastère. Ils sont probablement plus éloignés aussi d'une « culture populaire ». Ce sont des « lettrés » qui ne savent ni lire ni écrire, ou qui, s'ils les possèdent, ne pratiquent pas ces compétences, tandis que d'autres qui les pratiquent sont de fait étrangers au monde des lettres. Les uns et les autres sont, mais en sens inverse, à la fois lettrés et illettrés, selon que l'on prête à ces termes un sens métaphorique ou leur sens propre. Ces ambiguïtés ont été très bien mises en lumière par Brian Stock[1].

Les deux questions que nous posions au début de ce développement n'appellent donc pas de réponses simples. L'écrit est-il un critère de culture ? Oui, sans aucun doute, mais non pas de façon rigide ou exclusive, car il n'a pas l'autonomie qui est la sienne de nos jours. Son utilisation suppose au contraire un passage par l'oralité. L'écrit est-il du côté du latin, l'oral du côté de la langue vulgaire ? Non, pour la même raison : le monde médiéval n'est pas un monde de la pure oralité, mais l'écrit ne s'y suffit jamais totalement à lui-même. Oui cependant, en un sens, puisqu'il n'y a pas de maîtrise du latin sans maîtrise de l'écriture et que longtemps l'inverse est presque vrai, alors que le recours à l'écriture est pour la langue vulgaire une innovation et une conquête — qui marquent, par nécessité, le moment où apparaît à nos yeux la littérature en langue vulgaire, mais n'excluent pas qu'elle ait pu vivre auparavant une existence purement orale.

Clerc et jongleur

Mais aux deux couples latin/langue vulgaire et écrit/oral il faut en ajouter un troisième qui touche les acteurs et les auteurs de la littérature : le couple clerc/jongleur. Un clerc est à la fois un homme d'Eglise et quelqu'un qui sait lire, quelqu'un qui est capable de comprendre les textes. Le mot unit les deux notions de façon indissociable. Au clerc s'oppose donc le laïc illettré — les deux mots sont là encore synonymes. En lui s'unissent

1. *The Implications of Literacy*, Princeton, 1984.

l'activité intellectuelle et l'effort spirituel. A lui s'attachent l'autorité de l'Ecriture et celle qui émane de tous les livres. Sa langue est celle de l'Eglise, le latin. C'est lui qui a été l'instrument de la conservation des lettres latines au sein de l'Eglise, dont on a parlé plus haut. Comme il a le monopole de l'écrit, le sort de la jeune langue vulgaire est entre ses mains. Il dépend de lui qu'elle devienne ou ne devienne pas la langue d'une culture écrite. Au moment où nous en sommes, rien n'est encore joué. Mais on verra que les clercs passeront à la langue vulgaire comme l'Eglise était passée aux barbares. Un grand nombre d'écrivains français du Moyen Age — la majorité, sans doute — sont des clercs, pour ne rien dire des copistes. Et tous, tant s'en faut, ne tireront pas cette littérature du côté de leurs préoccupations naturelles, les sujets religieux ou encore le monde des écoles.

Du côté du clerc, l'écrit et l'Eglise. En face, le jongleur, condamné par l'Eglise, est l'homme — ou la femme — de l'oral et de la performance. Le mot *joculator* est attesté dès le VIe siècle, et son lien étymologique avec « jeu » dit assez que le jongleur est un amuseur. Un amuseur professionnel et itinérant. Héritier sans doute des acteurs ambulants de l'Antiquité tardive, mais peut-être aussi des bardes celtiques et germaniques chanteurs de poèmes épiques, le jongleur peut avoir les activités les plus variées : acrobate, montreur d'animaux, mime, musicien, danseur, chanteur. Tous les jongleurs ne se consacrent donc pas à la récitation ou au chant de poèmes, mais ceux qui l'ont fait ont joué un rôle considérable dans la diffusion, et parfois dans l'élaboration, de certaines formes poétiques, en particulier les chansons de geste, mais aussi la poésie lyrique et les fabliaux. Au XIIIe siècle, le pénitentiel de Thomas Cabham les divise en trois catégories, parmi lesquelles celle des chanteurs de geste et de vies de saints, seuls exclus de la condamnation qui frappe les autres. Interprètes, mais parfois aussi créateurs — la coupure entre les deux activités n'étant pas aussi nette qu'on l'a dit —, toujours en chemin à la recherche d'un mécène généreux, ce sont eux qui assurent le plus souvent l'actualisation orale et vocale nécessaire à l'œuvre médiévale. C'est pourquoi on voit leur rôle décroître à mesure que la civilisation de l'écrit progresse. A partir du XIIIe siècle, ils cherchent à être employés à plein temps par un grand seigneur et à occuper à sa cour un statut de *ministerialis*, de ménestrel. Mais les véritables poètes fonctionnaires seront les grands rhétoriqueurs du XVe siècle, des hommes de cabinet, des clercs.

Le clerc et le jongleur sont donc les deux promoteurs de la littérature française à ses débuts, et la place qu'ils occuperont par rapport à elle pendant tout le Moyen Age reflète sa propre évolution.

Manuscrits

Le développement de l'imprimerie coïncide avec la fin du Moyen Age. Les premières éditions se répandent vers 1470. La période médiévale ne connaît que le livre manuscrit. C'est lui qui assure la conservation de sa littérature.

Matériellement, le manuscrit médiéval est un *codex*, c'est-à-dire qu'il est formé comme un livre moderne de pages et de cahiers reliés. Il est donc plus facile à manier et à consulter que le *volumen* antique, conservé roulé et qui doit être déroulé pour être lu. Il peut être feuilleté. On écrit sur du parchemin, dont la variété la plus luxueuse est le vélin (peau de veau mort-né, particulièrement fine). Le papier ne devient d'usage courant en Occident qu'à la fin du Moyen Age. L'ornementation des manuscrits vernaculaires reste discrète jusque vers la fin du XIIIe siècle. Elle se limite souvent à de petites miniatures occupant l'espace d'une majuscule initiale, voire à la simple alternance de lettres initiales rouges et bleues aux articulations du texte. Les miniatures deviennent de plus en plus riches et de plus en plus grandes au XIVe et surtout au XVe siècle, jusqu'à occuper parfois toute une page, de plus en plus importantes aussi dans la relation qu'elles entretiennent avec le texte.

L'évolution de la mise en pages reflète celle de la lecture. De présentation compacte, dépourvus de repères, les manuscrits romans exigent une lecture suivie, ligne à ligne. Les manuscrits gothiques multiplient les rubriques, les titres, les chapitres, avec ce souci un peu ostentatoire du plan et de ses divisions caractéristique de l'âge scolastique. Ils facilitent ainsi la tâche du lecteur et le supposent en même temps plus habile à circuler à l'intérieur d'un livre et à s'y retrouver.

Les manuscrits littéraires en langue vernaculaire, qui nous intéressent ici au premier chef, présentent des caractéristiques propres qui sont significatives. Souvent soignés, aérés, presque toujours très lisibles, ayant peu recours aux abréviations, très abondantes au contraire dans les manuscrits latins, ils laissent deviner un public de lecteurs particulier. Un public aisé, qui ne lésine pas sur le parchemin, pourtant coûteux, alors que certains manuscrits universitaires sont remplis sans marge aucune d'une écriture extraordinairement serrée et abrégée. Un public, en même temps, qui, comme il est naturel, est moins familiarisé avec l'écrit que celui des manuscrits latins : la rareté des abréviations est à la fois un luxe et une facilité de lecture.

Ces manuscrits sont presque toujours des anthologies. Il est exceptionnel que l'un d'eux soit consacré à une œuvre unique. Ces anthologies sont généralement cohérentes : il y a des manuscrits de chansons de geste, de romans. Les poèmes lyriques sont toujours recueillis dans des manuscrits particuliers, qu'on appelle des chansonniers, et ne se mêlent à aucun autre genre. Seuls les fabliaux, les dits, les fables, qui semblent avoir été considérés comme relevant de la littérature didactique, figurent dans des manuscrits plus composites et sont souvent mêlés à des textes d'édification ou de spiritualité.

Les manuscrits sont copiés dans des ateliers d'écriture, des *scriptoria*. Ces *scriptoria* sont au début essentiellement monastiques : le travail de copie est considéré comme une œuvre méritoire, bénéfique pour le salut de l'âme. Plus tard, ils se développent autour des cathédrales, des écoles et des universités, enfin, et particulièrement pour ce qui touche la littérature profane en langue vulgaire, auprès des mécènes laïques. La dernière partie de ce livre montrera l'importance des bibliothèques princières qui se constituent à la fin du Moyen Age.

Tout nouvel exemplaire d'un texte doit, bien entendu, être copié sur un manuscrit antérieur, sauf dans les cas marginaux d'œuvres qui ont pu être recueillies à l'audition ou transiter par la mémoire. Les manuscrits circulent donc. On se les emprunte. Les éditeurs modernes de textes médiévaux peuvent, en repérant les variantes communes, montrer que les manuscrits d'une même œuvre se répartissent par familles et que certains ont été copiés l'un sur l'autre ou dérivent d'un modèle commun. Ils tentaient naguère de remonter par ce moyen jusqu'au texte original, tel qu'il serait sorti de la main de l'auteur avant d'être déformé par les copies successives. On mesure à présent ce qu'un tel effort a de vain et une telle représentation d'anachronique. Au Moyen Age, la notion de texte définitif n'existe guère et celle d'auteur est à certains égards différente de la nôtre. Non seulement l'auteur lui-même, mais encore le copiste se sentent bien souvent autorisés à introduire des modifications en fonction de la destination du manuscrit ou de l'évolution de la langue. Un auteur peut greffer son œuvre sans crier gare sur une œuvre préexistante. Un traducteur glose et aménage presque toujours le texte qu'il traduit. Certaines variantes sont évidemment des erreurs dues à l'étourderie ou à l'incompréhension. Mais toutes n'en sont pas. En elle-même, la variante a une légitimité. C'est pourquoi l'examen des manuscrits et de leur regroupement en familles ne vise plus aujourd'hui à reconstituer un texte original bien hypothétique, mais à comprendre la vie du texte médiéval dans sa multiplicité mouvante.

Un dernier point vaut d'être noté. Alors que la littérature française prend véritablement son essor au XIIe siècle, comme on le verra bientôt, ses manuscrits datant de ce même siècle sont extrêmement rares. Les œuvres françaises du XIIe siècle sont conservées dans des manuscrits du XIIIe. Jusque vers le milieu du XIVe siècle, il existe toujours un décalage de plusieurs décennies au moins entre la date de composition d'une œuvre et celle du plus ancien manuscrit qui nous l'a conservée. Dans le domaine de la littérature vernaculaire, il faut attendre la fin du Moyen Age pour qu'apparaissent des manuscrits contemporains de l'auteur, réalisés d'après ses indications, voire autographes. Ce trait confirme que les œuvres ont vécu, hors du texte écrit qui nous les livre, d'une vie qui nous échappe.

Mais toutes ces considérations sur les conditions de la vie littéraire au Moyen Age anticipent le développement de la littérature française en abandonnant provisoirement pour des vues synthétiques la démarche chronologique qui est la nôtre. Revenons à présent au point où nous en étions : au moment où la langue romane s'est constituée, mais où il dépend des clercs qu'elle produise des textes.

ORIENTATIONS BIBLIOGRAPHIQUES

Banniard Michel, *Le haut Moyen Age occidental*, Paris, PUF, 2ᵉ édit., 1986 (« Que sais-je ? », n° 1807).
— *Genèse culturelle de l'Europe, Vᵉ-VIIIᵉ siècle*, Paris, Le Seuil, 1989.
— « *Viva voce* ». *Communication écrite et communication orale du IVᵉ au IXᵉ siècle en Occident latin*, Paris, Etudes augustiniennes, 1992.
Bruenholz Franz, *Histoire de la littérature latine du Moyen Age* ; I/1 : *L'époque mérovingienne* ; I/2 : *L'époque carolingienne*, Turnhout, Brepols, 1990-1991.
Chaurand Jacques, *Histoire de la langue française*, Paris, PUF, 1970.
Faral Edmond, *Les jongleurs en France au Moyen Age*, Paris, Champion, 1910.
Glenisson Jean (sous la direction de), *Le livre au Moyen Age*, Paris, CNRS, 1988.
McKitterick Rosamond, *The Carolingians and the Written Word*, Cambridge University Press, 1989.
Mise en pages et mise en texte du livre manuscrit, Paris, Promodis, 1990.
Pirenne Henri, *Mahomet et Charlemagne*, Paris, PUF, 1970.
Riche Pierre, *Education et culture dans l'Occident barbare*, Paris, Le Seuil, 1962.
Zumthor Paul, *La lettre et la voix. De la « littérature » médiévale*, Paris, Le Seuil, 1987.

2. Les premiers textes

Le passage du latin parlé aux langues romanes s'est opéré spontanément. En revanche, la langue vernaculaire ne pouvait accéder à l'écriture qu'avec le consentement et la complicité des clercs qui en avaient seuls la compétence. De son propre mouvement, l'Eglise se souciait peu, sans doute, de mettre cette compétence au service de la jeune langue romane. Mais elle y était contrainte. Contrainte d'abord de recourir à la langue vulgaire. Les fils de Louis le Pieux s'y étaient sentis contraints en 842 pour des raisons politiques. Elle-même y était contrainte pour des raisons pastorales. Le canon du concile de Tours de 813, cité plus haut, d'autres encore tout au long du IXe siècle, concernant d'ailleurs tout autant la langue germanique que la langue romane, les exposent dans leur simplicité : la prédication au peuple devait se faire dans sa langue, sous peine de renoncer à poursuivre son évangélisation souvent encore imparfaite. Dès avant la séparation du latin et de la langue vulgaire, le souci explicite de prêcher dans une langue simple, accessible à tous, et la nécessité de renoncer à l'élégance oratoire, si importante dans les lettres latines, s'étaient souvent manifestés, par exemple, au tout début du VIe siècle déjà, dans les sermons de saint Césaire d'Arles. Dans certaines circonstances particulières et limitées, et toujours pour les mêmes raisons initiales, la nécessité de recourir à la langue vernaculaire s'étend bientôt au domaine de l'écrit. Raisons politiques, raisons pastorales : c'est par des choix délibérés que la langue romane accède à l'écriture.

Du premier monument de la langue
au premier monument de la littérature française

Les serments de Strasbourg

Les serments de Strasbourg n'appartiennent nullement à la littérature. Ils méritent cependant de retenir un instant notre attention, non seulement parce qu'ils constituent le premier monument de la langue française, mais encore parce qu'ils invitent à réfléchir sur leur nature de texte. Prêter serment en langue vulgaire est une chose. Reproduire ce serment sous la forme d'un texte en langue vulgaire à l'intérieur d'un ouvrage à caractère historico-politique, en latin bien entendu, comme le fait Nithard, en est une autre.

Vainqueurs en 841 à Fontenoy de leur frère et demi-frère aîné l'empereur Lothaire, les deux autres fils survivants de Louis le Pieux, Louis le Germanique et son demi-frère Charles le Chauve confirment le 14 février 842 à Strasbourg leur alliance contre Lothaire. L'année suivante, le traité de Verdun sanctionnera les partages territoriaux : à Louis la partie germanophone, à Charles la partie francophone de l'empire. A Strasbourg, chacun des deux princes prête serment dans la langue de l'autre, ou plutôt dans la langue des pays sur lesquels règne l'autre, car Charles le « français » était probablement germanophone aussi bien que « francophone ». Leurs principaux officiers prêtent également serment, chaque groupe dans sa propre langue — notion aussi théorique dans leur cas que dans celui des princes, car dans chaque armée les langues étaient diverses — et en s'adressant au souverain qui n'est pas le sien.

Nithard, grâce à qui ces serments nous sont connus, est comme les deux rois un petit-fils de Charlemagne — né des amours de sa fille Berthe et du poète Angilbert. C'est un des capitaines et des proches conseillers de son cousin Charles le Chauve. L'*Histoire des fils de Louis le Pieux*, qu'il écrit à chaud au milieu des combats et des intrigues, est pour lui à la fois une histoire de famille et une arme politique. Et c'est, bien sûr, un geste politique que de consigner par écrit le texte des serments dans la langue où ils ont été prononcés. C'en était un aussi, et du plus

grand intérêt dans la perspective qui est ici la nôtre, que d'identifier chaque pays par sa langue, et d'autant plus que cette identification n'allait pas, on l'a vu, sans quelque artifice.

La transcription des serments que donne Nithard souligne-
rait et renforcerait encore ce geste s'il était avéré que la langue
du serment en français ne correspond à aucun des dialectes
qu'on a cru y reconnaître, mais qu'elle se veut délibérément et
artificiellement syncrétiste et unificatrice des parlers du nord de
l'ancienne Gaule. Il est vrai qu'une autre hypothèse a été pro-
posée. La graphie du serment français s'expliquerait par le souci
de permettre à un lecteur qui a appris à lire en latin mais qui ne
parle pas couramment le français — autrement dit Louis le Germanique — d'en donner lecture à voix haute[1].

Le sermon sur Jonas

Textes politiques, textes juridiques : les serments de Strasbourg resteront un cas unique, mais on peut considérer que les
chartes qui apparaîtront à date relativement ancienne en français et en langue d'oc relèvent d'un ordre de préoccupation analogue. Pas plus que les serments, pas plus que les coutumiers en
langue vulgaire qui voient le jour sensiblement plus tard, elles
ne relèvent de la littérature ni même de sa préhistoire. Il n'en va
pas de même des textes nés du souci pastoral évoqué plus haut.
Pour la période antérieure au véritable essor de la littérature
française, on a conservé un seul témoignage écrit de l'effort de
prédication en langue vulgaire auquel appellent les conciles.
C'est, conservé à la bibliothèque de Valenciennes, le brouillon
fragmentaire, en partie effacé, noté pour moitié en clair pour
moitié en notes tironiennes, d'un sermon sur le thème de la
conversion des Ninivites par Jonas prêché à Saint-Amand-les-
Eaux (Nord) vers 950, à l'occasion d'un jeûne de trois jours destiné à obtenir que la ville fût délivrée de la menace des Normands. La pertinence du thème choisi est bien entendu dans le
parallèle, implicite dans le fragment conservé, entre la pénitence

---

1. Roger Wright, *Late Latin and Early Romance in Spain and Carolingian France*, Liverpool, 1981.

de trois jours des Ninivites sous le sac et la cendre à la suite de la prédication de Jonas, pénitence qui leur vaut d'échapper au châtiment divin, et celle grâce à laquelle les habitants de Saint-Amand peuvent espérer obtenir la protection de Dieu contre le péril viking.

Le texte du sermon, qui se réduit à une paraphrase du commentaire de saint Jérôme sur le *Livre de Jonas*, est rédigé partie en latin, partie en français. L'auteur passe constamment d'une langue à l'autre à l'intérieur même de chaque phrase. En un curieux ressassement il cite quelques mots du *Livre de Jonas*, quelques mots du commentaire que saint Jérôme lui consacre, s'efforce de paraphraser le tout et de le traduire, retombe dans le latin, et recommence pour la phrase suivante. Il est donc si dépendant de son modèle latin que quand il le suit il ne peut s'empêcher de terminer en latin des phrases qu'il a commencées en français. Mais le français est bien sa langue, car la seule phrase qui soit entièrement de son cru et ne soit pas démarquée de saint Jérôme, sur un sujet qui lui tient à cœur, celui de la conversion ultime des Juifs, est aussi la seule qui soit entièrement en français. Elle a été rajoutée à la fin du texte, après la formule de bénédiction finale, mais on voit très bien l'endroit, plus haut dans le sermon, où elle doit s'insérer. Cet auteur témoigne ainsi du fait que les habitudes et les modèles culturels — l'emploi du latin pour tout ce qui touche à l'Ecriture sainte — l'emportent sur la pure et simple compétence linguistique.

Au demeurant, les humbles homélies au peuple dans sa langue n'étaient pas destinées à être écrites. Le sermon sur Jonas lui-même ne nous est parvenu qu'à l'état de brouillon, et par une sorte de miracle : ce brouillon a été noté sur parchemin, et non sur une tablette de cire ; ce parchemin a été réemployé ensuite pour relier un autre manuscrit. L'effort vers la langue vulgaire qui se manifeste ainsi ne tend donc pas réellement à en faire une langue de culture écrite. Et cet effort purement utilitaire ne suppose aucune attention aux ressources esthétiques et aux virtualités littéraires de cette langue. Il n'en va pas de même avec la conservation par écrit des premiers poèmes français, si balbutiants soient-ils. Le choix et l'agencement des mots, le respect du mètre et de l'assonance montrent que l'on a voulu agir sur les esprits par les ressources propres de la langue. Et le résultat a paru digne d'être écrit. Pourtant ces poèmes, presque autant que les sermons, reflètent le souci pastoral de l'Eglise. C'est lui qui leur a valu d'être conservés. Pas plus qu'à l'Eglise ils n'échappent aux modèles latins. Ils ne sont nullement, bien entendu, la transcription de ces chansons populaires dont conciles et sermons flétrissaient depuis longtemps le contenu luxurieux et l'interprétation provocante, le plus souvent par des femmes. Mais ils ne reproduisent pas davantage les chants pourtant pieux, bien que barbares, dont, à Conques, les *rustici* honoraient sainte Foy. Ce sont des transpositions en langue vulgaire de poèmes religieux latins.

La « *Séquence de sainte Eulalie* »

C'est le cas du plus ancien d'entre eux — plus ancien d'ailleurs que le sermon sur Jonas, mais originaire sans doute de la même région et conservé lui aussi à Valenciennes, la *Séquence de sainte Eulalie* (vers 881-882). Dans le manuscrit où elle figure, cette brève pièce de vingt-neuf vers, qui a été attribuée, mais sans preuve décisive, à Hucbald de Saint-Amand, fait suite à un autre poème, mais un poème latin, en l'honneur de la même sainte, et elle précède un poème allemand de nature toute différente, mais copié de la même main, le *Ludwigslied* : indication du milieu trilingue où elle a vu le jour. Est-ce par hasard que ces premiers textes français apparaissent avec prédilection à la frontière linguistique avec le monde germanique ou en relation avec des textes germaniques ? Aurait-il paru plus naturel d'écrire le français au contact de l'allemand qui l'était, au moins un peu, depuis plus longtemps? C'est en tout cas la réunion de ces textes qui a permis de dater notre poème avec une telle précision. Le culte de sainte Eulalie s'est développé dans la région de Saint-Amand à la suite de la translation de ses reliques le 23 octobre 878, et le *Ludwigslied* a été composé entre la bataille de Saucourt (août 881) et la mort du roi Louis III (5 août 882).

Le rôle de la *Séquence de sainte Eulalie* est visiblement de faire connaître aux fidèles la sainte dont la liturgie du jour célèbre la fête. Ce rôle pédagogique transparaît jusque dans les différences qui la séparent du poème latin. Alors que ce dernier est une sorte de louange rhétorique de la sainte, et suppose donc que sa vie est déjà connue, la séquence française en fait une sorte de présentation et offre un bref récit de son martyre :

Buona pulcella fut Eulalia,	Eulalie était une jeune fille vertueuse,
Bel auret corps, belezour anima.	beau était son corps, plus belle son âme.
Uoldrent la ueintre li Deo inimi,	Les ennemis de Dieu voulurent la vaincre,
Uoldrent la faire diaule seruir.	ils voulurent lui faire servir le diable.
Elle nont eskoltet les mals conselliers,	Elle n'écoute pas les mauvais conseillers
Qu'elle Deo raneiet chi maent sus en ciel...	qui lui disent de renier Dieu qui est là-haut, au ciel...

(Séquence de sainte Eulalie, v. 1-6).

Mais les deux pièces ont en commun leur destination, qui est d'être insérées dans la liturgie du jour. L'une et l'autre sont des *séquences,* c'est-à-dire des poèmes destinés à être chantés à la suite *(sequentia)* de la jubilation de l'alleluia grégorien, ou plus exactement entre deux alleluias, et sur le même air. Les rimes en *-ia* au début et à la fin du poème français comme sa place dans le manuscrit semblent confirmer qu'il a bien été lui aussi composé pour remplir cette fonction. Le plus ancien monument de la littérature française n'est pas seulement un poème religieux, mais encore un poème liturgique, inséré dans le déploiement poétique de l'office, une sorte de variante vernaculaire d'un poème latin.

Une poésie sous influence (Xe-XIe siècles)

Ces traits se retrouvent dans tous les poèmes romans conservés de la fin du IXe à la fin du XIe siècle. Ce sont des poèmes religieux. Ce sont des poèmes dont la forme et la versification sont originales au regard de la poésie latine, mais qui restent étroitement dépendants de sources et de modèles latins. Seule l'insertion liturgique s'estompe peu à peu. Plus longs et divisés en strophes homophones, ces poèmes échappent désormais au modèle de la séquence et reçoivent une autonomie nouvelle. Ils n'en restent pas moins liés pour la plupart aux fêtes de l'Eglise.

La « Vie de saint Léger » et la « Passion » de Clermont. La « Chanson de sainte Foy d'Agen »

Un même manuscrit de Clermont-Ferrand contient une *Vie de saint Léger* du Xᵉ siècle, sans doute originaire du nord du domaine d'oïl bien que la copie présente des traits poitevins, longue de deux cent quarante octosyllabes répartis en strophes de six vers assonancés, et un récit de la *Passion* de la fin du même siècle, d'une langue plus méridionale, mêlant des éléments occitans et poitevins (516 octosyllabes répartis en quatrains assonancés). La *Vie de saint Léger* s'inspire de la *Vita* latine de ce saint écrite par un moine de Saint-Maixent nommé Ursinus, la *Passion* offre un récit syncrétique d'après les Evangiles canoniques et apocryphes, les Actes des Apôtres, des textes liturgiques et exégétiques. Les sources latines sont donc très présentes, nombreuses et complexes. Les deux poèmes peuvent certes avoir été intégrés à la liturgie le jour de la fête du saint ou, pour la *Passion*, pendant la Semaine sainte, mais ils peuvent aussi avoir été chantés dans les mêmes occasions par des jongleurs se produisant pour leur propre compte — ces chanteurs de vies de saints qu'épargne la condamnation de Thomas Cabham. Que l'interprète ait pu être un jongleur, les nombreuses adresses au public du *Saint Léger* — certaines à la première personne — peuvent le suggérer. Que les deux poèmes aient été chantés ne fait aucun doute. La première strophe du *Saint Léger* invite à deux reprises au chant : ... *cantomps del sanz | quae por lui augrent granz aanz* (« chantons sur les saints qui pour [Dieu] endurèrent de grandes souffrances », v. 3-4) ; ... *et si est bien | quae nos cantumps de sant Lethgier* (« et il est bon que nous chantions sur saint Léger », v. 5-6). Quant à la *Passion*, sa première strophe porte une notation musicale en neumes.

La *Chanson de sainte Foy d'Agen* — toujours la petite sainte de Conques ! —, beau poème en langue d'oc du second tiers du XIᵉ siècle (les *scriptoria* de langue d'oc se développent plus tard que ceux de langue d'oïl), laisse deviner de façon plus nette encore qu'elle était interprétée en marge de la liturgie, et interprétée par un jongleur. Cette chanson, lit-on au vers 14, est « belle en tresque » : le mot désigne d'ordinaire une sorte de farandole, mais signifie sans doute ici que la chanson doit accompagner une procession — peut-être une sorte de danse processionnelle — en l'honneur de la sainte et qu'elle peut donc avoir une fonction para-liturgique. Elle voisine d'ailleurs dans le manuscrit avec un office de sainte Foy.

Cependant, elle n'est nullement en elle-même un poème liturgique, non seulement à cause de sa longueur (593 octosyllabes rimés et disposés en laisses irrégulières), mais surtout parce qu'elle se place elle-même dans la bouche d'un jongleur, qui se désigne comme tel avec quelque ostentation. Il exagère ainsi le fossé qui sépare la chanson de sa source latine alors même qu'il souligne à quel point elle en est dépendante :

Legir audi sotz eiss un pin   J'ai entendu lire sous un pin
Del vell temps un libre Latin.   un livre latin du vieux temps.

(*Chanson de sainte Foi*, v. 1-2).

Une transmission orale sous le pin, qui sera l'arbre des chansons de geste et des romans, celui qui ombragera le trône de Charlemagne, la mort de Roland, la fontaine d'Yvain. Un vieux livre latin désigné avec une imprécision révérencieuse. Une chanson dont l'autorité est garantie par la science des clercs et des lettrés de qui le jongleur la tient :

Eu l'audi legir a clerczons   J'ai entendu (cette chanson) déchiffrée par des clercs
Et a gramadis, a molt bons.   et par des lettrés excellents.

(*Chanson de sainte Foy*, v. 27-28).

La chanson est pourtant loin d'être l'adaptation naïve d'un ignorant qui l'a entendu chanter par hasard. Son auteur, qui colore de cette façon le personnage du jongleur auquel il prête sa voix, utilise en réalité deux récits latins du martyre de sainte Foy, l'office de la sainte, le récit de ses miracles par Bernard d'Angers.

Ce jongleur, supposé chanter la chanson, cherche, comme tous les jongleurs, à retenir l'attention de l'auditoire : *Tot l'escol-*

tei tro a la fin (« Ecoutez-la tout entière jusqu'à la fin », v. 3). Il cherche à s'attirer sa bienveillance :

E si vos platz est nostre sons,	Et si vous aimez notre air,
Aisi conl guidal primers tons,	défini par le premier ton *(le 1ᵉʳ des 8 modes grégoriens)*,
Eu la vos cantarei en dons.	je vous le chanterai en cadeau.

(Chanson de sainte Foy, v. 31-33).

Un cadeau point si désintéressé pourtant, puisque, à en croire les v. 21-22, celui qui chante la chanson est assuré d'en tirer un grand profit, c'est-à-dire sans doute de gagner l'estime et la générosité du public :

Canczon audi q'es bella'n tresca	J'ai entendu une chanson qui est belle en danse
. . . .	. . . .
Qui ben la diz a lei Francesca,	Qui la dit bien à la manière française
Cuig me qe sos granz pros l'en cresca	y trouvera, je crois, un grand profit
E q'en est segle l'en paresca.	qui croîtra et se manifestera [déjà] en ce monde.

(Chanson de sainte Foy, v. 14-22).

La *Chanson de sainte Foy d'Agen* offre donc un témoignage extrêmement précieux. D'une part elle montre, et de façon assez suggestive malgré les incertitudes de l'interprétation, comment les poèmes vernaculaires prennent leurs distances et leur liberté au regard de la liturgie sans rompre totalement avec elle. D'autre part, comme le chapitre 4 le fera rétrospectivement apparaître, elle donne au jongleur qu'elle met en scène la pose du récitant des futures chansons de geste, dont sa versification la rapproche, malgré l'emploi de l'octosyllabe. Enfin l'expression poétique en langue vulgaire atteint avec elle la maîtrise d'une rhétorique à la fois sobre et violente.

Le « Sponsus »

On observe le même développement, ou la même excroissance à partir de la liturgie, dans un domaine différent, qui deviendra celui du théâtre religieux. Les « drames liturgiques » sont des paraphrases dramatiques et musicales de vies de saints et d'épisodes de la Bible, généralement composées et représentées dans les monastères et dans leurs écoles pour illustrer la solennité du jour. Beaucoup de ceux qui nous sont parvenus proviennent de la grande abbaye de Fleury, aujourd'hui Saint-Benoît-sur-Loire, qui était à l'époque un centre intellectuel et littéraire très important. Ils sont en latin, bien entendu, mais dès le XIᵉ siècle la langue romane fait son apparition dans l'un d'eux, le *Sponsus*. Cet ouvrage, conservé dans un manuscrit originaire de Saint-Martial de Limoges, centre très fécond et très novateur dans le domaine de la musique et de la poésie liturgiques, met en scène la parabole des vierges folles et des vierges sages (Matth. 25, 1-13). L'essentiel du texte est en latin, mais quatre strophes sont en langue romane, ainsi que deux refrains. Ces farcissures vernaculaires devaient permettre à un public illettré de suivre l'action, même si tout ce qui se disait ou se chantait en latin lui échappait.

Une timide indépendance

L' « *Aube bilingue de Fleury* »

Pendant toute cette période, on ne trouve aucune trace d'une littérature profane vernaculaire, alors qu'il en existe une en latin, à une exception près pourtant, minuscule et bizarre, le poème du Xᵉ siècle connu sous le nom de l'*Aube bilingue de Fleury*. Une aube, comme on le verra plus loin, est, dans le lyrisme roman, un poème qui évoque la douloureuse séparation des amants au matin. Ici il s'agit seulement d'une évocation de l'aurore qui va poindre, tandis que le veilleur exhorte les paresseux à se lever. La seconde strophe, où l'on voit les imprudents menacés par les ruses des ennemis, suggère que le poème pourrait avoir joué le rôle d'une sorte de diane destinée à réveiller les soldats — on pourrait en ce cas le comparer de très loin au beau poème carolingien connu sous le nom de Chant des veilleurs de Modène, à moins que ces ennemis soient les démons, ce qui donnerait malgré tout à la pièce une tonalité religieuse. Ce qui a fait la gloire de ce court poème, c'est que chacune des trois strophes latines de trois vers est suivie d'un refrain de deux vers en langue romane :

Lalba part umet mar atra sol
Poy pas abigil miraclar tenebras.

Mais quelle est cette langue romane ? On n'a jamais pu l'établir avec certitude, pas plus qu'on n'a réussi à vraiment comprendre ces deux vers, bien que des dizaines de traductions, parfois sans aucun rapport entre elles, aient été proposées. C'est, a récemment suggéré Paul Zumthor[1], qu'ils ne présenteraient en réalité aucun sens. Quelques mots clés appartenant au registre sémantique attendu (aube, ténèbres, soleil) émergeraient seuls, et d'autant plus reconnaissables que leur forme est latine, d'un sabir qui sonne comme de la langue romane mais qui ne voudrait rien dire. L'hypothèse est audacieuse et séduisante. De toute façon — mais plus encore, paradoxalement, si elle est fondée — l'*Aube de Fleury* est, à date aussi ancienne, presque le seul témoignage d'un intérêt éprouvé par les clercs pour une poésie vernaculaire qui n'est pas une simple transposition de la leur et dont le contrôle leur échappe, pour une poésie vernaculaire dont ils s'inspirent au lieu de l'inspirer. Intérêt, fascination peut-être, que manifeste l'introduction de la langue romane dans le refrain, à la manière d'une citation, et qu'elle manifeste plus encore s'il ne faut y voir qu'une imitation phonétique d'une langue non assimilée et non maîtrisée, ou que l'on prétend telle pour en conserver intact le pouvoir d'étrangeté.

Le « *Boeci* »

L'*Aube de Fleury*, qui laisse deviner dans l'écrit l'écho d'une poésie autonome en langue romane, reste une exception. L'évolution générale de nos premiers textes littéraires obéit jusqu'à la fin du XIᵉ siècle à la dérive décrite plus haut, qui les éloigne peu à peu, mais lentement, des modèles liturgiques latins dont ils sont issus. Le point extrême de cette dérive est atteint vers cette époque avec le *Boeci* en langue d'oc et la *Vie de saint Alexis* en français.
Le *Boeci*, que l'on date du XIᵉ siècle, et vraisemblablement de

1. *Romania*, 105, 1984, p. 171-192.

sa première moitié, est un fragment d'une paraphrase du *De Consolatione Philosophiæ (La Consolation de la Philosophie)* de Boèce. Vers la fin du Vᵉ siècle, le philosophe Boèce, conseiller à Ravenne du roi Théodoric, est, à la suite d'intrigues de ses ennemis, brutalement accusé par son maître de le trahir au profit de Byzance. Emprisonné, attendant la mort, il compose, en prose et en vers alternés, la *Consolation de la Philosophie*. Il y raconte comment Philosophie, sous les traits d'une femme à la beauté imposante, l'a visité dans sa prison et rapporte les consolations qu'elle lui a prodiguées. Nous retrouverons plus loin cet ouvrage, dont l'influence littéraire et philosophique sera considérable pendant tout le Moyen Age. Le *Boeci* n'est que le premier de la longue série de ses traductions et de ses adaptations. Adaptation en l'occurrence très amplifiée : les 258 décasyllabes en laisses rimées du poème en langue d'oc ne correspondent guère qu'à une cinquantaine de lignes de son modèle. Si la paraphrase était complète, elle devrait compter près de trente mille vers.

Le poème est originaire du nord du Périgord ou du Limousin, peut-être de Saint-Martial de Limoges même. Il ne semble pas avoir été destiné à être chanté. En tout cas, bien que l'auteur soit présent dans son texte à travers les emplois de la première personne, il ne s'adresse jamais à son public.

Bien que Boèce ait parfois été considéré comme un saint et un martyr, c'est un esprit plus néo-platonicien que profondément chrétien, au point que certains de ses lecteurs médiévaux en ont été troublés. C'est donc peu de dire que le *Boeci* est sans rapport avec la liturgie. Cependant c'est une œuvre qui rompt moins que toute autre avec la latinité, puisque c'est une traduction, et avec l'univers clérical, puisque son modèle est un texte philosophique qui joue un rôle majeur dans la vie intellectuelle du temps. En outre son intention didactique paraît claire : il vise à détourner un public de jeunes gens, peut-être de jeunes clercs, de la « folie » du monde et à les inciter à cultiver la sagesse et la vertu.

La « Vie de saint Alexis »

La *Vie de saint Alexis*, probablement écrite vers le milieu du XIᵉ siècle, a une portée bien plus considérable. Jamais encore le français n'avait produit un poème aussi long (625 vers), à la versification aussi éléborée, à la technique littéraire aussi maîtrisée. Par instants, comme dans la *Chanson de sainte Foy d'Agen*, le ton et la manière des chansons de geste, dont l'émergence est désormais proche, sont déjà sensibles, de même que les strophes de cinq décasyllabes assonancés annoncent la laisse épique.

On connaît le sujet de la légende : désireux de se consacrer entièrement à Dieu, Alexis, fils d'un riche patricien romain, s'enfuit de chez son père le soir de ses noces, considérant que l'accomplissement du devoir conjugal serait pour lui un péché. Il vit d'aumônes à Edesse où les envoyés de son père partis à sa recherche ne le reconnaissent pas. Son père ne le reconnaît pas davantage lorsque, des années plus tard, il se présente devant lui. Il passe les dix-sept dernières années de sa vie sous l'escalier de la maison paternelle, vivant de ce qu'on veut bien lui jeter, objet des railleries et des brimades des serviteurs. Sentant sa fin prochaine, il demande de l'encre et du parchemin et écrit l'histoire de sa vie. Une voix céleste conduit le pape et les deux empereurs à son chevet, où ses parents et sa femme le reconnaissent trop tard. Cette légende a ses origines au Ve siècle en Syrie, mais le saint ne reçoit son nom et son histoire sa forme définitive que dans un récit grec du IXe siècle, qui fera l'objet de plusieurs adaptations en latin. L'une d'elles voit le jour à Rome vers la fin du Xe siècle, à l'époque où le métropolite de Damas Serge, en exil dans la ville sainte, acclimate en Occident le culte du saint. C'est cette version qui est à la source du poème français.

Ce poème dense et vigoureux est bien loin des premiers balbutiements de la littérature française et manifeste un art parfaitement maîtrisé. Les dialogues sont vivants, les monologues et les déplorations pathétiques :

A halte voiz prist li pedra a crïer :
« Filz Alexis, quels dols m'est presentét !
Malveise guarde t'ai fait suz mun degrét ;
Tant l'ai vedud, si nel poi aviser. »

Le père s'écria bien haut :
« Alexis, mon fils, quelle douleur m'est révélée !
j'ai mal fait attention à toi sous mon escalier ;
je t'ai tellement vu, et je n'ai pas su te reconnaître. »

(*Vie de saint Alexis*, v. 391-395).

Puis vient le tour de la mère :

« Filz Alexis, de ta tue carn tendra !

A quel dolur deduit as ta juventa !

Pur quem fuïs ? Jat portai en men ventre,
E Deus le set que tute sui dolente ;
Ja mais n'erc lede pur home ne pur femme. »

« Alexis, mon fils, ta pauvre chair tendre !

Dans quelle douleur tu as passé ta jeunesse !

Pourquoi t'être enfui ? Je t'ai jadis porté dans mon ventre,
et Dieu le sait, je suis toute douleur ;
plus jamais personne, homme ou femme, ne me rendra heureuse. »

(*Vie de saint Alexis*, v. 451-455).

On a parfois estimé que ce jeune homme de haute naissance qui renonce aux jouissances et à la gloire d'une vie aristocratique devait être proposé en modèle à la noblesse laïque, à qui le poème serait destiné. Mais il semble établi (Ulrich Mölk) que le public visé est ecclésiastique, « identique à celui qui connaît le culte latin de notre saint ». L'émancipation littéraire du français reste donc relative et ne s'accompagne même pas nécessairement de la conquête d'un public nouveau.

Mais ce public, la *Vie de saint Alexis* finira tout de même par le conquérir. Elle connaîtra un succès large et durable, qui ne sera pas entièrement éclipsé par le développement ultérieur de la littérature : on la trouve dans cinq manuscrits, copiés entre le XIIᵉ et le XIVᵉ siècle. C'est pour l'avoir entendu réciter par un jongleur qu'en 1174 un riche bourgeois de Lyon, Pierre Valdès, distribua ses biens aux pauvres et se mit à prêcher la pauvreté évangélique, précurseur de saint François d'Assise, mais précurseur malheureux, puisque, rejeté par l'Eglise, il devint comme malgré lui le fondateur éponyme de la secte des Vaudois.

La *Vie de saint Alexis* témoigne du degré d'élaboration et de qualité littéraires que pouvait désormais atteindre la littérature religieuse en français. Cette littérature restera extrêmement abondante pendant tout le Moyen Age, sous la forme de vies de saints, de récits de miracles, de prières en vers, de traités édifiants : le prochain chapitre tentera d'en donner une idée. Mais elle se réduit fondamentalement à la transposition en langue vulgaire d'une littérature latine. Le mouvement apologétique, pastoral, missionnaire dont les premiers textes littéraires français sont le fruit ne pouvait par lui-même donner le jour à une littérature réellement originale. Si la littérature française n'avait connu que cette première naissance, elle aurait végété à l'ombre des lettres latines. Mais dans les dernières années du XIe siècle se manifeste une seconde naissance, plus soudaine que la première, plus surprenante, et dont les suites allaient être plus fécondes.

ORIENTATIONS BIBLIOGRAPHIQUES

Cerquiglini Bernard, *Naissance du français*, Paris, PUF, 1991 (« Que sais-je ? », n° 2576).

Delbouille Maurice, La formation des langues littéraires et les premiers textes, dans *Grundriss der romanischen Literaturen des Mittelalters*, vol. I : *Généralités*, sous la direction de M. Delbouille, Heidelberg, Carl Winter, 1972, p. 559-601 et 605-622.

Foerster Wendelin et Koschwitz Eduard, *Altfranzösisches Uebungsbuch...* Erster Teil : *Die ältesten Sprachdenkmäler*, mit einem Facsimile, 7e éd. par A. Hilka, Leipzig, 1932.

Paris Gaston, *Les plus anciens monuments de la langue française (IXe, Xe siècle)*, Album, Paris, SATF, 1875.

Thomas Antoine (éd. et trad.), *La « Chanson de sainte Foi d'Agen », poème provençal du XIe siècle*, Paris, Champion, CFMA, 1925.

Wagner Robert Léon, *Textes d'études*, Genève, Droz, 1964.

Wright Roger, *Late Latin and Early Romance in Spain and Carolingian France*, Liverpool, 1981.

Zaal J. W. B., *A lei francesca (Sainte Foy, v. 20). Etude sur les chansons de saints gallo-romanes du XIe siècle*, Leiden, Brill, 1962.

3. En marge des lettres françaises : les formes du savoir et la parole de Dieu

Décrire l'apparition des premiers textes littéraires en langue romane, puis le développement de la littérature française dont ils sont le prélude. Montrer que ces premiers textes doivent presque tout aux modèles latins et cléricaux, puis que la littérature française prend son véritable essor en s'affranchissant dans une large mesure de ces modèles. Cet ordre d'exposition s'impose, et en même temps il risque de donner, en la simplifiant, une fausse image de la réalité.

Il pourrait en effet laisser croire que la littérature française va supplanter les lettres latines, alors qu'il n'en est rien, que la masse des écrits et le nombre des manuscrits latins l'emportent de beaucoup jusqu'à la fin du Moyen Age sur ceux en langue vulgaire, que le latin reste, et bien au-delà du Moyen Age, la langue de l'enseignement, des échanges intellectuels, de la pensée spéculative, de la science. Il pourrait laisser croire aussi à une sorte de laïcisation progressive de la littérature française, alors qu'elle est habitée presque tout entière par les préoccupations religieuses et par le sentiment du sacré, et que ses parties purement profanes, si elles sont à bien des égards les plus dignes d'attention et les plus séduisantes, paraissent parfois presque minces face à une énorme production morale et religieuse qui, sous des formes variées, cherche avant toute chose à édifier et à instruire.

Le présent chapitre entend corriger par avance cette erreur de perspective en attirant l'attention sur ces deux facteurs. Restant d'une certaine façon constants à travers les époques successives du Moyen Age, ils peuvent être présentés de manière synthétique et préliminaire avant que tel ou tel de leurs aspects ne surgissent à nouveau au détour de l'exposé chronologique. On trouvera donc d'abord ici une évocation très rapide de la vie littéraire et intellectuelle dans le domaine latin. Ce ne sera pas même un tableau sommaire, à peine une esquisse, d'un domaine à bien des égards beaucoup plus vaste que celui des lettres françaises, qui est l'objet de ce livre. On y trouvera ensuite une présentation, également schématique, des formes littéraires vernaculaires qui, alors même que la littérature française a conquis son autonomie, reflètent le plus directement les préoccupations religieuses, morales ou spéculatives, qui trouvent habituellement leur expression en latin.

La place de la latinité dans la vie intellectuelle et littéraire

Ni les invasions germaniques, ni la chute de l'Empire romain, ni la réserve de l'Eglise à l'égard des belles-lettres, ni la régression du savoir au VIᵉ et au VIIᵉ siècle : rien de tout cela, on l'a vu dans le premier chapitre, n'a pu couper le Moyen Age de ses racines antiques. Les poètes latins, Virgile, Horace, Ovide, Stace, Plaute, Martial, n'ont jamais cessé d'être lus, copiés, admirés, imités, avec, bien entendu, pour chacun des variations selon les périodes. Sans le Moyen Age ils ne seraient pas parvenus jusqu'à nous, puisque, à de rares exceptions près, les manuscrits qui nous ont conservé leurs œuvres datent de cette époque. A travers des citations ou des réminiscences ils sont présents chez tous les auteurs, religieux et profanes. Ni leur influence ni la production poétique latine qu'ils inspirent ne sont affectées par le développement d'une littérature vernaculaire.

Bien plus, ce développement va de pair avec un nouvel essor de la latinité. De même qu'il y a eu une « renaissance carolingienne », il y a eu une « renaissance du XIIᵉ siècle », qui, à la différence de la première, a moins pris la forme d'une restauration que celle d'un nouvel élan de la vie de l'esprit et des lettres. Cet élan coïncide avec le grand épanouissement de la littérature française et occitane auquel sera consacrée notre seconde partie. Mais il marque tout autant la littérature latine sous toutes ses formes, la philosophie, la théologie. Dans ces domaines, il a pour cadre privilégié le monde des écoles, puis des universités, dont on parlera plus loin. Mais il n'est nullement étranger aux milieux qui favorisent les formes nouvelles de la littérature française.

L'exemple d'un milieu littéraire : les lettres latines à la cour des Plantagenêts

Un exemple illustre en est fourni par la cour anglo-normande des rois d'Angleterre Henri Ier et surtout Henri II Plantagenêt (1133-1189), lieu capital de l'épanouissement des lettres romanes qui voit naître les premiers romans français et où la reine Aliénor d'Aquitaine et ses fils sont si accueillants à la poésie des troubadours. Cette cour est aussi — est plus encore, peut-être — un centre brillant de la latinité, autour duquel évoluent un grand nombre d'écrivains latins, poètes, historiens, moralistes et conteurs.

Parmi les historiens, l'évêque gallois Geoffroy de Monmouth (*ca* 1100-*ca* 1155), l'auteur de l'*Historia regum Britanniae* (Histoire des rois de Bretagne) et de la *Vita Merlini* (Vie de Merlin) en vers, retiendra particulièrement notre attention parce qu'il est à l'origine du succès de la légende arthurienne. Mais il n'est qu'un nom parmi beaucoup d'autres, comme Guillaume de Newburgh, Aelred de Rievaux, également théologien et moraliste, ou, à la génération précédente, le grand Orderic Vital (1075-*ca* 1142). Giraud de Barri (1147-après 1220), qui revendique ses origines galloises en se nommant lui-même Giraud le Cambrien (Giraldus Cambrensis), est un polygraphe à l'instinct d'ethnologue. A côté d'une autobiographie et de traités visant à la réforme du clergé gallois, il a consacré d'intéressants ouvrages à l'Irlande (*Topographia Hibernica*, *Expugnatio Hibernica*) et au pays de Galles (*Itinerarium Cambriae*, *Descriptio Cambriae*). Mais historiens et « géographes » ne sont pas seuls. Jean de Salisbury (*ca* 1120-1180), formé dans les écoles de Chartres, dont il sera évêque, décrit les vanités de la cour dans le *Policraticus* et trace un tableau de la vie intellectuelle de son temps dans le *Metalogicon*, en même temps qu'il joue un rôle politique important

comme conseiller du pape Adrien IV et secrétaire de deux ar-
chevêques de Canterbury, dont le second est Thomas Becket.
Son ami, le grand poète Gautier de Châtillon, consacre entre 1178 et 1182 une épopée à Alexandre le Grand, l'*Alexan-
dreis* : on verra que le premier roman français, bientôt remanié
dans les mêmes milieux et vers la même époque, est un *Roman
d'Alexandre*. De même, et bien que son poème ne puisse se
comparer à celui de Gautier, Joseph d'Exeter compose
vers 1191, quelques vingt ans après le *Roman de Troie* français,
un *De bello Trojano*. Le conteur Gautier Map, né vers 1135, reflète dans son *De nugis curialium (Contes de courtisans)* la vie et les
curiosités de cette cour.

La cour des Plantagenêts n'est certes pas le seul lieu où fleu-
rissent au XIIᵉ siècle les lettres latines. Mais cet exemple fameux
nous rapproche de notre sujet, puiqu'il montre la rencontre des
littératures latine et française. Encore une fois, il ne peut être
question de donner ici une idée, même sommaire, de la production latine médiévale. A elle seule la littérature historique et hagiographique est un monde. Et même un milieu aussi rebelle
aux belles-lettres que la cour capétienne pouvait voir naître une
épopée en hexamètres, comme la *Philippide* de Guillaume le Breton écrite à la gloire de Philippe-Auguste. Nous aurons au moins
l'occasion, à propos de chacun des genres littéraires français,
d'effleurer souvent le domaine latin en nous interrogeant sur les
modèles, les sources et les correspondances.

Il est toutefois nécessaire d'évoquer ici dans ses grandes
lignes un autre type de milieu intellectuel, parce qu'il est le lieu
même où vit la latinité, le lieu où ont été formés et que fréquen-
tent les clercs de cour même dont on vient de parler : celui des
écoles et plus tard des universités.

Ecoles monastiques, écoles urbaines. La redécouverte de la philosophie et la réaction cistercienne

Un clerc, on l'a vu dans notre premier chapitre, est à la fois un
homme d'Eglise et un homme de savoir. Le savoir lui est donc
inculqué par l'Eglise. Les écoles, dont l'époque carolingienne a vu

le renouveau, sont des écoles monastiques ou des écoles cathédrales. Des écoles monastiques, car l'usage de l'époque est de faire
entrer les enfants tout jeunes dans le monastère où ils sont destinés
à être moines ; lorsque, au début du XIIIᵉ siècle, les nouveaux
ordres mendiants recruteront des adultes, l'innovation paraîtra
dangereuse et l'on se demandera si de jeunes hommes qui ont eu
l'expérience du monde peuvent changer ausi radicalement de vie.
Ces petits enfants, futurs et jeunes moines, il faut bien faire leur
éducation. Des écoles cathédrales, d'autre part, car il est de la responsabilité de l'évêque de former le clergé séculier de son diocèse.

Comme exemple d'école monastique, on peut citer celle de
l'abbaye du Bec, en Normandie, illustrée au XIᵉ siècle par
l'enseignement du théologien Lanfranc, et plus encore par celui
de son élève saint Anselme, plus tard archevêque de Canterbury
(1033-1109), l'inventeur de l'argument ontologique destiné à
prouver l'existence de Dieu qui devait être repris par Descartes.
Les écoles cathédrales, quant à elles, prennent un peu plus tard
leur véritable essor. Ce sont par définition des écoles urbaines.
Elles bénéficient de l'essor et de l'enrichissement des villes à la
faveur de la paix relative et du développement du commerce à
partir de la seconde moitié du XIᵉ siècle. Dans les dernières
années de ce siècle et au début du suivant, on voit briller, par
exemple, l'école de Laon où enseigne un autre Anselme, dont de
futurs maîtres chartrains, comme Gilbert de la Porrée, et parisiens comme Guillaume de Champeaux et Abélard, qui ne
l'appréciait guère, ont suivi l'enseignement.

Ces écoles renouent avec la philosophie, oubliée du haut
Moyen Age à cause de l'ignorance de plus en plus généralisée
du grec. Seul grand philosophe de l'époque carolingienne, Jean
Scot Erigène est aussi le seul bon, ou assez bon, helléniste de son
temps, le seul à avoir de Platon une connaissance réelle, mais
son influence ne s'exercera que deux siècles plus tard. A son époque, les compilations philologico-scientifiques, qui avaient
atteint leur sommet avec l'œuvre d'Isidore de Séville, semblent
encore le *nec plus ultra* de la spéculation intellectuelle. Longtemps
on ne lira de Platon que la traduction latine du *Timée* due à
Chalcidius. Mais au XIIᵉ siècle, les auteurs grecs, en particulier
Aristote, sont réintroduits en Occident grâce aux rapports plus
étroits qu'entretient avec celui-ci le monde islamique qui les
avait connus par l'intermédiaire des communautés chrétiennes

orientales et qui n'avait cessé de les étudier. Traduits en latin à
partir du grec ou à partir de leurs traductions arabes, ils donnent une impulsion nouvelle à la philosophie — par exemple à
la fameuse querelle des universaux, qui portait sur la réalité des
idées — et, à travers la philosophie, à la théologie.

Les écoles urbaines susciteront bientôt la méfiance, voire l'hostilité des milieux monastiques, en particulier cisterciens. Pour les
moines dont l'idéal est de vivre en Dieu dans la solitude, la ville est
le lieu du péché et Paris la nouvelle Babylone. A une pensée fondée sur la méditation de l'Ecriture sainte, l'examen critique
auquel invite la philosophie, l'application de l'appareil logique et
dialectique à la connaissance de Dieu paraissent vite dangereux.
Saint Bernard de Clairvaux (1090-1153), la plus grande autorité
morale de son temps, et son disciple Guillaume de Saint-Thierry
jugent excessif l'intérêt que les auteurs chartrains portent à la
connaissance du monde — à ce que nous appelons les sciences —
et craignent qu'une pensée trop centrée sur l'homme éloigne de
Dieu. Ils s'acharnent contre Abélard qui, dans le *Sic et Non (Oui et
Non)*, montrait que les divergences d'opinion entre les Pères de
l'Eglise rendent insuffisant l'argument d'autorité et imposent
d'appliquer les lois de la raison à l'exégèse scripturaire.

Or la personnalité de saint Bernard, la vigueur de sa foi,
l'élévation de sa mystique, ses remarquables qualités d'écrivain
à l'éloquence brillante et aux effusions touchantes, la puissance
de l'ordre cistercien, son influence sur la dévotion des laïcs : tout
cela a pour conséquence que, jusqu'à la seconde moitié du
XIIIᵉ siècle, l'influence de saint Bernard et de ses fils sera beaucoup plus profonde sur la littérature en langue vulgaire que
celle du monde des écoles. Beaucoup d'ouvrages de saint Bernard — sermons ou traités — seront très vite traduits en français et la marque de la spiritualité cistercienne se fera sentir, on
le verra, jusque dans les romans arthuriens.

L'école chartraine

Mais revenons aux écoles. Le XIIᵉ siècle voit le rayonnement
de celles de Chartres et de celles de Paris. L'école chartraine est
marquée par un esprit que l'on a pu qualifier d'humaniste.

En marge des lettres françaises   49

Humaniste, parce qu'il fait confiance à la raison pour interpréter le monde et les œuvres de Dieu. Humaniste, parce qu'il place l'homme au centre du monde et suppose un réseau de correspondances rigoureuses entre le macrocosme (l'univers) et le microcosme (l'homme). Humaniste, enfin, dans les principes et les convictions qui l'animent : sentiment de la continuité de la pensée, voire d'une sorte de progrès de l'esprit humain, depuis l'Antiquité païenne jusqu'à l'époque moderne ; respect et admiration pour les auteurs antiques ; attention à la correction et à l'élégance de la langue ; coloration néo-platonicienne de la pensée ; intérêt porté à tous les ordres du savoir humain. Ce souci de la synthèse intellectuelle, mais aussi morale et spirituelle, correspond à la conception que l'on a à l'époque de la philosophie, terme sous lequel on regroupe précisément l'exploitation de la philosophie antique, le savoir sur le monde — ce que nous appelons le savoir scientifique —, la morale, la connaissance de Dieu et de la vie en Dieu.

L'union des différentes formes de la pensée et du savoir est rendue possible par le recours aux notions de correspondances, d'analogies, de sens second ou caché derrière le voile — *integumentum, involucrum* — des apparences sensibles ou du sens littéral : correspondances entre le macrocosme et le microcosme ; vérité cachée sous les fictions et les fables de la littérature antique. On verra plus loin l'influence considérable de cette forme de pensée sur la littérature française.

A l'origine de l'école chartraine semble se trouver Bernard de Chartres, mort vers 1130, professeur au rayonnement considérable, mais dont peu d'écrits nous sont conservés, à moins que le grand commentaire sur l'*Enéide* traditionnellement attribué à Bernard Silvestre soit en réalité de lui, comme certains tendent à le penser aujourd'hui. Ses élèves et ses successeurs sont Jean de Salisbury, qui lui voue une immense admiration et que nous avons rencontré à la cour de Henri II Plantagenêt, Gilbert de la Porrée, qui a aussi étudié à Laon, Guillaume de Conches, qui commente le *Timée* de Platon, Boèce, Macrobe, et s'intéresse à la médecine, Bernard Silvestre. Ce dernier célèbre dans un vaste prosimètre (ouvrage en prose et en vers alternés), le *De mundi universitate* ou *Cosmographia*, l'harmonie du macrocosme et du microcosme et évoque, en s'inspirant de la cosmogonie du *Timée*, la création du monde et celle de l'homme par des entités allégoriques dont les principales sont Noys (la pensée divine) et Natura. C'est lui qui proclame la dette de ses contemporains à l'égard des Anciens en une formule fameuse : « Nous sommes des nains juchés sur des épaules de géants. Nous voyons ainsi davantage et plus loin qu'eux, non parce que notre vue est plus aiguë ou notre taille plus haute, mais parce qu'ils nous portent en l'air et nous élèvent de toute leur hauteur gigantesque. »

Nous retrouverons plus loin dans ce livre un disciple de Bernard Silvestre et de Gilbert de la Porrée, marqué par le platonisme chartrain, Alain de Lille, à travers l'influence qu'il exercera sur la poésie allégorique française, et surtout sur le *Roman de la Rose* de Jean de Meun. Alain enseigne à Paris dans les années 1180 avant d'être envoyé dans le Midi pour prêcher contre les cathares. Il se retire à Cîteaux où il meurt en 1203. Il a laissé une œuvre théologique et oratoire importante, mais il nous intéresse surtout ici comme auteur de deux prosimètres, le *De planctu Naturae (Lamentation de Nature)*, où Nature se plaint que l'homme se révolte contre ses lois dans le domaine de l'amour, et l'*Anticlaudianus (ca 1180)*, récit de la création de l'homme idéal en réponse au portrait de l'homme diabolique brossé jadis par Claudien, où reparaissent, parmi d'autres, les personnages allégoriques du *De mundi universitate*.

Les écoles parisiennes

D'abord installées dans l'île de la Cité, sous le regard et l'autorité de l'évêque et du chapitre de Notre-Dame qui leur fournit beaucoup de leurs maîtres, les écoles parisiennes essaiment au début du XIIᵉ siècle sur la rive gauche. Elles escaladent la Montagne Sainte-Geneviève à l'est de laquelle le célèbre théologien Guillaume de Champeaux (*ca* 1070-*ca* 1121) fonde en 1108 la prestigieuse abbaye de Saint-Victor. C'est parmi ses membres, qui ne sont pas des moines, mais des chanoines réguliers soumis à la règle de saint Augustin, que se recrutent pendant tout le XIIᵉ siècle une grande partie des maîtres parisiens. On peut citer parmi eux le grand exégète André de Saint-Victor ; Hugues de Saint-Victor, dont le nombre même des œuvres qui lui sont attribuées à tort montre le renom et qui propose dans le *Didas-*

calicon une méthode du savoir et une classification des sciences ; le prédicateur Achard de Saint-Victor ; Richard de Saint-Victor, dont le *Liber exceptionum* est une sorte de polycopié (les manuscrits en sont très nombreux) à partir de notes prises à son cours, un commentaire de la Bible qui en expliquait, selon la méthode traditionnelle, d'abord le sens littéral, puis le sens allégorique, enfin le sens moral. Théologien profond, Guillaume de Champeaux lui-même ne méritait pas les sarcasmes dont Abélard, son élève rebelle, l'a accablé après avoir triomphé de lui dans le domaine de la logique.

D'autres maîtres sont des clercs séculiers : certes, ils appartiennent à l'Eglise, mais ils n'ont reçu le plus souvent que les ordres mineurs et sont très rarement prêtres. Ceux-là font réellement de l'enseignement leur seul métier. C'est le cas d'Abélard, qui put librement épouser son élève Héloïse, mais tint son mariage secret par respect humain, trouvant cet état ridicule pour l'illustre professeur qu'il était, et s'attira ainsi de la part du chanoine Fulbert, l'oncle d'Héloïse, les terribles représailles que l'on sait.

Pierre Abélard est sans doute l'esprit le plus original et le plus controversé de cette première moitié du XIIᵉ siècle. Né en 1179 près de Nantes, de famille noble, élève de Roscelin, de Thierry de Chartres, dont l'enseignement scientifique lui reste hermétique, et, on l'a dit, de Guillaume de Champeaux, il enseigne avec un succès considérable à Melun et à Corbeil, puis à Paris sur la Montagne Sainte-Geneviève. Après sa castration, il est moine à Saint-Denis, où il est en butte à l'hostilité des autres religieux, fondateur de l'oratoire du Paraclet, qu'il laissera à Héloïse, devenue après leur séparation nonne à Argenteuil, abbé du monastère de Saint-Gildas-de-Rhuys, près de Vannes, dont les moines tentent de l'empoisonner. Il reprend périodiquement son enseignement, toujours avec le même succès. En 1121, son traité sur la Trinité a été condamné au concile de Soissons ; en 1140, à l'instigation de saint Bernard, son Introduction à la Théologie l'est à son tour au concile de Sens. Malade et isolé, il trouve à Cluny l'hospitalité de l'abbé Pierre le Vénérable et meurt dans un prieuré clunisien près de Chalon-sur-Saône en 1142.

Esprit vigoureux et volontiers arrogant, Abélard est à la fois un logicien, un dialecticien et un théologien. Il propose des solutions originales à plusieurs des grands problèmes de son temps : celui des universaux, celui de l'appréhension de la Trinité. Il définit une morale de l'intention en définissant le péché comme un consentement au mal.

Abélard a également écrit une autobiographie, l'*Historia calamitatum (Histoire de mes malheurs)*, suivie d'une correspondance avec Héloïse dont l'authenticité a été discutée. Cet ensemble sera traduit en français par Jean de Meun à la fin du XIIIᵉ siècle. Si les chansons d'amour qu'il a composées pour Héloïse et que l'on entendait chanter, dit-il, à tous les carrefours, sont perdues, on a conservé en revanche un long poème moral adressé à son fils Astralabe et plusieurs pièces religieuses.

Naissance des universités

La seconde moitié du XIIᵉ siècle voit s'apaiser le bouillonnement intellectuel du début du siècle, dont Abélard est le représentant le plus flamboyant. Mais cette période voit les écoles se doter d'une organisation qui annonce la naissance prochaine de l'université. Elles sont placées sous l'autorité d'un chancelier. Les maîtres ont obtenu la *licentia docendi* (licence d'enseignement). Les titulaires de la licence ès arts enseignent les arts du *trivium* (grammaire, rhétorique, dialectique) et du *quadrivium* (géométrie, arithmétique, musique, astronomie), autrement dit les sept arts libéraux tels qu'ils apparaissent au Vᵉ siècle dans l'œuvre de Martianus Capella. S'ils poursuivent leurs études, ils pourront un jour enseigner le droit, la médecine, la théologie, après avoir obtenu la licence correspondante ; le droit et la médecine s'enseignent peu à Paris, qui est surtout célèbre pour la théologie. Venus de l'Europe entière, les étudiants sont logés par « nations » dans des collèges. A leur usage, on rédige les manuels qui seront à la base de l'enseignement des universités : le *Livre des sentences* de Pierre Lombard, l'*Historia scolastica* de Pierre le Mangeur. Quant à l'enseignement élémentaire de la grammaire, il se fonde toujours sur le vieux traité de Donat.

Dès les premières années du XIIIᵉ siècle, les écoles parisiennes se réunissent pour former la première université. Leur exemple est bientôt suivi par celles de Bologne, de Montpellier, d'Oxford, destinée aux étudiants anglais empêchés par la guerre franco-anglaise d'aller étudier à Paris. D'autres universités se créent presque de toutes pièces, filles des troubles des temps, comme à Orléans, dans les circonstances évoquées plus bas, et à Toulouse, où le traité de Paris de 1229, épilogue politique de la croisade albigeoise, décide de sa fondation en même temps qu'il prévoit le rattachement du comté au domaine royal. Chaque université, sous l'autorité du chancelier, regroupe les quatre Facultés, celle des Arts, où les étudiants débutants suivent le cursus déjà classique du *trivium* et du *quadrivium*, et celles de Droit, de Médecine et de Théologie. Particulièrement réputée, la Faculté de Théologie de l'université de Paris recevra bientôt le nom de Sorbonne, après qu'un de ses maîtres, Robert de Sorbon, chapelain de saint Louis, aura fondé un collège pour les étudiants pauvres de cette discipline.

Très vite, ces jeunes universités, et plus que toutes les autres celle de Paris, sont secouées par les heurts de passions et d'intérêts divers. Elles ne constituent pas seulement en effet une puissance intellectuelle et spirituelle, mais aussi une puissance économique, grâce aux maîtres et aux étudiants qu'elles attirent dans les villes qui les accueillent, et tout à la fois une puissance et un enjeu politiques. L'université est forte des privilèges et des libertés que lui accorde un pouvoir civil qui voit en elle une source de prestige et de richesse. Institution ecclésiastique, dont les membres jouissent tous du statut clérical, elle n'en échappe pas moins largement à l'autorité de l'évêque. Elle a les moyens d'influer sur l'opinion : à Paris, les maîtres en théologie ont le privilège de pouvoir prêcher quand ils le veulent dans toutes les paroisses de la ville.

Au début du XIIIe siècle, cette autonomie et cette prospérité sont, aux yeux des maîtres séculiers, menacées par le succès dans les milieux universitaires des jeunes ordres mendiants, particulièrement des prêcheurs, et par la création de chaires de théologie à eux réservées. Dominicains et franciscains sont en effet étroitement liés à la fois au pouvoir pontifical et au pouvoir royal qui, dans la France de saint Louis, leur est très favorable. Les séculiers considèrent donc que la présence de maîtres appartenant à ces ordres compromet l'indépendance de l'université, et peut-être aussi leurs propres finances : l'entretien des maîtres mendiants est assuré par leur ordre, qui vit lui-même d'aumônes. Les séculiers voient là une sorte de concurrence déloyale. Pendant près de trente ans l'université de Paris est déchirée par cette querelle, depuis son prologue à l'occasion de la longue grève de 1229-1230 et du départ momentané de la Faculté des arts pour Orléans, où une université sera créée à cette occasion, jusqu'à la défaite des clercs séculiers et l'exil en 1257 de leur chef de file, Guillaume de Saint-Amour, qui ne met d'ailleurs pas immédiatement un terme aux hostilités.

Cette agitation ne nuit nullement à l'activité intellectuelle, et ce sont précisément les ordres mendiants qui donnent à cette époque à l'université de Paris ses professeurs les plus prestigieux, saint Albert le Grand et saint Thomas d'Aquin pour les dominicains, saint Bonaventure pour les franciscains, qui y enseignent successivement ou simultanément de 1245 à 1272. Le succès prodigieux, un moment combattu, mais en vain, par les autorités ecclésiastiques, de la pensée d'Aristote, dont l'œuvre, d'abord connue à travers Averroès, commence, on l'a dit, à être traduite en latin, le triomphe de la philosophie dans tous les domaines de l'activité intellectuelle — cette philosophie des écoles, dite pour cela scolastique —, la substitution de la dialectique à la logique grammaticale comme fondement de la pensée spéculative, le goût de la synthèse et des « sommes » caractérisent cette période et trouvent, bien entendu, leur expression la plus remarquable dans la *Somme théologique* de saint Thomas d'Aquin (1274). Hors du domaine de la spéculation théologique, d'autres sommes prennent la forme de compilations encyclopédiques, comme le triple *Miroir* (naturel, doctrinal et historique) du dominicain Vincent de Beauvais.

A la différence de celle du siècle précédent, la littérature française du XIIIᵉ siècle, comme il apparaîtra plus loin, se fait largement l'écho, avec Rutebeuf ou Jean de Meun, de la double activité polémique et spéculative qui enfièvre l'université.

La poésie

Abélard, on l'a vu, n'est pas seulement un philosophe et un théologien, un universitaire avant la lettre, mais aussi un poète. Son cas est loin d'être unique. De la fin du XIᵉ à la fin du

XIIe siècle et au-delà, au moment même où la littérature romane connaît son grand essor, la poésie latine brille d'un éclat particulièrement vif. Elle bénéficie de la floraison des écoles, car c'est le milieu des écoles qui produit les poètes.

Les dernières années du XIe siècle voient ainsi toute une génération de poètes formés dans les écoles, puis eux-mêmes « écolâtres », c'est-à-dire professeurs, avant qu'un siège épiscopal vienne couronner leur carrière, cultiver une poésie légère, teintée d'un humanisme aimable, nourrie de réminiscences antiques : le délicat Baudri (1046-1130), abbé de Bourgueil, puis archevêque de Dol ; Marbode (*ca* 1035-1123), son condisciple à l'école cathédrale d'Angers, écolâtre de cette même école, puis évêque de Rennes, surtout connu comme auteur d'un lapidaire très lu pendant tout le Moyen Age, qui regrettait sur ses vieux jours d'avoir laissé les jeunes filles d'une abbaye d'Angers, dont il dirigeait les études, se complaire au charme équivoque de ses poèmes ; le fécond Hildebert de Lavardin (1055-1133), écolâtre, puis évêque du Mans avant d'être archevêque de Tours, à l'élégance presque classique mais capable de cultiver aussi la poésie rythmique religieuse.

Vers le milieu du XIIe siècle, la multiplication, l'extension, l'organisation des écoles entraînent, avec l'apparition d'un type social nouveau, celle d'une production poétique particulière. Ce type nouveau est celui de l'universitaire. Maîtres et étudiants appartiennent juridiquement à l'Eglise, sans cependant y exercer le plus souvent de fonction pastorale ou religieuse, sans non plus qu'il y ait de rapport entre le rang de leur insertion théorique dans la hiérarchie de l'Eglise et la place qu'ils occupent effectivement, puisque le plus prestigieux des maîtres peut n'avoir reçu, comme le plus humble des étudiants, que les ordres mineurs. Ils se définissent donc tous essentiellement comme des intellectuels, et c'est bien cela que signifie avant tout le mot clerc.

Comme tous les intellectuels, et comme le montrent les liens distendus qui les relient à l'Eglise en tant qu'institution, leur insertion sociale est précaire, au moins tant qu'ils n'ont pas atteint le faîte des honneurs universitaires. Les étudiants sont souvent pauvres, souvent déracinés dans les villes où ils étudient, souvent itinérants, car ils courent l'Europe pour aller écouter les professeurs réputés, qui eux-mêmes se déplacent. Les études sont longues, l'avenir incertain. Ils ne sont pas assurés, quand ils n'ont ni fortune ni relation, d'obtenir un jour dans l'Eglise la charge ou le bénéfice qui les fera vivre, ni de devenir à leur tour maître dans les écoles, ni de trouver un emploi d'homme de plume auprès d'un puissant.

C'est dans leurs rangs que se recrutent ceux que l'on appelle les clercs vagants ou encore les goliards, du nom de Golias, personnage mythique dans lequel s'incarne l'esprit qui les anime et dont ils font leur porte-parole. Ils dénoncent la cupidité et la vénalité des princes de l'Eglise, ils chantent l'amour, parfois en termes osés, le vin, la saveur de l'instant, mais abordent tout aussi bien des thèmes religieux, dans des poèmes mêlés parfois de français ou, plus souvent, d'allemand, poèmes rythmiques, dont la métrique est celle de la langue vulgaire, fondée sur le compte des syllabes et sur la rime, et non sur la scansion des longues et des brèves. Certains des thèmes qu'ils traitent, comme celui de la rencontre amoureuse dans un lieu idyllique *(locus amoenus)* connaissent à la même époque ou un peu plus tard un vif succès dans la poésie vernaculaire. Plusieurs manuscrits ont conservé leurs poèmes. Le plus célèbre provient de l'abbaye de Benediktbeuern et ses chansons sont connues pour cette raison sous le nom de *Carmina burana*.

La poésie goliardique est loin d'être cultivée seulement par de pauvres hères, bien qu'un Hugues d'Orléans, dit le Primat, pose au poète maudit et au gueux. On ne sait qui était le personnage connu sous le nom d'Archipoeta, auteur de la *Confession de Golias*, mais il était protégé, vers 1160, par l'archevêque élu de Cologne, archichancelier de l'empereur Frédéric Barberousse. Les chansons perdues d'Abélard relevaient probablement du courant goliardique. Et le plus remarquable de ces poètes n'est autre que Gautier de Châtillon, l'auteur de l'*Alexandréide*, qui appartient, on l'a vu, à la cour et à la chancellerie de Henri II Plantagenêt : on lui doit des pièces célèbres comme le *Discours de Golias aux prélats* ou l'*Apocalypse de Golias*, certaines d'entre elles satiriques et mordantes *(Propter Sion non tacebo/ sed ruinas Romae flebo)*, d'autres d'un ton personnel très émouvant *(Dum Gualterus egrotaret* ou *Versa est in luctum/ cythara Waltheri)*.

L'esprit universitaire et la satire sont également présents dans des productions bien différentes, relevant de la poésie métrique, comme les œuvres d'Alain de Lille, citées plus haut, ou l'*Architrenius* de Jean de Hanville (1184) qui, dans un registre plus léger, n'en est pas très éloigné et qui évoque avec amertume la triste condition des étudiants pauvres dans les écoles de Paris.

Un dernier mot pour signaler l'apparition, de la fin du XIIᵉ au milieu du XIIIᵉ siècle, de plusieurs Arts poétiques *(Artes dicandi)* : la même époque voit fleurir des Arts de la prédication *(Artes praedicandi)* et des Arts épistolaires *(Artes dictaminis)*. Ces Arts poétiques, édités autrefois par Edmond Faral, sont celui de Mathieu de Vendôme vers 1175, celui de Geoffroy de Vinsauf et celui de Gervais de Melkley au début du XIIIᵉ siècle, celui d'Evrard l'Allemand et celui de Jean de Garlande vers le milieu du siècle. Il ne faut pas y chercher la moindre réflexion théorique. Ce sont des recueils de recettes et de modèles. Il est intéressant de les comparer à la pratique de la littérature française de leur temps, bien que le résultat ne soit pas toujours aussi éclairant qu'on le souhaiterait.

Ce parcours beaucoup trop rapide ne cherchait qu'à faire mesurer la richesse de la latinité médiévale ainsi qu'à attirer l'attention sur les domaines qui sont le plus étroitement en rapport avec celui de la littérature française et au regard desquels il est nécessaire de la situer. On aura chemin faisant l'occasion d'en évoquer quelques autres, tandis que la situation propre à la fin du Moyen Age nous obligera à revenir brièvement sur les relations nouvelles du monde latin et vernaculaire à cette époque.

La littérature française à l'ombre de l'Eglise

L'essor de la littérature profane n'a pas plus tari la veine religieuse dans cette langue qu'il ne s'était produit au détriment du latin. Le souci pastoral ou didactique qui avait présidé à l'apparition et à la conservation écrite des premiers textes en langue vulgaire n'a jamais cessé de se manifester sous des formes variées.

Prières et textes liturgiques traduits ou glosés

C'est ainsi que l'on trouve dans des manuscrits latins, en particulier dans des psautiers, des prières en français, traductions ou adaptations du *Te Deum*, du *Gloria*, de l'*Agnus Dei*, du

Sanctus, du *Veni Creator*, litanies des saints, dans lesquelles l'utilisateur du manuscrit, s'il savait mal le latin, pouvait trouver une expression plus familière de sa ferveur. On trouve également dans des recueils divers, latins ou français, des traductions assez nombreuses des prières usuelles, le *Pater*, le *Credo*, l'*Ave Maria*, en prose ou en vers. Certes, ces prières ne relèvent pas en elles-mêmes de la littérature. Elles sont toutefois proches de celles qui se trouvent parfois insérées dans les chansons de geste ou dans les romans et manifestent ainsi la cohérence de la sensibilité religieuse.

D'autre part, il suffit que la traduction soit accompagnée, comme il arrive souvent, d'un commentaire pour que l'on se rapproche, sinon de l'éloquence sacrée, du moins des traités d'édification. L'homéliaire de Maurice de Sully est ainsi précédé d'une traduction glosée du Pater et du Credo. On est proche également de la prédication avec les épîtres farcies. Elles sont plusieurs, en langue d'oc et en français, pour la Saint-Etienne (26 décembre), mais il en existe aussi pour la Saint-Jean d'hiver (saint Jean l'Evangéliste, 27 décembre) et pour celle d'été (saint Jean-Baptiste, 24 juin), pour la fête des saints Innocents (28 décembre) et pour celle de quelques autres saints, y compris saint Thomas Becket (29 décembre), pour quelques grandes fêtes liturgiques enfin, Noël, Circoncision (1er janvier), Epiphanie, Assomption. Dans ces poèmes, l'épître du jour est citée ou traduite, puis commentée phrase par phrase. L'abondance de ces épîtres farcies pour la période qui va de Noël à l'Epiphanie montre le souci d'associer les fidèles aux offices lors des temps forts de l'année liturgique.

Les traductions de la Bible

Il est donc souvent difficile de distinguer nettement ce qui relève de la traduction de ce qui relève de la prédication, presque toujours fondée elle-même sur des modèles latins. Toutefois, il faut faire une place particulière aux traductions de la Bible, fragmentaires au XIIe siècle, systématiques au siècle suivant.

Il existe pour la fin du XIIe siècle deux traductions, très littérales, du psautier, l'une d'après la version hébraïque, l'autre d'après la version gallicane de saint Jérôme. A la fin du siècle, le « premier commentaire français des psaumes » offre lui aussi, au fil du commentaire verset par verset, une traduction intégrale. On date de la même époque une élégante traduction glosée des *Quatre livres des Rois*. Vers 1189, Hermann de Valenciennes compose la première adaptation intégrale en vers français de la Bible.

Au début du XIIIe siècle, les traductions se multiplient. On peut relever parmi elles une traduction en vers du *Livre des Juges* destinée aux chevaliers du Temple et de l'Hôpital et une traduction de l'Evangile de Jean en langue d'oc. Peu après paraît la première traduction complète en prose de la Bible, glosée par endroits, élaborée sans doute dans les milieux universitaires parisiens et connus sous le nom de *Bible française du XIIIe siècle*. Un demi-siècle plus tard, entre juin 1291 et février 1294, Guyart des Moulins adapte librement en français l'*Historia scolastica* de Pierre le Mangeur. A sa *Bible historiale*, comme on l'appela, les manuscrits ajoutèrent souvent une partie de la *Bible française du XIIIe siècle*, de façon à former la *Bible historiale complétée*. Durant tout le XIIIe siècle, les traductions en vers, partielles ou complètes, de la Bible se font très nombreuses. La plupart d'entre elles sont des adaptations libres, augmentées de farcissures et de commentaires nombreux ; on peut citer parmi elles celle de Macé de la Charité-sur-Loire, entreprise en 1283. A partir du XIVe siècle, les traductions nouvelles sont souvent contenues dans des manuscrits richement illustrés à l'usage des laïcs, où le texte est subordonné à l'image, comme dans la *Bible moralisée*, ou offrant une version très abrégée du texte scripturaire, comme celle de Roger d'Argenteuil.

Le nombre de ces traductions peut étonner, si l'on songe à la répugnance que manifestera l'Eglise catholique après la Réforme à permettre aux fidèles la lecture directe de la Bible dans leur langue. Il faut pourtant bien comprendre l'attitude qui est la sienne au Moyen Age. A ses yeux, seule la spéculation en langue vulgaire est dangereuse, car elle peut conduire à l'hérésie des esprits mal formés ; mais l'édification est toujours permise. L'université de Paris qui en 1210, après la condamnation de David de Dinant, ordonne de brûler tous les ouvrages de théologie en langue vulgaire, encourage d'autre part les traductions de la Bible et excepte explicitement de sa condamnation les vies de saints. C'est pourquoi il ne faut pas attribuer trop facilement les traductions vernaculaires de la Bible aux hérétiques. Celles que Gautier Map a vu remettre par les Vaudois au pape Alexandre III lors du IIIᵉ concile de Latran, en 1179, sont bien perdues. En revanche, les deux traductions intégrales du Nouveau Testament en langue d'oc que l'on possède pour le XIIIᵉ siècle sont peut-être effectivement hérétiques. L'une d'elles, dans le plus ancien des deux manuscrits qui la contiennent, celui de Lyon (fin du XIIIᵉ siècle), est suivie d'un rituel que les uns disent vaudois, les autres cathares.

Un dernier point touchant ces traductions doit être souligné. Les unes, on l'a vu, sont en prose, les autres en vers. Mais certaines, parmi les plus anciennes, ne sont, si l'on peut dire, ni en vers ni en prose. Ce sont des gloses juxtalinéaires dont la lecture suivie est inintelligible si l'on n'a pas le texte latin en regard, parce que leur fidélité à l'original latin est telle qu'elles échappent à la syntaxe du français. D'autres semblent intermédiaires entre la prose et le vers, comme celle des *Quatre livres des Rois*, où les phrases rimées sont nombreuses, sans qu'il s'agisse nécessairement, comme on l'a cru, de la mise en prose d'une traduction en vers antérieure. Les premières traductions réellement en vers n'apparaissent guère avant l'extrême fin du XIIᵉ siècle.

Or, depuis les premiers siècles du christianisme, et alors qu'il ne s'agissait encore que du latin, la légitimité des adaptations du texte sacré en vers, et même celle des poèmes religieux, était mise en question. Certes, leurs auteurs faisaient observer, comme Arator ou Ennode, que certains livres de la Bible sont des poèmes. Mais le livre même de la révélation chrétienne, le Nouveau Testament, est en prose. C'est en prose que Jésus parlait et que ses paroles ont été recueillies. D'une façon générale, et alors que les oracles antiques étaient encore si proches, personne ne semble jamais avoir douté que Dieu parlât en prose. Il n'est venu à l'idée ni des Septante ni de saint Jérôme de traduire la Bible en vers. Des discussions autour des adaptations en vers, il ressort que la prose semblait à tous moins apprêtée, plus transparente à l'idée, plus vraie, pourrait-on dire, que le vers. En outre, les simples la comprenaient plus facilement, et le souci pastoral, toujours présent, exigeait donc qu'elle fût préférée. Avit de Vienne renonce à la forme poétique « car trop peu comprennent la mesure des syllabes » et un peu plus tard l'évêque Léon de Nole fait résumer en prose le poème de Paulin sur saint Félix.

Mais les traductions en langue romane posaient un problème supplémentaire. Car, jusqu'à la fin du XIIe siècle, il n'existe pas de prose écrite dans ces langues. Le vers est la seule forme d'expression littéraire. Les traducteurs devaient donc être partagés entre le souci de fidélité à l'original, ce qui, en vertu d'une longue tradition, équivalait dans leur esprit à l'obligation d'écrire en prose, et les formes contraignantes de l'expression écrite en langue vulgaire, qui tendaient à leur imposer le vers. Il n'est pas impossible qu'un choix délibéré, né, dans ce domaine comme dans bien d'autres, de l'application aux nouvelles langues des lois littéraires de l'ancienne, ait orienté les premiers d'entre eux vers la prose, faisant d'eux, par une sorte de hasard, les créateurs de la prose française. Dans le chapitre consacré à la naissance de cette prose, nous retrouverons cette question.

Sermons en prose et en vers. Les états du monde

La même hypothèse peut s'appliquer aux plus anciens sermons romans, guidés par des modèles latins en prose et destinés à une expression orale sentie instinctivement comme appartenant à la prose. A partir de la fin du XIIe siècle, en effet, les sermons sont conservés un peu plus souvent, bien qu'encore exceptionnellement, en langue vulgaire.

D'une part, parmi les manuels de prédication à l'usage des prêtres, ou plus exactement parmi les recueils de sermons modèles *per totum circulum anni*, pour les dimanches et les fêtes de l'année liturgique, qui étaient abondamment diffusés depuis l'époque carolingienne, quelques-uns commencent à être rédigés en français ou dans une autre langue romane. Les prédicateurs n'ont ainsi même plus à traduire, pour le répéter devant leurs ouailles, le sermon qu'ils trouvent tout prêt dans leur « livre du maître ». Le plus célèbre, le plus complet, le plus diffusé de ces homéliaires est celui de Maurice de Sully, évêque de Paris de 1160 à 1196, qui entreprit la construction de l'actuelle cathédrale Notre-Dame. Il en existe une version latine, la seule à être certainement de Maurice de Sully, et une version française, qui est peut-être de lui et qui n'est en tout cas pas postérieure à 1220. Cette dernière, souvent plus explicite, plus répétitive, plus moralisante que la version latine, confirme ainsi par son contenu même le souci d'adaptation à un public populaire.

D'autre part, dans le courant du XIIIe siècle, apparaissent en assez grand nombre des recueils de sermons à lire, destinés à des dévots et, plus encore, à des dévotes. Les textes qu'ils contiennent sont le plus souvent centrés sur la *conversion* et le détachement du monde, et il n'est pas rare que leur tonalité soit nettement mystique. La spiritualité cistercienne y est partout présente, comme le confirment les nombreuses traductions de sermons, d'épîtres, de paraboles de saint Bernard. Ainsi, un même manuscrit contient une traduction des quarante-quatre premiers sermons sur le *Cantique des Cantiques (Sermones in Cantica)*, de l'épître *De l'amour de Dieu (De diligendo Deo)* et des homélies *En louange de la Vierge mère (In laudibus Virginis matris)*.

Les sermons en vers ne ressortissent pas de la prédication, mais de la poésie morale, souvent teintée de satire. C'est le cas du sermon *Grant mal fist Adam*, de celui de Guichard de Beaulieu, des *Vers* de Thibaud de Marly, du cycle de sermons du *Poème moral* ou du *Sermon au puile* de Bérengier. Même les *Evangiles des domnees* de Robert de Gretham, ouvrage qui semble proche des sermons du temporal, puisqu'il traduit et commente les Evangiles des dimanches, ne sont rien d'autres en réalité qu'un livre de lectures édifiantes. Beaucoup de ces textes, et d'autres encore comme le *Livre des Manières* de l'évêque Etienne de Fougères (*ca* 1175), comme la *Bible* de Guiot de Provins à la fin du XIIe siècle et celle d'Hugues de Berzé entre 1215 et 1220, prennent la forme d'une revue des états du monde, examinant successivement toutes les catégories de la société pour faire la satire des vices propres à chacune et les flétrir. Ils forment une sorte d'extension littéraire des *sermones ad status*, sermons conventionnellement adressés à un type social ou moral.

Cette poésie édifiante et satirique prend volontiers un tour personnel, très sensible, par exemple, dans les célèbres *Vers de la mort* du cistercien Hélinand de Froidmont (*ca* 1195). On verra plus loin que les conséquences de cette orientation dépassent largement le cadre de la littérature morale et religieuse.

Littérature hagiographique et mariale

Vies de saints, sermons sur les saints : les genres là encore se confondent. La grande compilation hagiographique rédigée en latin à la fin du XIIIᵉ siècle par le franciscain italien Jacques de Voragine, et connue sous le nom de *Légende dorée*, suit elle-même l'ordre du calendrier liturgique. Bientôt traduite en français, elle n'est que l'aboutissement, marqué par le goût de son temps pour l'exhaustivité encyclopédique, des innombrables vies de saints importées d'Orient, comme les *Vitae patrum*, ou produites en Occident depuis le haut Moyen Age et traduites ou récrites en langue vulgaire, en vers ou en prose, depuis — on l'a vu — l'origine de ces langues. Les énumérer serait interminable autant qu'insipide. Certaines, en vers, sont l'œuvre d'auteurs connus. Wace, dont on verra l'importance pour la naissance du roman breton, est l'auteur d'une *Vie de sainte Marguerite*, d'un *Vie de saint Nicolas*, d'une *Conception Nostre Dame*. Guillaume le Clerc de Normandie a écrit une *Vie de sainte Marie-Madeleine*, Rutebeuf une *Vie de sainte Marie l'Egyptienne*. La vie d'un contemporain, comme Thomas Becket, au destin lourd d'implications politiques, a immédiatement inspiré des récits en latin et en langue vulgaire, généralement produits sur commande. Quatre ans à peine après l'assassinat, en 1170, de l'archevêque de Canterbury dans sa cathédrale par des chevaliers du roi d'Angleterre Henri II Plantagenêt, le jongleur Guernes de Pont-Sainte-Maxence achève, à la demande de la famille, une *Vie de saint Thomas Becket* de plus de six mille vers.

La dévotion mariale, qui ne cesse de s'amplifier, a de son côté des répercussions considérables sur la littérature. Poèmes et chansons en l'honneur de la Vierge sont si nombreux qu'il serait vain d'en vouloir donner ici une idée. Les miracles de la Vierge, son pouvoir intercesseur, sa miséricorde envers les pécheurs ou — beaucoup plus rarement ! — sa vindicte fournissent la matière d'un très grand nombre d'*exempla*, ces anecdotes édifiantes destinées à illustrer les sermons et bientôt réunies en recueils systématiques. En français, on voit apparaître des collections de miracles de la Vierge en vers, souvent liées à ses lieux de pèlerinage : *Miracles de Notre-Dame de Chartres*, *Miracles de Notre-Dame de Rocamadour*.

Le recueil le plus important et le plus remarquable dans ce domaine est celui de Gautier de Coinci (1177-1236), moine de Saint-Médard de Soissons, qu'il quitte en 1214 pour devenir prieur à Vic-sur-Aisne et où il revient comme grand-prieur en 1233. Ses *Miracles de Notre-Dame* sont divisés en deux livres, dont chacun fait précéder les miracles — près de soixante au total — de chansons lyriques en l'honneur de la Vierge. Poète habile et parfois inspiré, excellent conteur, à la langue souple et riche, à l'esprit acéré et parfois mordant, Gautier de Coinci est un auteur de premier plan.

Littérature didactique, littérature scientifique

Cet ensemble vaste et mouvant n'a d'autre unité que sa dépendance à l'égard de l'Eglise et de la latinité. Il est presque tout entier fondé sur une démarche de traduction et d'adaptation.

Traduction et adaptation, d'abord, d'ouvrages à caractère dogmatique ou moral. Les célèbres *Dialogues* de Grégoire le Grand sont traduits en français dès le XIIe siècle. Le *digest* de la foi et du dogme qu'est l'*Elucidarium* d'Honorius Augustodunensis fait l'objet de nombreuses traductions en prose ou en vers, comme celle de Gilbert de Cambres. Le *Moralium dogma philosophorum* de Guillaume de Conches est traduit en français et remanié dans le *Livre de philosophie et de moralité* d'Alard de Cambrai, qui attribue fictivement chaque proverbe à un philosophe de l'Antiquité, le commente et l'illustre d'anecdotes. La *Disciplina clericalis* du juif converti Pierre Alphonse fait l'objet de deux traductions françaises, la *Discipline de clergie* et le *Chastoiement d'un pere à son fils*. Cet ouvrage exercera une influence considérable : les contes d'origine orientale que le père résume à son fils en grand nombre sous prétexte de lui enseigner la saine morale et les bonnes manières se retrouveront bientôt dans la littérature française sous forme de fabliaux ou de contes d'animaux.

D'autre part, l'ouvrage de Pierre Alphonse et ses traductions en français sont caractéristiques de la littérature d' « enseignements » qui se développe dans cette langue comme en langue d'oc et qui vise à l'instruction tantôt religieuse, tantôt mondaine des destinataires. On peut citer, parmi les ouvrages religieux de ce type, la *Lumiere as lais* de Pierre de Peckham, le *Manuel des péchés* attribué à William de Waddington, le *Miroir du monde* d'un cistercien anonyme, récrit et transformé par le dominicain Laurent, confesseur du roi de France Philippe III le Hardi, sous le titre de la *Somme le roi*, l'*Aprise de norture* (« apprentissage de l'éducation »), et, un peu plus tard, la *Doctrina pueril* de Raymond Lulle, bientôt traduite du catalan en français sous le titre *Doctrine d'enfant*. D'autres traités d'éducation sont essentiellement, voire uniquement profanes, comme les *Enseignements Trebor*, le *Doctrinal Sauvage*, l'*Ornement des dames*, le *Chastiement des dames* de Robert de Blois, *Los vers dels escolas* du troubadour Serveri de Gérone, le traité des *Quatre âges de l'homme* de Philippe de Novare, tous les *ensenhamens* des troubadours, celui d'Amanieu de Sescas, celui d'Arnaut de Mareuil, celui de Garin le Brun, celui de Raymond Vidal de Besalu.

On verra qu'à la fin du Moyen Age, non seulement les ouvrages d'éducation et de piété se multiplient, mais encore qu'apparaissent des tentatives à la fois plus concrètes et plus ambitieuses pour assurer en un seul livre, comme l'avait déjà tenté Raymond Lulle, l'éducation pratique, morale et religieuse du lecteur ou, plus souvent, de la lectrice.

Quant à la littérature scientifique en langue vulgaire, elle se manifeste de bonne heure, même s'il faut attendre le XIVe siècle pour la voir prendre son véritable essor, mais sous des formes bien particulières. D'abord celle du calendrier et du comput : savoir déterminer la date de Pâques était une connaissance indispensable. Le premier comput français, celui de Philippe de Thaon, remonte au début du XIIe siècle (1113, ou peut-être 1119). Ensuite la connaissance des animaux et des pierres, avec leurs vertus et leur symbolisme. On a signalé l'importance du lapidaire de Marbode. Il inspirera de nombreux traités français. Les bestiaires dérivent presque tous d'un ouvrage grec, tôt traduit en latin, le *Physiologus*. Certains s'inspirent du *De bestiis* d'Hugues de Saint-Victor. La liste des animaux, les uns réels, les autres mythiques, est presque toujours la même. La description de chacun d'eux et de ses mœurs débouche sur une interprétation allégorique à caractère religieux et moral : le cerf, le lion, le rhinocéros, le pélican représentent le Christ, l'aigle le baptême, la tourterelle l'Eglise, la sirène les biens de ce monde, la « serre » le diable, le castor le sage etc. Le plus ancien bestiaire

français est là encore celui de Philippe de Thaon, qui est suivi
d'un lapidaire (entre 1121 et 1135). Il est suivi de bien d'autres,
celui de Guillaume le Clerc, celui de Gervaise, celui de Richard
de Fournival qui, comme le font troubadours et trouvères,
transforme l'allégorie religieuse en allégorie amoureuse.

Au XIIIe siècle, l'esprit encyclopédique et l'effort scientifique
se manifestent en français avec, vers 1250, l'*Image du monde* en
vers de Gossuin de Metz, avec le *Livre du Trésor* en prose de Brunet Latin (1220-1294), marchand florentin un moment établi à
Paris et qui écrit en français, avec, en prose encore, le traité
scientifique et médical sous forme de questions et de réponses de
Placides et Timeo.

Mais nous voici à la fin du XIIIe siècle, plus de deux cents ans
après la *Vie de saint Alexis*, qui était le point le plus extrême du
développement de la littérature française que nous avions
atteint avant d'insérer, à titre de repère, ce chapitre synthétique. Avant de reprendre à présent le cours interrompu de l'histoire littéraire, observons que cette anticipation était nécessaire.
Non seulement pour peindre le fond latin sur lequel se détache
la littérature vernaculaire. Non seulement pour montrer
l'importance du courant édifiant et didactique qui ne cessera,
sous ses multiples formes, de l'irriguer. Mais encore parce que
les notions d'apprentissage, de modèle, d'effort, de travail, de
savoir définissent pendant tout le Moyen Age une littérature qui
aspire à une légitimité intellectuelle et morale, et qui se veut le
fruit de la compétence plus que de l'inspiration.

ORIENTATIONS BIBLIOGRAPHIQUES

Beriou Nicole, Berlioz Jacques et Longère Jean, *Prier au Moyen Age. Pratiques et
Expériences. Textes traduits et commentés sous la direction de...*, Turnhout, Brepols,
1991.

Bezzola Reto R., *Les Origines et la formation de la littérature courtoise en Occident (500-
1200)*, 5 vol., Paris, Champion, 1944-1967.

Bogaert Pierre Maurice (sous la direction de), *Les Bibles en français. Histoire illustrée
du Moyen Age à nos jours*, Turnhout, Brepols, 1991 (chap. I, p. 14-46, par
P. M. Bogaert).

Bruyne Edgar de, *Etudes d'esthétique médiévale*, Bruges, 1946.

Chenu M.-D., *La Théologie au XIIe siècle*, Paris, Vrin, 1966.

Curtius Ernst Robert, *La Littérature européenne et le Moyen Age latin*, trad. J. Bréjoux,
Paris, PUF, 1956.

De Ghellinck J., *La Littérature latine au Moyen Age*, Paris, 1939.

Faral Edmond, *Les Arts poétiques du XII* et XIII* siècle. Recherches et documents sur la technique littéraire au Moyen Age*, Paris, Champion, 1923.

Gilson Etienne, *La Philosophie au Moyen Age, des origines patristiques à la fin du XIV* siècle*, Paris, Payot, 1944.

Helin Maurice, *La Littérature latine au Moyen Age*, Paris, PUF, 1972 (« Que sais-je ? », n° 1043).

Jauss Hans Robert (sous la direction de), *La Littérature didactique, allégorique et satirique*, Grundriss der romanischen Literaturen des Mittelalters VI, 2 vol., Heidelberg, Carl Winter, 1968 et 1970.

Knowles David, *The Evolution of Medieval Thought*, 2ᵉ éd. revue par D. E. Luscombe et C. N. L. Brooke, Londres et New York, Longman, 1988.

Leclercq Jean, *L'Amour des lettres et le désir de Dieu. Initiation aux auteurs monastiques du Moyen Age latin*, Paris, Cerf, 1957.

Le Goff Jacques, *Les Intellectuels au Moyen Age*, Paris, Le Seuil, 1957.

Libera Alain de, *La Philosophie médiévale*, Paris, PUF, 2ᵉ éd., 1992 (« Que sais-je ? », n° 1044).

Longère Jean, *La Prédication médiévale*, Paris, Etudes augustiniennes, 1983.

Michel Alain, *La Parole et la Beauté. Rhétorique et esthétique dans la tradition occidentale*, Paris, Les Belles-Lettres, 1982.

Payen Jean-Charles, *Le Motif du repentir dans la littérature française médiévale (des origines à 1230)*, Genève, Droz, 1967.

Raby F. J. E., *A History of Christian Latin Poetry, from the Beginnings to the Close of the Middle Ages*, 2ᵉ éd., Oxford, 1953.

Raby F. J. E., *A History of Secular Latin Poetry in the Middle Ages*, 2ᵉ éd., Oxford, 1957.

Riché Pierre et Lobrichon Guy (sous la direction de), *Le Moyen Age et la Bible*, Paris, Beauchesne, « Bible de tous les temps » 4, 1984.

Sicard P., *Hugues de Saint-Victor et son école*, Brepols, Turnhout, 1991.

Smalley Beryl, *The Study of the Bible in the Middle Ages*, Oxford, Basil Blackwell, 1952.

Thomasset Claude, *Une vision du monde à la fin du XIII* siècle. Commentaire du dialogue de* Placides et Timeo, Genève, Droz, 1982.

Verger Jacques, *Histoire des universités en France*, Toulouse, Privat, 1986.

Zink Michel, *La Prédication en langue romane avant 1300*, Paris, Champion, 1976.

DEUXIÈME PARTIE
L'épanouissement

4. Les chansons de geste

Dans les dernières années du XIᵉ siècle apparaissent à peu près simultanément deux formes littéraires très différentes, mais qui toutes deux rompent nettement avec les modèles que pouvaient offrir les lettres latines, et qui toutes deux allaient constituer pour un temps les manifestations essentielles de la littérature romane : la chanson de geste en langue d'oïl et la poésie lyrique des troubadours en langue d'oc. La plus ancienne chanson de geste, la *Chanson de Roland* dans la version du manuscrit d'Oxford, date sans doute des alentours de 1098 et le premier troubadour, le comte de Poitiers et duc d'Aquitaine Guillaume IX, a vécu de 1071 à 1127.

Définition et nature du genre

Les chansons de geste sont des poèmes épiques. Elles confirmeraient donc la loi qui veut que l'épopée soit partout une manifestation archaïque de la littérature si la dialectique de l'innovation et de la continuité propre au Moyen Age ne venait une fois de plus brouiller le jeu. Ce sont des poèmes narratifs chantés — comme leur nom l'indique — qui traitent de hauts faits du passé — comme leur nom l'indique également. Le mot *geste* correspond en effet à un nominatif féminin singulier *gesta* qui s'est substitué, à une époque où la différence de longueur des voyelles finales n'était plus entendue, au neutre pluriel *gesta*, du participe passé de *gero*, « choses accomplies, hauts faits, exploits ». La geste, c'est l'histoire, c'est-à-dire à la fois les événements et leur récit, mais le mot signifie aussi parfois la famille, la lignée : les chansons de geste, on le verra bientôt, se sont constituées, développées, réparties en cycles familiaux ; la geste, c'est l'histoire des grands feudataires, et qui dit histoire féodale dit histoire familiale.

La forme et la manière

Les chansons de geste se définissent par une forme et par un contenu particuliers. D'abord par une forme particulière : elles sont composées de *laisses* (strophes de longueur irrégulière) assonancées, dont chacune ne recourt qu'à une seule assonance (l'assonance est la répétition de la même voyelle accentuée à la fin de chaque vers, tandis que la rime exige l'identité non seulement de cette voyelle, mais encore de la consonne qui la suit). Le mètre employé est le décasyllabe à césure mineure (4/6) ou, moins souvent, majeure (6/4). Vers la fin du XIIᵉ siècle, la mode de l'alexandrin concurrencera le décasyllabe. Mais au XVIᵉ siècle encore le décasyllabe est senti comme le mètre épique par excellence, puisque c'est lui que choisit Ronsard pour sa *Franciade*. On note que la *Vie de saint Alexis* était écrite en décasyllabes homophones et assonancés, mais que ses strophes étaient régulières et brèves (5 vers) ; la *Chanson de sainte Foy d'Agen*, quant à elle, était composée de laisses homophones et assonancées, mais le mètre en était l'octosyllabe, le vers usuel de la poésie médio-latine et qui deviendra celui du roman.

Le mot *laisse* à lui seul peut donner une première idée de ce qu'est l'esthétique des chansons de geste. Ce dérivé du verbe *laissier*, venant du bas latin *laxare*, signifie « ce qu'on laisse » et revêt à partir de là des sens variés : celui de « legs, donation » aussi bien que celui d' « excrément ». Dans le domaine littéraire il désigne d'une façon générale un morceau, un paragraphe, une tirade d'un texte ou d'un poème, qui forme un ensemble, s'étend d'un seul tenant, est récité ou chanté d'un seul élan, sans interruption. La composition épique en « laisses » implique ainsi une suite d'élans successifs, séparés plus qu'enchaînés : on lâche la bonde, si l'on peut dire, à la profération poétique, puis, au bout d'un moment, on s'arrête, on s'interrompt, on reprend son souffle, et on repart d'un nouvel élan sur une autre assonance, qui marque la rupture comme le font aussi la cadence mélodique en fin de laisse et parfois le vers plus court qui la termine.

D'où les effets poétiques particuliers que produit et dont use la chanson de geste. Pas de pure narrativité chez elle, pas de linéarité du récit, comme si l'intérêt n'était pas au premier chef de savoir ce qui va se passer ensuite. Au contraire, elle paraît jouer d'un perpétuel mouvement de ressac et se plaît aux répétitions et aux échos : succession de laisses répétitives, qui ne diffèrent que par l'assonance et par d'infimes variations de point de vue ou de contenu, selon le procédé dit des « laisses parallèles » ; retour incessant de formules couvrant un hémistiche ou parfois un vers entiers. En voici, emprunté à la *Chanson de Guillaume*, un exemple illustre. S'il est représentatif du style formulaire, il ne l'est pas absolument du procédé des laisses parallèles parce qu'il est plus progressif que répétitif, et aussi à cause de son caractère lyrique accusé. Mais comme chaque laisse est réduite à un quatrain, voire un tercet, il peut être reproduit ici. Pendant la bataille de Larchamp, comprenant que ses compagnons et lui sont perdus, Vivien envoie Girard appeler au secours son oncle Guillaume, à Barcelone. Accablé par le poids de ses armes désormais inutiles, Girard les jette l'une après l'autre :

« Ohi, grosse hanste, cume peise al braz !
N'en aidera a Vivien en Larchamp,

Qui se combat a dolerus ahan. »
Dunc la lance Girard en mi le champ.

« Ohi, grant targe, cume peises al col !
N'en aidera a Vivien a la mort. »

El champ le getad, si la tolid de sun dos.

« Ohi, bone healme, cum m'estunes la teste !

« Ah ! grosse lance, comme tu pèses à mon bras !
Je n'en aiderai plus Vivien qui, à Larchamp,
combat en douloureux efforts. »
Alors Girard la jette au loin.

« Ah ! grand bouclier, comme tu pèses à mon cou !
Je n'en aiderai plus Vivien contre la mort. »
Il la jette au loin, il l'enlève de son dos.

« Ah ! heaume solide, comme tu m'accables la tête !

N'en aiderai a Vivien en la presse,
Ki se cumbat el Archam sur l'erbe. »
Il le lançad e jetad cuntre terre.
« Ohi, grant broine, cum me vas apesant !
N'en aiderai a Vivien en Larchamp,
Qui se combat a dolerus ahan. »
Trait l'ad de sun dos, sil getad el champ.

Je n'en aiderai plus Vivien dans la mêlée,
lui qui combat à Larchamp sur l'herbe. »
Il le lance, il le jette contre terre.
« Ah ! grande cuirasse, comme tu m'es pesante !
Je n'en aiderai plus Vivien qui, à Larchamp,
combat en douloureux efforts. »
Il l'arrache de son dos et il la jette au loin.

(*Chanson de Guillaume*, v. 716-730).

On trouve même dans les plus anciennes chansons de geste de véritables effets de refrain comme celui qui, dans la *Chanson de Roland*, scande le désastre de Roncevaux et l'agonie du héros par de brefs regards portés sur le cadre oppressant et terrible :

Halt sunt li pui e li val tenebrus,
Les roches bises, les destreiz merveillus.
. . . .
Halt sunt li pui e tenebrus e grant,
Li val parfunt e les ewes curant.
. . . .
Halt sunt li pui e mult sunt halt les arbres.

Hauts sont les monts et les vals ténébreux,
les rochers durs, les défilés sinistres.
. . . .
Hauts sont les monts et ténébreux et grands,
les vals profonds, rapides les torrents.
. . . .
Hauts sont les monts et très hauts sont les arbres.

(*Chanson de Roland*, v. 814-815, 1830-1831, 2271).

Ou encore l'énigmatique *Lunsdi al vespre* (« Lundi au soir »), vers réduit à ce seul hémistiche qui revient trente et une fois dans la *Chanson de Guillaume*, sans parler du AOI qui ponctue irrégulièrement les laisses de la *Chanson de Roland* et qui n'a pas, jusqu'ici, livré son secret. On trouve enfin des effets de symétrie touchant la composition même du poème, par exemple, dans la *Chanson de Roland*, celle entre la désignation de Ganelon comme ambassadeur, puis de Roland comme chef de l'arrière-garde ou celle née des refus successifs opposés par Charlemagne aux ambassadeurs qui se présentent.

La chanson de geste fait ainsi appel à ce qu'on pourrait appeler les effets physiques du langage : la fascination et presque l'hypnose de la répétition ; le vertige de la même assonance résonnant vers après vers tout au long de la laisse et celui né d'une mélodie très simple, d'une psalmodie répétée, toujours identique, vers après vers, avec tout juste la variation d'une cadence sur l'hémistiche final de la laisse ou sur son dernier vers plus court. A vrai dire, ces mélodies ne nous sont pas directement parvenues. Mais notre ignorance même confirme leur simplicité et leur caractère stéréotypé : on jugeait inutile de les noter. Et nous pouvons nous en faire une idée par des témoignages indirects : un vers d'une chanson de geste parodique noté dans le *Jeu de Robin et de Marion* et les mélodies de certaines chansons de toile, dont on reparlera.

Ces effets sont accrus par le style propre aux chansons de geste : des phrases courtes et frappées, souvent bornées aux limites du vers, épousant le martèlement à la fois régulier et inégal du décasyllabe aux hémistiches asymétriques ; le goût de la parataxe et la répugnance à la subordination. Et de fait, il semble bien que le public médiéval n'ait pas seulement goûté les chansons de geste pour les histoires qu'elles racontent, mais aussi pour l'impression affective qu'elles produisent, puisque, d'après le témoignage de deux romans du début du XIIIe siècle, on prenait plaisir à s'en faire chanter de brefs fragments — une laisse, par exemple — isolés de leur contexte.

A cela s'ajoutent une présentation des personnages qui ne fait aucune part à la psychologie, un récit des événements qui ignore presque toute analyse réflexive des effets et des causes, une composition d'ensemble souvent assez lâche, qui se contente de souligner fortement les effets d'opposition et de symétrie plus que d'entretenir une progression, voire une cohérence. La chanson de geste décrit des actions, des comportements, des attitudes, reproduit des dialogues aux affirmations tranchées et aux articulations logiques implicites, et donne ainsi souvent, malgré la longueur des poèmes, malgré leur monotonie, malgré les répétitions des laisses parallèles, l'impression d'un laconisme énigmatique qui n'est pas sans séduction ni sans grandeur. Ainsi dans cette discussion entre Olivier et Roland, lorsque ce dernier veut sonner du cor pour alerter Charlemagne, après avoir refusé de le faire au début du combat, quand il en était encore temps :

Ço dist Rollant : « Cornerai l'oli-
                          fant,
Si l'orrat Carles, ki est as porz pas-
                          sant.
Je vos plevis, ja returnerunt Franc. »

Dist Oliver : « Vergoigne seroit
                          grant
Et repruver a trestuz voz parenz ;
Iceste hunte dureit al lur vivant !
Quant jel vos dis, n'en feïstes nient ;

Mais nel ferez par le men loement.

Se vos cornez, n'ert mie hardement.

Ja avez vos ambsdous les braz san-
                          glanz ! »
Respont li quens : « Colps i ai fait
                    mult genz ! »

Roland dit : « Je sonnerai l'olifant,

Charles, qui passe les ports, l'enten-
                          dra.
Je vous le garantis, les Francs revien-
                          dront. »
Olivier dit : « Ce serait un grand
                          déshonneur
et un blâme pour tous vos parents :
cette honte durerait toute leur vie !
Quand je vous l'ai dit, vous n'en
                avez rien fait ;
mais vous ne le ferez pas avec mon
                approbation.
Si vous sonnez le cor, ce ne sera pas
                bravoure.
Vous avez déjà les deux bras san-
                glants ! »
Le comte répond : « J'ai frappé de
                beaux coups ! »

(*Chanson de Roland*, v. 1702-1712).

La matière

Le second trait caractéristique des chansons de geste est leur
contenu. C'est le trait le plus visible et celui qui a frappé
d'abord. Les chansons de geste traitent de sujets essentiellement
guerriers qui ont la particularité de se situer toujours à l'époque
carolingienne, le plus souvent au temps de Charlemagne ou de
son fils Louis le Pieux. Les personnages qu'elles mettent en scène
sont des barons de Charlemagne qui combattent les Sarrasins ou
défendent leurs droits contre l'empereur ou son faible fils. Toutefois, la plus ancienne qui nous ait été conservée date, dans
l'état où nous la connaissons, de l'extrême fin du XIᵉ siècle.
Pourquoi traiter systématiquement d'événements qui se sont
produits — ou qui sont supposés s'être produits — trois siècles
plus tôt ? Ou faut-il croire que les chansons de geste remontent
à l'époque carolingienne, qu'elles sont contemporaines des événements qu'elles relatent et que nous ne les saisissons qu'au
moment où, après avoir pendant des siècles vécu dans l'oralité,
elles ont fini par être écrites ? Ces questions ont suscité depuis

plus d'un siècle des réponses contradictoires et un débat souvent passionné. Avant de le résumer et de faire apparaître ses implications et ses prolongements, au-delà de la question traditionnelle et insoluble de l'origine du genre, on va présenter brièvement la production épique dans son ensemble, puis examiner un cas exemplaire, le plus ancien et le plus illustre, celui de la *Chanson de Roland.*

Les grands cycles épiques

Dans les premiers vers de *Girart de Vienne* (début du XIIIe siè-cle), Bertrand de Bar-sur-Aube répartit la matière des poèmes épiques en trois cycles ou « gestes » : la Geste du Roi, celle de Garin de Monglane, celle de Doon de Mayence :

N'ot que trois gestes en France la garnie :	Il n'y eut que trois gestes dans la riche France :
Du roi de France est la plus seignorie,	celle dont on fait le plus de cas est sur le roi de France ;
Et l'autre aprés, bien est droit que gel die,	la suivante (il est bien juste que je le dise)
Est de Doon a la barbe florie...	est sur Doon à la barbe blanche...
La tierce geste, qui molt fait a proisier,	La troisième geste, très digne d'estime,
Fu de Garin de Monglane le fier.	est sur le fier Garin de Monglane.

Ce classement se fonde sur une idée juste des trois sources d'inspiration principales qui animent les différents poèmes. Mais il ne rend pas compte de tous et, là même où il s'applique, il n'est pas sans artifice, car les liens qui unissent les divers groupes de chansons sont de nature diverse. La Geste de Garin de Monglane, dont relève *Girart de Vienne* et dont le héros principal est Guillaume d'Orange, est l'ensemble qui mérite le mieux le nom de cycle. A partir d'une première chanson qui développe un épisode frappant et un thème crucial — la *Chanson de Guillaume* —, on en compose d'autres qui remontent vers le passé en racontant les « enfances » et les premiers exploits du héros, l'histoire de son père, puis de son grand-père, etc., ou qui se poursuivent vers l'avenir jusqu'à sa vieillesse. Les deux autres « gestes » sont toutefois constituées de façon beaucoup plus lâche.

La Geste du Roi

La Geste du Roi a pour noyau la *Chanson de Roland*, la plus ancienne, semble-t-il, et la plus illustre des chansons de geste. Elle comprend une vingtaine de chansons. On énumère ici les principales, non selon l'ordre — parfois incertain — de leur composition, mais selon celui des événements qui forment, selon l'expression de Gaston Paris, l' « histoire poétique de Charlemagne ».

Les enfances de Charlemagne et le destin de Berthe au Grand Pied, sa mère, sont relatés dans *Mainet* (seconde moitié du XIIᵉ siècle), dont nous n'avons qu'un fragment, et dans *Berte aus grans piés* d'Adenet le Roi, œuvre tardive (entre 1272 et 1274), intermédiaire entre le roman et la chanson de geste. Le bref et singulier *Voyage de Charlemagne à Jérusalem et à Constantinople*, qui remonte peut-être au début du XIIᵉ siècle, sert plus tard de point de départ au romanesque *Galien*, où ce fils d'Olivier retrouve son père sur le champ de bataille de Roncevaux. *Fierabras* (vers 1170), dont il existe aussi une version occitane, et la *Chanson d'Aspremont* (vers 1190), qui est un peu une chanson des enfances de Roland, se rapportent aux campagnes de Charlemagne en Italie. *Otinel*, *Anseïs de Carthage*, *Gaydon* tournent autour des expéditions d'Espagne. La *Chanson des Saisnes* de Jean Bodel (dernières années du XIIᵉ siècle) est consacrée, son titre le dit, à la lutte contre les Saxons et *Aquin* à celle contre des « Sarrasins » qui ont envahi la Bretagne.

Ces chansons, on le voit, célèbrent pour la plupart les expéditions et les guerres menées par Charlemagne en Espagne, en Italie, en Bretagne, en Saxe, en Palestine : des guerres contre les infidèles, des guerres saintes dans le récit desquelles se reflète l'idéal de la croisade. De fait, la *Chanson de Roland*, sur laquelle on reviendra plus loin, est contemporaine de la première croisade (1095-1099). En langue d'oc, où la littérature épique est pourtant peu représentée, la tradition rolandienne donne naissance à la chanson de geste romanesque et légèrement teintée d'humour de *Roland à Saragosse* et à celle de *Ronsasvals*, émouvante version de la *Chanson de Roland* réduite à la bataille, à la mort du héros et à celle de la belle Aude. Aussi bien, le personnage d'Olivier, dont le nom ne paraît pas avoir existé avant lui, est peut-être d'origine méridionale. Ces deux chansons, sans doute de la fin du XIIIᵉ siècle, sont conservées dans le même manuscrit.

Bien que certains de ces poèmes s'enchaînent et se répondent, il existe rarement entre eux de continuité narrative ou même de fil directeur. L'ensemble ne trouve son unité qu'autour de la personne de l'empereur, champion de la chrétienté.

La Geste de Garin de Monglane ou cycle de Guillaume d'Orange

La Geste de Garin de Monglane, on l'a dit, offre un caractère cyclique plus accusé, dont témoigne l'organisation même des manuscrits. Son héros principal, et fondateur dans l'ordre de la création poétique, n'est pas Garin de Monglane, l'ancêtre de la lignée, mais Guillaume d'Orange. Les vingt-quatre chansons qui constituent le cycle forment un ensemble narratif gigantesque et touffu, mais assez cohérent, s'étendant sur plusieurs générations. En voici un très bref aperçu qui suit, comme pour la Geste du Roi, l'ordre reconstitué des événements, et non celui de la composition des chansons, et qui s'inspire de la synthèse de Martin de Riquer[1].

Vainqueur de Charlemagne aux échecs, Garin obtient de l'empereur le fief de Monglane, à charge pour lui de le conquérir, ce qu'il fait. Il a quatre fils, Hernaut de Beaulande, Girart de Vienne, Renier de Gennes et Milon de Pouille *(Enfances Garin, Garin de Monglane)*.

Renier reçoit de Charlemagne le fief de Gennes et a deux enfants, Olivier et Aude. Girart, qui a reçu Vienne en Dauphiné, y apprend des années plus tard de son neveu Aymeri, fils d'Hernaut de Beaulande, qu'il a sans le savoir été victime d'un

---

1. M. de Riquer, *Les chansons de geste françaises*, 2ᵉ éd., Paris, Nizet, 1957, p. 123-129.

affront de la part de la reine. Aidé par ses frères et son père, il déclare la guerre à Charlemagne, qui l'assiège dans Vienne. Un long duel indécis oppose Olivier et Roland, qui est épris d'Aude ; un ange l'interrompt et scelle leur amitié. Girart épargne généreusement l'empereur tombé entre ses mains. Réconciliation générale. Au moment où le mariage de Roland et d'Aude va être célébré, tous doivent partir combattre les Sarrasins d'Espagne qui sont entrés en France *(Girart de Vienne)*. On sait le parti que Victor Hugo tirera dans la *Légende des siècles* de cette chanson et de la suivante.

Au retour d'Espagne, après le désastre de Roncevaux, Aymeri prend Narbonne et épouse Hermenjart, fille du roi de Pavie *(Aymeri de Narbonne)*. Il envoie ses six fils aînés chercher fortune auprès de Charlemagne, tandis que le plus jeune reste à Narbonne, attaquée bientôt par les Sarrasins *(Les Narbonnais)*. Aventures des fils d'Aymeri *(Guibert d'Andrenas, Prise de Cordres et Sebille, Siège de Barbastre* et *Buevon de Conmarchis,* qui en est une réfection due à Adenet le Roi). Derniers combats et mort d'Aymeri *(La Mort Aymeri)*.

Guillaume, l'un des fils d'Aymeri, ne veut devoir ses fiefs qu'à sa seule valeur. Ses premiers exploits, sa première rencontre avec la belle Sarrasine Orable *(Les Enfances Guillaume)*. Guillaume défend Louis, le faible fils de Charlemagne, contre les traîtres qui veulent usurper le pouvoir et assure son couronnement, à Aix-la-Chapelle au début de la chanson et à la fin à Rome, qu'il a sauvée par sa victoire sur le géant sarrasin Corsolt. Au cours de ce combat, son adversaire lui a coupé une partie du nez, lui valant ainsi le surnom de Guillaume au court nez *(Le Couronnement de Louis)*. Ingrat, Louis distribue des fiefs à tous, sauf à Guillaume qui lui en fait violemment reproche, refuse ses offres de réparation et n'accepte que des fiefs à conquérir sur les Sarrasins. Il s'empare de Nîmes par la ruse *(Le Charroi de Nîmes)*. Epris de la belle Orable, femme du roi sarrasin d'Orange, Thibaut l'Esclavon, Guillaume s'introduit dans Orange sous un déguisement en compagnie de son neveu Guielin et prend la ville grâce à la complicité d'Orable et au secours d'un autre neveu, Bertrand. Il épouse Orable qui reçoit le baptême et prend le nom de Guibourc. Guillaume au court nez est désormais Guillaume d'Orange *(La Prise d'Orange)*.

Fait prisonnier à Roncevaux, un frère de Guillaume, Garin

d'Anseüne, est libéré en échange de son fils Vivien, qui après bien des aventures et des exploits retrouve lui-même la liberté *(Les Enfances Vivien)*.

Armé chevalier par son oncle Guillaume, Vivien fait vœu de ne jamais reculer, fût-ce d'un pas, devant les Sarrasins. Il conduit en Espagne une expédition victorieuse et provoque par de terribles atrocités le roi sarrasin Deramed de Cordoue. Deramed remonte la Gironde en se livrant au pillage. Vivien, averti, l'affronte en un lieu nommé Larchamp dans la *Chanson de Guillaume* et Aliscans dans la chanson du même nom. C'est un désastre. Vivien, seul survivant du camp chrétien, finit par succomber. Guillaume arrive trop tard à la rescousse. Mais plus tard, avec l'aide du géant Rainouart, frère de Guibourc nouvellement converti, il écrase les Sarrasins *(La Chevalerie Vivien, La Chanson de Guillaume, Aliscans*, qui traite le même thème que la seconde partie de la *Chanson de Guillaume*, avec un début *in medias res* se greffant sur *La Chevalerie Vivien)*.

Aventures et amours de Foulques, neveu de Vivien *(Foulques de Candie)*. Exploits de Rainouart et de ses descendants *(La Bataille Loquifer, Le Moniage Rainouart, Renier)*.

Veuf, Guillaume se retire au monastère d'Aniane, puis se retire dans l'ermitage qui deviendra Saint-Guilhem-le-Désert. Il en sort pour de nouveaux combats contre les Sarrasins. Le dernier voit sa victoire sur le géant Isoré, qui menaçait Paris *(Le Moniage Guillaume)*. Le souvenir du dernier exploit de Guillaume d'Orange se conserve encore aujourd'hui dans le nom de la rue de la Tombe-Issoire (Tombe Isoré).

La plus ancienne chanson du cycle, la *Chanson de Guillaume*, remonte à la première moitié du XIIᵉ siècle et est donc à peine plus récente que la *Chanson de Roland*. Elle est composée de deux parties assez différentes et dont l'unité a été discutée. Les autres s'échelonnent entre la seconde moitié du XIIᵉ et la fin du XIIIᵉ siècle. Bien que les combats contre les Sarrasins soient au centre de ces chansons, leur préoccupation essentielle est moins la guerre sainte que la prospérité et l'honneur familiaux. De même que la bataille de Roncevaux apparaît un peu comme l'épisode fondateur de la Geste du Roi et la *Chanson de Roland* comme le noyau du cycle, de même celle de Garin de Monglane se développe à partir de la bataille de Larchamp, qui est au cœur de la première partie de la *Chanson de Guillaume*.

Le modèle historique lointain de Guillaume d'Orange est saint Guillaume d'Aquitaine ou de Toulouse, petit-fils de Charles Martel par sa mère. Son cousin Charlemagne le nomme comte de Toulouse en 789. Après avoir lutté contre les Sarrasins, après avoir été battu par eux sur l'Orbieu en 793, après leur avoir pris Barcelone en 803, il se retire en 804 à l'abbaye d'Aniane, dans l'actuel département de l'Hérault. Bientôt il fonde à proximité un autre monastère, Gellone, où il meurt en odeur de sainteté en 810. Ce lieu devait être rebaptisé plus tard en son honneur Saint-Guilhem-le-Désert. Ermold le Noir lui donne une place importante dans son poème en l'honneur de Louis le Pieux *(In honorem Hludowici)* composé en 827 et il fait plus tard l'objet d'une Vie hagiographique. On reviendra plus loin, à propos de l'origine des chansons de geste, sur le problème général posé par les rapports entre l'histoire carolingienne et la matière épique.

La Geste de Doon de Mayence ou cycle des vassaux révoltés

La Geste de Doon de Mayence réunit des récits très divers au départ, mais dont l'unité thématique était assez frappante pour inciter des remanieurs à tisser entre leurs héros des liens généalogiques. Cette unité paraît bien dans l'autre titre qu'on lui donne, celle de cycle des vassaux révoltés, ou des barons rebelles. Toutes les chansons qui la constituent mettent en scène des héros en lutte contre le roi ou l'empereur, confrontés à des problèmes de droit féodal, en proie aux tentations de la rancune, de l'orgueil et de la violence. Les principales chansons de ce cycle sont : *Gormont et Isembart, Doon de Mayence,* la *Chevalerie Ogier, Renaut de Montauban, Raoul de Cambrai, Girart de Roussillon.*

Gormont et Isembart, dont il ne nous reste qu'un fragment de six cent soixante vers (exceptionnellement des octosyllabes), remonte aux environs de 1130 et garde la mémoire de la victoire sur les Vikings remportée en 881 à Saucourt par le roi Louis III : le jeune Isembart, injustement traité par le roi Louis, a renié sa foi et est passé au service du roi païen Gormont qui envahit la France. Lors de la bataille décisive, il affronte son propre père, puis, blessé à mort, se repent et implore la miséricorde de Dieu et de la Vierge.

Les autres chansons sont de la seconde moitié du XIIᵉ ou du début du XIIIᵉ siècle. Dans la *Chevalerie Ogier*, Ogier le Danois veut venger son fils, tué par celui de Charlemagne. *Renaut de Montauban* voit apparaître les quatre fils Aymon et leur cheval Bayart, promis à un brillant avenir dans la littérature populaire. *Raoul de Cambrai*, sanglante et magnifique histoire de rivalité féodale et de vendetta familiale, contient sans doute dans sa première partie (la seconde, plus romanesque, paraît un ajout postérieur) l'écho d'événements remontant au Xᵉ siècle et que relate la chronique de Flodoard.

La chanson de *Girart de Roussillon* est composée dans une curieuse langue intermédiaire entre la langue d'oc et la langue d'oïl. Offensé par le roi Charles, Girart lui livre une guerre sans merci, puis, après bien des épreuves, rentre en lui-même et, guidé sur la voie de la pénitence par sa femme Berthe, élève à Vézelay le sanctuaire de la Madeleine. Le modèle historique de Girart de Roussillon, le comte Gerardus, né vers 800 et mort probablement en 877, adversaire de Charles le Chauve (devenu Charles Martel dans la chanson de geste), époux d'une comtesse Berthe et fondateur des abbayes de Vézelay et de Pothières en Bourgogne, est le même qui a inspiré le personnage de Girart de Vienne et celui de Girart de Fraite, qui n'est le héros d'aucune chanson mais qui joue un rôle dans celle d'*Aspremont*. Ses avatars littéraires se sont donc répartis entre la Geste du Roi, celle de Garin de Monglane et celle des barons rebelles.

Girart de Roussillon, Ogier le Danois sont mentionnés dans la *Chanson de Roland*. Guillaume d'Orange semble bien l'être dans le texte connu sous le nom de *Nota Emilianense*, qui appartient à sa préhistoire. La liste des douze pairs qui entourent Charlemagne dans le *Voyage de Charlemagne à Jérusalem et à Constantinople* s'éloigne de celle de la *Chanson de Roland*, reprise avec des variantes dans les autres chansons de la Geste du Roi, mais inclut des personnages du cycle de Guillaume d'Orange. L'expédition d'Espagne et le désastre de Roncevaux sont à l'arrière-fond de *Girart de Vienne*, d'*Aymeri de Narbonne*, des *Enfances Vivien*. C'est dire que la distinction entre les trois cycles reste superficielle.

Autres chansons de geste. Le cycle de la Croisade

Au demeurant, certaines chansons ne relèvent d'aucun des trois. Ainsi, *Ami et Amile*, dont il existe plusieurs versions en latin et en langue vulgaire, curieuse histoire, à la tonalité nettement hagiographique, de deux jumeaux parfaits qui ne sont pas des frères, et *Jourdain de Blaye*, qui s'en veut la suite et emprunte aussi au vieux roman latin d'*Apollonius de Tyr* : ces deux chansons forment la « petite Geste de Blaye ». Ainsi, *Beuve de Hantone*, dont le thème évoque celui de *Hamlet* et qui a été adaptée en langue d'oc et dans de nombreuses autres langues, *Doon de la Roche* et *Orson de Beauvais*, les deux chansons de la Geste de Saint-Gilles, *Elie de Saint-Gilles* et *Aiol*, le second personnage étant le fils du premier. Au XIIIᵉ siècle, certaines chansons ne sont guère classables, qu'elles dérivent vers le comique, comme *Jean de Lanson*, ou vers le romanesque et le merveilleux comme *Huon de Bordeaux*, célèbre par le rôle qu'y joue le nain de féerie Aubéron, dont le *Roman d'Auberon*, en réalité de forme épique, amplifie plus tard l'histoire. L'intéressante chanson de geste occitane de *Daurel et Beton*, où un jongleur occupe une place de premier plan, est également marginale à bien des égards.

Certaines de ces chansons, on le voit, vont par couples et constituent comme l'ébauche d'un cycle. C'est qu'il existe en dehors des trois « Gestes » canoniques d'autres groupes homogènes, bien que plus restreints, de chansons de geste. La Geste de Nanteuil, qui dérive de la chanson d'*Aye d'Avignon* (seconde moitié du XIIᵉ siècle), se poursuit avec *Gui de Nanteuil*, *Parise la Duchesse* et enfin, mais nous sommes déjà au XIVᵉ siècle, *Tristan de Nanteuil*. Le cycle des Lorrains comprend cinq chansons : *Garin le Lorrain* et *Gerbert de Metz*, qui remontent au XIIᵉ siècle, et plus tard *Hervis de Metz*, *Anseïs de Metz* et *Yon*. Son thème général est une longue vendetta qui oppose Lorrains et Bordelais.

Un dernier groupe est d'une nature bien particulière. C'est le cycle de la croisade. Il est formé par des chansons de geste qui s'inspirent directement des croisades et prennent pour héros les combattants qui s'y sont illustrés. Elles appliquent donc à l'actualité l'idéologie de la guerre sainte et la prétention à garder la mémoire d'événements et de personnages historiques, l'une et l'autre caractéristiques du genre. Au début du XIIᵉ siècle, Richard le Pèlerin, un trouvère qui avait participé à la première croisade, la relate dans une première version, aujourd'hui perdue, de la *Chanson d'Antioche*. Elle est adaptée en langue d'oc entre 1126 et 1138 par Grégoire Béchada, qui vivait au château de Gouffier de la Tour, un des héros de la croisade. De cette adaptation seul un fragment nous est parvenu. La version que nous connaissons intégralement est celle que compose à la fin du XIIᵉ siècle Graindor de Douai. Celui-ci a modifié assez profondément la *Chanson d'Antioche* primitive de façon à la relier, grâce à de nouveaux épisodes, à la chanson, riche en merveilleux oriental, des *Chétifs* (Captifs), composée en Syrie au milieu du siècle, qui en devient la suite. Graindor conclut alors le cycle ainsi amorcé en composant la *Prise de Jérusalem*. Au centre de ce cycle se trouvent les figures de Godefroi de Bouillon et de ses compagnons.

Plus tard, un second cycle de la Croisade s'intéresse, selon un procédé que nous connaissons déjà, aux origines familiales de Godefroi de Bouillon en lui attribuant un ancêtre mythique, le Chevalier au Cygne *(Le Chevalier au Cygne, Godefroi de Bouillon)*. Ces poèmes se ressentent de l'atmosphère romanesque qui envahit la chanson de geste au XIIIᵉ siècle, tandis que d'autres *(Baudouin de Sebourc, Le Bastard de Bouillon)* revêtent un caractère parodique. Nous retrouverons ce cycle à la fin du Moyen Age, quand il sera mis en prose et doté de nouvelles continuations.

L'application de la forme épique au récit de l'actualité ne se limite pas à la matière de la croisade d'Orient. La chronique en forme de chanson de geste de la croisade contre les Albigeois qu'est en langue d'oc la *Chanson de la croisade albigeoise* suit explicitement le modèle offert par la *Chanson d'Antioche*. Couvrant les années 1208-1219, elle est commencée par un poète favorable aux croisés, Guillaume de Tudèle, et poursuivie par un poète anonyme toulousain appartenant au camp méridional. L'un et l'autre écrivent à chaud et s'arrêtent lorsque leur récit rattrape les événements.

Ce bref survol des divers cycles épiques et l'énumération des principales chansons qui les constituent ne suffisent à donner une idée ni des problèmes posés par les chansons de geste ni de leur enjeu. C'est pourquoi nous allons revenir à la plus ancienne d'entre elles, la *Chanson de Roland*, pour l'interroger de façon plus précise.

L'exemple de la « Chanson de Roland »

La *Chanson de Roland* raconte comment, au retour d'une expédition victorieuse de sept ans en Espagne, l'arrière-garde de l'armée de Charlemagne, commandée par son neveu Roland entouré des douze pairs, au nombre desquels se trouvent son ami Olivier et l'archevêque Turpin, est attaquée par les Sarrasins à Roncevaux, à la suite de la trahison de Ganelon, le beau-père de Roland. Le héros et tous ses compagnons trouvent la mort dans cette bataille, mais seront vengés par l'empereur, rappelé, trop tard toutefois pour pouvoir les sauver, par le cor de Roland. Rentré à Aix-la-Chapelle, Charlemagne obtient le baptême de la reine Bramidoine, veuve du roi Marsile de Saragosse, doit annoncer la mort de Roland à la belle Aude, qui n'y survit pas, et fait mettre à mort Ganelon dont un duel judiciaire a établi la culpabilité. Auparavant, sa vengeance sur les Sarrasins a été parachevée par sa victoire sur l'émir Baligant, venu au secours de Marsile, mais ce long épisode est considéré par certains comme une interpolation, absente à l'origine de la chanson. Il est vrai que les conditions de diffusion des chansons de geste enlèvent de sa pertinence à la notion même d'interpolation.

Variété des versions, unité du poème

Ce poème, dont la gloire rend superflu ce bref résumé, nous a été conservé par sept manuscrits, sans compter ceux qui n'en donnent que de brefs fragments. C'est bien le même poème qui est contenu dans tous ces manuscrits, et pourtant, de l'un à l'autre, il n'y a pas deux vers qui soient strictement identiques. Le mètre est tantôt le décasyllabe, tantôt l'alexandrin — sans parler des cas où l'on passe du premier au second dans le courant du poème, comme on passe aussi parfois de l'assonance à la rime. La longueur même du texte varie de 4 000 vers dans le manuscrit le plus ancien à près de 9 000 dans un des plus récents (fin du XIIIe siècle). Ces variations fournissent des indices intéressants sur la transmission et l'évolution des chansons de geste. Mais elle justifie aussi que l'on considère en elle-même, comme on l'a fait souvent, la version la plus ancienne, qui est aussi à nos yeux la plus saisissante, celle que livre le manuscrit Digby 23 de la Bibliothèque Bodléienne d'Oxford *(O)*. C'est elle que l'on désigne quand on parle sans autre précision de la *Chanson de Roland*.

La date de la « *Chanson de Roland* »

Elle a probablement été composée aux alentours de 1100. Guère avant, car un faisceau d'indices converge vers cette date : la langue du poème, certains détails qui semblent un écho de la première croisade, la mention des tambours et des chameaux dont l'emploi avait effrayé les chrétiens à la bataille de Zalaca en 1086. Pas après, car la chanson — mais n'en existait-il pas une version antérieure ? — est extrêmement populaire dès les premières années du XIIᵉ siècle. Elle a été composée aux alentours de 1100, mais l'événement qui lui fournit son sujet, la bataille de Roncevaux, s'est déroulé le 15 août 778. Voilà en quels termes se pose, appliquée à la *Chanson de Roland*, l'énigme des chansons de geste.

L'événement : la bataille de Roncevaux

Que savons-nous de cet événement ? Pour l'année 778, les *Annales royales* mentionnent une expédition victorieuse de Charlemagne en Espagne, mais ne soufflent mot d'une quelconque défaite. Cependant, une seconde rédaction postérieure d'une vingtaine d'années ajoute qu'au retour d'Espagne beaucoup de chefs francs furent tués dans une embuscade tendue par les Basques, qui pillèrent les bagages avant de s'enfuir. Aucune des victimes n'est nommée. Vers 830, la *Vita Karoli* d'Eginhard rapporte que dans la traversée des Pyrénées l'empereur « éprouva quelque peu la perfidie des Basques » et ajoute que « dans cette bataille furent tués le sénéchal Eggihard, Anselme, comte du palais, et Roland, duc de la Marche de Bretagne, entre beaucoup d'autres ». L'épitaphe d'Eggihard, qui nous a été conservée d'autre part, précise qu'il est mort le 15 août, ce qui nous permet de connaître le jour exact de la bataille. Dix ans plus tard enfin, on lit, non sans frustration, dans la *Vita Hludovici imperatoris* de l'auteur désigné comme l'Astronome limousin : « Ceux qui marchaient à l'arrière-garde de l'armée furent massacrés dans la montagne ; comme leurs noms sont bien connus, je me dispense de les redire. »

Trois conclusions se dégagent de ces témoignages. D'abord, loin que l'événement s'efface peu à peu des mémoires, il est mentionné avec de plus en plus d'insistance à mesure que le temps passe, jusqu'au moment où l'insistance devient inutile tant il est connu. Ensuite, Eginhard nomme bien Roland, mais en dernier — et pas dans tous les manuscrits. C'est à ses yeux le moins considérable des trois morts illustres de la bataille. C'est aussi le seul dont nous ne savons rien, tandis que le sénéchal Eggihard et le comte palatin Anselme nous sont connus d'autre part. Enfin, tous s'accordent pour voir dans l'embuscade l'œuvre des Basques. Tout en confirmant la célébrité croissante — et surprenante — de la bataille de Roncevaux, la *Chanson de Roland* prendrait deux libertés fondamentales avec l'histoire, en donnant à Roland une importance qu'il n'a jamais eue — à supposer même que le personnage ait réellement existé — et en substituant les Sarrasins aux Basques.

Mais les historiens arabes donnent des faits une version assez différente. Selon Ibn Al-Athir (XIIIᵉ siècle), Charlemagne serait venu en Espagne à la demande du gouverneur de Saragosse, Sulayman Ben Al-Arabi, révolté contre le calife omeyade de Cordoue. Mais, arrivé sur les lieux, il se serait vu fermer les portes de Saragosse à la suite d'un revirement de Ben Al-Arabi. Ayant réussi à s'emparer de ce dernier, il serait reparti vers la France en l'emmenant prisonnier, mais, lors du passage du col de la Ibañeta, c'est-à-dire à Roncevaux, les fils de Ben Al-Arabi auraient, sans doute appuyés par les Basques, attaqué les Francs et délivré leur père. La bataille de Roncevaux n'aurait donc pas été un simple accrochage avec des montagnards ayant pour seule ambition de piller les bagages, mais un combat contre les Sarrasins. Elle aurait été pour Charlemagne un revers assez important.

Divers recoupements rendent cette version plausible. Elle s'accorde avec certains détails des *Annales latines*, qui mentionnent par exemple la capture de Ben Al-Arabi, mais ne parlent plus du tout de lui ensuite, dans des circonstances où cet otage aurait pourtant constitué un atout dans les mains de Charlemagne. Si elle est vraie ou proche de la vérité, les témoignages de l'historiographie latine en reçoivent une signification nouvelle et la place croissante faite à la défaite devient parfaitement explicable. Les *Annales officielles* auront en effet tenté sur le moment de la passer sous silence. Mais elle était si connue, elle avait tellement marqué les esprits, qu'il est devenu impossible, au fil des années, de ne pas la mentionner du bout des lèvres, quitte à en minimiser l'importance, et cela au prix d'incohérences de détail qui laissent soupçonner la vérité. Un raid de pillards sur les bagages, vraiment ? Que faisaient alors au milieu des bagages des personnages aussi considérables que le sénéchal — une sorte de chef d'état-major — et le comte du palais — une sorte de commandant de la garde personnelle de Charlemagne ?

Tout cela reste une hypothèse. Si elle était avérée, pourtant, la longue mémoire qui, trois siècles plus tard, fait entendre sa voix dans le poème français aurait raison contre l'histoire officielle — au moins touchant la nature de la bataille, car tout le reste est évidemment de pure fiction, l'existence historique d'un Roland demeure une énigme et les autres personnages sont assurément légendaires.

Silence des siècles et témoignage des siècles

Mais cette longue mémoire n'est-elle pas une vue de l'esprit ? Peut-on faire parler le « silence des siècles », comme disait Bédier ? Peut-on découvrir la trace d'une légende de Roland antérieure à la *Chanson de Roland*, voire d'une *Chanson de Roland* antérieure à *O* ? On a observé depuis longtemps que certains traits de la Chanson telle que nous la connaissons sont trop archaïques pour la fin du XIe siècle : ainsi l'arc que Charlemagne remet solennellement à Roland avant la bataille en signe de délégation du commandement ; ainsi les limites que la Chanson fixe à la France, et qui sont celles de la France carolingienne de Charles le Simple, non celles de la France des premiers Capétiens. Au début du XIIᵉ siècle — donc après le *Roland* d'Oxford, ce qui enlève un peu de poids à son témoignage —, l'historien Guillaume de Malmesbury affirme qu'à la bataille d'Hastings, en 1066, un jongleur nommé Taillefer avait entonné la *cantilena Rolandi* pour exciter les Normands au combat.

Des témoignages indirects — incertains, il est vrai, et d'interprétation ambiguë — laissent supposer à date ancienne l'existence d'une activité épique (ou tout au moins poétique et liée à des événements guerriers) en langue vulgaire : à la fin du IXᵉ siècle, le Moine de Saint-Gall fait allusion à des récits de vieux soldats tandis que le Poeta Saxo mentionne des panégyriques de grands personnages en langue vulgaire. Si les épopées latines carolingiennes font appel à des souvenirs virgiliens plus qu'elles n'annoncent, formellement au moins, les chansons de geste, on a pu en trouver une sorte d'écho anticipé dans des textes latins comme le « fragment de La Haye » (entre 980 et 1030), où figurent des noms qui annoncent ceux de futurs personnages épiques français, et le *Waltharius* (IXᵉ ou Xᵉ siècle), poème qui offre des rapprochements très nets avec la *Chanson des Niebelungen* allemande. Surtout, la *Nota Emilianense*, copiée vers 1065-1070 dans un manuscrit espagnol, livre, trente ou quarante ans avant le poème d'Oxford, un résumé de la *Chanson de Roland* qui mentionne, à côté de Roland, Olivier, l'évêque Turpin et Ogier, Guillaume *alcorbitunas* — « au nez courbe » avant d'être « au nez court », le Guillaume d'Orange des futures chansons de geste. Enfin, durant tout le XIᵉ siècle, de l'Anjou au Béarn et de l'Auvergne à la Provence, on voit figurer dans les chartes des couples de frères nommés Olivier et Roland. Détail énigmatique, pourtant, Olivier est toujours l'aîné et Roland le cadet.

Les témoignages sur un *Roland* antérieur à la *Chanson de Roland*, dans l'espace qui sépare la bataille de Roncevaux du poème d'Oxford, existent donc, ainsi que les traces d'une poésie guerrière antérieure aux chansons de geste romanes. Mais comment faut-il les interpréter ? Cette question est au centre du débat sur les origines de la chanson de geste.

La question des origines

C'est la première question que les médiévistes du siècle dernier se sont posée, parce qu'ils étaient marqués par les idées du romantisme et en particulier par celles de Herder, puis des frères Grimm, touchant l'âme collective et le génie national des peuples, qui se manifesteraient dans les débuts de leur histoire et de leur culture par des productions artistiques spontanées et anonymes. Mettre au jour les origines des chansons de geste, c'était éclairer, semblait-il, l'identité nationale française.

De la théorie des cantilènes à l'hypothèse germanique

C'est dans cet esprit que Gaston Paris élabore dans un premier temps (1865) la théorie des cantilènes : après les grandes invasions, la conscience d'une nationalité nouvelle se serait fait jour peu à peu à travers une activité poétique, reflet du sentiment national. Cette poésie, lyrique par sa forme, épique par ses sujets, se serait traduite par des cantilènes portant sur les événements historiques. C'était l'époque où l'on pensait que les poèmes homériques sont formés d'une collection de courtes pièces populaires tardivement réunies sous l'apparente cohérence d'une longue épopée. De la même façon Gaston Paris imaginait que des cantilènes brèves avaient fini par être cousues entre elles pour donner naissance aux chansons de geste. Cependant dès 1884 l'Italien Pio Rajna faisait observer d'une part que les chansons de geste n'ont rien de populaire, qu'elles exaltent au contraire l'aristocratie guerrière, d'autre part que nous ne connaissons aucune cantilène et qu'il n'en a très probablement jamais existé. En revanche, ce qui existe à coup sûr dès l'époque carolingienne, c'est l'épopée germanique. Supposer l'existence de cantilènes romanes n'est qu'un moyen de masquer ce que les chansons de geste romanes lui doivent certainement. Gaston Paris devait se rallier en 1888 aux vues de Pio Rajna. Mais pendant longtemps encore, à cette époque de rivalité et de conflits franco-allemands, le débat resta marqué par des arrière-pensées

politiques : faire remonter les chansons de geste à l'époque carolingienne, c'était leur reconnaître une origine germanique ; y
voir une création du XIᵉ siècle, c'était en faire un genre purement français.

Joseph Bédier et l' « individualisme »

Cette seconde attitude est par excellence celle de Joseph
Bédier, qui publie les quatre volumes de ses *Légendes épiques*
entre 1908 et 1913. Pour lui les chansons de geste sont fondées
sur des thèmes poétiques plus que sur des souvenirs historiques.
Loin d'être le produit d'une création continue et le fruit d'une
tradition, elles sont créées de toutes pièces par des poètes parfaitement conscients de leur art. Mais l'aspect le plus original de sa
théorie s'exprime dès les premiers mots de son ouvrage : « Au
commencement était la route, jalonnée de sanctuaires. Avant la
chanson de geste, la légende : légende locale, légende d'église. »
Sur les routes des pèlerinages, sanctuaires et monastères expo-
saient les reliques de héros et de martyrs capables d'attirer les
pèlerins. La *Chanson de Roland* atteste elle-même (laisse 267) que
l'on pouvait voir l'olifant de Roland à Saint-Seurin de Bordeaux, son tombeau à Blaye. Il a suffi d'un poète génial pour
donner vie à ces récits dispersés, collectés sur les chemins de
Saint-Jacques ou, pour d'autres chansons de geste, de Rome.
Philipp-August Becker avait déjà émis cette idée en 1896, puis
en 1907. Bédier, en l'étoffant et en en développant la démonstration, ajoute qu'il y a là de la part des clercs un effort délibéré
de propagande en faveur des différents sanctuaires. Les clercs
ont lu, par exemple, le récit de la mort de Roland dans la *Vita
Karoli* d'Eginhard. Ils ont inventé l'histoire des reliques rolan-
diennes pour les montrer aux pèlerins et faire ainsi de la publi-
cité à leurs églises. Ils ont soufflé cette histoire à un poète, ils lui
ont fourni les documents nécessaires pour l'exploiter. A partir de
ce qu'ils lui ont raconté, il a écrit de toutes pièces la *Chanson de
Roland*. De même, dans leur rivalité avec les moines d'Aniane,
ceux de Gellone — aujourd'hui Saint-Guilhem-le-Désert —
auraient exploité la légende de leur belliqueux fondateur, proposant ainsi aux poètes le personnage de Guillaume d'Orange.

Ceux de Vézelay auraient fait de même avec Girart de Roussillon, etc. Il n'y aurait donc rien eu avant la fin du XIᵉ siècle. S'il
a existé une *Chanson de Roland* avant celle que nous connaissons,
ce n'était qu'une ébauche grossière. Le *Roland* d'Oxford est une
création entièrement personnelle, écrite d'un bout à l'autre par
Turold, son signataire énigmatique, trois siècles après l'événement de Roncevaux, sans intermédiaire poétique entre-temps.
De la même façon, toutes les autres chansons de geste sont nées
de « légendes d'église ». Et Bédier conclut :

> Il ne faut plus parler davantage de chants épiques contemporains de
> Charlemagne ou de Clovis, ni d'une poésie populaire, spontanée, anonyme,
> née des événements, jaillie de l'âme de tout un peuple ; il est temps de substi-
> tuer au mystique héritage des Grimm d'autres notions plus concrètes, d'autres
> explications plus explicites.
>
> (*Les légendes épiques*, IV, p. 474).

Le « traditionalisme »

La théorie de Joseph Bédier, soutenue par le talent hors du
commun de son auteur, s'est largement imposée pendant plusieurs décennies. Mais elle avait été élaborée à une époque où le
« silence des siècles » n'avait pas encore parlé et où l'on ignorait, par exemple, les couples de frères Olivier et Roland ou la
Nota Emilianense. Elle ne tenait pas compte de certains témoignages, par exemple du texte connu sous le nom de fragment de
La Haye, dont Bédier se débarrassait en le rajeunissant, alors
qu'on le date aujourd'hui de façon certaine entre 980 et 1030.
Ces quelques pages de prose latine, copiées par trois mains différentes, sont écrites dans un style qui annonce un peu celui de la
chanson de geste, tout en étant marqué par la rhétorique antique et l'imitation des auteurs classiques. Elles content la prise
d'une ville sarrasine, qui est certainement Gérone, par Charlemagne et son armée. Le nom du roi païen comme ceux de plusieurs héros du camp chrétien se retrouveront dans les chansons
de geste du cycle de Guillaume.

Enfin, la théorie de Bédier et surtout de ses successeurs frisait le
paradoxe en minimisant à l'extrême l'existence d'une poésie orale
antérieure aux textes conservés, invitant du même coup des zéla-
teurs moins habiles à la nier tout à fait. Face à son « individua-

lisme », comme on disait, Ferdinand Lot défendait dès les années vingt la position du « traditionalisme » en soutenant que le culte de héros épiques liés à des sanctuaires sur les routes de pèlerinages est postérieur aux chansons de geste et en est la conséquence, loin de leur être antérieur et d'en être la cause :

> J'admets que toutes les chansons du cycle de Guillaume s'expliquent par la Voie Regordane, par Gellone, etc. — sauf une, la plus ancienne, la *Chanson de Guillaume*. J'admets que toutes les chansons qui placent l'action en Espagne connaissent — et admirablement — la voie qui mène à Compostelle, sauf une, la plus ancienne, la *Chanson de Roland*, qui ne sait rien du chemin de Saint-Jacques.
>
> (*Romania*, 53, 1927).

Si les légendes d'église ne sont pas à l'origine des chansons de geste, « il ne reste plus d'autre chemin que de revenir à la vieille théorie de la transmission de siècle en siècle ». Ainsi, *Gormont et Isembart*, qui se rapporte à la victoire remportée sur les Normands par Louis III en 881, n'est pas le développement d'annales monastiques, mais plutôt l'adaptation d'une version normande passée sur le continent au IXe ou au Xe siècle. *Girart de Vienne* suppose la chanson d'un jongleur contemporain des événements de Vienne en 870-871. *Raoul de Cambrai* doit dériver effectivement, comme le texte le prétend lui-même, du poème d'un certain Bertolai, combattant à la bataille d'Origny en 943.

Mais la thèse traditionaliste devait surtout être soutenue avec une vigueur inlassable par Ramón Menéndez Pidal[1]. En réaction contre Bédier et ses disciples qui affirment la « précellence » de *O* et en tirent argument en faveur de la création originale d'un poète unique et génial, Pidal se croit obligé à tort de dénigrer l'admirable version d'Oxford au profit des autres, en particulier de *V4* (première version de Venise). Mais, au-delà de ce détail polémique et des efforts un peu tatillons déployés pour établir la valeur historique des chansons de geste, sa pensée repose tout entière sur une idée essentielle dont on va voir bientôt la fécondité. Cette idée est que le texte médiéval ne naît pas, définitif, parfait et intangible, de l'imagination ou de la plume de son auteur, qu'il vit au contraire de ses variantes, qu'il se

---

1. Ramón Menéndez Pidal, *La « Chanson de Roland » et la tradition épique des Francs*, 1959, trad. franç., 1960.

transforme et se met sans cesse grâce à elles au goût du jour, génération après génération, qu'il n'existe nulle part un texte authentique et correct que les fautes des copies successives auraient corrompu, mais que tous les états du texte correspondent à un moment de sa vie, sont donc égaux en dignité et en intérêt — sinon en valeur esthétique et en bonheurs d'inspiration ; tous, dans le cas des chansons de geste, reflètent une performance. Tout en se situant encore dans la perspective un peu usée de la discussion sur les origines — mais Pidal avait plus de quatre-vingt-dix ans quand il écrivait l'ouvrage cité plus haut ! —, cette approche permet de mettre au centre du débat la relation complexe entre l'oral et l'écrit signalée dès notre premier chapitre.

De la « performance » orale à sa trace écrite

Les chansons de geste, on l'a vu, supposent une diffusion orale par les jongleurs : les prologues, certaines interventions du récitant dans le cours du texte le font apparaître de façon certaine. D'autre part l'importance de la variante, telle que Pidal l'a mise en lumière, s'accorde avec ce type de diffusion. La réunion des deux observations permet de rendre compte à la fois de l'évolution des textes, de leurs divergences, de leur perpétuelle mise au goût du jour comme de leur stabilité fondamentale, de leur permanence profonde au fil des siècles au-delà de leurs variations superficielles, de leur durée. Toutefois, en affirmant que la chanson de geste « vit de ses variantes », Pidal veut seulement dire que les légers changements introduits par chaque interprète la maintiennent dans un état de réélaboration continuelle. D'autres comme le Suisse Jean Rychner[1] et surtout comme l'Américain Joseph Duggan[2], qui applique à la chanson de geste les théories sur la poésie orale de ses compatriotes Milman Parry et Albert Lord[3], vont plus loin. Ils conçoivent cha-

1. J. Rychner, *La chanson de geste. Essai sur l'art épique des jongleurs*, Genève, 1955.
2. J. Duggan, *« The Song of Roland ». Formulaic Style and Poetic Craft*, Berkeley, 1973.
3. A. Lord, *The Singer of Tales*, Harvard, 1960.

que performance comme une nouvelle création d'un poème qui n'existe pas vraiment en lui-même indépendamment d'elle. Pour eux en effet, la performance ne repose pas sur une mémorisation du poème — mémorisation dont les variantes ne feraient que refléter le caractère imparfait. Se fondant sur l'exemple moderne des chanteurs épiques yougoslaves, Lord montre que le chanteur, au moyen de phrases formulaires dans lesquelles sont consignées les actions typiques de l'intrigue épique, apprend à re-créer sur le vif, à chaque nouvelle interprétation du poème, les longues narrations en vers de la tradition orale. Ainsi le style formulaire, caractéristique des chansons de geste, révélerait le caractère oral de cette poésie. Duggan refuse même d'attribuer le *Roland* d'Oxford à un écrivain de génie qui aurait remanié une traditon orale antérieure, car il observe que les scènes cruciales et réputées « géniales » de cette version — celle de l'ambassade, celle du cor — sont encore plus marquées par le style formulaire que les autres. A ses yeux, s'il existe dans la France du XIIᵉ siècle deux genres narratifs distincts, la chanson de geste et le roman, c'est tout simplement que l'un est oral et l'autre écrit. Et pour montrer que la chanson de geste écrite tend vers le roman, il fait observer que le style formulaire est moins présent dans la chanson de geste tardive d'Adenet le Roi *Beuves de Commarchis* (vers 1270) que dans le *Siège de Barbastre*, plus ancien d'un siècle et dont le poème d'Adenet est un remaniement.

Mais en réalité le style formulaire se trouve partout et n'est nullement propre à la littérature orale. Il ne constitue pas en lui-même une preuve d'oralité et la théorie de Lord comme l'application qu'en fait Duggan paraissent trop rigides. On a vu dans notre premier chapitre que l'opposition entre l'oral et l'écrit, qui est rarement absolue, ne l'est jamais au Moyen Age. Au demeurant, le poète est nécessairement conscient de cette opposition dès lors qu'il a accès aux deux modes d'expression et qu'il n'évolue pas dans un monde de l'oralité absolue. Le style qu'il adopte, les effets et les procédés dont il joue sont donc en partie conscients eux-mêmes, délibérés, « artificiels » et ne peuvent faire l'objet d'une interprétation univoque. Après tout, ces chansons de geste qui ont bénéficié d'une diffusion et d'une circulation orales ne nous sont connues, bien entendu, qu'écrites. Les marques théoriques de la création orale, comme le style formulaire, ont été conservées dans le texte écrit. Les marques de l'énonciation orale — appel au public, invitation à faire silence, annonce que l'interprète va s'interrompre pour faire la quête, ou pour se reposer, ou pour aller boire — ont été soigneusement recopiées dans le silence du *scriptorium*. L'artifice est patent.

On peut certes ne voir dans cet artifice qu'un simple décalage dû aux habitudes prises et au caractère conservateur des comportements. Même si la forme et les caractères stylistiques du poème ont été conçus en fonction de l'oral, ils ont pu survivre longtemps même sans nécessité fonctionnelle dans le poème écrit. On les voit d'ailleurs s'atténuer peu à peu, comme le remarque Duggan. Mais il est permis de supposer aussi que le sentiment de ce décalage a été inclus très tôt dans l'esthétique des chansons de geste. Dès lors qu'elles étaient écrites, les chansons de geste ont pu tirer leur séduction de leur raideur, de leur « archaïsme » familier, de la distance introduite par les effets stylistiques et formels liés à l'oralité, alors même que cette oralité devenait fictive. La présence particulièrement appuyée du style formulaire dans certains morceaux de bravoure serait alors moins la marque de l'oralité que celle du recours délibéré, dans les moments importants, à l'effet de style caractéristique du genre. C'est ainsi que l'on voit assez nettement, à une époque où l'assonance n'est plus qu'une survivance, certaines chansons de geste résister, non sans efforts mais avec obstination, à la tentation de la rime. C'est ainsi, de façon analogue, que les chansons de toile, dont on reparlera plus loin, cultivent l'archaïsme raide de la forme épique.

Evolution des chansons de geste

L'intérêt qu'éveillent à juste titre l'apparition et la préhistoire des chansons de geste ne doit pas dissimuler que le genre reste vivant pendant tout le Moyen Age et qu'il évolue, somme toute, assez peu. Les poèmes deviennent plus longs, les intrigues plus complexes. Surtout, elles font une place de plus en plus grande à l'amour et au merveilleux. *Huon de Bordeaux* est au XIIIe siècle un bon exemple de cette évolution. Les chansons de geste se rapprochent ainsi des romans. La fin du XIIIe et le début du xive siècle voient apparaître un certain nombre d'œuvres hybrides qui se coulent dans le moule épique de la laisse homophone — en alexandrins plus souvent qu'en décasyllabes —, mais qui par leur contenu tiennent de l'un et l'autre genre, et parfois surtout du genre romanesque (*Berthe au grand pied* d'Adenet le Roi, *Florence de Rome, Florent et Octavien, La Belle Hélène de Constantinople, Brun de la Montagne*). On verra plus loin qu'à la fin du Moyen Age le succès de la prose achèvera de confondre les deux genres.

Mais bien avant cela, les rédactions successives de la *Chanson d'Antioche*, puis le développement du cycle de la Croisade montrent la vitalité de la chanson de geste et sa capacité à se mettre au service d'une matière nouvelle et contemporaine. Et de la *Chanson de la croisade albigeoise* en langue d'oc du début du xiiie siècle à la *Chanson de Bertrand du Guesclin* de la fin du xive, on voit la forme épique se prêter au récit des événements comme à leur diffusion aux fins de la propagande.

La chanson de geste n'est donc pas seulement l'une des formes les plus anciennes de notre littérature. Le Moyen Age n'a jamais cessé d'en faire le mode d'expression privilégié de l'exploit militaire et des combats de la chrétienté.

ORIENTATIONS BIBLIOGRAPHIQUES

Adler Alfred, *Rückzug in epischer Parade. Studien zu « Les Quatre Fils Aymon », « La Chevalerie Ogier », « Raoul de Cambrai », « Aliscans », « Huon de Bordeaux »*, Francfort-sur-le-Main, 1963.

Aebischer Paul, *Préhistoire et protohistoire du « Roland » d'Oxford*, Berne, Francke, 1972.

Bédier Joseph, *Les Légendes épiques. Recherches sur la formation des chansons de geste*, 4 vol., Paris, Champion, 1908-1913 (3e éd., 1926-1929).

Boutet Dominique, *Jehan de Lanson. Technique et esthétique de la chanson de geste au XIIIe siècle*, Paris, Presses de l'Ecole Normale Supérieure, 1988.

Combarieu du Grès Micheline de, *L'Idéal humain et l'expérience morale chez les héros des chansons de geste, des origines à 1250*, 2 vol., Paris - Aix-en-Provence, Champion, 1979.

Cook Robert F., *« Chanson d'Antioche », chanson de geste : le cycle de la croisade est-il épique ?*, Amsterdam, John Benjamin, 1980.

Cook Robert F. et Crist Larry S., *Le Deuxième cycle de la croisade. Deux études sur son développement*, Genève, Droz, 1972.

Duggan Joseph, *The « Song of Roland ». Formulaic Style and Poetic Craft*, Berkeley, Univ. of California Press, 1973.

Duparc-Quioc Suzanne, *Le Cycle de la Croisade*, Paris-Champion, 1955.

Frappier Jean, *Les Chansons du cycle de Guillaume d'Orange*, 2 vol., Paris, SEDES, 1955-1965.

Grisward Joël, *Archéologie de l'épopée médiévale*, Paris, Payot, 1981.

Guidot Bernard, *Recherches sur quelques chansons de geste du cycle de Guillaume d'Orange*, Gap, Ed. de l'Université de Provence, 1986.

Horrent Jules, *La « Chanson de Roland » dans les littératures française et espagnole au Moyen Age*, Paris, Les Belles-Lettres, 1951.

Le Gentil Pierre, *La Chanson de Roland*, Paris, Hatier, 1962.

Lot Ferdinand, *Etudes sur les légendes épiques françaises*, Paris, Champion, 1958.

Louis René, *Girart, comte de Vienne, dans les chansons de geste : Girart de Vienne, Girart de Fraite, Girart de Roussillon*, 2 vol., Auxerre, 1947.

Menéndez Pidal Ramón, *La « Chanson de Roland » et la tradition épique des Francs*, trad. I. Cluzel, Paris, Picard, 1960.

Paris Gaston, *Histoire poétique de Charlemagne*, Paris, 1865.

Riquer Martin de, *Les Chansons de geste françaises*, 2ᵉ édit., trad. I. Cluzel, Paris, Nizet, 1957.

Rossi Marguerite, *Huon de Bordeaux et l'évolution du genre épique au XIIIᵉ siècle*, Paris, Champion, 1975.

Rychner Jean, *La Chanson de geste. Essai sur l'art épique des jongleurs*, Genève, Droz, 1955.

Siciliano Italo, *Les Origines des chansons de geste*, Paris, 1951.

Siciliano Italo, *Les Chansons de geste et l'épopée : Mythes, histoire, poèmes*, Turin, 1968 (*Biblioteca di Studi francesi*, 3).

Subrenat Jean, *Etude sur Gaydon, chanson de geste du XIIIᵉ siècle*, Gap, Ed. de l'Université de Provence, 1974.

Tyssens Madeleine, *La Geste de Guillaume d'Orange dans les manuscrits cycliques*, Paris, Les Belles-Lettres, 1967.

Victorio J. (sous la direction de), *L'épopée*, Turnhout, Brepols, 1987 (*Typologie des sources du Moyen Age occidental*, fasc. 49).

ÉDITIONS DE LA « CHANSON DE ROLAND »

ET DE LA « CHANSON DE GUILLAUME »

Bédier Joseph, *La Chanson de Roland...*, 6ᵉ éd., Paris, Piazza, 1937 ; réimpr. Paris, UGE, « 10/18 », 1973 (texte et trad.).

McMillan Duncan, *La Chanson de Guillaume*, 2 vol., Paris, SATF, 1949-1950.

Moignet Gérard, *La Chanson de Roland...*, 3ᵉ éd., Paris, Bordas, 1972 (texte et trad.).

Segre Cesare, *La Chanson de Roland...*, 2ᵉ éd. trad. par M. Tyssens, Genève, Droz, 1989, 2 vol. (édition avec variantes prenant en compte l'ensemble des versions, et non le seul ms. *O*).

Short Ian, *La Chanson de Roland*, Paris, Le Livre de Poche, « Lettres gothiques », 1990 (texte et trad.).

Suard François, *La Chanson de Guillaume*, Paris, Classiques Garnier, 1991 (texte et trad.).

Wathelet-Willem, *Recherches sur la « Chanson de Guillaume ». Etudes accompagnées d'une édition*, Paris, Bibl. de la Faculté des Lettres et de Philosophie de l'Université de Liège, CCX, 1975 (étude, texte et trad.).

5. Troubadours et trouvères

Un surgissement paradoxal

Depuis bien longtemps, dès avant la formation des langues romanes, des témoignages indirects signalaient que des chansons circulaient dans le peuple, en particulier des chansons amoureuses chantées par des femmes et dont l'Eglise se scandalisait : les sermons de saint Césaire d'Arles s'en inquiètent déjà dans les premières années du VIe siècle et bientôt des conciles les condamnent. Mais l'Eglise elle-même ne s'inspirait-elle pas de ces rythmes populaires en accueillant une poésie liturgique dont la métrique, abandonnant l'alternance des syllabes longues et brèves qui fonde la versification du latin classique, reposait sur le nombre des pieds et sur la rime, c'est-à-dire sur les règles du futur vers français ?

On s'attendrait donc à ce que le lyrisme vernaculaire, dès le moment où il accède à l'écriture, reflète ces chansons attestées depuis si longtemps ou au moins s'en inspire. Il n'en est rien, semble-t-il. C'est un peu plus tard seulement que certains genres lyriques paraîtront, et de façon souvent ambiguë, dériver de cette tradition. Et ils seront plus volontiers cultivés en langue d'oïl que dans la langue d'oc qui est pourtant celle des premiers poèmes lyriques en langue romane qui nous ont été intégralement conservés. Mais, pour leur part, ces poèmes n'ont rien de populaire, quel que soit le sens que l'on donne à ce mot. Ils sont complexes, raffinés, volontiers hermétiques. Ils sont éperdument

aristocratiques et élitistes, affichant avec une arrogance provocante leur mépris des rustres incapables de les goûter et insen-
sibles à l'élégance des manières et de l'esprit. Et le premier poète
dont l'œuvre nous soit parvenue était le plus grand seigneur de
son temps, Guillaume IX, comte de Poitiers et duc d'Aquitaine
(1071-1126). En quelques années, ses successeurs et ses émules
en poésie, les *troubadours*, se multiplient dans toutes les cours
méridionales, en attendant d'être imités en France du Nord,
dans la seconde moitié du XII⁰ siècle, par les *trouvères*. Une poésie
de cour : tel est à l'origine ce lyrisme, que l'on dit pour cette raison *courtois* et qui célèbre un idéal de vie — la courtoisie —
et une conception de l'amour — l' « amour courtois » ou
fin'amor — aussi nouveaux et aussi provocants que l'est son
brusque surgissement.

Courtoisie et « fin'amor »

La courtoisie et l'amour courtois ne constituent nullement
une doctrine autonome, conçue et énoncée de façon cohérente
et définitive. Ils ont bien eu une sorte de théoricien en la personne d'André le Chapelain, auteur d'un *Tractatus de Amore
(Traité sur l'amour)* latin écrit vers 1184 sans doute à la cour de
Champagne. Mais son ouvrage, codification tardive d'une pratique vieille alors de près d'un siècle, est d'interprétation douteuse. Il suit le plan tracé par Ovide, auteur d'un *Ars amandi
(Art d'aimer)* suivi de *Remedia amoris (Remèdes contre l'amour)*.
Cette imitation le conduit à une palinodie déconcertante : le
dernier des trois livres qui constituent son ouvrage est une mise
en garde contre l'amour dont il a jusque-là énoncé minutieusement les lois et en vue duquel il a enseigné la rhétorique de la
séduction. Au demeurant, il est difficile de faire la part du jeu
dans les « jugements d'amour » qu'il attribue à la comtesse
Marie de Champagne. Enfin les éléments arthuriens présents
dans son traité montrent qu'il subit l'influence de la production
romanesque autant que celle du lyrisme. Son œuvre permet
donc d'apprécier le climat littéraire à la cour de Champagne,
mais non de définir les lois absolues de l'amour courtois.

Tout ce que l'on peut faire, en réalité, est de dégager empiriquement de l'œuvre des troubadours une sensibilité et une éthique amoureuse et mondaine communes, tout en sachant qu'elles ne connaissent pas d'expression en dehors de la poésie qui en est le véhicule. C'est pourquoi commencer par en faire l'exposé, comme on y est contraint ici pour des raisons de clarté, ne peut être qu'un artifice qui conduit fatalement à durcir le trait et à gommer des nuances.

Un idéal de vie

La courtoisie est une conception à la fois de la vie et de l'amour. Elle exige la noblesse du cœur, sinon de la naissance, le désintéressement, la libéralité, la bonne éducation sous toutes ses formes. Etre courtois suppose de connaître les usages, de se conduire avec aisance et distinction dans le monde, d'être habile à l'exercice de la chasse et de la guerre, d'avoir l'esprit assez agile pour les raffinements de la conversation et de la poésie. Etre courtois suppose le goût du luxe en même temps que la familiarité détachée à son égard, l'horreur et le mépris de tout ce qui ressemble à la cupidité, à l'avarice, à l'esprit de lucre. Qui n'est pas courtois est *vilain*, mot qui désigne le paysan, mais qui prend très tôt une signification morale. Le vilain est âpre, avide, grossier. Il ne pense qu'à amasser et à retenir. Il est jaloux de ce qu'il possède ou croit posséder : de son avoir, de sa femme.

A vrai dire, la courtoisie est aussi la transposition dans le vocabulaire et les mœurs du Moyen Age de l'*urbanitas* antique, qui est un idéal de l'éducation dans les deux sens du terme : d'un côté les bonnes manières, les manières *policées*, de l'autre la culture littéraire et le raffinement de l'esprit qu'elle implique. A ce titre, la courtoisie ne peut être considérée comme une invention totalement originale liée au lyrisme roman. Elle appartient tout autant aux lettres latines et aux clercs qui gravitaient autour des cours lettrées, celle des Plantagenêts au XIIe siècle, au siècle précédent celle de l'empire ottonien, où on a récemment soutenu qu'elle était née[1]. Reto R. Bezzola a beaucoup insisté

---

1. C. Stephen Jaeger, *The Origins of Courtliness*, Philadelphie, 1985.

sur cette continuité culturelle favorisée par la rencontre des milieux cléricaux et curiaux[1]. Mais il n'en reste pas moins que le lien nécessaire supposé entre la courtoisie et l'amour est une innovation des lettres romanes qui apparaît d'abord chez les troubadours, innovation d'autant plus remarquable que rien dans l'idéologie ni dans les mœurs du temps ne semblait devoir l'imposer.

Une conception de l'amour

Pour les troubadours, en effet, nul ne peut être parfaitement courtois s'il n'aime, car l'amour multiplie les bonnes qualités de celui qui l'éprouve et lui donne même celles qu'il n'a pas. L'originalité de la courtoisie est de faire à la femme une place essentielle et de lui témoigner un respect et une dévotion extrêmes. C'est une originalité au regard des positions de l'Eglise, au regard des mœurs du temps et même au regard de la tradition littéraire héritée de l'Antiquité. L'amant courtois fait de celle qu'il aime sa *dame*, sa *domna (domina)*, c'est-à-dire sa suzeraine au sens féodal. Il se plie à tous ses caprices et son seul but est de mériter des faveurs qu'elle est toujours en droit d'accorder ou de refuser librement.

L'amour courtois, ou *fin'amor*, « amour parfait », repose sur l'idée que l'amour se confond avec le désir. Aimeric de Belenoi le dit en ces propres termes :

Que fin'amors — so sapchatz —	Car l'amour parfait — sachez-le —
Non es als, mas voluntatz.	n'est rien d'autre que le désir.

Le désir, par définition, est désir d'être assouvi, mais il sait aussi que l'assouvissement consacrera sa disparition comme désir. C'est pourquoi l'amour tend vers son assouvissement et en même temps le redoute, comme la mort du désir. Et c'est ainsi qu'il y a perpétuellement dans l'amour un conflit insoluble entre le désir et le désir du désir, entre l'amour et l'amour de l'amour.

1. R. R. Bezzola, *Les origines et la formation de la littérature courtoise en Occident (500-1200)*, 3 parties en 5 vol., Paris, 1944-1963.

Ainsi s'explique le sentiment complexe qui est propre à l'amour, mélange de souffrance et de plaisir, d'angoisse et d'exaltation. Pour désigner ce sentiment, les troubadours ont un mot, le *joi*, différent du mot joie (*joya*, fém.) par lequel on le traduit généralement faute de mieux. Jaufré Rudel écrit par exemple :

D'aquest amor suy cossiros Vellan e pueys somphnan dormen,	Cet amour me tourmente quand je veille et quand, endormi, je songe :
Quar lai ay joy meravelhos.	c'est alors que mon *joi* est extrême.

Cette intuition fondamentale a pour conséquence que l'amour ne doit être assouvi ni rapidement ni facilement, qu'il doit auparavant mériter de l'être, et qu'il faut multiplier les obstacles qui exacerberont le désir avant de le satisfaire. D'où un certain nombre d'exigences qui découlent toutes du principe que la femme doit être, non pas inaccessible, car l'amour courtois n'est pas platonique, mais difficilement accessible. C'est ainsi qu'il ne peut théoriquement y avoir d'amour dans le mariage, où le désir, pouvant à tout moment s'assouvir, s'affadit et où le droit de l'homme au corps de la femme lui interdit de voir en elle au sens propre une *maîtresse* dont il faut mériter les faveurs librement consenties. On doit donc en principe aimer la femme d'un autre, et il n'est pas étonnant que la première qualité de l'amant soit la discrétion et que ses pires ennemis soient les jaloux médisants qui l'épient pour le dénoncer au mari, les *lauzengiers*. D'autre part, la dame doit être d'un rang social supérieur à son soupirant de manière à calquer les rapports amoureux sur les rapports féodaux et à éviter que les deux partenaires soient tentés, elle d'accorder ses faveurs par intérêt, lui d'user de son autorité sur elle pour la contraindre à lui céder.

Mais il ne faut pas exagérer l'importance de ces règles, qui sont au demeurant moins présentes chez les poètes eux-mêmes que chez leurs glossateurs, ou qui ne le sont, *cum grano salis*, que dans un genre spécialisé dans la casuistique amoureuse comme le jeu-parti. Elles sont la conséquence la plus visible, mais non la conséquence essentielle, de la confusion de l'amour et du désir. L'essentiel est le tour très particulier que cette confusion donne à l'érotisme des troubadours. Il y a chez eux un mélange d'effroi respectueux et de sensualité audacieuse devant la femme aimée, qui donne à leur amour les traits d'un amour adolescent : une propension — revendiquée — au voyeurisme, un goût pour les rêves érotiques, qui épuisent le désir sans l'assouvir, une imagination fiévreuse et précise du corps féminin et des caresses auxquelles il invite en même temps qu'un refus d'imaginer la partie la plus intime de ce corps et une répugnance à envisager la consommation même de l'acte sexuel. Ce corps, que le poète « mourra de ne pouvoir toucher nu », ce corps « blanc comme la neige de Noël », « blanc comme la neige après le gel » (toutes ces formules sont de Bernard de Ventadour), ce corps est, comme la neige, brûlant et glacial, ou glaçant.

La poésie des troubadours

En attendant d'être célébrées, dans un esprit un peu différent, par les romans, courtoisie et *fin'amor* trouvent leur expression unique dans la poésie lyrique des troubadours de langue d'oc, et plus tard des trouvères de langue d'oïl, c'est-à-dire de ceux qui « trouvent » (*trobar* en langue d'oc), qui inventent des poèmes. C'est une poésie lyrique au vrai sens du terme, c'est-à-dire une poésie chantée, dont chaque poète compose, comme le dit Marcabru, l'un des premiers d'entre eux, *los motz e'l so*, les paroles et la musique.

La « canso »

Le genre essentiel en est la chanson (*canso*, terme bientôt préféré à celui de *vers* employé par les premiers troubadours), expression de la *fin'amor*. La *canso* correspond à ce qu'il est convenu d'appeler le « grand chant courtois ». Les troubles politiques et religieux du temps favorisent en outre la composition de nombreux *sirventès* (poèmes satiriques ou polémiques) et le goût de cette société pour les jeux littéraires et la casuistique amoureuse donne naissance à de nombreux *jeux-partis*, dans lesquels deux poètes débattent d'une question posée par l'un d'eux dans la première strophe, ou à des *tensos*, qui en sont proches.

Mais les troubadours, à la différence des trouvères, manifestent peu d'intérêt pour d'autres genres lyriques moins sophistiqués, peut-être plus proches d'une poésie populaire, échappant en tout cas partiellement par leur nature même aux conventions courtoises. C'est pourquoi il sera question de ces genres à propos de la poésie de langue d'oïl, et l'on n'envisagera pour l'instant que la *canso*.

Celle-ci est un poème de quarante à soixante vers environ, répartis en strophes *(coblas)* de six à dix vers, et terminé généralement par un envoi *(tornada)* qui répète par les rimes et la mélodie la fin de la dernière strophe. Le nombre des strophes ne doit pas dépasser six. Toutes sont construites de la même façon. Les vers peuvent être de longueur différente. Le schéma métrique et l'agencement des rimes, souvent complexes, doivent en principe être originaux, comme la musique — une monodie modale fortement marquée par le chant grégorien, qui sous une ligne mélodique assez simple joue avec beaucoup de recherche de l'expressivité des mélismes. Les rimes à l'intérieur de chaque strophe sont assez nombreuses chez les troubadours, le plus souvent quatre, alors que les trouvères se contenteront de trois, voire de deux rimes. Ces rimes peuvent être identiques de strophe en strophe tout au long de la chanson *(coblas unisonans)*, changer après chaque groupe de deux strophes *(coblas doblas)* ou à chaque strophe *(coblas singulars)*. On pratique la rime *estramp*, isolée dans la strophe et dont le répondant se trouve à la même place dans la strophe suivante. On fait rimer des mots entiers, on fait revenir à la rime le même mot à la même place dans chaque strophe. Le dernier vers d'une strophe peut être répété au début de la suivante *(coblas capfinissans)*, procédé cher à la poésie galicienne-portugaise avant de devenir habituel dans nos chansons populaires, mais auquel les troubadours préfèrent les fins de strophes identiques *(coblas capcaudadas)*.

La complexité du système des rimes, le nombre de celles-ci à l'intérieur de chaque strophe qui rend plus difficile la perception de leurs harmonies, le procédé de la rime *estramp*, qui a pour résultat que la sonorité du premier mot, oubliée, ne retentit plus dans l'oreille quand vient enfin celui qui rime avec lui : tout cela a pour résultat que l'entraînement de la rime, son effet de ritournelle, la facilité de sa mélodie, son côté « bijou d'un sou » dont se plaindra Verlaine, disparaissent presque complètement au profit d'une construction linguistique essentiellement délibérée et réfléchie.

Le jeu stylistique

A cela s'ajoutent le style et le ton de cette poésie. La langue est tendue, l'expression parfois compliquée à plaisir, plus souvent elliptique ou heurtée avec, jusque dans les sonorités parfois, une recherche de la rugosité plus que de la fluidité. Beaucoup de troubadours paraissent rechercher le choc et l'accumulation des consonnes, les vers composés d'une succession de monosyllabes, tout ce que condamnera Malherbe. Ainsi Peire d'Auvergne, multipliant les dures allitérations en *br* et les rappels de sonorités *(blanc, branc)* dans l'attaque d'un poème où tout se veut déconcertant : le laconisme brutal au point d'en être obscur de la métaphore du « savoir qui pousse en branches », l'image audacieuse de la brise « blanche » qui « brunit », l'insolite des formes verbales systématiquement choisies pour l'ambiguïté qu'elles présentent avec les substantifs correspondants *(branc, bruoill, fruich')*, le paradoxe d'une floraison automnale :

Dejosta'l breus jorns e'ls loncs sers,	Au temps des jours brefs, des longs soirs,
Quan la blanc'aura brunezis,	quand la blanche brise brunit,
Vuoill que branc e bruoill mos sabers	je veux que pousse en branche, en surgeon, mon savoir
D'un nou joi qe'm fruich'e'm floris.	d'une joie nouvelle qui pour moi devient fruit et fleurit.

La célèbre chanson de la « fleur inverse » de Raimbaud d'Orange est encore plus étourdissante. Les mêmes huit mots occupent la même place à la rime dans les six strophes, ce qui suppose déjà une certaine virtuosité. Mais, en outre, ce ne sont même pas tout à fait les mêmes mots. Il y a de menues variantes. On trouve ainsi *enversa* (« inverse », adjectif féminin) dans les strophes impaires et *enverse* (j' « inverse », première personne de l'indicatif présent du verbe inverser) dans les strophes paires ; le pluriel *tertres* dans les strophes impaires et le singulier *tertre* dans les strophes paires, etc. A l'intérieur de chaque strophe, aucun vers ne rime avec un autre. C'est dire que ces rimes n'en sont pas pour l'oreille et que la jouissance qu'elles procurent est purement intellectuelle. A cela s'ajoutent la rugosité des sonorités et les paradoxes d'une expression elliptique et contournée. Voici la première strophe de ce poème :

Er resplan la flors enversa	Voici que resplendit la fleur inverse
Pels trencans rancx e pels tertres.	sur rocs rugueux et sur tertres.
Quals flors ? Neus, gels et conglapis,	Quelle fleur ? Neige, gel, givre,
Que cotz e destrenh e trenca,	qui frappe, tourmente, tranche,
Don vey morz quils, critz, brays, sis-cles	à cause de quoi je vois morts pépie-ments, cris, bruits, sifflements
Pels fuels, pels rams e pels giscles.	en feuilles, branches, jeunes pousses.
Mas mi te vert e jauzen joys,	Mais me tient vert et joyeux Joie
Er quan vey secx los dolens croys.	quand je vois desséchés les tristes méchants.

Le comble de la sophistication dans la disposition des rimes est atteint par la chanson *Lo ferm voler q'el cor m'intra* (« Le ferme vouloir qui m'entre dans le cœur ») d'Arnaud Daniel, communément désigné comme sa « sextine » et qu'il appelle lui-même sa « chanson d'ongle et d'oncle », où, au long des six strophes, les six mots à la rime *(intra, ongla, arma, verga, oncle, cambra)* permutent selon une loi compliquée.

« *Trobar clus, trobar ric, trobar leu* »

Ces jeux sont l'effet de choix poétiques délibérés. Autour des années 1170, certains troubadours, tel Raimbaud d'Orange, ont recherché l'hermétisme en pratiquant le *trobar clus*, c'est-à-dire la création poétique « fermée », obscure. D'autres, parmi lesquels le plus illustre est Bernard de Ventadour, préfèrent un style plus accessible, « léger » *(trobar leu)*. Dans un débat qui l'oppose à Raimbaud d'Orange, Guiraut de Bornelh se réjouit ainsi que ses chansons puissent être comprises même par les simples gens à la fontaine. Enfin, le *trobar ric* (« riche »), dont le meilleur représentant est Arnaud Daniel, qui relève aussi, cependant, du *trobar clus*, semble jouer avec prédilection de la

somptuosité de la langue et des mots, de la virtuosité de la versification.
  Syntaxe torturée, haplologies et ellipses, paradoxes et oxy-
mores, choc des sonorités et complication de la versification,
refus de ce qui est de prime abord flatteur, facile, attendu : la
nature particulière de la difficulté recherchée par le *trobar clus* et
le *trobar ric* paraît refléter et incarner dans le langage même la
tension de l'amour et le déchirement du désir qui définissent la
fin'amor, comme aussi les contradictions que vit l'amant poète.
Cette interprétation trouve une confirmation chez les troubadours eux-mêmes. Par exemple dans les deux vers par lesquels
Raimbaud d'Orange définit et illustre à la fois son activité poétique en relation avec son humeur sentimentale :

Cars, bruns et teinz mots entrebesc,	Les mots précieux, sombres et colo-rés, je les entrelace,
Pensius pensanz.	pensivement pensif.

Par exemple encore dans les trois *adunata* par lesquels Arnaud
Daniel se définit comme amant et comme poète :

Eu son Arnautz qu'amas l'aura	Je suis Arnaut qui amasse le vent
E chatz la lebre a lo bou	et chasse le lièvre avec le bœuf
E nadi contra suberna.	et nage contre la marée.

Par exemple enfin dans la conclusion que Bernard Marti donne
à l'une de ces chansons et où il assimile l'*entrebescar*, l'entrelace-
ment des mots du poème à celui de la langue dans le baiser :

C'aisi vauc entrebescant	Ainsi je vais entrelaçant
Los motz e'l so afinant :	les mots et afinant la mélodie :
Lengu'entrebescada	la langue est entrelacée
Es en la baizada.	dans le baiser.

  Toutefois les troubadours, en dehors de passages de ce genre,
eux-mêmes elliptiques et ambigus, ne se soucient guère de mettre en valeur, lorsqu'ils s'expliquent sur leur art, cette adéquation entre les déchirements du langage poétique et ceux de la
sensibilité amoureuse. Elle ne leur échappe pas — les vers qu'on
vient de citer le montrent assez —, mais ils ne l'exploitent pas,
comme l'attendrait leur lecteur moderne, dans le sens d'une

réflexion sur le langage. Ils préfèrent souligner simplement que l'obscurité du *trobar clus* leur permet de réserver leur art au petit nombre de ceux qui sont capables de le goûter, aux *happy few*, et d'en interdire l'accès à la masse des ignorants et des vilains. Aussi bien, le *trobar clus*, loin d'être le couronnement et l'achèvement du *trobar*, n'a été qu'une mode passagère. Il disparaît au XIIIe siècle et, dans le nord de la France, les trouvères ne l'ont jamais adopté.

L'adéquation du chant et du sentiment

C'est donc ailleurs que la poétique des troubadours place son exigence primordiale. Cette exigence paraît être celle de la sincérité. C'est au nom de la sincérité que la rencontre entre le langage poétique et le sentiment amoureux est systématiquement recherchée, mais sans qu'une telle rencontre passe nécessairement par les équivalents linguistiques du déchirement. On comprend ainsi pourquoi cette poésie si attentive aux raffinements de l'expression ne cherche nullement l'originalité du contenu. Elle ne craint pas d'être répétitive et de redire sans se lasser, chanson après chanson, que le printemps invite à chanter l'amour, mais que ce chant est douloureux dans la bouche de celui qui aime sans être payé de retour. La création poétique, pour les troubadours, vise à se conformer le plus possible à un modèle idéal, tout en y introduisant des décalages et des innovations menus, des subtilités rhétoriques et métriques, et en jouant de l'infinité des variantes combinatoires entre les motifs convenus. Mais cette poétique « formelle », comme on l'appelle depuis un essai fameux de Robert Guiette, ne traduit pas, contrairement à ce qui a été soutenu, un repli du langage sur lui-même et une indifférence au référent. Au contraire, sa monotonie comme son expression tendue semblent la conséquence de l'exigence de sincérité incluse dans les règles mêmes de la poésie. Celle-ci suppose une équivalence, mise en évidence dans une perspective un peu différente par Paul Zumthor, entre les propositions « j'aime » et « je chante » ; elle en déduit que le poème doit, d'une certaine façon, ressembler à l'amour et que les caractères, que la perfection du poème reflètent les caractères et la

perfection de l'amour. Celui qui aime le mieux est le meilleur
poète, comme le dit Bernard de Ventadour :

Non es meravilha s'eu chan	Il n'est pas étonnant que je chante
Melhs de nul autre chantador,	mieux que nul autre chanteur,
Que plus me tra'l cors va amor	car mon cœur m'entraîne plus vers l'amour
E melhs sui failhz a so coman.	et je me soumets mieux à ses commandements.

De même que l'amour doit tendre vers une perfection idéale
sans être affecté par les circonstances et les contingences, de
même la chanson qui l'exprime et le reflète doit tendre vers une
perfection abstraite qui ne laisse aucune place à l'anecdote.
C'est ainsi que l'usage de commencer toute chanson par une
évocation de la nature printanière — usage remontant sans
doute aux racines mêmes du lyrisme roman et qui est l'occasion
de brèves descriptions charmantes à nos yeux —, cet usage passe
de mode et est raillé au XIIIᵉ siècle, parce que, comme l'expli-
queront abondamment les trouvères, le véritable amoureux
aime en toute saison, et non pas seulement au printemps.

Ces scrupules alimentés par la prétention à la sincérité finissent par réduire l'expression de l'amour à celle de vérités premières. En voulant faire coïncider la perfection de l'amour et
celle de la poésie, le grand chant courtois évolue au XIIIᵉ siècle,
chez les derniers troubadours et chez de nombreux trouvères,
vers une sorte d'idéalisation abstraite et généralisante, vers une
austérité désincarnée.

Les origines

Comme celle des chansons de geste, bien que pour des raisons différentes, la naissance du lyrisme courtois a retenu, parfois de façon excessive, l'attention des érudits. Les caractères de
la courtoisie et de la *fin'amor*, la sophistication de cette poésie,
interdisent, on l'a dit, d'y voir l'émergence pure et simple d'une
poésie *populaire* antérieure. Le point de vue fondamentalement
masculin sur l'amour qui est celui de la courtoisie, la soumission

de l'amant à sa *dame* l'excluent presque à eux seuls. Dans la plupart des civilisations, et en tout cas tout autour du bassin méditerranéen, le lyrisme amoureux le plus ancien est en effet attribué aux femmes et jette sur l'amour un regard féminin. On
verra plus loin que ce que l'on peut savoir du premier lyrisme
roman est conforme à cette situation générale.

L'hypothèse latine

Certains ont à l'inverse nié toute solution de continuité entre
la poésie latine et le lyrisme courtois. Celui-ci ne serait que la
transposition en langue vulgaire de la poésie latine de cour qui
est pratiquée dès le VIᵉ siècle par l'évêque de Poitiers Venance
Fortunat lorsqu'il célèbre les nobles épouses des princes, qui est
au IXᵉ siècle celle de Walafrid Strabon, au XIᵉ siècle celle d'Hildebert de Lavardin, de Baudri de Bourgueil, de Marbode, qui
est cultivée par les clercs des écoles de Chartres, à la louange
parfois des dames. Ce qui, chez les troubadours, échappe à cette
exaltation platonique des dames, et en particulier les chansons
grivoises du premier troubadour, Guillaume IX, serait à mettre
au compte de l'inspiration ovidienne des clercs vagants ou
goliards. Il est bien vrai qu'une certaine influence de la rhétorique médio-latine et que des réminiscences ovidiennes nombreuses et précises sont sensibles chez les troubadours. Mais il
suffit de les lire pour mesurer combien leur ton diffère de celui
de la poésie latine, où l'on ne trouve guère cette gravité passionnée qui fait de l'amour le tout de la vie morale et de la vie tout
court. En outre, les centres de Chartres et d'Angers sont bien
septentrionaux pour avoir joué un rôle déterminant dans la
naissance d'une poésie en langue d'oc. En dehors de celle des
goliards, la poésie latine était lue, et non chantée. Enfin, à quelques exceptions près, les troubadours étaient loin de posséder
une culture latine suffisante pour mener à bien de façon systématique une telle entreprise d'adaptation.

Dans un livre récent signalé plus haut, Stephen Jaeger attribue l'invention de la courtoisie aux évêques lettrés de l'Empire
germanique au XIᵉ siècle. L'idéal courtois n'aurait pas son origine
dans la chevalerie mais chez les clercs, et il ne serait rien d'autre

que le souvenir gardé par l'Europe médiévale de l'idéal romain de l'homme public. Mais cette théorie ne peut rendre compte de la poésie des troubadours et de la *fin'amor*. Et pourquoi, s'agissant de la littérature vernaculaire, l'influence des évêques allemands se serait-elle fait d'abord sentir en Occitanie ?

Guillaume IX et Robert d'Arbrissel

Une hypothèse avancée par Reto R. Bezzola attribue un rôle décisif au premier troubadour connu, le comte de Poitiers et duc d'Aquitaine Guillaume IX. De ce prince, le plus puissant de l'Occident d'alors, aux domaines bien plus étendus que ceux de son suzerain le roi de France, les chroniques tracent un portrait haut en couleur, celui d'un politique brouillon, dont l'activité fébrile et souvent incohérente ne s'est guère soldée que par des échecs, celui d'un grand seigneur débauché et couvert de femmes, celui d'un esprit cynique et facétieux jusqu'à la pitrerie, incapable ou insoucieux de la gravité et de la dignité qui eussent convenu à son rang. En écrivant que par ses facéties il l'emportait même sur les *facetos histriones*, sur les amuseurs professionnels, le chroniqueur Orderic Vital met en évidence à propos de son caractère une série d'ambiguïtés qui sont aussi celles de son œuvre, et, jusqu'à un certain point, de l'œuvre de ses successeurs en poésie : ambiguïté du dérisoire et du passionné, du jongleresque et du princier, du divertissement de société et de la vocation littéraire, du jeu des mots et du jeu amoureux. Les manuscrits ont conservé sous le nom du « comte de Poitiers » onze chansons. Six, qui se veulent plaisantes, s'adressent aux « compagnons » du poète et sont, pour certaines, particulièrement obscènes. Mais dans quatre autres s'exprime en termes délicats et neufs un amour qui n'est que respectueuse adoration et qui implore sans exiger. La onzième chanson, un adieu au monde, est aussi d'inspiration grave et mélancolique.

Il est certain que les chansons gaillardes s'accordent mieux que les autres avec l'image de Guillaume IX que nous livrent ses contemporains. Comment lui est donc venue l'idée de composer les autres ? Certes, on a parfois soutenu qu'elles ne seraient pas de lui, mais du vicomte Eble II de Ventadour, dont l'influence poétique est attestée mais dont aucune pièce ne nous est apparemment parvenue. Les manuscrits auraient attribué au grand seigneur les poèmes du petit. Mais rien ne permet d'étayer très solidement cette hypothèse. Bezzola, pour sa part, voit dans ces chansons d'amour l'effet d'une stratégie délibérée de Guillaume IX. Celui-ci avait été frappé et irrité par les succès du prédicateur Robert d'Arbrissel, qui convertissait de nombreuses femmes de la noblesse, parmi lesquelles les deux épouses de Guillaume et sa maîtresse aimée, la vicomtesse de Châtellerault, dite la Maubergeonne, et les faisait entrer à l'abbaye de Fontevrault, qu'il avait fondée. Robert d'Arbrissel affirmait la supériorité des femmes sur les hommes et, à Fontevrault, où coexistaient une communauté d'hommes et une communauté de femmes, toutes deux étaient placées sous l'autorité suprême de l'abbesse. Il est vrai que Robert entendait moins ainsi exalter les femmes qu'humilier les hommes. Toujours est-il que Guillaume IX aurait essayé de retenir les femmes converties à la cour en leur proposant un amour idéalisé, compromis entre l'amour charnel et l'amour mystique, et faisant une place de choix à l'adultère, qu'il pratiquait lui-même assidûment. C'est à cette fin qu'il aurait « inventé » l'amour courtois et la poésie qui l'exprime. Mais n'est-ce pas prêter beaucoup à l'influence d'un seul homme que de le supposer ?

L'hypothèse arabe

On a souvent soutenu, depuis longtemps et non sans arguments, que la poésie courtoise et la *fin'amor* avaient une origine hispano-arabe. Dès le début du XIᵉ siècle, les poètes arabes d'Espagne comme Ibn Hazm, qui écrit vers 1020 son *Collier de la Colombe* —, et un siècle avant eux déjà Ibn Dawud avec son *Livre de la Fleur* — célèbrent un amour idéalisé, dit amour *odhrite*, qui n'est pas sans analogie avec ce que sera la *fin'amor*. Belles capricieuses et tyranniques, amants dont les souffrances revêtent la forme d'un véritable mal physique pouvant conduire à la mort, confidents, messagers, menaces du gardien ou du jaloux, discrétion et secret, une atmosphère printanière : tout l'univers amoureux et poétique des troubadours est là, bien que les différences entre les deux civilisations fassent sentir leurs effets de façon non négligeable : l'amour *odhrite* s'adresse volontiers à des esclaves et à des chanteuses, non à de grandes dames, et il est souvent homosexuel, chose inimaginable, explicitement du moins, dans le cadre de la *fin'amor*. Mais l'argument le plus fort peut-être en faveur de cette hypothèse repose sur la similitude des formes strophiques dans les deux poésies. Une influence de l'une sur l'autre n'est pas historiquement impossible. En Espagne, les deux civilisations étaient au contact l'une de l'autre. La guerre même de *reconquista* favorisait les rencontres, et l'on sait très précisément que dans les deux camps on avait du goût pour les captives chanteuses.

Mais alors pourquoi la poésie des troubadours a-t-elle fleuri au nord et non au sud des Pyrénées ? Quant à la strophe du *muwwashah* et du *zadjal* andalous, utilisée plus tard par les troubadours, elle est ignorée des Arabes jusqu'à leur arrivée en Espagne. De là à conclure qu'elle a été empruntée par eux aux chrétiens mozarabes et que c'est elle qui imite une forme ancienne du lyrisme roman, reprise ensuite indépendamment par les troubadours, il y a un pas qui a été franchi d'autant plus facilement par certains savants qu'ils disposaient de deux arguments en ce sens. D'une part, la pointe finale *(khardja)* qui termine le *muwwashah* est parfois en langue romane — et c'est ainsi, nous y reviendrons, par le détour de la poésie arabe que nous sont connus les plus anciens fragments du lyrisme roman. Si les Arabes empruntent des citations à la poésie indigène, ils peuvent aussi lui avoir emprunté des formes strophiques. D'autre part, dès avant les troubadours, ce type strophique se trouve dans la poésie liturgique latine, qui n'avait guère de raison de s'inspirer de la poésie érotique arabe, par exemple dans les *tropes* de Saint-Martial de Limoges.

Le recours aux données socio-historiques

En réalité, aucune de ces hypothèses n'est démontrable. Aucune d'ailleurs n'est exclusive des autres : le jeu des influences a certainement été complexe. Il convient aussi, bien entendu, de tenir compte d'autres facteurs, par exemple des conditions socio-historiques : cadre particulier de la vie castrale dans lequel les jeunes nobles faisaient leur apprentissage militaire et mondain ;

aspirations et revendications de cette catégorie des « jeunes », exclus longtemps et parfois définitivement des responsabilités et du mariage (Georges Duby) — et l'on peut remarquer l'emploi insistant et particulier du mot « jeunesse » dans la poésie des troubadours, où il désigne une vertu et un état d'esprit plus qu'un caractère biologique ; conséquences dans le domaine culturel des attitudes de rivalité et de mimétisme entre la petite et la grande noblesse, mises en évidence à partir des analyses de Marc Bloch par Erich Köhler, dont les analyses s'appliquent toutefois mieux au roman courtois qu'à la poésie lyrique ; poids des usages matrimoniaux, des structures de parenté et des conditions d'éducation. Tous ces éléments doivent être pris en considération, à condition de ne pas y chercher de déterminismes simplificateurs. Au demeurant, ils peuvent expliquer l'apparition d'un climat favorable au développement de la courtoisie et de la *fin'amor*, mais non pas rendre compte de la forme particulière que revêt la poésie des troubadours.

Vies des troubadours

Statut social et aire géographique

Qui étaient les troubadours ? Certains étaient de grands seigneurs, comme Guillaume IX, comme le comte Dauphin d'Auvergne, comme Raimbaud d'Orange ou même comme Jaufré Rudel, le petit prince de Blaye. D'autres étaient des hobereaux, comme Bertrand de Born, Guillaume de Saint-Didier, les quatre châtelains d'Ussel — trois frères et leur cousin qui passèrent leur vie dans leur château commun à cultiver l'amour et la poésie. D'autres, de pauvres hères, comme Cercamon, le plus ancien après Guillaume IX, dont le sobriquet signifie « celui qui court le monde », ou son disciple supposé Marcabru, un enfant trouvé surnommé d'abord « Pain perdu », ou encore les enfants de la domesticité du château, comme Bernard de Ventadour, fils du boulanger du château de Ventadour, devenu le protégé et le disciple du vicomte Eble III. D'autres, des clercs, certains à demi défroqués, comme Peire Cardenal, qui parvenu à l'âge d'homme quitta pour se faire troubadour la « chanoinie » du Puy où on l'avait fait entrer petit enfant, mais d'autres pas, comme le moine de Montaudon, qui faisait vivre son couvent des cadeaux qu'il recevait pour prix de ses chansons. D'autres étaient des marchands, comme Foulquet de Marseille, qui, par repentir d'avoir chanté l'amour, se fit moine, devint abbé du Thoronet, puis évêque de Toulouse. D'autres, comme Gaucelm Faiditz, étaient d'anciens jongleurs, tandis qu'inversement des nobles déclassés se faisaient jongleurs, comme, paraît-il, Arnaud Daniel. De château en château, à telle cour, auprès de telle dame ou de tel mécène, tout ce monde se rencontrait, échangeait des chansons, se citait et se répondait de l'une à l'autre, disputait des questions d'amour ou de poétique dans les poèmes dialogués que sont les *jeux-partis* ou s'invectivait dans les *sirventès* polémiques.

Quant à l'espace géographique qui voit apparaître les troubadours, il s'étend à tout le domaine d'oc, du Limousin à l'Aquitaine, de l'Auvergne à la Provence, et même au-delà : en Catalogne, en Italie du Nord, où ont été copiés de nombreux manuscrits, on choisit la langue d'oc pour chanter l'amour. Le catalan et l'italien ne deviennent des langues littéraires que dans le courant du XIIIe siècle, et l'on sait que Dante, à qui l'on doit les expressions de « langue d'oc », « langue d'oïl » et « langue de si », selon la façon de dire « oui » dans chacune d'elles, était un grand admirateur et un grand connaisseur des troubadours.

« Vidas » et « razos »

Comment connaissons-nous la personnalité, le rang social, le lieu d'origine, la vie des troubadours ? En partie par les manuscrits qui nous ont conservé leurs chansons — les *chansonniers*. Ce sont des anthologies dans lesquelles les œuvres de chaque troubadour sont souvent précédées d'un récit de sa vie *(vida)*, en quelques lignes ou en une page, tandis que certaines chansons sont accompagnées d'un commentaire parfois abondant *(razo)* qui prétend en éclairer les allusions en relatant les circonstances de leur composition. Dans certains manuscrits, une lettre initiale peinte représente le troubadour. Effigie symbolique, et non pas portrait : les troubadours nobles sont souvent peints armés, le visage masqué par le heaume, et seule leur *connaissance*, leur blason, signifie leur identité.

Certaines *vidas* sont à peu près véridiques. D'autres sont presque inventées de toutes pièces à partir des chansons elles-mêmes. Ce ne sont pas les moins intéressantes. D'une part, elles cristallisent en une biographie imaginaire l'impression générale qui se dégage d'une œuvre ou certains de ses aspects particuliers. Quand la très brève *vida* de Guillaume IX nous dit que « le comte de Poitiers était un des hommes les plus courtois du monde et un des plus grands trompeurs de dames », elle désigne ainsi la double inspiration de ses chansons. Quand la célèbre *vida* de Jaufré Rudel nous dit qu'il est tombé amoureux de la comtesse de Tripoli sans l'avoir jamais vue et qu'il est parti pour la croisade à seule fin de la voir, elle tire parti de quelques éléments de ses chansons : le souhait de partir en pèlerinage pour voir la femme aimée dans son pays lointain, la récurrence des expressions « amour de loin, amour de terre lointaine », une tonalité nostalgique. Mais, en outre, ces *vidas* imaginaires, ces *razos* qui rattachent la composition d'un poème à telle anecdote dramatique ou parfois burlesque, nous montrent dans quel esprit on lisait les troubadours à l'époque où elles ont été rédigées et où les manuscrits qui les contiennent ont été copiés, c'est-à-dire du milieu du XIIIᵉ au milieu du XIVᵉ siècle. Cet esprit, celui de l'anecdote autobiographique dissimulée et révélée dans la chanson, paraît bien éloigné de l'idéalisation généralisatrice à laquelle aspire la poésie des troubadours.

C'est que les temps avaient changé. La conception de la poésie était en train de subir une mutation dont on mesurera plus loin la nature et les conséquences. La courtoisie elle-même avait changé dès son passage en France du Nord et, au début du XIIIᵉ siècle, lors de la croisade albigeoise, la France du Nord devait imposer rudement le changement aux cours méridionales.

Les trouvères

Le lyrisme courtois s'acclimate en France du Nord vers le milieu du XIIᵉ siècle. Le symbole, sinon la cause, de cette expansion est le mariage en 1137 d'Aliénor d'Aquitaine, la petite-fille du premier troubadour, avec le roi de France Louis VII le Jeune, puis, après sa répudiation en 1152, avec le roi d'Angleterre Henri II Plantagenêt. L'une des deux filles nées de son premier mariage, Marie, devenue comtesse de Champagne, sera la protectrice d'André le Chapelain et surtout de Chrétien de Troyes, qui nous a d'ailleurs laissé, à côté de ses romans, deux chansons d'amour.

Apparition et extension

C'est ainsi que la mode de la chanson courtoise, qui atteint bientôt toutes les grandes cours francophones, apparaît d'abord en Champagne. Les premiers trouvères, vers 1170, Huon d'Oisy, vicomte de Meaux, Chrétien de Troyes, Guiot de Provins, et quelques années plus tard Gace Brulé et Gilles de Vieux-Maisons, sont champenois. Mais ils font vite des émules dans d'autres régions, et d'abord, dès les années 1180, en Artois et en Picardie, d'où sont originaires Conon de Béthune, Blondel de Nesles, le châtelain de Coucy, Gontier de Soignies. Dans la première moitié du XIIIᵉ siècle, la Champagne donne encore le plus illustre des trouvères en la personne de son prince, Thibaut IV, comte de Champagne de 1214 à 1253 et roi de Navarre, tandis que les provinces du Nord voient l'inspiration courtoise se poursuivre et se modifier dans le cadre de la vie littéraire urbaine, en particulier arrageoise, dont on aura l'occasion de parler plus loin, avec des poètes comme Pierre de Corbie, Andrieu Contredit, Jean de Neuville, Gilles et Guillaume Le Vinier, Jean Erart, Moniot d'Arras, Audefroi le Bâtard. Mais dès le début du XIIIᵉ siècle, les autres régions fournissent leur contingent de poètes : la Bourgogne (Hugues de Berzé et son fils Gautier, Jocelin et Guiot de Dijon, Jacques d'Autun), la Lorraine (Colin Muset, Gautier d'Epinal), les provinces de l'Ouest (Roger d'Andeli, Thibaud de Blaison) et surtout l'Ile-de-France avec Philippe de Nanteuil, Thibaud de Nangis, Moniot de Paris, Richard de Semilly.

Traits particuliers à la poésie des trouvères

Emules des troubadours, les trouvères se distinguent cependant par plusieurs traits de leurs modèles. Dans le cadre du grand chant courtois, ils se montrent généralement plus réservés, plus pudibonds même. Usant avec une habileté très délibérée de toutes les ressources de la versification et de la rhétorique[1], ils gomment plus leurs effets que les troubadours et ne recourent guère au style âpre, flamboyant, paradoxal et tendu cher aux méridionaux. Le *trobar clus*, qui même dans le Sud n'a été en fait qu'une mode passagère, leur est inconnu. Que Thibaud de Champagne (chanson VI) cherche à exprimer sous une forme légèrement énigmatique les tensions contradictoires du sentiment amoureux :

En amor a paor et hardement :	Dans l'amour il y a de la peur et de la hardiesse :
Li dui sont troi et du tierz sont li dui...	tous deux sont trois et tous deux relèvent du troisième terme... (c'est-à-dire le mélange de la peur et du courage ne se trouve que dans l'amour, de sorte que la réunion de ces deux notions ne se conçoit pas hors de la troisième qu'est l'amour).

l'un des manuscrits omet cette strophe tandis qu'un autre l'affadit en la moralisant : « Sans et valor sont a un acordant » (L'intelligence et la valeur vont ensemble). D'où l'impression que nous donnent parfois les chansons des trouvères d'être abstraites et conventionnelles. Pourtant, en leur prêtant une oreille attentive, on perçoit les traits propres à chacune derrière une apparente uniformité : la fraîcheur de la confession amoureuse chez le châtelain de Coucy :

Li nouviaz tanz et mais et violete	Le renouveau, le mois de mai, la violette,
Et lousseignolz me semont de chanter.	le rossignol m'invitent à chanter.
Et mes fins cuers me fait d'une amourete	Et mon cœur fidèle me fait d'un tendre amour
Si douz present que ne l'os refuser.	le présent si doux que je n'ose le refuser.

1. Roger Dragonetti, *La technique poétique des trouvères dans la chanson courtoise*, Bruges, 1960.

ou à la subtilité tendue des comparaisons de Thibaud de Champagne :

Ausi conme unicorne sui
Qui s'esbahist en regardant,
Quant la pucele va mirant.
Tant est liee de son ennui,
Pasmee chiet en son giron ;
Lors l'ocit on en traïson.
Et moi ont mort d'autel senblant
Amors et ma dame, por voir :
Mon cuer ont, n'en puis point ravoir.

Je suis comme la licorne
figée dans la contemplation
de la jeune fille qu'elle regarde.
Elle est si heureuse de son tourment
qu'elle tombe pâmée en son giron ;
alors on la tue par traîtrise.
Et moi, à son image, ils m'ont tué,
Amour et ma dame, en vérité.
Ils ont pris mon cœur, je ne puis le reprendre.

Aussi bien, les voix personnelles, un peu discordantes au regard de la norme guindée du grand chant courtois, sont moins rares qu'on ne l'a dit. Que l'on songe au ton vindicatif ou sarcastique de Conon de Béthune se plaignant que le roi et sa mère se soient moqués de son accent picard (« Je n'y peux rien si je n'ai pas été élevé à Pontoise ! ») ou contant l'histoire d'une dame qui, après avoir laissé languir son soupirant pendant des années, finit par s'offrir à lui quand ses charmes sont fanés, ce que l'intéressé, qui ne l'est plus, lui révèle sans ménagement. Que l'on songe au pauvre et gai jongleur Colin Muset, qui se présente comme toujours affamé et doté d'une femme acariâtre, et dont toute l'ambition est de mener « bonne vie », c'est-à-dire de faire un pique-nique plantureux en compagnie d'une créature de rêve. Que l'on songe à la belle, étrange et unique chanson de Jacques d'Autun, contraint par des circonstances obscures de se séparer de sa femme à qui il voue une passion humble, fervente et désespérée.

Autre trait notable, les mélodies des trouvères nous sont plus souvent parvenues que celles des troubadours, et les derniers d'entre eux, comme Adam de la Halle dans les années 1280, feront faire des progrès décisifs à la polyphonie, entraînant d'ailleurs du même coup l'éclatement inéluctable de la synthèse du texte et de la musique sur laquelle reposait le lyrisme courtois.

Trouvères des châteaux et des villes

Il faut ajouter que les conditions mêmes de la vie littéraire sont différentes. Certes, on trouve parmi les trouvères le même éventail social que chez les troubadours. Il y a parmi eux des princes, comme Thibaud de Champagne, poète fécond et délicat, et d'assez grands seigneurs, ou au moins des personnages de premier plan, comme l'âpre Conon de Béthune ou l'élégant Gace Brulé. Il y a de petits nobles, comme le châtelain de Coucy, dont on fera à la fin du XIIIe siècle, peut-être à cause de la douceur élégiaque de ses chansons, le héros d'un roman au dénouement tragique. Il y a des clercs comme Guillaume et Gilles Le Vinier, comme le subtil et surprenant chanoine d'Amiens Richard de Fournival, des marchands comme le patricien arrageois Jean Bretel, des jongleurs comme Colin Muset. Mais la proportion des nobles dilettantes, auteurs chacun de quelques chansons parce que cela fait partie du jeu social, est plus faible que dans le Sud. Un signe en est que, pour une production globale à peu près égale, nous ne connaissons les noms que de deux cents trouvères environ contre quatre cent cinquante troubadours. Surtout, quelle que soit l'importance des grandes cours lettrées comme celle de Champagne, beaucoup de trouvères, à partir du début du XIIIe siècle, et surtout à partir des années 1220, appartiennent au milieu littéraire des riches villes commerçantes du nord de la France, en particulier d'Arras.

Dans plusieurs de ces villes apparaissent au XIIIe siècle des sociétés littéraires qui organisent des concours de poésie. La plus illustre est le *Puy* d'Arras, lié à une confrérie nommée de façon significative *Confrérie des jongleurs et bourgeois d'Arras* et dominé par les grandes familles commerçantes de la ville. Ces poètes urbains, qui peuvent être aussi bien des bourgeois que des clercs, des jongleurs ou des nobles, continuent bien entendu à pratiquer le grand chant courtois et aussi, avec prédilection, sa variante socialisée qu'est le jeu-parti. Mais, sans retomber dans l'erreur ancienne qui serait de vouloir définir une littérature « bourgeoise » au XIIIe siècle, il faut bien reconnaître qu'ils ont un goût marqué, et presque inconnu des troubadours, pour des genres lyriques qui constituent une sorte de contrepoint parfois comique et grivois de la courtoisie ou qui paraissent hériter d'une tradition antérieure à elle.

C'est pourquoi nous avons attendu d'en venir aux trouvères pour aborder les genres lyriques non courtois, bien que certains paraissent descendre des formes primitives de la poésie romane.

Les chansons de femme et le lyrisme non courtois

Les genres non courtois sont en effet de deux sortes. Les uns posent directement l'énigme d'une poésie populaire, dont ils conservent ou dont ils créent artificiellement l'écho : ce sont les aubes et les chansons de toile. Les autres, qui peuvent à l'occasion, ou même fondamentalement, charrier des éléments d'origine populaire, forment, on l'a dit, l'envers de la courtoisie et, dans l'état où nous les saisissons, n'existent que par rapport à elle : ce sont les reverdies, les chansons de malmariée, les pastourelles. En outre, les chansons à danser, définies par leur forme — parfois ancienne — empruntent thématiquement à tous les autres genres et leur fournissent des refrains et parfois des mélodies.

On a dit plus haut que la forme primitive du lyrisme amoureux était généralement celle de la chanson de femme. Bien que cette situation soit masquée dans la littérature romane par le brusque surgissement du lyrisme courtois, un faisceau d'indices témoigne de son existence : la condamnation par l'Eglise, à date très ancienne, de chansons féminines lascives ; les quelques épisodes amoureux des premières chansons de geste, comme la mort de la belle Aude dans la *Chanson de Roland*, ou la passion de Bélissant pour Amile dans *Ami et Amile*, qui paraissent réserver aux femmes l'expression élégiaque ou sensuelle de l'amour, voire l'initiative amoureuse. Plus encore, le fait que toutes les *khardjas* empruntées à la poésie mozarabe soient des extraits de chanson de femme, où l'amour s'exprime généralement avec une gravité passionnée (« Dis-moi, que ferai-je ? Comment pourrai-je vivre ? J'attends cet ami, pour lui je mourrai » ; « O toi qui es brun, ô délices des yeux ! qui pourra supporter l'absence, mon ami ? ») et parfois impudique (« Je t'aimerai tant, mais à la condition que tu joignes mes anneaux de jambe à mes boucles d'oreille »). Cette tonalité se retrouve par instants dans la poésie des quelques femmes troubadours, les *trobairitz*, qui habituellement se bornent à mettre au féminin les stéréotypes du grand chant courtois : « Ben volria mon cavallier / Tener un ser en mos bratz nut » (« Comme je voudrais tenir un soir mon chevalier nu entre mes bras »), soupire la comtesse de Die.

Les chansons de toile

Mais surtout il existe en langue d'oïl un genre très particulier, celui de la chanson de toile, qui paraît se rattacher à cette tradition, bien que les quelque vingt chansons qui nous sont parvenues soient largement postérieures au développement de la poésie courtoise et en portent la marque. La forme des chansons de toile les rend analogues à de petites chansons de geste. Presque toutes sont en décasyllabes. Leurs strophes, parfois rimées, mais souvent assonancées, ne se distinguent alors des laisses épiques que par leur brièveté relative, leur régularité et la présence d'un refrain. Ce sont des chansons narratives à la troisième personne. Leur style, comme celui des chansons de geste, est raide, leur syntaxe répugne à la subordination et chaque phrase dépasse rarement la longueur du vers. Elles mettent en scène des jeunes filles sensuellement et douloureusement éprises de séducteurs indolents ou d'amants lointains, qu'elles attendent, assises à la fenêtre, occupées à des travaux d'aiguille ; d'où leur nom :

Bele Yolanz en ses chambres seoit.

D'un boen samiz une robe cosoit :

A son ami tramettre la voloit.
En sospirant ceste chançon chantoit :
  « Dex ! tant est douz li nons d'amors :
  ja n'en cuidai sentir dolors. »

Belle Yolande était assise dans sa chambre.
Elle cousait un vêtement d'un beau tissu de soie :
à son ami elle voulait l'envoyer.
En soupirant elle chantait cette chanson :
  « Dieu ! le nom d'amour est si doux :
  jamais je ne pensais en ressentir de la peine. »

Certaines de ces chansons sont insérées dans un roman du début du XIIIᵉ siècle, le *Roman de la Rose ou de Guillaume de Dole* de Jean Renart. Cet auteur subtil et malicieux, qui se vante d'être le premier à avoir eu l'idée de citer des pièces lyriques dans un roman, fait dire à une vieille châtelaine que « c'était autrefois que les dames et les reines faisaient de la tapisserie en chantant des chansons d'histoire ».

Sur la foi de ce témoignage, et sur l'apparence des chansons de toile, on a longtemps admis sans discussion qu'elles étaient très anciennes. Mais certains traits s'accordent mal avec cet archaïsme apparent, dans lequel il faudrait plutôt voir soit une survivance au sein de pièces qui se seraient sur d'autres points modifiées, soit l'effet d'une recherche délibérée. Ce qui est certain, c'est que ces chansons ont été composées par des hommes : l'une d'elles le reconnaît, d'autres sont l'œuvre d'un trouvère connu, Audefroi le Bâtard. Il semble qu'elles aient bénéficié d'une sorte de mode, dans le premier tiers du XIIIᵉ siècle, au sein de milieux littéraires raffinés de Picardie, de Wallonie, de Lorraine, qui, habitués à la sophistication du grand chant courtois, trouvaient du charme à leur simplicité. Il y aurait donc eu une part d'artifice dans leur succès, voire dans leur manière, mais on imagine mal qu'elles aient pu être inventées de toutes pièces dans ces circonstances et qu'elles puissent ne pas reposer sur une tradition ancienne.

Les chansons d'aube

D'autres types lyriques se sont pliés plus aisément aux conventions de la courtoisie. Ainsi, la chanson d'aube, connue par presque toutes les poésies du monde de la Chine à l'Egypte ancienne et à la Grèce. Dans l'Occident médiéval, ce n'est pas toujours une chanson de femme, mais elle l'est souvent, en particulier dans ses plus anciens spécimens. Son sujet est la douloureuse séparation des amants au matin, après une nuit d'amour. Il pouvait aisément s'intégrer à l'univers courtois, puisqu'il suppose des amours clandestines. De fait, c'est le seul des genres lyriques non courtois en eux-mêmes à avoir connu un succès aussi grand, et peut-être plus grand, auprès des troubadours qu'auprès des trouvères. On le voit apparaître très tôt dans le lyrisme roman, puisque sa tonalité semble colorer le refrain de la mystérieuse « aube bilingue de Fleury ». Il inspire, au-delà du Moyen Age, la scène du balcon de *Roméo et Juliette*. Entre les deux, les chansons d'aube, qu'elles soient en langue d'oc ou en langue d'oïl, se partagent entre des pièces un peu raides, parfois de forme lyrico-narrative, où la voix féminine fait entendre sa plainte mélancolique, et d'autres, plus marquées par l'esprit courtois, plus complexes, placées souvent au carrefour d'autres genres lyriques, et faisant parfois une place au *gaite*, au veilleur qui signale aux amants l'approche du jour ou la menace du jaloux. Ce personnage, qui était dans la réalité à la fois un guetteur et un musicien, est prétexte à l'introduction dans la chanson de mélismes et de fantaisies musicales.

Bien que l'adaptation aux thèmes à la mode soit encore plus nette dans les genres que l'on va décrire maintenant, ces genres ont parfois été considérés comme révélateurs de sources folkloriques du lyrisme roman.

La reverdie

La reverdie, comme son nom le suggère, est l'extension à toute une chanson de la strophe printanière initiale des troubadours et des trouvères. Il n'est donc pas surprenant qu'elle revête dans les quelques exemplaires que nous en connaissons la forme d'un sous-genre courtois. Mais on a pu soutenir que la reverdie, qui survivrait à l'état de résidu dans la strophe printanière, pourrait être l'écho des célébrations du renouveau printanier qui, remontant au paganisme, ont survécu sous des formes atténuées presque jusqu'à nos jours. Au cours de ces fêtes, marquées par une certaine licence, les femmes pouvaient avoir, semble-t-il, l'initiative amoureuse. Un charmant poème connu sous le nom de *Ballade de la reine d'avril* pourrait en être un témoignage explicite. Mais il ne paraît pas être aussi ancien qu'il le paraît et il est curieusement composé dans une langue artificielle (langue d'oïl maquillée en langue d'oc), dont il n'offre d'ailleurs pas le seul exemple.

Les chansons de rencontre amoureuse :
pastourelles et malmariées

Mais le genre de prédilection des trouvères, en dehors de la chanson courtoise et du jeu-parti, est la chanson de rencontre amoureuse, narrative et dialoguée. On en a conservé plusieurs centaines. Le poète y raconte comment, et avec quel succès, il a tenté de séduire une jeune personne, le plus souvent une dame mal satisfaite de son mari (chanson de *malmariée*) ou une bergère *(pastourelle)*. L'élégance apparente de la requête amoureuse offre un contraste piquant aussi bien avec la brutalité du désir qu'avec la rusticité de la bergère ; le mari est un *vilain* dont l'incapacité à remplir le devoir conjugal justifie l'infortune : tout est ainsi prétexte à un détournement burlesque et souvent obscène des règles de la courtoisie. A cela s'ajoute, dans les pastourelles, l'attrait qu'exerce la bergère, rencontrée au coin d'un bois ou sur la lande et chargée de tout l'érotisme diffus de la nature printanière au cœur de laquelle elle vit et dont elle est comme l'émanation :

L'autrier mi chevachoie	L'autre jour je chevauchais
Pencis com sui sovent	pensif, comme je le suis souvent,
Leiz un boix qui verdoie ;	le long d'un bois verdoyant ;
Prés d'un preit lons de gent	au bord d'un pré solitaire
Trovai pastoure qui gardoit sa proie :	je trouvai une bergère qui gardait son troupeau :
Kant je la vix, vers li tornai ma voie.	à sa vue, je me dirigeai vers elle.

Les fantasmes de ces chansons s'organisent ainsi autour des motifs agrestes et printaniers dans une sorte d'esprit de revanche sexuelle : revanche de la malmariée sur son mari, de la jeune fille sur sa mère qui l'empêche d'aimer, du chevalier trousseur de bergères sur la dame courtoise qui le fait languir.

Les rondeaux à danser

La force de ces fantasmes apparaît de façon particulièrement saisissante dans les brefs rondeaux à danser, dérivant peut-être d'une forme strophique très ancienne (le « distique de carole » de schéma *aab*), qui évoquent pêle-mêle tous les thèmes lyriques sous une forme allusive, fragmentaire, disloquée entre le couplet et le refrain qui, inachevé d'abord lui-même, vient l'interrompre avant de le conclure *(aAabAB)*. C'est qu'ils savent bien quel lien secret unit leur apparent disparate : le pré et ses fleurs nouvelles, la jeune fille à la fontaine, la bergère et son troupeau, la malmariée et son jaloux, le mal d'amour et les gestes de la danse. Chacun d'eux condense en ses quelques vers le parfum ténu et troublant de cette poésie :

Main se leva la bien faite Aeliz.

— *Par ci passe li bruns, li biaus Robins.*
Biau se para et plus biau se vesti.

Marchiez la foille et ge qieudrai la flor.
— *Par ci passe Robins li amorous,*
Encor en est li herbages plus douz.

Au matin s'est levée la bien faite Aelis.

— *Par ici passe le brun, le beau Robin.*
Elle s'est bien parée, s'est vêtue mieux encore.

Piétinez la feuille, moi je cueillerai la fleur.
— *Par ici passe Robin l'amoureux,*
et voici que l'herbage en est plus doux.

ORIENTATIONS BIBLIOGRAPHIQUES

Boutière J. et Schutz A. (éd. et trad.), *Biographies des troubadours*, édition augmentée et refondue avec la collaboration d'I.-M. Cluzel, Paris, Nizet, 1964.

Buridant Claude (trad.), *André le Chapelain, « Traité de l'amour courtois »*, Paris, Klincksieck, 1974.

Dragonetti Roger, *La Technique poétique des trouvères dans la chanson courtoise. Contribution à l'étude de la rhétorique médiévale*, Bruges, De Tempel, 1960.

Formisano Luciano (sous la direction de), *La Lirica*, Bologne, Il Mulino, « Strumenti di filologia romanza », 1990.

Frank Istvan, *Répertoire métrique de la poésie des troubadours*, 2 vol., Paris, 1953-1957.

Gaunt Simon, *Troubadours and Irony*, Cambridge, 1989.

Gruber Jörg, *Die Dialektik des Trobar. Untersuchungen zur Struktur und Entwicklung des occitanischen und französischen Minnesangs des 12. Jahrhunderts*, Tübingen, Max Niemeyer, 1983.

Guiette Robert, D'une poésie formelle en France au Moyen Age, dans *Questions de Littérature, Romanica Gandensia*, VIII, 1960, p. 1-23, et dans *Forme et senefiance*, Genève, Droz, 1978, p. 9-32.

Heger Klaus, *Die bisher veröffentlichten Hargas und ihre Deutungen*, Tübingen, Max Niemeyer, 1960.

Jeanroy Alfred, *Les Origines de la poésie lyrique en France au Moyen Age. Etudes de littérature française et comparée suivies de textes inédits*, Paris, Champion, 3ᵉ éd., 1925.

— *La Poésie lyrique des Troubadours*, 2 vol., Toulouse-Paris, Privat-Didier, 1934.

Kay Sarah, *Subjectivity in Troubadour Poetry*, Cambridge, 1990.

Koehler Erich, *Trobadorlyrik und höfischer Roman*, Berlin, Löning, 1962.

— Observations historiques et sociologiques sur la poésie des troubadours, dans *Cahiers de Civilisation médiévale*, VI (1964), p. 27-51.

Le Gentil Pierre, *Le Virelai et le villancico. Le problème des origines arabes*, Paris, Les Belles-Lettres, 1954.

— La strophe zadjalesque, les khardjas et le problème des origines du lyrisme roman, dans *Romania*, 84 (1963), p. 1-27, 209-250, 409-411.

Marrou Henri-Irénée, *Troubadours et trouvères au Moyen Age*, Paris, Le Seuil, 1971.

Moelk Ulrich, *Trobar clus, trobar leu. Studien zur Dichtungstheorie der Trobadors*, Munich, Wilhelm Fink, 1968.

— et Wolfzettel Friedrich, *Répertoire métrique de la poésie lyrique française des origines à 1350*, Munich, 1975.

Nelli René, *L'érotique des troubadours*, rééd. 2 vol., Paris, UGE, « 10/18 », 1974.

Nykl H., *Hispano-arabic Poetry and its Relation with the Old Provençal Troubadours*, Baltimore, 1947.

Patterson L. M., *Troubadours and Eloquence*, Oxford, 1975.

Petersen Dyggve Holger, *Onomastique des trouvères*, Helsinki, 1934.

Raynaud Gaston et Spanke Heinrich, *Bibliographie des altfranzösischen Liedes*, Leyde, 1955.

Van der Werf Hendrik, *The Chansons of the Troubadours and Trouvères. A Study of the Melodies and their Relation to the Poems*, Utrecht, 1972.

Zink Michel, *La Pastourelle. Poésie et folklore au Moyen Age*, Paris, Bordas, 1972.

— *Les Chansons de toile*, Paris, Champion, 1978.

Zumthor Paul, *Langue et techniques poétiques à l'époque romane (XIe-XIIIe siècle)*, Paris, Klincksieck, 1963.

— *Essai de poétique médiévale*, Paris, Le Seuil, 1972.

QUELQUES ANTHOLOGIES (TEXTES ET TRADUCTIONS)

Baumgartner Emmanuèle et Ferrand Françoise, *Poèmes d'amour des XIIe et XIIIe siècles*, Paris, UGE, « 10/18 », 1983.

Bec Pierre, *La Lyrique française au Moyen Age (XIIe-XIIIe siècles). Contribution à une typologie des genres poétiques médiévaux* ; I : *Etudes* ; II : *Textes*, Paris, Picard, 1977-1978.

— *Anthologie des troubadours*, Paris, UGE, « 10/18 », 1979.

Dufournet Jean, *Anthologie de la poésie lyrique française des XIIe et XIIIe siècles*, Paris, Gallimard, 1989.

Moelk Ulrich, *Romanische Frauenlieder*, Munich, Wilhelm Fink, 1989.

Nelli René et Lavaud René, *Les Troubadours*, t. II, Paris, Desclée de Brouwer, 1966.

Riquer Martin de, *Los Trovadores. Historia literaria y textos*, 3 vol., Barcelone, Editorial Planeta, 1975.

Rosenberg Samuel et Tischler Hans, *Chanter m'estuet. Songs of the Trouvères*, Bloomington, Indiana University Press, 1981.

6. Le roman

Un genre « secondaire »

Secondaire, le roman ne l'est ni par son importance propre ni par celle de son destin ultérieur. Mais l'épithète peut lui être appliquée dans un double sens. Chronologique d'abord : le roman apparaît vers le milieu du XIIe siècle, soit un peu plus tard que la chanson de geste et que la poésie lyrique, et toutes les étapes de son développement se déroulent sous nos yeux, alors que les deux autres genres nous apparaissent déjà constitués. Au sens des classifications de la caractérologie ensuite : le roman se définit dès le début comme un genre réflexif, préoccupé par ses propres démarches, et donc comme un genre intellectualisé.

La chanson de geste et la poésie des troubadours et des trouvères ont en commun d'être destinées à être chantées. Le roman est le premier genre littéraire destiné à la lecture. A la lecture à voix haute, certes : l'usage de la lecture individuelle ne se répandra véritablement que plus tard. Mais ce trait suffirait à en faire une forme toute nouvelle, en particulier au regard de la chanson de geste, seul genre narratif à l'avoir précédé. Avec la fascination répétitive de la mélopée épique, il renonce à la construction strophique, qui impose à l'auditeur à la fois son découpage et son rythme, et aux effets, répétitifs eux aussi, d'écho, voire de refrain, nés du style formulaire et du procédé des laisses parallèles. Il leur substitue la linéarité indéfinie, sans rupture et sans heurt, des couplets d'octosyllabes. Leur effacement aussi, ou leur transparence : à cette époque où la prose littéraire française n'existe pas encore, l'octosyllabe à rime plate est, et sera longtemps, la forme la moins marquée, une sorte de degré zéro de l'écriture littéraire. Il ne cherche donc pas à jouer des effets affectifs, physiques même, du langage et du chant. Il laisse l'attention se concentrer sur un récit dont il ne prend pas l'initiative de rompre la continuité, laissant au lecteur celle de le maîtriser, de le structurer, d'y réfléchir, de le comprendre. Un style et une rhétorique qui privilégient la narration. Un appel, parfois explicite, à la réflexion du lecteur. Ces deux traits sont des constantes du roman médiéval.

Des romans antiques aux romans bretons

Les premiers romans français se distinguent également des chansons de geste par leurs sujets. Ils abandonnent le monde carolingien pour adapter des œuvres de l'Antiquité latine et traiter ce qu'on appelle au XIIe siècle la *matière de Rome*, qui est aussi une « matière de Grèce », bien que les romanciers, faute d'un accès direct à la littérature grecque, ne la connaissent que par ses adaptations latines. D'où le nom de romans antiques dont on les désigne. Leur liste n'est au demeurant pas très longue.

Le « Roman d'Alexandre »

Tout au long du XIIe siècle s'échelonnent des versions successives du *Roman d'Alexandre*, récit, largement fictif, de la vie et des conquêtes du roi de Macédoine. La source en est un texte grec du IIe siècle avant J.-C. d'un auteur inconnu appelé le pseudo-Callisthène. Cette sorte de roman a été connue en Occident par ses adaptations et ses dérivés latins : les *Res gestae Alexandri Macedonis* de Julius Valerius (*ca* 320 apr. J.-C.), ouvrage abrégé en un *Epitome* au IXe siècle, et la *Nativitas et victoria Alexandri Magni* de l'archiprêtre Léon de Naples (IXe siècle), source de l'*Historia de Preliis* qui devait connaître un vif succès. On leur associait souvent d'autres textes plus courts, comme la « Lettre d'Alexandre à Aristote sur les merveilles de l'Inde ». Dès le premier tiers du XIIᵉ siècle, un poète probablement dauphinois, Albéric de Pisançon, compose un *Alexandre* en français, ou plutôt en franco-provençal, dont il nous reste un fragment de 105 octosyllabes groupés en quinze laisses monorimes : on remarque cette forme proche encore de la laisse épique, proche surtout de celle des premières vies de saints. Après un *Alexandre* décasyllabique (vers 1160-1165) et d'autres versions ou remaniements aujourd'hui perdus, toute cette matière est rassemblée après 1177-1180 par Alexandre de Paris en un long *Roman d'Alexandre* écrit en laisses rimées de vers de douze pieds, mètre qui sera baptisé en son honneur *alexandrin*. Tous ces textes ne célèbrent pas seulement en Alexandre le conquérant juvénile, mais aussi l'esprit savant et curieux formé par Aristote, le découvreur de l'univers et des merveilles de la nature : peuples étranges, animaux monstrueux, phénomènes surprenants. Alexandre avait, disait-on, exploré le fond des mers sous une cloche de verre et une nacelle tirée par des oiseaux l'avait emporté dans les cieux. La littérature et l'imaginaire lui réserveront jusqu'à la fin du Moyen Age une place de choix, mais le *Roman d'Alexandre*, dont les versions en vers n'ont au demeurant jamais totalement rompu avec la forme épique, occupe une place un peu en marge de la série des romans antiques.

Le « Roman d'Apollonius de Tyr »

Marginal également le *Roman d'Apollonius de Tyr*, bien que ce roman latin du VIᵉ siècle, remontant à un original perdu du IIIᵉ siècle, ait connu, en lui-même et adapté dans toutes les langues européennes, un succès qui s'est prolongé jusqu'à l'époque classique. Sa plus ancienne version française, un roman en octosyllabes datant des années 1150-1160, ne nous est plus connue que par un court fragment, mais les nombreuses allusions que lui font les auteurs d'oc et d'oïl attestent le succès de cette sombre histoire d'inceste et d'errance parfois curieusement considérée comme une vie de saint.

Le « *Roman de Thèbes* »

Mais la série canonique des romans antique est proprement constituée de trois œuvres. La plus ancienne est probablement le *Roman de Thèbes* (vers 1155) qui, en se fondant sur la *Thébaïde* de Stace, très admirée au Moyen Age, raconte l'histoire des enfants d'Œdipe, non sans avoir auparavant rappelé le destin de leur père. Proche encore des chansons de geste par l'extension donnée aux épisodes guerriers et par le traitement des scènes de combat, il se caractérise en même temps par des préoccupations et par un ton nouveaux. L'auteur applique sa réflexion aux problèmes juridiques et moraux posés par le droit féodal, cadre dans lequel il place le conflit entre Etéocle et Polynice. Surtout, il manifeste pour les mouvements du cœur, pour les sentiments amoureux, pour les personnages féminins qui en sont la proie ou qui les inspirent, pour les péripéties qu'ils entraînent, un intérêt nouveau et inconnu des chansons de geste. Ce trait, on va le voir, reparaît, encore plus marqué, dans les autres romans antiques.

Le « *Roman d'Enéas* »

De quelques années plus récent que le *Roman de Thèbes*, dont il se souvient par moments, le *Roman d'Enéas* est une adaptation, le plus souvent très libre, de l'*Enéide* de Virgile. Le ton propre à l'épopée latine ne s'y retrouve nullement. Un souci didactique pousse l'auteur aux simplifications et aux explications. La mythologie s'estompe. La composition de l'*Enéide*, calquée sur celle de l'*Odyssée*, disparaît : *Enéas* commence directement par la fuite d'Enée, quitte à en redoubler partiellement le récit par celui que le héros troyen en fait à Didon, comme chez Virgile. Mais là encore, la grande originalité du poète médiéval est la place qu'il fait à l'amour. C'est ainsi qu'il amplifie dans des proportions considérables la matière du livre X de l'*Enéide* en inventant de toutes pièces à l'aide de souvenirs ovidiens une intrigue amoureuse entre Enée et Lavinie.

Le « Roman de Troie »

Quant au *Roman de Troie*, composé par Benoît de Sainte-Maure avant 1172, il développe en plus de trente mille vers les sèches compilations sur la guerre de Troie que sont le *De excidio Trojae historia* du pseudo-Darès le Phrygien et l'*Ephemeris belli Trojani* du pseudo-Dictys. De longs préliminaires — il remonte jusqu'à la légende thébaine et aux Argonautes —, des récits de prodiges, des développements sur les merveilles de la nature et, une fois de plus, de nombreux épisodes amoureux lui permettent d'atteindre une telle ampleur.

Fidélité aux modèles antiques et innovations. La place de l'amour

C'est donc dans l'attachement aux sources antiques que réside la nouveauté de ces romans. Certes, par rapport à leurs modèles, ils innovent de bien des façons. Ils les adaptent de façon anachronique à la civilisation de leur propre temps. Ils réduisent la part de la mythologie, ils font davantage appel au merveilleux relevant de la magie ou de la nécromancie, ils multiplient les ajouts. Mais surtout ils s'intéressent à l'amour. Ils amplifient les épisodes amoureux qu'ils trouvent dans leurs sources, ils en inventent de nouveaux. L'amour d'Ismène pour Atès occupe une place plus importante dans le *Roman de Thèbes* que chez Stace et le romancier français y a ajouté celui d'Antigone pour Parthénopeus, qu'il ne trouve pas dans son modèle. *Enéas* équilibre l'amour de Didon pour Enée par celui — partagé — d'Enée pour Lavinie comme ne l'avait pas fait Virgile, pour qui la conquête de la jeune fille se réduit à celle de la terre et du pouvoir. Les amours de Jason et de Médée, de Troïlus et de Briséis, d'Achille et de Polyxène, prennent dans le *Roman de Troie*, en elles-mêmes et les unes par rapport aux autres, un relief et un sens nouveaux. Tous ces auteurs peignent avec une abondance et une complaisance extrêmes la naissance de l'amour, le trouble d'un cœur virginal qui hésite à le reconnaître, les confidences à une mère ou à une nourrice qui permettent de l'identifier, les débats intérieurs, la timidité des amants, les ruses, les dérobades, les audaces, les trahisons, les aveux. Cet intérêt porté par le genre romanesque aux questions amoureuses le rendra très vite particulièrement accueillant à la courtoisie et à l'amour courtois. Bien que ni l'un ni l'autre ne soient encore clairement reconnaissables en tant que tels dans les romans antiques, l'amour est dès ce moment la grande affaire du roman.

La prétention à la vérité historique

Mais cette grande affaire est encore dissimulée derrière la préoccupation affichée par les romanciers, une préoccupation d'ordre philologique et surtout historique. Ces auteurs, capables de lire le latin et de le traduire, sont, bien entendu, des clercs. Ils prétendent, même quand c'est loin d'être le cas, suivre leur modèle avec le plus grand respect et la plus grande fidélité. Ils se font gloire de leur compétence d'historiens et de philologues, qui leur permet d'informer de façon véridique leurs contemporains ignorants du latin sur les grands événements du passé, en choisissant la source la plus sûre et en la traduisant avec exactitude. C'est l'idée que développe le long prologue du *Roman de Troie*. Benoît de Sainte-Maure y explique que le témoignage d'Homère est suspect et que celui de Darès est plus digne de foi : il admet en effet que ce Darès (en réalité un compilateur de la latinité tardive) était un Troyen, donc un témoin et un acteur des événements. Cornelius Nepos, dit-il, a retrouvé à Athènes l'ouvrage longtemps perdu de Darès et l'a traduit du grec en latin ; lui-même, Benoît, le traduit aujourd'hui du latin en français. Et il conclut :

Le latin sivrai e la letre,	Je suivrai la lettre du texte latin :
Nule autre rien n'i voudrai metre	mon intention est de n'y mettre rien d'autre
S'ensi non com jel truis escrit.	que ce que je trouve écrit.

(V. 139-141).

Le genre romanesque, qui deviendra le plus libre qui soit, est donc emprisonné à ses débuts dans l'espace étroit de la traduction, tandis que sa seule ambition affichée est celle de la vérité historique.

Mieux, ce genre reçoit le nom de *roman* — mot qui désigne dans son emploi usuel la langue vulgaire romane par opposition au latin — parce qu'il se définit comme une *mise en roman*, c'est-à-dire comme une traduction du latin en langue romane.

L'histoire que les premiers romanciers prétendent écrire n'est pas n'importe quelle histoire. Les trois principaux romans antiques, tous trois écrits dans les provinces de l'Ouest et dans la mouvance de la monarchie anglo-normande, s'enchaînent de manière à créer une sorte de continuité, de Thèbes à Troie par l'intermédiaire de Jason et des Argonautes, de Troie au Latium à la suite d'Enée. Mais les choses n'en restent pas là. En 1155, c'est-à-dire à peu près au moment où s'écrit le *Roman de Thèbes*, Wace, un clerc de Caen, achève son *Roman de Brut*. Brut, c'est Brutus, l'arrière-petit-fils d'Enée, qui, contraint de quitter le Latium, gagne l'Angleterre et s'y taille un royaume. Le roman se poursuit par l'histoire de ses successeurs, au nombre desquels le roi Arthur. Quand on sait que Wace, l'auteur du *Brut*, et Benoît de Sainte-Maure, l'auteur du *Roman de Troie*, écriront tous deux, le premier avec le *Roman de Rou* (Rollon), le second avec la *Chronique des ducs de Normandie*, l'histoire des ancêtres du roi d'Angleterre Henri II Plantagenêt depuis le don par Charles le Simple du duché de Normandie au chef viking Rollon, on comprend l'intention politique qui met ce vaste ensemble littéraire au service d'une vaste fresque dynastique. Depuis le pseudo-Frédégaire, au VIIᵉ siècle, on soutenait que les Francs descendent du prince troyen Francus : les Plantagenêts se poseront en successeurs du prince troyen Enée — à l'image ternie toutefois par Darès qui fait de lui un traître à la cause troyenne. La monarchie française tirait gloire de Charlemagne ? La monarchie anglaise tirera gloire du roi Arthur.

Le monde breton et l'aveu de la fiction.
Le « Brut » de Wace

Mais voilà que dans cette entreprise un élément en apparence circonstanciel va bouleverser le destin du jeune genre romanesque. Tant que l'action des romans se situait dans l'Antiquité et que leurs sources étaient des sources antiques, la prétention à la vérité historique pouvait être maintenue. Il n'en va plus de même dès lors que l'action s'est transportée dans les îles bretonnes et que les romanciers prennent pour source l'œuvre d'historiens qui leur sont contemporains. Il n'en va plus de même lorsque à Brut succède le roi Arthur.

Le *Brut* de Wace est pour l'essentiel une adaptation de l'*Historia regum Britanniae* publiée en 1136 par le clerc, puis évêque, gallois Geoffroy de Monmouth. Animé d'un ardent nationalisme « breton », c'est-à-dire celtique, Geoffroy fait une très large place au roi Arthur, dont la tradition voulait qu'il eût combattu les envahisseurs saxons au début du VIᵉ siècle, à sa gloire et à ses conquêtes, à son père Uter, à leur protecteur l'enchanteur Merlin, à tous les prodiges du grand règne qu'il lui attribue. Wace renchérit : il est le premier à parler de la Table ronde. Mais les autres historiens de la cour d'Henri II Plantagenêt avaient récusé le témoignage de Geoffroy touchant le roi Arthur. Dans les merveilles et les enchantements de Bretagne ils ne voyaient que des « fables ». Tout le monde était séduit, mais personne n'y croyait. Plus important, personne ne prétendait y croire, alors que personne ne mettait officiellement en doute la véracité de la matière antique. On se moquait des Bretons qui attendaient le retour du roi Arthur. Wace lui-même se montre ouvertement sceptique sur un sujet qui lui fournit pourtant la moitié de son roman et qu'il a contribué plus que tout autre à mettre à la mode. Il confie, dans le *Roman de Rou*, être allé en personne dans la forêt de Brocéliande renverser de l'eau sur la margelle de la fontaine de Barenton et en être revenu Gros-Jean comme devant sans avoir déclenché l'orage qui, selon les Bretons, ne devait pas manquer d'éclater. Il reconnaît dans le *Brut* qu'on en a tant raconté sur le roi Arthur qu'il est bien difficile de distinguer le vrai du faux. Le monde arthurien, qui va devenir dès la seconde moitié du XIIᵉ siècle le cadre privilégié du roman médiéval, ne prétend pas à la vérité. En quittant l'Antiquité et le monde méditerranéen pour la Bretagne et le temps du roi Arthur, le roman renonce à la vérité historique, référentielle, et doit se chercher une autre vérité. Une vérité qui est celle du sens ; un sens qui se nourrit pour l'essentiel d'une réflexion sur la chevalerie et l'amour. Ce sera l'œuvre, dès les années 1170, de Chrétien de Troyes, dont le génie impose pour longtemps le modèle du roman courtois arthurien et de sa quête du sens.

Chrétien de Troyes

Sa vie, sa carrière, son œuvre

De Chrétien, comme de beaucoup d'auteurs du Moyen Age, au moins jusqu'au XIIIe siècle, nous ne savons rien d'autre que ce que nous pouvons déduire de son œuvre et des allusions qu'y ont faites ses successeurs. On ne saura jamais si le Christianus, chanoine de l'abbaye de Saint-Loup à Troyes, que mentionne une charte de 1173, se confond avec notre romancier. Il se nomme lui-même Chrétien de Troyes dans son premier roman, *Erec et Enide*, Chrétien partout ailleurs. Ses successeurs le désignent des deux façons. Il était clerc, comme le suggèrent de nombreux indices et comme le confirme le fait que Wolfram von Eschenbach, dans le *Parzifal* inspiré de son *Conte du Graal*, l'appelle « Maître » : *Von Troys Meister Cristjân*.

Le seul fait certain à son sujet est qu'il a été en relation avec la cour de Champagne, puis avec celle de Flandres. Le *Chevalier de la Charrette* répond à une commande de la comtesse Marie de Champagne, à qui l'œuvre est dédiée. Le *Conte du Graal* est dédié à Philippe d'Alsace, comte de Flandres. Marie de Champagne était la fille du roi de France Louis VII le Jeune et d'Aliénor d'Aquitaine. Nous avons déjà vu en elle la protectrice d'André le Chapelain. Elle a joué, croit-on, un rôle essentiel dans la diffusion en France du Nord de l'esprit courtois et de sa casuistique amoureuse. L'exaltation de l'amour adultère de Lancelot et de la reine Guenièvre dans le *Chevalier de la Charrette* reflète plus, semble-t-il, sa conception de l'amour que celle du romancier. Lui-même le suggère, et il laissera à un autre le soin de terminer l'œuvre à sa place, quoique d'après ses indications. Quant à Philippe d'Alsace, Chrétien a pu faire sa connaissance et passer à son service en 1182 lorsque, régent officieux du royaume pendant la minorité de Philippe-Auguste, il est venu à Troyes demander, en vain, la main de la comtesse Marie devenue veuve.

Au début de *Cligès*, Chrétien énumère ses œuvres antérieures. Y figurent *Erec et Enide*, plusieurs traductions d'Ovide aujourd'hui perdues et un poème sur « le roi Marc et Iseut la

Blonde », perdu lui aussi. Telle qu'elle nous est parvenue, son œuvre, outre deux chansons d'amour, comprend cinq romans : *Erec et Enide* (vers 1170), *Cligès* (vers 1176), le *Chevalier au Lion (Yvain)* et le *Chevalier de la Charrette (Lancelot)*, probablement écrits de façon imbriquée ou alternée entre 1177 et 1181, enfin le *Conte du Graal (Perceval)*, commencé entre 1182 et 1190 et resté inachevé, sans doute à cause de la mort du poète. Le roman de *Guillaume d'Angleterre*, dont l'auteur se désigne lui-même sous le nom de Chrétien, ne peut lui être attribué avec certitude.

L'importance exceptionnelle des cinq romans de Chrétien de Troyes justifie que l'on donne de chacun un bref résumé.

« Erec et Enide »

Pendant que le roi Arthur remet en honneur la chasse au Blanc Cerf, Erec, fils du roi Lac, qui tenait compagnie à la reine Guenièvre, est amené à suivre un chevalier insolent. Il remporte contre lui le prix d'un tournoi et gagne en même temps la belle, noble et pauvre Enide, dont il est tombé amoureux. Fêtés à leur retour à la cour, les jeunes gens se marient. Mais, tout à son amour et à son bonheur, Erec néglige ses devoirs chevaleresques. On murmure qu'il est « recreant d'armes ». Enide se reproche d'en être la cause. Erec surprend ses plaintes et la contraint à lui avouer les bruits qui courent sur son compte. Il s'arme aussitôt sans un mot et part seul avec elle, la faisant chevaucher devant lui comme un appât et lui interdisant de lui adresser la parole. Après bien des aventures au cours desquelles Enide a le courage de désobéir à son mari pour l'avertir des dangers, lui prouvant ainsi son amour, les époux se retrouvent, unis et apaisés, à la cour du roi Arthur.

« Cligès »

Alexandre, fils de l'empereur de Constantinople, fait son apprentissage chevaleresque et sentimental à la cour du roi

Arthur où il épouse la belle Soredamor. Ils ont un fils, Cligès. De retour à Constantinople, Alexandre laisse avant de mourir le trône à son frère cadet Alis, à condition que celui-ci ne se marie pas pour préserver les droits de son neveu. Plus tard, Alis épouse pourtant la jeune Fénice, fille de l'empereur d'Allemagne. Cligès et elle s'aiment sans se le dire. Fénice ne veut pas connaître la situation d'Iseut dont le corps était à deux hommes et le cœur à un seul. Elle réussit à préserver sa virginité : par l'effet d'une drogue, son mari ne la possède qu'en rêve. Après un séjour à la cour d'Arthur, Cligès finit par avouer son amour. Un nouveau recours — macabre — à la magie permet aux amants de vivre secrètement ensemble. Découverts, ils se réfugient auprès d'Arthur dont le projet d'expédition militaire pour chasser Alis du trône est rendu inutile par la mort providentielle de ce dernier.

Le « Chevalier de la Charrette »

Gauvain et un chevalier épris de la reine, dont on apprendra plus tard qu'il est Lancelot, sont à la poursuite de l'orgueilleux Méléagant, qui a enlevé Guenièvre pour l'emmener dans le mystérieux royaume de Gorre où il tient prisonniers de nombreux sujets du roi Arthur. Après un bref débat, Lancelot, par amour pour la reine, accepte, tandis que Gauvain refuse de se déshonorer en montant dans la charrette d'infamie qui le conduira vers elle. Aussi est-ce lui, et non Gauvain, qui la délivrera au terme de terribles épreuves (le pont de l'épée). Il recevra sa récompense amoureuse, bien que Guenièvre lui reproche d'abord d'avoir hésité à lui sacrifier son honneur, mais il aura encore à souffrir de la perfidie de Méléagant.

Le « Chevalier au Lion »

Le chevalier Calogrenant raconte devant Guenièvre et la cour du roi Arthur son échec dans une aventure merveilleuse. Son cousin Yvain veut la tenter à son tour. En versant de l'eau

sur la margelle, il déchaîne l'orage qui appelle le chevalier noir
défenseur de la fontaine. Il le blesse mortellement, le poursuit
jusque dans son château, échappe aux recherches grâce à
Lunete, la suivante de Laudine, la veuve éplorée, tombe amoureux de cette dernière, et l'épouse au bout de trois jours. Per-
suadé par Gauvain de reprendre malgré son mariage sa vie
aventureuse, il laisse passer le terme d'un an que Laudine avait
fixé pour son retour. Apprenant qu'elle le bannit pour toujours,
il devient fou, puis, guéri, devra, avant d'obtenir son pardon,
accomplir, au service des faibles, de nombreux exploits, aidé par
le lion fidèle et reconnaissant qu'il a un jour délivré d'un serpent
et qui lui vaut, sous l'incognito qui est le sien, le surnom qui
donne son titre au roman.

Le « Conte du Graal »

Un jeune sauvageon, élevé au fond de la forêt par sa mère
veuve, découvre un jour ce qu'elle voulait lui cacher : l'éclat
de la chevalerie. Après avoir écouté sans les comprendre ses
ultimes conseils, il la quitte pour se rendre auprès du roi
Arthur, « le roi qui fait les chevaliers », croit en être devenu
un pour avoir tué le Chevalier Vermeil et revêtu ses armes,
reçoit du vieux Gornemant de Goort sa véritable éducation
chevaleresque, mais, pressé de retrouver sa mère, le quitte bien
vite comme il quitte malgré elle la belle Blanchefleur qu'il a
délivrée de la menace d'un prétendant éconduit. Hébergé dans
le château du Riche Pêcheur, il voit passer le cortège du graal
(le mot désigne à cette époque une sorte de grand plat creux)
et de la lance qui saigne sans poser de question sur ces objets.
Le lendemain dans la forêt une jeune fille, qui se révèle être sa
cousine et devant laquelle il découvre son propre nom qu'il
ignorait jusque-là — Perceval le Gallois —, le maudit pour
son silence et lui en révèle la cause : il porte le péché de la
mort de sa mère, tuée par le chagrin de son départ. Il retrouve
la cour du roi Arthur, alors que le souvenir de Blanchefleur
l'avait plongé dans l'extase, mais les reproches de la Demoiselle Hideuse le font partir à la recherche du château du
Graal, tandis que d'autres chevaliers se lancent dans diverses

quêtes. Le roman suit alors les aventures de Gauvain et ne revient qu'une fois à Perceval : celui-ci, qui a oublié Dieu pendant cinq ans, se confesse à un ermite, son oncle, et apprend les liens familiaux qui l'unissent au monde du Graal. Gauvain, pour sa part, finit par retrouver dans un château sur la rive d'où l'on ne revient pas sa sœur, sa mère et celle du roi Arthur. Le roman, qui est le premier à aborder ce thème du Graal, promis à un tel succès, s'interrompt peu après.

La manière de Chrétien

Les cinq romans ont des traits communs extrêmement visibles. Tous sont des romans arthuriens. Dans tous l'amour joue un rôle important, et dans les quatre premiers d'entre eux il joue le rôle essentiel. A la différence de Wace, Chrétien ne prend pas pour sujet l'Histoire, génération après génération, règne après règne — « De rei en rei et d'eir en eir » (De roi en roi et d'héritier en héritier), comme le dit par un jeu de mots le prologue du *Brut*. L'action de chacun de ses romans est concentrée dans le temps et autour d'un personnage central. En outre, bien que tous se situent au temps du roi Arthur, celui-ci n'en est jamais le héros, ce qu'il tendait à devenir chez Wace qui consacrait au récit de son règne le tiers de son roman. Il est l'arbitre et le garant des valeurs chevaleresques et amoureuses. Le monde arthurien est donc un donné immuable, qui sert de cadre à l'évolution et au destin du héros. Autrement dit, l'époque du roi Arthur est extraite de la succession chronologique où elle était insérée. Elle flotte dans le passé, sans attaches. Elle devient un temps mythique, un peu analogue au « Il était une fois » des contes :

Del *Chevalier de la Charrete*	Chrétien commence son livre
Comance Crestïens son livre...	sur le *Chevalier de la Charrette*...
Et dit qu'a une Acenssïon	et il dit qu'une année pour l'Ascension
Li rois Artus cort tenue ot.	le roi Arthur avait tenu sa cour.

(*Charrette*, v. 24-31).

Les amarres du roman et de l'histoire en sont plus définitivement rompues. Dans un même mouvement, le sujet du roman se
confond avec les aventures et le destin d'un personnage unique.
Le sujet du roman, c'est le moment où se joue une vie.

De cette façon, non seulement Chrétien, contrairement à
Geoffroy de Monmouth et à Wace, ne prétend nullement
raconter le règne du roi Arthur, mais encore il prête systématiquement à son lecteur une familiarité avec l'univers arthurien
qui rend superflus les explications et les renseignements. Chaque récit particulier est présenté comme un fragment, comme
la partie émergée d'une vaste histoire dont chacun est supposé
maîtriser la continuité sous-jacente. Aucun roman ne présente
le roi Arthur, la reine Guenièvre, la Table ronde, ses usages,
ses chevaliers que le poète se contente d'énumérer d'un air
entendu lorsque leur présence rehausse une cérémonie, un
tournoi, une fête. A cela s'ajoute le mélange de dépaysement
et de familiarité qui marque les cheminements du héros et ses
aventures. A peine sorti du château du roi Arthur, à peine
gagné le couvert de la forêt toute proche, il entre dans un
monde inconnu, étrange, menaçant, mais où les nouvelles circulent à une vitesse étonnante et où il ne cesse de rencontrer
des personnages qui le connaissent, parfois mieux qu'il ne se
connaît lui-même, et qui lui désignent, de façon impérieuse et
fragmentaire, son destin. A son image, le lecteur évolue dans
un monde de signes, qui le renvoient perpétuellement, de
façon entendue et énigmatique, à un sens présenté comme
allant de soi, et pour cette raison même dissimulé. Le monde
de ces romans est un monde chargé de sens avec une évidence
mystérieuse.

Le sens du roman selon Chrétien

Les innovations de Chrétien touchant le temps arthurien et
le découpage de la matière romanesque ont donc des conséquences d'un poids beaucoup plus grand au regard du sens
romanesque. Il faut bien, d'ailleurs, que Chrétien propose un
sens, puisqu'il ne prétend plus à la vérité référentielle. Il faut
bien qu'il suggère que ses romans proposent un autre type de

vérité. C'est ce qu'il fait en particulier dans les prologues. Dédaignant de revendiquer, comme ses prédécesseurs, la véracité de sa source, dont il se plaît au contraire à souligner l'insignifiance dans le prologue d'*Erec*, quand il ne la passe pas simplement sous silence, il laisse entendre qu'il est seul à l'origine d'un sens que révèle en particulier l'organisation *(conjointure)* qu'il donne à son récit. Ce sens, qui a valeur d'enseignement ou de leçon, ne se confond pas avec le sens littéral du récit, mais il n'a pas non plus l'existence autonome du sens second que propose une œuvre allégorique. Distinct du sens littéral, il lui est cependant immanent et ne peut que le rester. Le récit n'est pas le prétexte du sens. Les aventures vécues par le héros sont à la fois la cause et le signe de son évolution. L'aventure extérieure est à la fois la source et l'image de l'aventure intérieure.

Car le sens est tout entier celui de l'aventure et de l'amour. La figure solitaire du chevalier errant, que Chrétien a pratiquement inventée de toutes pièces, manifeste l'enjeu de ses romans : la découverte de soi-même, de l'amour et de l'autre. Cet enjeu se retrouve dans chacun d'entre eux. Dans *Erec et Enide*, roman de l'amour conjugal, qui montre au prix de quels efforts un équilibre doit être atteint au-delà du premier éblouissement de la passion. Dans *Cligès* et dans le *Chevalier au Lion*, où c'est encore la question du mariage qui est posée : Yvain découvre que la conquête d'une épouse n'est rien sans le don de soi ; obsédée par l'adultère d'Iseut, Fénice cherche, à vrai dire sans grand succès, à préserver les droits du cœur sans briser le jougs, fût-il inique, d'un mariage obligé. Dans le *Conte du Graal* surtout, qui est le plus riche et le plus fascinant des romans de Chrétien. Ce roman, fondé de façon puissante et complexe sur la dialectique de la nature et de l'éducation, sur les liens familiaux, la relation du jeune homme et de sa mère, l'ombre du père mort, est véritablement un roman de la découverte de soi et de la découverte des autres : son jeune héros ignore au départ tout de lui-même, y compris son nom, et tout du monde, au point de confondre le Créateur et la créature et de prendre un chevalier pour Dieu. Il apprend que la révélation sur soi-même passe par le service des autres et qu'il ne trouvera les réponses qu'il cherche qu'en écoutant leurs questions et en posant celles qui les occupent. Ce qu'il faut bien appeler l'amour du prochain — tout le prologue du roman porte sur la charité — s'enrichit de l'amour pour une femme, auquel Perceval s'éveille peu à peu grâce à Blanche-fleur.

La tonalité du *Chevalier de la Charrette* est, il est vrai, différente. C'est que, nous apprend Chrétien lui-même, la comtesse Marie de Champagne lui en a imposé « la matière et le sens ». Certes, il sait peindre avec la virtuosité qui est la sienne, en mêlant l'humour à la force de l'émotion, l'exaltation amoureuse poussée jusqu'à une fascination suicidaire, dans la témérité incontrôlée ou dans le perte de conscience que provoque l'extase. Certes, il est fidèle à lui-même quand son héros prolonge l'oubli de soi par le don de sa personne, non seulement à la femme aimée, mais aussi à la communauté, en délivrant les prisonniers du royaume de Logres retenu au royaume de Gorre. Mais il semble aussi avoir éprouvé quelques réticences, peut-être devant l'adultère courtois. Toujours est-il qu'il a laissé un disciple, Geoffroy de Lagny, terminer le roman à sa place, tandis qu'il revenait au *Chevalier au Lion*, déjà commencé et interrompu, semble-t-il, par la commande de la comtesse.

On voit à ce propos combien la tentation de l'inachèvement et la question de la clôture du texte pèsent sur l'œuvre du maître champenois. Le *Chevalier de la Charrette* a été terminé par un autre et le *Chevalier au Lion*, resté quelque temps inachevé, a probablement connu une première diffusion sous cette forme. Il n'y a rien à tirer, dira-t-on, de l'inachèvement définitif du *Conte du Graal* si la mort en est la cause. Il reste que tel que nous le connaissons il est déjà beaucoup plus long que les autres romans et qu'au point où il s'arrête, les aventures de Gauvain et de Perceval ne paraissent pas en chemin de se rejoindre et de se conclure.

Pour en revenir au sens de ces romans, il se manifeste de façon très nette à travers la construction en deux parties, ou en deux volets, qui est régulièrement la leur. A la fin de la première partie le héros est parvenu au but, souvent facilement, sans avoir rencontré de difficulté véritable. Son succès paraît acquis, l'histoire paraît terminée. Mais à ce moment-là il perd tout ou s'aperçoit qu'il n'a rien gagné. Tout est à recommencer. Tout se brouille, tout s'enchevêtre. Le but n'est pas clair. Il ne sait où il va. Il lui faut refaire une seconde fois, douloureusement, difficilement, le chemin parcouru une première fois dans l'euphorie, l'insouciance ou l'inconscience, pour obtenir une seconde fois, et définitivement, ce qu'il avait déjà obtenu une première fois de façon fragile, parce qu'il n'en mesurait pas le prix, les implications et le sens. Erec et Yvain doivent apprendre que gagner une épouse n'est pas tout. Dans *Cligès*, qui joue sur deux générations, Cligès et Fénice sont affrontés aux obstacles auxquels ont échappé Alexandre et Soredamor. Perceval parvient au château du Graal sans effort et sans profit, puis, pendant des années, essaie en vain de le retrouver. Une fois de plus, le *Chevalier de la Charrette* est à part, car rien n'est donné sans peine à Lancelot ; mais là aussi, le but initial — la libération de la reine — ne marque pas la fin des épreuves.

Un style et un ton

Enfin, Chrétien ne se distingue pas seulement par l'orientation nouvelle qu'il donne au roman, mais aussi par un ton, un style, un type de narration qui ne sont qu'à lui. Le ton de Chrétien, c'est d'abord son humour qui se manifeste par le recul qu'il prend — non pas constamment, mais de temps en temps et de façon très légère — par rapport à ses personnages et aux situations dans lesquelles il les place, grâce à un aparté, une incise du narrateur, en soulignant les contrastes ou l'aspect mécanique d'un comportement, d'une situation, ce qu'ils ont d'inattendu ou de trop attendu, en faisant ressortir avec lucidité l'aveuglement d'un personnage. Ce ton léger et cet humour sont servis par un style particulier : un style aisé, rapide et comme glissé, qui use habilement de la versification. Chrétien est le premier à briser le couplet d'octosyllabes. Au lieu de couler sa syntaxe dans le moule du vers ou du couplet et d'être martelée à son rythme, sa phrase est en décalage avec le couplet, joue des ruptures entre le rythme du couplet et le sien propre, ne se limite pas aux bornes des deux vers, mais court, plus longue, avec des rebondissements et des subordinations. A cela s'ajoutent des ellipses, des haplologies, une sorte de brièveté de l'expression qui se combinent avec la souplesse et l'apparence de naturel nés de la rupture du couplet.

Chrétien de Troyes ne marque pas seulement une étape importante dans le développement de notre littérature. C'est un des plus grands écrivains français.

La question des sources celtiques. Marie de France

L'héritage breton et ses traces

Quelle que soit la désinvolture de Chrétien à l'égard de ses sources, il n'a pas tout inventé des histoires qu'il raconte, tant s'en faut. Geoffroy de Monmouth et Wace non plus. Le premier déclare explicitement avoir utilisé des sources bretonnes, c'est-à-dire celtiques (lui-même, rappelons-le, était gallois). Le second, en mentionnant la Table ronde, souligne que les Bretons racontent à son sujet « mainte fable ». Il évoque les conteurs qui ont célébré et enjolivé le règne d'Arthur. Le personnage d'Arthur lui-même est mentionné depuis le IXe siècle, et les Bretons, on l'a dit, attendaient son retour. Il n'est d'ailleurs pas exclu qu'il ait eu un modèle historique en la personne d'un chef breton qui combattait les envahisseurs saxons au début du VIe siècle. A la cour du roi Henri II Plantagenêt un conteur gallois nommé Breri ou Bleheris faisait connaître la légende de Tristan : on en reparlera. Les noms, les événements, les motifs, le type de merveilleux, parfois les récits mêmes que l'on trouve chez Wace, chez Chrétien, chez ses successeurs ont des répondants et des échos dans le folklore et dans les textes celtiques, essentiellement irlandais et gallois. C'est ainsi que dans plusieurs récits gallois en prose *(mabinogion)* on rencontre le roi Arthur et ses compagnons *(Le songe de Rhonabwy, Kulhwch et Olwen)* ou des personnages qui portent le même nom que ceux de Chrétien et connaissent des aventures similaires (Owein et Lunet, Peredur, Gereint et Enid, qui correspondent à Yvain et Lunete, Perceval, Erec et Enide). Le récit irlandais de *Diarmaid et Grainne* évoque la légende de Tristan et Iseut. Mais, conservés dans des manuscrits du XIIIe siècle, les mabinogion, dans l'état où nous les connaissons, sont postérieurs aux romans français et semblent avoir subi, au moins partiellement, leur influence. Cependant, l'originalité et l'ancienneté des littératures et des traditions celtiques sont trop avérées et les rapprochements avec les romans français trop constants et trop frappants pour que l'on puisse sérieusement nier que les seconds aient emprunté aux premières. Malgré le scepticisme excessif d'Edmond Faral[1], et comme d'autres critiques l'ont à l'inverse soutenu (Roger Sherman Loomis, Jean Marx), il n'est pas douteux que Geoffroy de Monmouth a effectivement emprunté à des sources celtiques et que les romanciers français ont ensuite, directement ou indirectement, fait de même, sans qu'il soit, bien entendu, le moins du monde légitime de réduire leur œuvre à ces sources.

Marie de France et le lai breton

Dans un cas au moins le poète français s'est expliqué sur le travail d'adaptation auquel il s'est livré. Ce poète est une poétesse, sans doute contemporaine de Chrétien de Troyes, Marie de France — ce surnom indiquant simplement que cette femme qui vivait en Grande-Bretagne était originaire de l'Ile-de-France. On a conservé sous le nom de Marie de France un recueil de fables — les plus anciennes en français —, et sous celui de Marie l'*Espurgatoire saint Patrice*, adaptation d'un texte latin de Henri de Saltrey relatant la vision qu'avait eue le chevalier irlandais Owen des peines de l'autre monde, et surtout une collection de douze lais. Peut-être ces trois Marie ne font-elles qu'une, mais cela n'est pas certain. Aucune des identifications qui ont été proposées ne s'impose absolument. Le mot *lai* peut s'appliquer soit à un genre musical et lyrique soit, comme dans le cas de Marie de France, à des contes en vers. C'est que ces contes eux-mêmes se donnent pour le développement narratif des légendes auxquelles se rapportent les lais musicaux bretons. Dans le prologue général du recueil Marie déclare ainsi avoir décidé d'adapter en français ces lais bretons afin que la mémoire n'en soit pas perdue, et au début de chacun d'eux elle souligne soigneusement son origine et son enracine-

1. *La légende arthurienne*, 3 vol., Paris, 1929.

ment celtiques, en en donnant par exemple le titre dans la langue d'origine ou en précisant le lieu auquel est attaché la légende. Par exemple :

Une aventure vus dirai	Je vais vous raconter une aventure
Dunt li Bretun firent un lai.	dont les Bretons ont fait un lai.
Laüstic ad nun, ceo m'est vis,	Son titre est *Laüstic* : C'est ainsi, je crois,
Si l'apelent en lur païs ;	qu'ils l'appellent dans leur pays ;
Ceo est « russignol » en franceis	c'est la même chose que « rossignol » en français
Et « nihtegale » en dreit engleis.	et « nightingale » en bon anglais.
En Seint Mallo...	A Saint-Malo...

(*Laüstic*, v. 1-7).

L'un de ses lais est arthurien *(Lanval)*, un autre se rattache à la légende de Tristan *(Chèvrefeuille)*. Outre les douze lais de Marie de France, nous connaissons un nombre à peu près égal d'autres lais bretons anonymes. L'examen des uns et des autres ne contredit nullement les affirmations de Marie, bien au contraire. Les motifs et les personnages que l'on y rencontre sont familiers, non seulement au folklore, mais spécifiquement, pour certains d'entre eux, au folklore celtique : animaux blancs psychopompes (*Guigemar* de Marie de France, mais aussi *Graelent, Guingamor, Tyolet, Espine*), frontière de l'autre monde marquée par les eaux (*Guigemar* et *Lanval* de Marie de France, mais aussi *Graelent, Guingamor, Désiré, Tydorel, Tyolet, Espine*), loups-garous (*Bisclavret* de Marie de France et *Mélion*), fées amantes (*Lanval*, mais aussi *Graelent, Guingamor, Désiré*), amants venus de l'au-delà, soit du fond des eaux *(Tydorel)*, soit du fond des airs *(Yonec* de Marie de France).

Mais le mérite de Marie de France n'est pas seulement de nous avoir conservé des légendes celtiques. Il est aussi d'être une conteuse admirable, au charme d'autant plus prenant et d'autant plus troublant que son art paraît n'être que transparence et simplicité. Un style fluide et aisé, sans effets apparents, une façon inimitable de se mouvoir avec évidence et naturel dans le monde du merveilleux, le don de suggérer d'un mot que les forces obscures du monde et celles de l'âme entrent en résonance, l'évocation discrète et audacieuse tout à la fois d'amours passionnées et graves qui réalisent au-delà des convenances les lois du destin. Quelque chose comme « le mystère en pleine lumière ».

Les réminiscences celtiques dans la littérature « bretonne » en langue française pour en revenir à elles, ne peuvent être niées. On ne les trouve pas seulement dans la littérature romanesque, mais jusqu'aux confins de l'hagiographie, par exemple, et en grand nombre dans la *Navigation de saint Brendan* de Benedeit du XIIᵉ siècle et dans l'original latin du Xᵉ, qui racontent le périple de sept années accompli par cet abbé irlandais du VIᵉ siècle et ses quatorze moines à la recherche du paradis terrestre.

Quand bien même les romanciers prétendraient ces emprunts au monde celtique plus nombreux dans leur œuvre qu'ils ne le sont en réalité, ils ne feraient ainsi que confirmer davantage encore la séduction exercée par cet univers sur eux-mêmes et sur leurs lecteurs. Mais sur quoi reposait cette séduction ? Comment interpréter l'acuité des réminiscences, non seulement d'ailleurs de la mythologie celtique, mais, plus largement, de la mythologie indo-européenne dans les romans français, dont les intérêts affichés, la cohérence apparente paraissent d'un ordre si différent ? On a pu, par exemple, déceler chez eux, et en particulier chez Chrétien, une attention si précise au temps calendaire et à son enchevêtrement de traditions hagiographiques et mythologiques qu'on ne peut ni l'attribuer au hasard ni très bien mesurer la valeur qu'elle revêt dans la composition littéraire. Les relations qu'entretient cette littérature avec les mythes ou avec ce que nous appelons le folklore posent désormais moins un problème de sources qu'un problème d'interprétation.

En marge et au centre de la matière bretonne : Tristan et Iseut

Une gloire ambiguë

Pourquoi réserver une place à part aux amants de Cornouailles, Tristan et Iseut ? N'appartiennent-ils pas au monde breton et aux romans bretons ? Ne finiront-ils pas, dans la littérature française, agrégés au monde arthurien ? Pourtant ils ne sont réductibles à aucune norme. Leur histoire est très tôt connue, citée partout, mais, des premiers romans français qui la racontent, nous ne connaissons que des fragments. On voit en eux à la fois le modèle de l'amour et un repoussoir pour les amants modèles. Chrétien ne cesse de les rencontrer sur son chemin sans jamais réussir à conjurer la malédiction dont il les voit chargés. Rarement héros littéraires auront connu une gloire aussi ambiguë.

Bien que les témoignages invoqués soient tantôt de datation incertaine, tantôt d'interprétation un peu douteuse, il semble que dès le milieu du XIIᵉ siècle — avant Chrétien, avant Wace même — les troubadours aient connu Tristan et Iseut. La passion de Tristan devient très vite pour eux la référence et la mesure de tout amour, et le jeu de mots « triste -Tristan », qui s'imposera avec une insistance croissante dans les avatars successifs du roman, paraît ancien. D'autres témoignages permettent de supposer que l'histoire circulait dès la première moitié du XIIᵉ siècle : le conteur Breri, que le *Roman de Tristan* de Thomas d'Angleterre (*ca* 1172-1175) invoque comme une autorité en la matière, est certainement le même que le Bleheris mentionné vingt ans plus tard dans la *Seconde continuation de Perceval* et que le *Bledhericus famosus ille fabulator* (le célèbre conteur Bledhericus), actif avant 1150 à en croire la description du pays de Galles de Giraud de Barri qui écrit lui-même vers 1180. On a vu en lui non sans vraisemblance le chevalier gallois Bledri ap Cadifor, mentionné par des documents entre 1116 et 1135.

Quoi qu'il en soit de cette identification, il ne fait pas de doute que la légende est connue de bonne heure et qu'elle est d'origine celtique. Un conte d'enlèvement irlandais *(aithed)*, celui de *Diarmaid et Grainne*, qui remonte au moins au IXᵉ siècle, présente, non seulement dans son schéma général, mais aussi dans certains de ses détails les plus précis, d'extrêmes similitudes avec l'histoire de Tristan et Iseut. Les triades galloises, dont nous ne connaissons, il est vrai, que des manuscrits tardifs, parlent à plusieurs reprises d'un Drystan ou Trystan, fils de Tallwch, amant d'Essylt, femme de son oncle, le roi March. Elles l'associent d'ailleurs au roi Arthur en en faisant un de ses proches.

Malgré la popularité précoce de la légende, une sorte de malédiction semble avoir frappé les premières œuvres françaises qui lui sont consacrées. Deux sont entièrement perdues — phénomène plus rare qu'on ne le croit parfois —, le roman d'un nommé La Chievre et le poème de Chrétien « du roi Marc et d'Yseut la blonde ». Les autres sont fragmentaires, soit qu'elles aient choisi de ne traiter qu'un épisode particulier, comme le lai du *Chèvrefeuille* de Marie de France et les deux versions de la *Folie Tristan*, soit qu'elles nous soient parvenues mutilées, comme le roman de Béroul et celui de Thomas. Pour reconstituer l'histoire dans son intégralité, il faut se tourner vers les romans allemands inspirés des œuvres françaises, celui d'Eilhardt d'Oberg (fin du XIIᵉ siècle) et celui de Gottfried de Strasbourg (début du XIIIᵉ siècle), eux-mêmes cependant incomplets, et vers la *Tristramssaga* norroise, adaptation en prose du roman de Thomas exécutée en 1226 par frère Robert pour le roi Haakon V et première version intégrale de la légende à nous être parvenue. Cette situation intrigue. On y a vu l'effet d'une sorte de censure. Et il est vrai que la légende a troublé autant qu'elle fascinait. Les poètes — et parmi eux Chrétien dans l'une de ses deux chansons — proclament, fidèles en cela à l'orthodoxie courtoise, la supériorité de leur amour sur celui de Tristan, car ils ont choisi d'aimer en toute liberté, alors qu'il y était contraint par la puissance du philtre. Dans *Cligès*, on l'a vu, Chrétien se réfère ouvertement à la situation de Tristan et d'Iseut pour essayer — sans réel succès — de la rendre plus morale en évitant à l'héroïne d'avoir à se donner à la fois à son mari et à son amant. Mais ces réticences, qui n'ont pas porté atteinte à l'immense succès de la légende, n'expliquent nullement le caractère fragmentaire des premiers poèmes français qu'elle inspire. A n'en pas douter, celui-ci est au contraire la conséquence d'une popularité qui rendait inutile de raconter chaque fois l'histoire du début à la fin ou de la recopier intégralement.

Résumé synthétique de la légende

Dans ses grandes lignes, l'histoire est la suivante. Fils de Rivalen et de Blanchefleur (les noms de ces deux personnages varient selon les versions), Tristan, très tôt orphelin, est élevé par son oncle maternel Marc, roi de Cornouailles. Le Morholt, guerrier monstrueux venu d'Irlande, impose à la Cornouailles un tribut de jeunes gens et de jeunes filles. Tristan l'affronte dans une île, le tue mais est blessé par une arme empoisonnée. Abandonné dans un bateau au hasard des flots, il touche terre en Irlande où il est guéri par la reine et sa fille Iseut. Lorsque plus tard Marc déclare qu'il n'épousera que la femme à qui appartient le cheveu d'or qu'une hirondelle a apporté dans son bec, Tristan reconnaît un cheveu d'Iseut la Blonde et repart la conquérir pour son oncle. Il tue un dragon qui dévastait l'Irlande et, reconnu comme le vainqueur malgré la traîtrise d'un sénéchal, gagne par cet exploit la main d'Iseut — mais pour le roi Marc. Iseut l'a reconnu comme le meurtrier de son oncle le Morholt grâce au fragment d'arme trouvé dans sa blessure qui correspond à une brèche de l'épée de Tristan. Sur le bateau qui les conduit en Cornouaille, Tristan et Iseut boivent par méprise le philtre d'amour que la mère d'Iseut a confié à la suivante Brangien à l'intention des époux. Le soir des noces, Iseut demande à Brangien de prendre sa place auprès de Marc. Elle veut ensuite la faire périr par crainte d'une trahison, puis se repent de sa cruauté et se réjouit que les serfs chargés du meurtre l'aient épargnée. Une série d'épisodes retracent alors les amours clandestines et les rendez-vous dangereux de Tristan et d'Iseut, épiés par les barons de Marc et par le nain Frocin (Marc caché dans le pin et trahi par son reflet dans la fontaine). Surpris, bien que Tristan ait éventé le piège de la fleur de farine, les amants sont condamnés au bûcher. Tristan s'échappe et libère Iseut, que Marc avait livrée à des lépreux. Ils mènent, avec le précepteur de Tristan, Governal, et le chien Husdent, une vie errante dans la forêt du Morois où Marc les surprend chastement endormis et les épargne. Lorsque le philtre cesse d'agir (Béroul, Eilhardt), Tristan consent à rendre Iseut à Marc par l'intermédiaire de l'ermite Ogrin tandis que lui-même devra s'exiler. Iseut se justifie des accusations de ses détracteurs grâce à un serment ambigu. Tristan mène au loin une vie aventureuse. Il épouse en Petite Bretagne Iseut aux Blanches Mains, parce qu'elle porte le même nom que sa bien-aimée, mais il ne peut se résoudre à consommer ce mariage. Il retourne voir Iseut la Blonde avec son beau-frère Kaherdin, qui s'éprend de Brangien. Blessé par une arme empoisonnée, il envoie Kaherdin chercher Iseut la Blonde, mais Iseut aux Blanches Mains surprend son secret. Elle lui dit mensongèrement, lorsque le bateau de Kaherdin revient, que la voile en est noire, ce qui signifierait qu'Iseut n'est pas à bord. Tristan se laisse mourir et Iseut, qui a débarqué, meurt de chagrin près de lui.

Béroul, Thomas et les poèmes fragmentaires

Le roman de Béroul (*ca* 1170-1175 ?), dont il nous reste la partie centrale, livre la version dite « commune » de *Tristan et Iseut* et celui de Thomas (*ca* 1172-1175), dont nous possédons plusieurs fragments séparés, et en particulier la fin, la version dite « courtoise ». L'une des différences entre les deux est que le philtre agit pour une période limitée chez Béroul, mais pour la vie entière chez Thomas, qui en fait ainsi une sorte de symbole de l'amour. Mais ils s'opposent surtout par leur style. Plus fruste, Béroul écrit avec une simplicité efficace qui ne s'embarrasse pas d'analyser les sentiments et tire sa profondeur de son laconisme même, voire de ses apparentes contradictions. Plus encore qu'un roman de l'amour, il écrit un roman de la peur. Certains motifs prennent chez lui une ampleur particulière, comme l'obsession de la lèpre obscurément liée à la sexualité. Thomas, pour sa part, met une rhétorique d'une virtuosité un peu complaisante au service d'une perception aiguë et violente de la passion, et tout particulièrement de l'imbrication des pulsions sexuelles, du masochisme et de la jalousie. Quant aux poèmes qui ne traitent qu'un épisode, ils relatent tous une rencontre fugitive et clandestine des amants séparés en exploitant les motifs récurrents de cette légende où les symétries et les répétitions sont nombreuses : la ruse, le déguisement, la folie, les talents verbaux et musicaux qui sont ceux de Tristan. C'est le cas non seulement du lai du *Chèvrefeuille* et des deux poèmes de la *Folie Tristan*, datant probablement de la fin du XIIe siècle, mais aussi des récits tristaniens insérés dans des œuvres de caractère différent, le *Donnei des amants*, sorte de traité de didactique amoureuse sous forme de dialogue (fin du XIIe siècle), ou, vers 1230, la *Continuation de Perceval* de Gerbert de Montreuil.

La légende des amants de Cornouailles occupe ainsi dans la littérature du Moyen Age une place à la fois centrale et marginale. Elle exerce un mélange de fascination et de répulsion. Elle paraît être l'illustration la plus représentative de la passion et de l'adultère courtois, mais elle heurte en réalité profondément les valeurs courtoises parce que le philtre est une négation du libre choix amoureux et parce que les amants sont exposés au scandale. Elle est tirée du fonds breton sans appartenir au monde arthurien, et pourtant le roi Arthur y joue un rôle dès le roman de Béroul, où le roi Marc se soumet tout naturellement à son autorité morale, en attendant que la matière tristanienne, celle de Lancelot, celle du Graal soient mêlées dans le *Tristan en prose* et dans les grandes compilations romanesques de la fin du Moyen Age. Telle qu'elle nous apparaît, elle constitue l'un des principaux mythes littéraires de l'Occident. Les variations de Thomas sur la mort, l'amour, l'aimer, l'amer, la mer ne cessent, au-delà du heurt des mots, de frapper l'imaginaire.

L'héritage de Chrétien de Troyes

Les romans de Chrétien de Troyes ont exercé une influence profonde, qui s'est manifestée de plusieurs façons. Ils ont été imités. Ils ont fourni la matière des premiers romans en prose, qui apparaissent, nous le verrons, au tournant du XIIIe siècle. Ils ont suscité sur le moment même la réaction de concurrents du maître champenois, soucieux d'affirmer leur originalité mais contraints de se définir par rapport à lui.

La survie du roman arthurien en vers

Les romans de Chrétien ont été imités, et le roman arthurien en vers, désormais constitué en genre littéraire, connaît un vif succès jusque dans la seconde moitié du XIIIe siècle, moment où il recule définitivement devant la concurrence du roman en prose. Il conserve les caractères que lui a donnés Chrétien en peignant avec prédilection, à travers des aventures qui font volontiers appel au merveilleux et suivent très souvent un schéma de quête, l'apprentissage amoureux et chevaleresque d'un jeune héros — ou tout simplement ses exploits, quand ce héros est un chevalier et un amant aussi confirmés que Gauvain, le neveu du roi Arthur. Dans cette lignée se situent des romans comme *La Mule sans frein* de Paien de Mézières, *Le Chevalier à l'épée*, *Meraugis de Portlesguez* de Raoul de Houdenc, *La Vengeance Raguidel* qui a été attribuée au même poète, *Humbaut*, *Beaudous* de Robert de Blois, *Yder*, *Durmart le Gallois*, *Le Chevalier aux Deux Epées*, *Les Merveilles de Rigomer*, l'interminable *Claris et Laris*, *Floriant et Florete*, *Escanor*, *Gliglois*. L'imitation du personnage de Perceval est sensible dans *Fergus* de Guillaume le Clerc, dont le héros, un jeune berger fils d'un vilain et d'une dame noble, reproduit la rusticité initiale et l'apprentissage chevaleresque de celui de Chrétien, mais sans éveiller les mêmes résonances du sens. Le seul roman arthurien en langue d'oc, *Jaufré*, se souvient lui aussi du *Conte du Graal* (l'inverse, qui a été soutenu, est très peu vraisemblable). La recherche de soi-même et la question du père, qui sont au centre des romans de Chrétien, et surtout du *Conte du Graal*, fournissent à plusieurs épigones le ressort de leur intrigue. Ainsi dans le *Bel inconnu* de Renaut dit de Beaujeu (en réalité, sans doute, de Bagé) : ce « bel inconnu » apprendra à la fin du roman qu'il est le fils de Gauvain. Ainsi dans l'*Atre périlleux* : Gauvain, que chacun croit mort, accepte provisoirement la perte de son identité et doit pour la retrouver résoudre l'énigme qui est à la source de ce malentendu.

On a soutenu non sans vraisemblance[1] que le genre du roman arthurien en vers, déjà désuet au XIIIᵉ siècle, survit à cette époque dans le milieu, littérairement conservateur désormais, de la cour anglo-normande. A la fin du XIVᵉ siècle, alors que personne n'en a plus écrit depuis cent ans, le *Méliador* de Froissart renoue une dernière fois avec cette tradition.

La fortune du Graal

L'influence de Chrétien s'est exercée de la façon la plus féconde à travers le succès de la matière du Graal. Son dernier roman, le *Conte du Graal*, est resté, on le sait, inachevé. Au château du Graal, Perceval n'a pas posé la question qui aurait guéri

1. Beate Schmolke-Hasselmann, *Der arthurische Versroman von Chrestien bis Froissart*, Tübingen, 1980.

son cousin, le Roi Pêcheur ; il a ensuite erré pendant cinq ans, loin de Dieu et loin des hommes, avant de se confesser à son oncle, l'ermite. On pressent qu'il est désormais prêt à réussir là où il a échoué la première fois, mais le roman cesse alors de parler de lui : il suit les aventures de Gauvain et s'interrompt au milieu de l'une d'elles. Un roman admirable, un sujet fascinant, un *graal* mystérieux, une mystérieuse lance qui saigne : comment supporter de rester dans l'incertitude du dénouement ? Et c'est ainsi qu'on a ajouté au *Conte du Graal* des continuations. La première, écrite dans les premières années du XIIIe siècle, loin de conduire le roman jusqu'à son terme, ne revient même pas à Perceval : elle se contente de poursuivre, non sans talent d'ailleurs, les aventures de Gauvain et d'en adjoindre d'autres en un foisonnement un peu hétéroclite. La seconde, placée sous l'autorité de Wauchier de Denain — attribution aujourd'hui acceptée après avoir été longtemps mise en doute — est bien, quant à elle, une *Continuation Perceval*. Mais elle est, elle aussi, inachevée. Entre 1233 et 1237, une troisième continuation, due à un certain Manessier, plus soucieux que ses prédécesseurs de tirer parti des éléments mis en place par Chrétien, clôt enfin le récit : Perceval succède au Roi Pêcheur et règne sur le château du Graal. D'autre part, dans les années 1225-1230, un poète nommé Gerbert, qui se confond peut-être avec Gerbert de Montreuil, auteur du *Roman de la Violette*, écrit une continuation indépendante des trois autres qui, malgré ses 17 000 vers, ne termine pas tout à fait l'ultime aventure du Graal. Manessier et Gerbert accentuent la coloration religieuse, déjà discrètement présente dans le roman de Chrétien où le vieux roi, père du Roi Pêcheur et oncle de Perceval, ne se nourrissait que de l'hostie contenue dans le Graal et où les échecs et les succès du héros étaient liés à son péché et à sa pénitence. Mais cette tendance est plus sensible encore avant eux dans l'œuvre de Robert de Boron.

Robert de Boron

De ce chevalier franc-comtois nous possédons un roman en vers, le *Roman de l'estoire du Graal* ou *Joseph d'Arimathie*, écrit au plus tard vers 1215, mais sans doute plus tôt, peut-être autour de 1200. Dans ce poème, le Graal est une relique chrétienne : le calice de la dernière Cène, dans lequel Joseph d'Arimathie a ensuite recueilli le sang du Christ. Le roman, comme son titre l'indique, retrace l'histoire de ce vase sacré et de la lignée à laquelle il a été confié, celle de Josephe d'Arimathie, en Terre sainte, puis en Bretagne. La perspective en est eschatologique, avec à l'arrière-plan la théorie des trois époques de l'histoire universelle enseignée par Joachim de Flore. Pour faire la jonction entre l'histoire ancienne du Graal et celle du monde arthurien, Robert de Boron écrit ensuite un *Merlin*, dont il ne nous reste que les cinq cents premiers vers mais dont nous connaissons la mise en prose. Ce roman s'inspire de l'*Historia regum Britanniae* et de Wace pour raconter l'histoire du royaume de Logres. Merlin, prophète et enchanteur né d'une femme et d'un démon incube, révèle sa puissance à l'usurpateur Vortigern, aide le roi légitime Uter Pendragon à reconquérir son royaume, lui permet, en lui donnant l'apparence du duc de Cornouailles, de passer une nuit avec la duchesse Ygerne dont il s'est épris, et veille sur le jeune Arthur, fruit de cet amour, avant de succomber lui-même à l'amour de Niniène qui l'*entombera*.

Enfin, Robert de Boron aurait été, selon certains, l'auteur d'un *Perceval*, dont le roman généralement désigné sous le nom de *Didot-Perceval* ou *Perceval de Modène* serait la mise en prose. On dira dans le chapitre suivant pourquoi cette dernière hypothèse n'est sans doute pas fondée. Mais, quel que soit le point jusqu'où Robert lui-même a mené son récit, son œuvre est l'amorce d'un premier cycle du Graal, dont l'ensemble *Estoire del saint Graal - Merlin - Perceval* en prose sera la réalisation. Cette œuvre marque à un double titre un tournant important dans le traitement de la matière du Graal. D'une part, on l'a dit, elle en impose — définitivement — une interprétation religieuse et mystique. D'autre part, on le verra, le destin de cette œuvre, écrite en vers mais bientôt mise en prose, se confond avec l'apparition des premiers romans en prose, qui sont des romans du Graal.

Mais, encore une fois, il n'y aurait pas eu de matière du Graal sans le roman de Chrétien. C'est ainsi que l'essentiel de la production romanesque du XIIIᵉ siècle, aussi bien dans ce qu'elle a de traditionnel — les romans arthuriens en vers — que dans ce qu'elle a de plus nouveau — les romans en prose — lui est, par des voies différentes, redevable.

Les romans dits « réalistes »

A proprement parler, n'existe pas, dans la littérature française du Moyen Age, de « romans réalistes ». Aucun auteur ne prétend, comme Stendhal, « promener un miroir le long du chemin ». Refléter le réel jusqu'à en donner l'illusion n'entre pas dans les préoccupations d'une littérature que ne fonde, au demeurant, aucune réflexion théorique sur la mimésis. L'expression est pourtant couramment utilisée pour désigner une série de romans en vers, à vrai dire assez hétéroclites, qui, de la fin du XIIᵉ à la fin du XIIIᵉ siècle, ont en commun de refuser le merveilleux, de s'attarder avec complaisance sur la peinture des *realia* et, pour certains d'entre eux, de multiplier les allusions à des personnages ou à des situations empruntés à la réalité contemporaine.

Gautier d'Arras

Du vivant même de Chrétien, son confrère et rival Gautier d'Arras, sans doute pour se démarquer de lui comme de Marie de France dont il s'inspire, proclame dans *Ile et Galeron* qu'on ne trouvait dans son roman ni « fantôme » ni « mensonge », à la différence des lais qui donnent à leur auditeur l'impression d'avoir dormi et rêvé (v. 931-936). Gautier d'Arras est, comme Chrétien, un clerc. Son activité s'exerce à la même époque et dans les mêmes milieux seigneuriaux. Lui aussi a travaillé pour Marie de Champagne. On lui doit deux romans composés, de façon peut-être imbriquée, entre 1159 et 1184, *Eracle* et *Ile et Galeron*. Ce ne sont pas des romans arthuriens. L'action d'*Ile et Galeron* se déplace de Petite Bretagne à Rome, alors même que le thème, celui de l'homme aux deux femmes, est celui d'un lai de Marie de France, *Eliduc*. Le héros, après avoir perdu un œil dans un tournoi, fuit la présence de sa femme, craignant qu'elle ne l'aime plus défiguré ; il y a là l'écho d'une question de casuistique amoureuse débattue à la cour de Champagne, comme nous l'apprend André le Chapelain. Ses aventures conduiront

Ile à Rome où son infirmité ne l'empêchera pas de séduire la fille de l'empereur. La première partie d'*Eracle* se passe à Rome, où le héros exerce auprès de l'empereur le don qu'il a reçu de juger infailliblement la valeur des pierres précieuses, des chevaux et des femmes, la seconde à Constantinople, dont il devient l'empereur. L'œuvre est aux limites à la fois du roman antique et du récit hagiographique, puisque le modèle d'Eracle est l'empereur Héraclius et que la seconde partie se fonde sur la légende de l'invention de la Sainte Croix.

La « vraisemblance »

Quelques années plus tard, Jean Renart, traditionnellement considéré comme le premier de ces « romanciers réalistes » du XIIIe siècle, devait, dans le prologue de l'*Escoufle* (entre 1200 et 1202), s'exprimer en termes analogues à ceux dont use Gautier d'Arras dans *Ile et Galeron* : son cœur, dit-il, ne peut adhérer à beaucoup des contes qu'il entend réciter, car la raison le lui interdit ; il n'est pas convenable, en effet, que dans un récit le mensonge l'emporte sur la vérité (v. 10-25). Une vérité dont le critère est la raison qui gouverne les élans du cœur : la réflexion sur l'art romanesque paraît s'acheminer déjà confusément vers ce que l'âge classique nommera la vraisemblance.

Pourtant, la pierre de touche de cette « vraisemblance » ne paraît pas être la réalité. Ces romans qu'on dit réalistes sont tous plus invraisemblables les uns que les autres, à cette réserve près qu'ils échappent au cadre arthurien et ne font aucune place au surnaturel. Le renoncement au merveilleux breton et à ses prestiges paraît suffisant à leurs yeux pour que la raison soit satisfaite. Toutefois, si leurs intrigues, qui développent souvent avec désinvolture des contes répandus dans le folklore universel, ne cherchent pas la vraisemblance, toute relation à la réalité n'est pas pour autant absente de leurs ambitions. Ils offrent à leur public aristocratique un reflet de sa vie, reflet complaisant, mais reflet fidèle aussi, minutieux parfois même, dans la peinture du concret et du quotidien. Enfin ils sont attentifs à la localisation géographique des aventures qu'ils relatent et, on l'a dit, il leur arrive d'évoquer des événements ou des personnages réels de leur temps. Le plus souvent ils le font en modifiant, pour les intégrer à leur récit, les noms et les circonstances. Mais, dans son *Guillaume de Dole*, Jean Renart fait intervenir sous leur nom plusieurs de ses contemporains, alors même qu'il place l'action de son roman dans un passé lointain. Ce n'est pas un procédé réaliste, puisque son invraisemblance est presque ostentatoire, mais c'est un procédé qui repose cependant sur un effet de réel. Il invite à s'interroger, non seulement sur le type d'adhésion qu'attendent de leur lecteur les romans médiévaux, mais aussi, de façon plus générale, sur la valeur de l'anachronisme dans les romans médiévaux : la projection du présent dans le passé y est plus souvent qu'on ne le croit un effet délibéré.

Les « romans réalistes » du XIIIe siècle ne le sont donc guère, au moins dans le sens moderne du terme. Mais ils posent les problèmes cruciaux de l'art romanesque médiéval et de ses effets référentiels.

Jean Renart

On peut attribuer avec certitude à ce poète les deux romans de l'*Escoufle* (vers 1200-1202) et du *Roman de la Rose*, dit aujourd'hui, pour le désigner de son homonyme plus illustre, *de Guillaume de Dole* (vers 1210-1212 pour les uns, vers 1228 pour d'autres), ainsi que le *Lai de l'Ombre* (vers 1221-1222). Originaire de Dammartin-en-Goële, sans doute clerc, il passa l'essentiel de sa vie dans les cours du nord du domaine d'oïl et semble, d'après John Baldwin, avoir été lié aux milieux impériaux francophones. Il dédie l'*Escoufle* au comte Baudouin IV de Hainaut, futur empereur de Constantinople, et *Guillaume de Dole* à l'évêque de Beauvais Milon de Nanteuil. Ce dernier roman, comme l'a montré Rita Lejeune, met en scène de nombreux personnages liés à la principauté de Liège et à l'archevêque Hugues de Pierrepont. C'est un esprit original, à la finesse malicieuse, qui feint sans cesse de se dérober pour mieux imposer sa présence et qui, dans un style à la fois primesautier et retors, donne un tour et un sens inattendus aux motifs les plus usés, autour desquels il construit ses romans.

Après un long prologue consacré aux exploits du comte

Richard de Montivilliers, dont le roman fait un véritable duc de Normandie, l'*Escoufle* est consacré aux amours contrariées de son fils Guillaume et d'Aélis, fille de l'empereur de Rome. Les deux jeunes gens s'enfuient ensemble. Dans une forêt, en Lorraine, alors qu'Aélis est endormie, un milan *(escoufle)* vole son aumônière de soie rouge. Guillaume tente de la récupérer et se perd, Aélis se réveille dans l'intervalle et se croit abandonnée : voilà les amants séparés. Après de longues errances, ils se retrouveront à la cour du comte de Saint-Gilles.

Dans le *Roman de la Rose (Guillaume de Dole)* — dont on a pu chercher la relation avec l'autre *Roman de la Rose*, celui de Guillaume de Lorris, qui en est à peu près contemporain[1] —, le jeune empereur d'Allemagne Conrad, joyeux célibataire, entend son jongleur Jouglet lui faire l'éloge de Guillaume de Dole et de sa sœur, la belle Liénor. Il tombe amoureux de celle-ci sans l'avoir vue, fait venir son frère à la cour, se lie d'amitié avec lui et annonce son intention d'épouser Liénor. Son sénéchal, jaloux de la fortune de Guillaume, se rend à Dole et apprend de la naïve mère de Liénor que la jeune fille a sur la cuisse une marque de naissance en forme de rose. Il use de cette révélation pour faire croire qu'il a obtenu ses faveurs, en un avatar du conte de la gageure, dont il existe plusieurs versions médiévales. Liénor se rend à la cour et le confond avec habileté.

Dans le prologue, Jean Renart se vante d'être le premier à farcir un roman de pièces lyriques. De fait, il pratique ce procédé, appelé après lui à un immense succès, avec un à-propos, un sens de la citation et des effets de miroir qu'elle peut créer tout à fait remarquables. Les chansons de toile qu'il place dans la bouche de Liénor et de sa mère ont, comme on l'a vu plus haut, particulièrement retenu l'attention.

Jean Renart est aussi l'auteur d'une sorte de nouvelle courtoise, le délicieux *Lai de l'Ombre*. On note que le mot lai est employé ici, comme dans un certain nombre d'autres textes, sans référence au monde breton. Ce poème n'est pas unique en son genre. Quelques autres offrent comme lui, sous le prétexte d'une intrigue très simple, un reflet — une ombre — de la vie courtoise, du raffinement des manières et des sentiments, qui

---

1. M. Zink, *Roman rose et rose rouge*, Paris, 1979.

juge inutile de se transposer dans le lointain univers breton et de revêtir les accessoires arthuriens : ainsi *La châtelaine de Vergi*, *Le vair palefroi* d'Huon le Roi, plus tard le *Dit du prunier*. Dans ces contes, la même élégance que l'on trouvait chez Chrétien ne se cache plus d'être celle du monde contemporain.

Le « Roman de la Violette ou de Gérard de Nevers » de Gerbert de Montreuil

Ce roman, dont l'auteur se confond peut-être avec celui de la continuation de *Perceval*, a été écrit entre 1227 et 1229. Il s'inspire presque ouvertement du *Guillaume de Dole* et d'un autre roman traitant du thème de la gageure, le *Roman du comte de Poitiers*. On y retrouve le procédé des chansons insérées — y compris une chanson de toile —, le conte de la gageure — sous sa forme habituelle, celle d'un pari entre le héros, certain de la fidélité de sa bien-aimée, et le traître —, la marque de naissance — ici une violette sur le sein, et non plus une rose sur la cuisse — dont la connaissance par le traître grâce à l'indiscrétion d'une méchante duègne, est interprétée à tort comme la preuve de son succès. Convaincu de l'infidélité d'Eurïaut, Gérard, qui a perdu, avec son pari, toutes ses terres, veut la tuer, mais se contente de l'abandonner dans la forêt après qu'elle lui a sauvé la vie. Il mène une vie errante et aventureuse, tandis qu'Eurïaut, recueillie par le duc de Metz, est en butte à ses assiduités. Les amants finissent par se retrouver. Eurïaut est innocentée par un duel judiciaire.

« Galeran de Bretagne »

Le thème traité vers 1220 dans *Galeran de Bretagne* l'avait déjà été par Marie de France dans le lai de *Fresne*. Une femme calomnie une de ses voisines, mère de jumeaux, en assurant que pour donner naissance à deux enfants à la fois, il faut avoir eu des relations charnelles avec deux hommes. Peu après, elle-même accouche de deux jumelles. Prise à son propre piège, elle fait abandonner l'une d'elles devant une abbaye de nonnes, où elle est recueillie et élevée avec le neveu de l'abbesse, Galeran, fils du comte de Bretagne. En grandissant, ils s'éprennent l'un de l'autre, mais sont séparés. Naturellement, reconnaissance générale, pardon et mariage concluent le roman, dont l'auteur, un certain Renaut, ne se confond pas avec Jean Renart, bien que Lucien Foulet l'ait publié sous son nom.

« Flamenca »

Ce roman en langue d'oc a probablement été écrit entre 1240 et 1250 en Rouergue par un clerc lié à la famille de Roquefeuil et à l'abbaye de Nant. Il compte dans le manuscrit unique plus de 8 000 vers, mais la fin manque. C'est un récit qui appartient à la tradition occitane du *Castiagilos* (châtiment du jaloux). Archambaut de Bourbon, devenu maladivement jaloux de sa jolie femme Flamenca le jour même de leurs noces, la tient enfermée dans une tour. Le beau Guillaume de Nemours saura déjouer ses précautions. Par son style et par sa manière autant que par son immoralité mondaine, souriante et innocemment provocante, l'œuvre, complexe et retorse sous son apparente simplicité, est d'une élégance, d'un esprit, d'une subtilité extrêmes.

« Joufroi de Poitiers »

Sans doute composé un peu après 1250, *Joufroi de Poitiers* est un roman bizarre et désinvolte, qui témoigne à sa façon de la rencontre, caractéristique de son époque, entre l'épanchement personnel et la fiction narrative. Dans un long prologue, l'auteur fait entendre la plainte de l'amoureux transi, sans se soucier le moins du monde de présenter l'œuvre qui va suivre. Tout au long du roman, ses confidences et ses commentaires tant sur ses aventures sentimentales que sur son propre récit entrecoupent les épisodes successifs, fort décousus, qui sont pour l'essentiel consacrés aux bonnes fortunes du héros. La figure de ce dernier s'inspire de celle du premier troubadour, le comte de Poitiers Guillaume IX d'Aquitaine, et plusieurs noms de personnages historiques apparaissent dans un joyeux mélange : la mère de Joufroi s'appelle Aliénor, le roi d'Angleterre Henri et l'on voit intervenir le troubadour Marcabru. Le récit est mené avec un humour alerte et quelque peu cynique qui rappelle *Flamenca* sans avoir la finesse du roman occitan.

Le « *Roman du Châtelain de Coucy et de la Dame de Fayel* » de Jakemes

Ce long roman, que l'on peut dater sans autre précision de la seconde moitié du XIIIe siècle, identifie son héros au trouvère du siècle précédent connu sous le nom de Châtelain de Coucy et cite ses chansons. Mettant en scène les situations et les péripéties traditionnelles de l'amour courtois, il exploite dans son dénouement le thème bien connu du cœur mangé : c'est un des rares romans médiévaux dont la fin n'est pas heureuse. L'auteur, qui se présente comme un dilettante, est peut-être originaire de la région de Saint-Quentin.

L'œuvre de Philippe de Remi

On tend aujourd'hui à attribuer les deux romans de la *Manekine* et de *Jehan et Blonde*, non au jurisconsulte Philippe de Remi, seigneur de Beaumanoir, auteur des *Coutumes du Beauvaisis* (*ca* 1250-1296), mais à son père, nommé comme lui Philippe de Remi.

La *Manekine* est une des œuvres, très nombreuses et répandues dans l'Europe entière, qui développent ce qu'on peut appeler le thème de Peau d'Ane : une princesse doit s'enfuir pour échapper à l'amour incestueux de son père. Elle est recueillie par un roi qui l'épouse, mais plus tard, victime des machinations de sa méchante belle-mère, elle ne trouve le salut que dans une nouvelle fuite. Elle finit par retrouver son époux, son père repentant et même, dans le roman de Philippe de Remi, sa main gauche, qu'elle s'était tranchée elle-même, pensant ainsi détourner son père de son projet criminel. Dans ce roman, le père de Joïe, l'héroïne, est roi de Hongrie, son mari roi d'Ecosse, et les retrouvailles ont lieu à Rome.

Jehan et Blonde raconte longuement comment Jehan, jeune gentilhomme sans fortune originaire de Dammartin, gagne par sa valeur l'amour de Blonde, fille du comte d'Oxford, et finit par l'épouser bien que son père l'ait promise au comte de Gloucester.

Le « Roman du comte d'Anjou » de Jean Maillart

Le *Roman du comte d'Anjou*, terminé en 1316, traite le même thème que la *Manekine*, avec plus de sobriété dans le choix des épisodes sinon dans le style. L'héroïne est la fille du comte d'Anjou, son mari est comte de Bourges et la méchante belle-mère est remplacée par une méchante tante, comtesse de Chartres.

On le voit, ces romans sont à la fois très semblables et très divers. Peut-être, paradoxalement, est-ce la banalité, le caractère à la fois fantaisiste et rebattu de leurs intrigues — leur invraisemblance ! — qui font ressortir leur attention à l'accessoire, au décor, aux mœurs, aux gestes quotidiens et leurs allusions, dont on a dit l'ambiguïté, à la géographie et à l'histoire. Serait-on sensible à leur « réalisme » s'il ne se greffait pas sur l'univers des contes ? Bien que coloré de merveilleux et de souvenirs arthuriens, *Sone de Nansay* (fin du XIIIᵉ siècle), histoire nuancée d'une éducation sentimentale, est sans doute plus attentif aux réalités psychologiques, matérielles et sociales que bien des romans traditionnellement considérés comme « réalistes ». Mais la véritable originalité de ces romans et leur point commun le plus frappant résident au fond dans la place que s'y octroient les romanciers eux-mêmes, qui ne laissent jamais oublier leur présence : soit qu'ils interviennent directement et explicitement, soit que les effets d'intertextualité nés des insertions lyriques mettent en valeur leur virtuosité.

Les multiples chemins de l'aventure

Mais il est une foule d'autres romans qui, sans s'interroger sur les conditions de la vraisemblance, sans chercher le dépouillement d'une élégante brièveté, sans particulièrement s'atta-

cher aux effets de réel ou multiplier les indices référentiels,
s'abandonnent simplement au goût des aventures dans d'autres
cadres et selon d'autres conventions que ceux du monde arthurien. Parmi eux, *Ipomedon* et *Protesilaus*, les deux romans de Hue
de Rothelande, un clerc normand à peu près contemporain de
Chrétien, à la plume facile et à la grivoiserie un peu cynique,
qui, dans *Ipomedon*, intervient dans son récit un peu à la
manière de l'auteur de *Joufroi de Poitiers*, mais en sens inverse,
pour déplorer la timidité amoureuse de son héros — timidité
qui est, à vrai dire, à peu près le seul ressort de l'intrigue — et
pour assurer qu'à sa place il se conduirait tout autrement. On
peut encore citer tous les romans qui placent leur action autour
du bassin méditerranéen, soit qu'ils restent fidèles à l'Antiquité
— pour le cadre, sinon pour les sources (*Athis et Prophilias*, *Florimont* d'Aymon de Varennes) —, soit qu'ils prolongent la tradition alexandrine des histoires d'amants séparés, courant le
monde pour se retrouver (*Floire et Blancheflor* ou, dans une certaine mesure, *Partonopeus de Blois*, dans lequel la fée amante
joue un rôle intéressant), soit qu'ils cèdent à l'attrait qu'exercent non seulement Rome et Constantinople, mais aussi les
Pouilles et la Sicile, comme dans les romans de Hue de Rothelande, dans *Floriant et Florete*, qui se poursuit il est vrai à la
cour d'Arthur, dans *Guillaume de Palerne*. Au XIIIᵉ siècle, ces
romans d'aventures diverses, si l'on peut dire, tout nourris de
réminiscences variées, d'emprunts folkloriques et mythiques —
comme le loup-garou de *Guillaume de Palerne*, comme l'enterrée
vivante dans la tombe d'un démon dans *Amadas et Ydoine*, motif
également présent dans l'épisode éponyme de l'*Atre périlleux*,
comme le mort reconnaissant de *Richard le Beau*, comme la
conversion du héros démoniaque dans *Robert le Diable* —, de
fantasmes de toutes sortes — comme l'inceste, non seulement
dans *La Manekine*, dans le *Roman du comte d'Anjou*, mais aussi
dans le *Roman de la Belle Hélène de Constantinople* ou dans le vieux
Roman d'Apollonius de Tyr remis au goût du jour, comme le travestissement d'une fille en garçon dans *Silence* ou d'un garçon
en fille dans *Floris et Liriopé* de Robert de Blois —, ces romans
sont aussi nombreux que les romans arthuriens en vers. Mis en
prose, beaucoup d'entre eux — certains de ceux qu'on a cités,
mais aussi *Blancandin* et l'*Orgueilleuse d'Amour*, *Cléomadès* d'Adenet le Roi, dont le motif du cheval mécanique volant est repris

dans *Méliacin* de Girart d'Amiens, et bien d'autres — connaî-
tront un certain succès jusqu'à la fin du Moyen Age. Nous les
retrouverons alors.

ORIENTATIONS BIBLIOGRAPHIQUES

Baader H., *Die Lais : zur Geschichte einer Gattung der altfranzösischen Kurzerzählung*, Francfort-sur-le-Main, 1966.

Baum R., *Recherches sur les œuvres attribuées à Marie de France*, Heidelberg, 1968.

Baumgartner Emmanuèle, *Tristan et Yseut*, Paris, PUF, 1987.

Bezzola Reto R., *Le sens de l'aventure et de l'amour (Chrétien de Troyes)*, Paris, Champion, 1968.

Burgess G. S., *Marie de France, an Analytic Bibliogaphy*, Londres, Grant & Cutler, 1977.

Chênerie Marie-Luce, *Le Chevalier errant dans les romans arthuriens en vers des XIIe et XIIIe siècles*, Genève, Droz, 1986.

Donovan L. G., *Recherches sur le « Roman de Thèbes »*, Paris, SEDES, 1975.

Dragonetti Roger, *Le Gai Savoir dans la rhétorique courtoise : « Flamenca » et « Joufroi de Poitiers »*, Paris, Le Seuil, 1982.

Faral Edmond, *Recherches sur les sources latines des contes et romans courtois du Moyen Age*, Paris, Champion, 1913.

— *La Légende arthurienne, études et documents*, 3 vol., Paris, Champion, 1929.

Fourrier Anthime, *Le Courant réaliste dans le roman courtois en France au Moyen Age* ; I : *Les débuts, XIIe siècle*, Paris, Nizet, 1960.

Frappier Jean, *Chrétien de Troyes*, Paris, Hatier, 2e édit. 1968.

— *Etudes sur Yvain ou le « Chevalier au Lion » de Chrétien de Troyes*, Paris, SEDES, 1969.

— *Chrétien de Troyes et le mythe du Graal*, Paris, SEDES, 1972.

Frappier J. et Grimm R. (sous la direction de), *Le Roman jusqu'à la fin du XIIIe siècle*, Grundriss der romanischen Literaturen des Mittelalters, IV, 2 vol., Heidelberg, Carl Winter, 1978 et 1984.

Gallais Pierre, *L'Imaginaire d'un romancier français de la fin du XIIe siècle. Description raisonnée, comparée et commentée de la « Continuation Gauvain » (première suite du « Conte du Graal » de Chrétien de Troyes)*, Amsterdam, Rodopi, 4 vol., 1988-1989.

Harf-Lancner Laurence, *Les Fées dans la littérature française du Moyen Age. Morgane et Mélusine*, Paris, Champion, 1984.

Huchet Jean-Charles, *Le Roman médiéval*, Paris, PUF, 1984 (étude sur le *Roman d'Enéas*).

Kelly Douglas, *Chrétien de Troyes, an Analytic Bibliography*, Londres, Grant & Cutler, 1976.

Koehler Erich, *L'aventure chevaleresque. Idéal et réalité dans le roman courtois*, Paris, Gallimard, 1980 (origin. allem. 1956).

Lacy Norris J., Kelly Douglas et Busby Keith, *The Legacy of Chrétien de Troyes*, 2 vol., Amsterdam, Rodopi, 1987-1988.

Lambert Pierre-Yves, *Les littératures celtiques*, Paris, PUF, 1981 (« Que sais-je ? », n° 809).

Lejeune Rita, *L'œuvre de Jean Renart, contribution à l'étude du genre romanesque au Moyen Age*, Paris-Liège, 1935.

Loomis Roger S. (sous la direction de), *Arthurian Literature in the Middle Ages*, Oxford, 1959.

Marx Jean, *La Légende arthurienne et le Graal*, Paris, PUF, 1952.

Mela Charles, *La Reine et le Graal. La Conjointure dans les romans du Graal*, Paris, Le Seuil, 1984.

Menard Philippe, *Le Rire et le sourire dans le roman courtois en France au Moyen Age*, Genève, Droz, 1969.

— *Les Lais de Marie de France*, Paris, PUF, 1979.

Payen Jean-Charles, *Le Lai narratif*, Turnhout, Brepols, 1975 (*Typologie des sources du Moyen Age occidental*, 13).

Petit Aimé, *Naissance du roman. Les techniques littéraires dans les romans antiques du XIIe siècle*, Paris, Champion, 1985.

Shepherd M., *Tradition and Re-Creation in Thirteenth Century Romance. La « Manekine » and « Jehan et Blonde » by Philippe de Remi*, Amsterdam, Rodopi, 1990.

Shirt David J., *The Old French Tristan Poems, a Bibliographical Guide*, Londres, Grant & Cutler, 1981.

Schmolke-Hasselmann Beate, *Der arthurische Versroman von Chrestien bis Froissart*, Tübingen, Max Niemeyer, 1980.

Schöning Udo, *Thebenroman-Eneasroman-Trojaroman. Studien zur Rezeption der Antike in der französischen Literatur des 12. Jahrhunderts*, Tübingen, Max Niemeyer, 1991.

Walter Philippe, *La Mémoire du temps : fêtes et calendriers de Chrétien de Troyes à la « Mort Artu »*, Paris, Champion, 1989.

Zink Michel, *Roman rose et rose rouge. Le « Roman de la Rose » ou de « Guillaume de Dole » de Jean Renart*, Paris, Nizet, 1979.

— *La subjectivité littéraire : autour du siècle de Saint Louis*, Paris, PUF, 1985.

QUELQUES ÉDITIONS

Romans antiques

Dans la collection des « CFMA » (Paris, Champion), *Le « Roman d'Enéas »*, éd. J. J. Salverda de Grave, 2 vol., 1925-1931, et *Le « Roman de Thèbes »*, éd. G. Raynaud de Lage (1969-1971). Dans la même collection, traduction d'*Enéas* par M. Thiry-Stassin (1985) et de *Thèbes* par A. Petit (1991).

Le Roman de Troie par Benoît de Sainte Maure, éd. L. Constans, 6 vol., Paris, SATF, 1904-1912. Traduction partielle par E. Baumgartner, Paris, UGE, « 10/18 », 1987.

Chrétien de Troyes

Les cinq romans de Chrétien de Troyes ont été publiés d'après la copie de Guiot dans la collection des « CFMA » : *Erec et Enide* (1952) ; *Le « Chevalier de la Charrette »* (1958) et *Le « Chevalier au Lion »* (1960) par Mario Roques ; *Cligès* par Alexandre Micha (1957) ; *Le « Conte du Graal »* par Félix Lecoy, 2 vol., 1973-1975. Des traductions ont paru parallèlement dans la même collection : *Erec et Enide* par René Louis (1954) ; *Cligès* par Alexandre Micha (1957) ; *Le « Chevalier de la Charrette »* par Jean Frappier (2e édit. revue 1967) ; *Le « Chevalier au Lion »* par Claude Buridant et Jean Trotin (1980) ; *Le « Conte du Graal »* par Jacques Ribard (1979).

Dans la collection des « TLF » (Genève, Droz), *Le « Roman de Perceval » ou le « Conte du Graal »*, édité par W. Roach, 1959.

Dans la collection « Lettres gothiques » (Paris, Le Livre de Poche), les romans sont présentés en version bilingue (éditions et traductions nouvelles) : *Le « Conte du Graal »* (1991) et *Le « Chevalier de la Charrette »* (1992) par Charles Mela, *Erec et Enide* par Jean-Marie Fritz (1992) ; *Cligès* (Charles Mela) et *Le « Chevalier au Lion »* (David Hult) sont à paraître.

Dans la collection Garnier-Flammarion, deux romans ont paru en version bilingue (reprise d'une édition existante et traduction nouvelle) : *Le « Chevalier au Lion »* (1990), traduit par Michel Rousse et *Le « Chevalier de la Charrette »* (1991), traduit par Jean-Claude Aubailly.

Dans la collection des Classiques Garnier, *Le « Chevalier de la Charrette »* édité et traduit par Alfred Foulet et Karl D. Uitti, 1989.

Lais de Marie de France

Dans la collection des « CFMA », *Les Lais de Marie de France* édités par Jean Rychner (1968). Dans la même collection, traduction de Pierre Jonin (1978).

Dans la collection « Lettres gothiques » du Livre de Poche, *Lais de Marie de France* (1990) en version bilingue (reprise de l'édition de Karl Warnke et traduction de Laurence Harf-Lancner).

Les lais bretons anonymes, quant à eux, ont été édités par Prudence Mary O'Hara Tobin, Genève, Droz, 1976.

Tristan et Iseut

Dans la collection des « CFMA » : Béroul, *Le « Roman de Tristan »* édité par Ernest Muret, 4e édit. revue par L. M. Defourques (1947) ; Thomas, *Le « Roman de Tristan »* édité par Félix Lecoy (1992). Dans la même collection, traduction du *Tristan* de Béroul par Pierre Jonin (1980).

Le « Roman de Tristan » de Thomas édité par Joseph Bedier, Paris, SATF, 2 vol., 1902-1905 ; édité par B. H. Wind, Genève, Droz, « TLF », 1960.

Les poèmes de la *Folie Tristan* édités par Ernest Hoepffner, Paris, Les Belles-Lettres (*Folie* de Berne, 1934, *Folie* d'Oxford, 1938).

Les Tristan en vers (Béroul, Thomas, *Folies*, *Chèvrefeuille* de Marie de France) édités et traduits par Jean-Charles Payen, Paris, Classiques Garnier, 1974.

Dans la collection « Lettres gothiques » du Livre de Poche, « *Tristan et Iseut* ». *Les poèmes français. La saga norroise*, édités et traduits par Philippe Walter et Daniel Lacroix : Béroul, Thomas, *Folies*, *Chèvrefeuille*, passage tristanien du *Donnei des amants* en version bilingue ; traduction française de la *Saga de Tristan* (3e tirage revu, 1992).

Reconstitution et adaptation moderne de la légende : Joseph Bédier, *Le Roman de Tristan et Iseut*, préface de Gaston Paris, Paris, 1900 (réédit. UGE, « 10/18 »).

Choix de romans arthuriens

Régnier-Bohler Danielle (sous la direction de), *La Légende arthurienne. Le Graal et la Table ronde*, Paris, Robert Laffont, « Bouquins », 1989 (larges extraits de quinze romans arthuriens traduits en français moderne).

Gautier d'Arras

Dans la collection des « CFMA », *Ile et Galeron*, éd. Y. Lefevre et F. Lecoy, 1988, et *Eracle*, éd. G. Raynaud de Lage, 1976.

Jean Renart

Dans la collection des « CFMA », *Guillaume de Dole*, éd. F. Lecoy, 1966 (trad. dans la même collection par J. Dufournet et collab., 1979) et *Le Lai de l'Ombre*, éd. F. Lecoy, 1979 ; *L'Escoufle*, éd. F. Sweetser, Genève, Droz, « TLF », 1974.

TROISIÈME PARTIE
La constitution d'une littérature

L'essor original et fécond de la jeune littérature française au XIIe siècle ne se poursuit pas avec la même vigueur, semble-t-il, passé le premier tiers du XIIIe siècle. Les principales formes littéraires sont désormais en place, et elles paraissent se prolonger, parfois même s'épuiser, plus que se renouveler. Sans être entièrement fausse, cette impression ne doit pas faire méconnaître l'importance du XIIIe siècle. C'est d'une part un siècle critique, qui assimile et organise, dans tous les domaines de la vie intellectuelle, les acquis du siècle précédent. C'est l'époque des encyclopédies — des « miroirs », comme on dit alors — et des « sommes ». Ainsi, celle de saint Thomas d'Aquin fait la synthèse d'une réflexion théologique qui s'était développée depuis la seconde moitié du XIe siècle avec une vigueur extrême, mais parfois un peu désordonnée et même dangereuse aux yeux de l'Eglise. Ainsi, le triple *Miroir (Speculum naturale, doctrinale, historiale)* de Vincent de Beauvais, un dominicain également, est un monument d'érudition qui compile l'ensemble des connaissances de son temps. Les universités, qui apparaissent à cette époque et se développent rapidement, se donnent pour tâche l'organisation et la diffusion du savoir. Dans le domaine littéraire aussi cet effort d'organisation et de réflexion trouve sa place, tandis que la littérature française s'ouvre timidement à la spéculation intellectuelle.

D'autre part, les conditions de diffusion et d'exercice de la littérature font que celle-ci ne mérite vraiment son nom, dérivé du mot *lettre*, qu'à partir du XIIIe siècle. C'est le moment où la circulation des textes se développe et s'organise réellement. Les manuscrits littéraires français du XIIe siècle sont rares et les œuvres de cette époque nous sont connues par des manuscrits copiés au XIIIe. C'est l'époque où la littérature française entre réellement dans le monde de l'écrit. Le développement de la prose, qui est la grande nouveauté de ce siècle, n'est sans doute pas étranger à ce mouvement. En même temps, le texte se définit d'une façon de plus en plus délibérée comme le reflet d'une conscience et multiplie les signes qui permettent l'identification d'un *je* littéraire, entraînant du même coup une redistribution des genres littéraires et en proposant une nouvelle interprétation.

7. Naissance de la prose : roman et chronique

L'apparition de la prose littéraire et ses implications

Le retard de la prose

Jusqu'à la fin du XIIe siècle, la littérature française est tout entière en vers et la prose littéraire n'existe pas. Les seuls textes en prose vernaculaire, dont le nombre n'est d'ailleurs pas considérable, ont un caractère utilitaire, qu'il soit juridique ou édifiant : ce sont des chartes, des traductions de l'Ecriture ou des sermons. Cette situation caractérise toutes les jeunes littératures : partout le vers apparaît avant la prose.

L'antériorité du vers sur la prose devrait à elle seule écarter la tentation de voir dans celle-ci un langage spontané, aux règles moins contraignantes que celles de la poésie et qui se confondrait avec le langage parlé. A la vérité, elle n'apparaît au contraire qu'à partir du moment où une langue a atteint une certaine maîtrise et, plus encore, une certaine conscience de ses ressources expressives. L'incrédulité de M. Jourdain n'est pas sotte, mais perspicace. La prose comme forme d'expression ne se confond ni avec la fonction purement communicative du langage (à supposer qu'elle puisse exister) ni avec l'oralité. Elle n'est pas davantage d'ailleurs, et inversement, une conséquence immédiate du développement de l'écriture, auquel la poésie, toujours liée au chant à l'origine, serait antérieure. On l'a soutenu jadis à propos de l'apparition, au début du VIe siècle av. J.-C., de la prose grecque. Mais l'écriture était chose commune en Grèce bien plus tôt, dès l'époque d'Hésiode, des hymnes homériques, des premiers poètes lyriques. Et, à ce compte, il n'y aurait pas eu de raison pour que le retard de la prose se répétât, comme il l'a fait, dans la littérature latine, et moins encore dans la littérature française, au service de laquelle se sont mis dès l'origine des clercs formés à l'école de la latinité. Ce n'est certes pas que la prose puisse se développer sans l'écriture. Mais son développement est postérieur à celui de l'écriture, et non concomitant. Il n'en est pas moins vrai que son essor est lié à une certaine forme de lecture et à une certaine idée du livre. Surtout, l'apparition tardive de la prose a pour conséquence, d'une part, qu'elle se définit à ses débuts par rapport au vers, d'autre part, et quand son emploi est généralisé, que toutes les formes d'expression en vers reçoivent, comme on le verra plus loin, par opposition à elle, une unité qu'elles n'avaient jamais eu et sont regroupées sous la notion nouvelle de poésie.

Définitions et notions médiévales de la prose

D'une façon générale, la revendication constante de la prose ne cessera d'être celle de la vérité. L'idée que le Moyen Age se fait d'elle s'exprime déjà, au regard de la prose latine et bien avant l'apparition des littératures romanes, dans la définition circonstanciée qu'en donne dans ses *Etymologies* Isidore de Séville (560 env. - 636), dont l'œuvre, appelée à exercer une influence immense durant tout le Moyen Age, est peut-être la première à traiter, à classer, à penser les notions et les réalités de l'Antiquité dans l'esprit qui sera celui du savoir médiéval :

La prose est un discours étendu et libéré de la loi du mètre. En effet, les Anciens appelaient ce qui est étendu *prosum (pour « prorsum », « qui s'étend en ligne droite »)* et *rectum (même sens)*. De là vient... que le discours qui ne se plie pas au nombre de la scansion, mais qui est tout droit *(oratio recta)* est appelé prose, du fait qu'il se développe en ligne droite. D'autres disent que la prose est ainsi appelée à cause de son abondance *(profusa)* ou parce qu'elle s'écoule avec ampleur et court sans terme fixé à l'avance. En outre, tant chez les Grecs que chez les Latins, on s'est soucié de composer des poèmes beaucoup plus tôt que de la prose. Tout en effet était autrefois exprimé en vers, tandis que la prose a été cultivée sur le tard.

Ce texte ne se contente pas de mettre l'accent sur l'apparition tardive de la prose. Il renferme deux idées qui ont joué, à des titres divers, un rôle important. La première est que la prose, libre des contraintes du mètre qui obligent à des sinuosités et à des détours, permet une expression directe, « en ligne droite », de la pensée. La seconde est que le discours en prose est plus ample et s'étend indéfiniment, alors que l'expression en vers est bornée par les lois propres aux différents genres poétiques. Ces deux idées seront souvent reprises dans la littérature française de la fin du Moyen Age. Les prosateurs tireront argument de la première pour justifier les mises en prose des romans en vers ou des chansons de geste du XIIᵉ et du XIIIᵉ siècle en arguant, non sans impudence au regard de leurs œuvres interminables, de l'exacte concision de la prose. La seconde sera, beaucoup plus rarement, invoquée à l'appui de l'opinion inverse. Mais elle est sous-jacente à la nouvelle répartition des formes littéraires à la fin du Moyen Age, la prose étant considérée comme l'expression naturelle de la narration, dont elle finit par avoir le quasi-monopole, tandis que la poésie tend à s'enfermer dans le corset des formes fixes.

En dehors de quelques documents juridiques, les premiers monuments de la prose française sont des traductions de la Bible et des sermons : traductions de sermons latins ou sermons au peuple comme ceux dont on a parlé plus haut, qui se réduisent à de brèves paraphrases des lectures du jour, d'autant plus sèches qu'il s'agit le plus souvent de canevas ou de modèles de sermons destinés à aider les prêtres dans leur prédication. Ils ne prétendent pas au statut d'œuvres achevées. On a présenté plus haut, au chapitre 3, ces différents textes. Ces débuts de la prose française sont donc marqués d'un double caractère : d'une part, leur insertion dans le domaine religieux et leur dépendance à l'égard des modèles latins, scripturaires ou patristiques ; d'autre part, leur vocation utilitaire et leur indifférence à la chose littéraire. Cette indifférence ne signifie pas l'absence de règles d'écriture, mais elle pourrait entretenir l'illusion, dénoncée plus haut, que la prose est un mode d'expression spontané, étranger à l'écart qui définit le langage littéraire. Isidore ne tombe pas dans ce piège et ne confond nullement la prose avec le langage quotidien. Mais ce n'est plus le cas de Brunet Latin, auteur de la première encyclopédie écrite directement en français — et en prose — au XIIIe siècle, c'est-à-dire au moment où la prose française prend réellement son essor :

> La grans partisons de touz parlëors est en deus manieres, une qui est en prose et une autre qui est en rime... ; la voie de prose est large et pleniere, si comme est ore la commune parleüre des gens ; mais li sentiers de rime est plus estroiz et plus fors.

Les contemporains ont donc eu de la prose française, au moment même de son apparition, une conception ambiguë. Il faut observer en outre que *prosa*, sous la plume d'Isidore de Séville, s'oppose à *metrum*, à *numerus*, à *carmen*, à *versus*, c'est-à-dire, tout naturellement, au vocabulaire de la versification latine classique, tandis que chez Brunet Latin *prose* s'oppose à *rime*. La remarque n'intéresserait que la différence entre la métrique latine, fondée sur l'alternance des syllabes longues et brèves, et la versification française, définie ici par son trait le plus caractéristique, la rime, si le mot *prosa* en latin médiéval ne désignait, outre la prose, des hymnes latines en vers syllabiques rimés. A l'époque en effet où la scansion des vers latins a cessé d'être naturelle, donc respectée, l'oreille ne percevant plus la différence de longueur des voyelles, on a composé des poèmes, particulièrement des hymnes liturgiques, sur le modèle métrique qui allait devenir celui de la langue vulgaire. Leur nom de « proses » montre que ce mot pouvait désigner toute composition littéraire échappant à la métrique classique — comme c'était le cas aussi bien de ces hymnes que de la prose au sens habituel du mot —, mais non pas « la commune parlëure des gens », comme dit Brunet Latin. Mais le développement de la prose dans la langue du peuple, précédé par des textes dans lesquels le souci de l'écriture était accessoire, comme les chartes ou les canevas de sermons, a provoqué une confusion qui n'existait pas jusque-là.

La prose et la lecture

La prose française ne reste bien évidemment pas longtemps cantonnée dans le domaine de la littérature religieuse. Elle ne cesse de se développer à partir du XIIIe siècle pour être à la fin du Moyen Age le mode normal de la narration. Il faut donc chercher les raisons de ce succès dans sa nature propre ou dans les besoins nouveaux auxquels elle répondait, et non pas seulement dans l'imitation utilitaire ou idéologique de la prose religieuse latine. En investissant d'abord le roman, comme on va le voir, la prose confirme le caractère intellectuel de cette forme, qui était sensible dès ses débuts. Du chant à la récitation, du vers à la prose, c'est la même évolution vers la lecture individuelle qui se poursuit. Les romans en vers semblent avoir été le plus souvent lus à haute voix devant un auditoire restreint et choisi. Il en allait probablement de même des romans en prose. Mais l'abandon du chant avait, dès les premiers romans, rendu comme officiellement possible la lecture individuelle, dont quelques témoignages confirment l'existence. Le passage à la prose poursuit l'adaptation aux conditions qui lui sont propres. Le découpage en chapitres, suggéré par les formules mêmes de la narration et opéré de plus en plus souvent par la présentation matérielle des manuscrits et par les rubriques, permet les repérages dans le texte, les retours en arrière, guide le rythme de la lecture. L'oreille n'est plus si impérieusement sollicitée par le mètre et la rime, ou plutôt elle l'est différemment, non par ce qui l'émeut physiquement, mais par ce qui permet la compréhension du texte.

Les qualités exigées depuis le haut Moyen Age pour la lecture à voix haute de la prose — latine, bien entendu — confirment sa vocation à l'explicitation. La *Règle du Maître*, règle monastique un peu antérieure à celle de saint Benoît (premier quart du VIᵉ siècle), stipule qu'il faut lire « en séparant, sans se presser », pour que les auditeurs comprennent et pour que l'abbé puisse ajouter des explications. Pierre Lombard (mort en 1160) exige du « lecteur » au sens canonique du terme, c'est-à-dire de celui qui a reçu le second des ordres mineurs, qu'il lise intelligemment les textes sacrés, en distinguant ce qui est indicatif de ce qui est interrogatif et en plaçant les pauses au bon endroit. Appel à la glose, à l'explicitation, volonté de clarté dans l'énonciation qui suppose que cette clarté soit déjà dans l'énoncé syntaxique, puisque les manuscrits ne sont pratiquement pas ponctués : voilà une exigence intellectuelle qui s'oppose à la séduction affective du vers, jouant en partie du suspens et de l'énigme, comme le montre assez le vers lyrique médiéval, dont le vers romanesque ne pouvait ignorer les effets.

La prose et la tendance à l'exhaustivité

Il n'est donc pas étonnant que le caractère le plus frappant de la première prose romanesque française soit, dans tous les domaines, son goût pour l'explicite. B. Cerquiglini l'a bien montré pour ce qui est de sa syntaxe. Qu'il s'agisse de la prise de parole, de la relation du discours direct et du discours indirect, de la désignation du locuteur et de l'allocutaire, la prose ne laisse rien dans l'ombre, fût-ce un instant. Elle ne fait confiance ni au contexte ni au lecteur pour résoudre ce qui lui paraît ambigu et son système de repérage est serré jusqu'à la redondance. C'est pourquoi le texte en prose est toujours plus long que le texte en vers, alors même qu'il supprime ce qui lui apparaît comme des chevilles dues aux contraintes de la versification. Il faut ajouter que ce qui est vrai de la syntaxe de la prose l'est aussi des principes de sa narration : elle tend à ne rien omettre de la succession des événements, ni les gestes qui vont de soi, ni les rites sociaux quotidiens, ni les formules de politesse banale. Cette prose ne connaît ni les raccourcis ni les syncopes. Elle a horreur du vide.

Toutefois, la fin du Moyen Age verra l'apparition d'une prose nouvelle, introduite par les pré-humanistes de la fin du XIVe siècle, une prose oratoire française calquée sur l'éloquence latine qui sera cultivée par les rhétoriqueurs et dont l'influence à long terme sera décisive. C'est elle, et non la première prose du XIIIe siècle, qui sera l'ancêtre et le modèle de la prose littéraire du XVIe siècle.

Pour en revenir à ses débuts, lorsque la prose française, au tournant du XIIIe siècle, ne se contente plus de timides percées dans le domaine juridique ou homilétique et qu'elle prend réellement son essor, elle le fait en investissant deux formes littéraires, celle du roman et celle de la chronique. Elle rétablit ainsi en partie, mais d'une façon qui, du moins au commencement, reste toute formelle, la relation entre l'histoire et les histoires, entre *history* et *story*, qu'avait rompue le roman à la manière de Chrétien.

Les premiers romans en prose

Les premiers romans en prose présentent deux caractères dont on mesurera plus loin la portée. D'une part ils se rattachent à la matière du Graal. D'autre part ce sont des romans qui se regroupent et s'organisent en cycles. Ils ne sont pas centrés sur un seul épisode ni même sur un seul personnage. Ils prennent en compte la totalité du monde arthurien, de sa préhistoire à sa chute. Ils renouent ainsi, d'une certaine façon, avec l'*Historia regum Britanniae* et avec le *Brut* de Wace, mais en déplaçant les perspectives. Arthur n'est plus que rarement au premier plan, sauf au début et à la fin de son règne. La généalogie fondatrice du récit et du sens n'est plus la sienne, mais celle des gardiens du Graal.

La trilogie dérivée de Robert de Boron

Une trilogie sur la matière du Graal est écrite en prose vers 1220. Elle retrace le destin du Graal et de la lignée qui en a la garde depuis la Passion du Christ jusqu'aux aventures de Perceval et à l'écroulement final du monde arthurien. Elle est formée du *Roman de l'estoire dou Graal*, du *Merlin* et du *Perceval* en prose, appelé aussi *Didot-Perceval* ou *Perceval de Modène* d'après les deux manuscrits qui le contiennent. On a vu dans le chapitre précédent que les deux premiers romans sont la mise en prose de ceux de Robert de Boron. Le troisième est-il celle d'un *Perceval* en vers du même auteur, qui serait aujourd'hui perdu ? Ce n'est pas certain, car, outre le *Joseph d'Arimathie* et le *Merlin* de Robert, outre le *Conte du Graal* de Chrétien, outre le *Brut* de Wace pour la fin du règne d'Arthur, le *Didot-Perceval* compte parmi ses sources la *Seconde Continuation du Conte du Graal*, celle de Wauchier de Denain, dont on sait qu'elle est postérieure à l'œuvre de Robert de Boron. Ce *Perceval* en prose ne se distingue pas seulement du *Conte du Graal* par une coloration religieuse beaucoup plus marquée, héritée des romans de Robert de Boron dont il prend la suite, et qui en fait la conclusion d'une sorte de nouvelle Histoire sainte transportée de Terre sainte en Bretagne. Son héros est aussi, sur un point important, bien différent de celui de Chrétien. Même à ses débuts, le Perceval du roman en prose n'est nullement un *nice*, un innocent, un jeune rustre naïf. Du coup, la réflexion implicite sur le narcissisme et la charité, sur la nature et l'éducation, qui sous-tend le roman de Chrétien, disparaît, comme le fait aussi l'humour. Certes, Perceval a beaucoup à apprendre et doit progresser pour accomplir son destin : sa première tentative pour occuper le siège périlleux de la Table ronde, sa première visite au château du Graal sont des échecs douloureux. Mais il est d'emblée digne du lignage sacré dont il est le rejeton et l'accomplissement. De même il ne porte à aucun moment le péché de la mort de sa mère. L'identité du Roi Pêcheur — qui n'est plus infirme, mais seulement affaibli par l'âge — et les relations de parenté qui l'unissent à lui ont également changé. Ainsi ce roman, qui n'est pas au demeurant sans mérite, ignore, tout occupé de sa généalogie édifiante, les éléments générateurs du sens et de l'énigme dans celui de Chrétien.

Le « Lancelot-Graal »

Un autre cycle du Graal en prose, d'une ampleur bien plus considérable et dont le succès sera immense, voit le jour dans les années 1225-1230 : l'énorme ensemble connu sous le nom de *Lancelot-Graal*. Sa première originalité, soulignée par le titre qu'on lui donne, est de déplacer l'accent de Perceval au lignage de Lancelot et de se rattacher ainsi non seulement au *Conte du Graal* de Chrétien, mais aussi à son *Chevalier de la Charrette*, à ce Lancelot qui accepte de se déshonorer aux yeux du monde pour l'amour de la reine Guenièvre. Le noyau du cycle, dit *Lancelot propre*, qui en constitue à lui seul près des deux tiers et qui a été écrit en premier, est consacré entièrement à Lancelot. Le roman s'ouvre sur le récit de ses enfances : comment son père a été dépossédé par l'usurpateur Claudas et en est mort ; comment le petit Lancelot a été enlevé à sa mère par la fée du lac, élevé par elle en compagnie de ses deux cousins qu'elle soustrait eux aussi bientôt à la fureur de Claudas, conduit par elle à la cour du roi Arthur pour y être armé chevalier. Comment ce tout jeune homme tombe au premier regard amoureux pour la vie de la reine Guenièvre. Comment cet amour fera de lui le meilleur chevalier du monde et lui donnera la force d'exploits surhumains, à commencer par la conquête de la Douloureuse Garde. Et puis tant et tant d'aventures, des centaines de personnages dont les destins et les chemins se croisent, se séparent, se rejoignent à nouveau. Galehaut, le fils de la Belle Géante, le roi des Iles lointaines, se prend d'une telle amitié pour Lancelot qu'elle le fait renoncer à une victoire assurée sur le roi Arthur ; il favorise les amours de son ami et de la reine, et il meurt de chagrin le jour où il le croit mort. Arthur est victime des artifices de l'enchanteresse Gamille, puis de la fausse Guenièvre. Lancelot connaît la folie, la captivité chez la fée Morgain, la sœur malveillante du roi Arthur, la quête de la reine et l'humiliation de la charrette. Autour de lui, ses cousins Bohort et Lionel, Gauvain et ses frères, tous les chevaliers de la Table ronde vivent mille aventures qui défient tout résumé de proportions raisonnables.

Mais dans la *Queste del saint Graal*, qui est la suite du *Lancelot*, l'amour de Lancelot pour la reine, cet amour qui avait fait de lui le meilleur chevalier du monde, cet amour adultère, l'exclut des mystères du Graal, dont les élus sont son fils Galaad — engendré en la fille du Roi Pêcheur qui avait pris par magie l'apparence de Guenièvre — son cousin Bohort et Perceval. C'est que la *Queste*, où on a pu déceler une influence de la spiritualité cistercienne, est un roman essentiellement religieux et mystique. Les aventures chevaleresques y deviennent une figuration allégorique du combat du bien et du mal, de Dieu et du diable qui se disputent le cœur de l'homme. La chasteté tend à y devenir l'unique vertu, la luxure l'unique péché. Galaad est vierge de corps et d'intention ; Perceval est vierge lui aussi, bien qu'il ait un peu tardé à repousser une tentation voluptueuse ; Bohort n'a succombé qu'une fois au désir charnel, et avec des circonstances atténuantes. C'est dire quelle réprobation pèse sur l'amoureux Lancelot et le volage Gauvain. Enfin les aventures du Graal sont un véritable complément de la révélation chrétienne, leur achèvement en est le couronnement, en elles les signes de Dieu manifestés dans le monde depuis la Genèse trouvent leur sens. Galaad est comme le nouveau Christ de la chevalerie qui, à sa mort dans la ville sainte de Sarras, rejoint le Père.

Dans la *Mort le roi Artu*, le dernier élément du cycle, c'est encore l'amour de Lancelot et de Guenièvre qui est la cause indirecte de la catastrophe finale et de la disparition du monde arthurien. On retrouve les événements pseudo-historiques relatés par Geoffroy de Monmouth et par Wace, mais commandés par le destin tragique des protagonistes. La guerre que le roi Arthur mène en Gaule contre les Romains et la trahison de Mordret — le neveu d'Arthur qui est en réalité le fils né de son inceste — suivent la condamnation de la reine adultère, son enlèvement par Lancelot au prix de la mort d'un frère de Gauvain et la haine inexpiable que celui-ci voue désormais à son ami de toujours et qui ne s'achève que dans le combat singulier où il reçoit de lui une blessure mortelle. Après la bataille de Salesbières (Salisbury) où Arthur tue Mordret mais en est mortellement blessé et voit périr presque tous ses compagnons, le vieux roi va au bord de la mer, où une nef dans laquelle se trouvent sa sœur la fée Morgain et d'autres fées vient le chercher. Auparavant, son écuyer Girflet a sur son ordre jeté dans un lac son épée Escalibor, qu'une main sortie de l'eau brandit et emporte. Dans tout le roman, les événements semblent obéir à la fois à leurs causes naturelles et à celles que suscitent obscurément les diverses culpabilités en un enchaînement implacable et oppressant.

Enfin, une *Histoire du saint Graal* et un *Merlin* adaptés des deux romans de Robert de Boron ont été ajoutés après coup au début du cycle. Ainsi tous les fils sont noués. Galaad est depuis l'origine le nom prédestiné du dernier rejeton de la lignée des gardiens du Graal, celui qui en accomplira les mystères. C'est d'ailleurs, avant d'être celui de son fils, le vrai nom de Lancelot, dissimulé par celui sous lequel il s'illustrera et péchera. La Dame du lac n'est autre que Niniène. Avant d'être sa victime consentante, Merlin s'assure que les exploits des chevaliers de la Table ronde seront transcrits et conservés et sème du haut du ciel les alignements mégalithiques de Stonehenge pour marquer par avance le lieu de la grande bataille de Salesbières. La préhistoire du Graal, vérité sacrée dont l'auteur a pu prendre connaissance dans le petit livre divin au contenu indicible qui lui a été transmis par un ange, fait ainsi pendant à la quête, et la préhistoire arthurienne, sur laquelle veille Merlin, fait pendant à son écroulement.

On s'est étonné, bien entendu, du « double esprit » de ce

vaste cycle, amoureux et courtois dans le *Lancelot*, puis ascétique et mystique dans la *Quête* — la *Mort Artu* ayant sa tonalité propre, sombre, pessimiste, tourmentée par l'idée d'une fatalité d'où Dieu semble absent. Y a-t-il eu plusieurs auteurs ? Sans doute, mais d'un autre côté la composition de l'ensemble est extraordinairement rigoureuse, les contradictions sont minimes, d'infimes détails se répondent à des centaines, à des milliers de pages d'intervalle. Supposer avec Jean Frappier qu'un maître d'œuvre a conçu le plan et confié la réalisation à plusieurs écrivains est raisonnable, mais ne fait guère autre chose que formuler autrement la difficulté. Elspeth Kennedy n'a pas fait l'unanimité en soutenant, non sans arguments cependant, qu'un *Lancelot* primitif « non cyclique » a été plus tard poursuivi, infléchi, artificiellement relié à la matière du Graal, car la cohérence du cycle a frappé au contraire beaucoup de critiques. A vrai dire, le « double esprit » ne suppose nullement deux idéologies contradictoires. Ce mélange vertigineux et mystérieux de diversité et d'unité, fondé sur une sorte de dialectique de la perfection mondaine et de la perfection ascétique et mystique, ne révèle pas nécessairement une contradiction. A demeurant, l'œuvre médiévale, et surtout l'œuvre en prose, est essentiellement mouvante. La notion d'un état définitif du texte ne peut guère lui être appliquée. Chacune de ses variations, de ses refontes, de ses réécritures a sa propre légitimité.

Le « Perlesvaus »

Un roman un peu étrange, le *Haut livre du Graal* ou *Perlesvaus*, écrit selon les uns dès les premières années du XIIIe siècle, selon les autres — et beaucoup plus vraisemblablement — après le *Lancelot-Graal*, se présente comme une sorte de continuation en prose du *Conte du Graal*, auquel il prétend remonter directement, tout en prenant des libertés avec les données laissées par Chrétien. Il relate les quêtes successives de Gauvain, de Lancelot et de Perceval (Perlesvaus). Ce dernier, après la mort du Roi Pêcheur, son oncle, reconquiert le château du Graal sur un usurpateur, le roi du Chastel Mortel, un autre de ses oncles, méchant celui-là et dont la figure se confond avec celle du démon. C'est un roman qui a quelque chose de raide, d'âpre et de sauvage. Il débute dans une atmosphère onirique, oppressante et sanglante. On y voit Perceval tirer vengeance des ennemis de sa mère, encore en vie, et de sa sœur avec une cruauté sans mesure. Le sénéchal Keu, personnage désagréable et moqueur mais fondamentalement honorable et loyal dans la tradition arthurienne, y devient un traître de mélodrame qui assassine au fond des bois le fils du roi Arthur et laisse accuser Lancelot des trahisons dont il se rend coupable. Le roman, dont l'action est placée dans les premières années de l'ère chrétienne, à une époque où les îles bretonnes, à l'exception du royaume de Logres, sont encore païennes, est tout entier construit autour de l'affrontement du paganisme et de la nouvelle loi. Vers la fin, Perceval-Perlesvaus effectue une longue navigation d'île en île, dans la tradition celtique, pour évangéliser les rois et les peuples qu'il y trouve et châtier ceux qui refusent la conversion. En même temps, la figure de Lancelot est d'une exceptionnelle grandeur. Son refus de se repentir de son amour pour la reine au moment même où il s'en confesse, la nuit qu'il passe près du tombeau de Guenièvre à l'abbaye de Glastonbury — qui se glorifiait de ses reliques arthuriennes — donnent lieu à des pages saisissantes.

Prose et vérité

Les premiers romans en prose française sont donc des romans du Graal. Ce n'est probablement pas, ou pas uniquement, un effet du hasard. Aussi bien, ce caractère en apparence accidentel était parfaitement clair aux yeux des contemporains. Le traducteur de la *Philippide*, épopée latine à la gloire de Philippe Auguste, déclare — dans un prologue en vers — qu'il écrira en prose, sur le modèle « du livre de Lancelot, où il n'y a de vers un seul mot ». Un siècle plus tard encore, Guilhem Molinier, pour dire qu'il bornera ses *Leys d'Amors*, traité occitan de grammaire et de poétique, à l'étude des œuvres en vers et en exclura celles en prose, donne comme exemple et comme emblème de ces dernières « le *Roman du saint Graal* ».

Pourquoi cette association de la prose et du Graal ? Peut-être à cause de l'association de la prose et du religieux. Les romans en prose apparaissent au moment où la littérature du Graal prend une coloration mystique, où la gloire mondaine et les amours courtoises cessent d'être exaltées pour être marquées du sceau du péché, où Galaad fait figure de nouveau Christ de la chevalerie, venu achever l'œuvre de la Rédemption. C'est que les seuls modèles de prose française dont disposaient les romanciers étaient, on l'a vu, des textes religieux : quelques sermons, quelques traités d'édification, quelques récits hagiographiques traduits du latin. Plus encore, c'est la prose qui, en latin, sert à l'expression du sacré ; elle est le langage de l'exégèse et de la prédication, elle est le langage de la Bible. Non seulement le langage du Nouveau Testament et des livres historiques de l'Ancien, mais celui de l'Ecriture sainte tout entière, car l'extension du mot *prosa* à tout ce qui ne relève pas de la métrique latine classique lui permet d'englober même les traductions latines des textes poétiques de la Bible, les psaumes ou le Cantique des Cantiques. La prose, en un mot, est le langage de Dieu. Rapprocher, comme le fait Isidore de Séville, *prosa* de *pro(r)sum*, la définir comme un mode d'expression direct, *en ligne droite*, par opposition aux sinuosités du vers soumis aux contraintes métriques, c'est implicitement lui reconnaître une adéquation plus parfaite à l'idée, que les détours et les ornements ne viennent pas dissimuler ou gauchir. Dans le climat platonicien du christianisme médiéval, ce trait marque une supériorité de la prose. On n'imagine guère la parole de Dieu se pliant aux lois frivoles du vers, ce qui montre d'ailleurs combien la littérature du Moyen Age est loin d'être une littérature primitive : la poésie, pour elle, n'est nullement le langage du sacré. La prose est donc plus que le langage de la littérature religieuse, elle est celui de la Bible, et plus que le langage de la Bible, celui de Dieu. Un livre qui renferme une révélation des desseins de Dieu doit être en prose. C'est le cas des romans du Graal, dès lors qu'ils retracent l'histoire familiale des gardiens du vase mystique, de Joseph d'Arimathie à Galaad ou à Perceval, dès lors que cette histoire est supposée intéresser le salut de l'humanité tout entière et reçoit un sens eschatologique lié au mystère de la Rédemption, dès lors enfin qu'elle se développe autour d'une sorte de noyau à la fois plein et vide, les paroles ultimes de la révélation divine, toujours dissimulées et toujours efficaces. A la place et comme signe de cette brève prose de Dieu s'étend la prose du narrateur, celle du prêtre Blaise, par exemple, confesseur de la mère de Merlin et greffier supposé de son histoire.

Enfin, et de façon plus précise, le style de ces romans s'inspire fréquemment dans le détail soit de l'Ecriture sainte, soit de la littérature homilétique, révélant ainsi les vrais modèles de la prose. Il arrive par exemple que la mise en prose de Robert de Boron s'écarte de l'original en vers pour traduire directement le passage scripturaire dont il s'était librement inspiré. Et la *Queste del saint Graal*, par la place qu'elle fait à l'allégorie dans l'interprétation du monde et des signes divins, s'inspire des méthodes de l'exégèse et du discours de la prédication.

La prose est donc liée à la vérité. C'est au demeurant un lieu commun des prosateurs du Moyen Age que d'affirmer que la prose est plus vraie que le vers et qu'elle ne sacrifie pas comme lui à l'ornement. Elle sert, dans le cas des romans du Graal, à l'expression d'une vérité qui est d'ordre spirituel, mais qui est aussi d'ordre historique. Car, en fixant la généalogie des gardiens du Graal, ces romans renouent d'une certaine façon avec le temps de l'histoire, suspendu par la vision du monde arthurien qu'avait imposée Chrétien. Il ne faut donc pas s'étonner de la voir s'imposer simultanément chez eux et, comme on le verra bientôt, dans les chroniques qui écrivent l'histoire en français.

Le « Tristan en prose », « Guiron le Courtois » et le cycle du Pseudo-Robert de Boron

Mais, bien entendu, le lien entre la prose et les préoccupations spirituelles disparaît dès que son emploi se généralise, c'est-à-dire très vite, favorisé par la multiplication de l'écrit, par la familiarité de plus en plus grande avec lui, par le développement, sans doute, de la lecture individuelle. On a déjà noté que l'atmosphère de la dernière partie du *Lancelot-Graal*, la *Mort le roi Artu*, était, si l'on peut dire, étrangement laïque. La même remarque peut s'appliquer à l'immense *Tristan en prose* qui replace la légende de Tristan dans l'univers du *Lancelot*. Dieu paraît étrangement absent de la quête du Graal qu'il insère à sa matière.

Le *Tristan en prose* a connu un immense succès dont témoignent les quelque quatre-vingts manuscrits que nous en connaissons, représentant quatre versions principales qui s'échelonnent
de 1230 ou 1235 à 1300 environ. Il aurait été commencé par un
chevalier, Luce del Gat, mentionné par les prologues, tandis que
les épilogues font intervenir la figure, certainement fictive, d'un
certain Hélie de Boron, parent et compagnon d'armes de
Robert de Boron, et qui serait aussi l'auteur de *Guiron le Courtois*.
Le roman utilise aussi bien la version de Béroul que celle de
Thomas, mais marque un certain raidissement dans le traitement des personnages. Le roi Marc, au caractère ambigu dans
les romans en vers, est noirci jusqu'à devenir fourbe, méchant et
même criminel. D'autres figures, celle de Kahedin, celle de
Palamède, sont traitées avec une certaine habileté. Plusieurs
traits du *Tristan en prose* sont caractéristiques de son époque et de
l'évolution du roman. Il prend prétexte du talent poétique et
musical depuis toujours attribué à Tristan pour insérer des
pièces lyriques dans le récit en prose. Mêlant définitivement la
matière tristanienne et la matière arthurienne, il illustre par la
fluctuation des rédactions et par le nombre des variantes d'un
manuscrit à l'autre — variantes qui portent sur des épisodes
entiers — le caractère très mouvant du texte des romans bretons
en prose à la fin du Moyen Age.

Guiron le Courtois, autrefois désigné sous le nom de *Palamède*,
qui lui est à peine postérieur, tente de le compiler systématiquement avec le *Lancelot-Graal*. C'est une « suite rétrospective »
mettant en scène la génération des pères : les héros en sont,
outre Guiron lui-même, Méliadus, père de Tristan, Lac, père
d'Erec, Pellinor, père de Perceval, sous le règne d'Uterpendra-
gon, père d'Arthur. La version primitive de ce très long roman,
conservé dans une trentaine de manuscrits représentant une tradition complexe, semble être restée inachevée et a été poursuivie
par de nombreuses suites. On se perd à partir de là dans le
dédale des copies et des compilations. Dans la sienne, Rusticien
de Pise — le même qui a noté le *Livre des Merveilles* sous la dictée
de Marco Polo — emprunte à la fois au *Tristan en prose* et à *Guiron le Courtois*. On peut suivre comme en creux, à travers les
manuscrits, à travers aussi des adaptations ibériques plus tar-
dives, la trace d'un « cycle du Pseudo-Robert de Boron », dont
on n'a conservé en français aucun manuscrit complet. Plus que

le vers, la prose invite au remaniement, « en lisant, en écrivant ». De copie en copie, elle subit l'empreinte des générations successives de lecteurs qui lui impriment leurs goûts.

Les chroniques, du latin au français et du vers à la prose

Les débuts de l'histoire en langue vulgaire

Pendant la plus grande partie du Moyen Age, l'histoire s'écrit normalement en latin. Le moment qui marque symboliquement le mieux son passage à la langue vulgaire est sans doute celui — tardif — où l'histoire des rois de France écrite à Saint-Denis *(Grandes chroniques de France)* est dans un premier temps traduite en français (1274-1350), puis poursuivie directement dans cette langue. Mais on a vu aussi que l'écriture de l'histoire et celle du roman se sont trouvées imbriquées dès la naissance du roman en un système complexe. Peu après, alors que le roman dérive vers la fiction, apparaissent des chroniques françaises, où l'on voit, mais de façon un peu artificielle, les débuts de l'histoire en langue française.

L'attention portée à l'histoire et le souci d'écrire l'histoire sont une des marques significatives du renouveau intellectuel de l'époque carolingienne. Ils répondent à des motifs à la fois immédiats et fondamentaux, politiques et spéculatifs. Charlemagne fait écrire les annales de son règne pour servir sa gloire. En même temps la réflexion sur les voies de Dieu et l'histoire du salut invite à un effort pour embrasser l'histoire de l'humanité tout entière. Suivant un exemple qui remonte à l'époque patristique, on tente de façon répétée d'établir des chronologies universelles qui opèrent la synthèse de l'histoire biblique et de celle de l'Antiquité païenne. Annales, chroniques et histoire sont des genres distincts, correspondant à des degrés croissant de recul par rapport aux événements et d'élaboration intellectuelle et littéraire. L'historien carolingien est un homme de cabinet, réunissant — parfois trafiquant ou forgeant — une documentation, choisissant une forme d'écriture, s'essayant à imiter les modèles antiques, réfléchissant sur les voies de Dieu et les actions des hommes. Ce type d'histoire perdure tout au long du Moyen Age, infléchi cependant par l'apparition d'une histoire nationale, dont les préoccupations se substituent à celles de l'histoire universelle. C'est le souci d'écrire cette histoire, c'est l'effort pour mettre en lumière des origines « nationales », bien que le mot soit à cette date encore impropre, qui sous-tendent la rédaction des premiers romans français. Etablir une continuité des Troyens aux Plantagenêts, c'était répliquer à la légende de l'origine troyenne des Francs (descendants de Francus), accréditée depuis Frédégaire et dont les rois de France pouvaient s'enorgueillir.

Mais au XIIe siècle commence à s'écrire en français une histoire plus récente, qui se coule dans les nouvelles formes poétiques vernaculaires. Celle de la chanson de geste pour Jordan Fantosme, qui raconte, dans une versification à vrai dire bien particulière, la campagne d'Henri II Plantagenêt contre les Ecossais en 1173, mais surtout pour le cycle de la croisade et, au début du XIIIe siècle, pour la *Chanson de la croisade albigeoise* en langue d'oc, qui déclare elle-même être faite sur le modèle de la *Chanson d'Antioche*. Celle du roman pour l'*Histoire de la guerre sainte*, c'est-à-dire de la troisième croisade, écrite avant 1195 par Ambroise de Normandie, jongleur au service de Richard Cœur de Lion. Jusqu'à la fin du Moyen Age, il s'écrira des chroniques rimées, relatant des événements particuliers ou célébrant de grands personnages. Au début du XIIIe siècle, l'*Histoire de Guillaume le Maréchal* est écrite à la manière d'un roman ; à la fin du XIVe siècle, celle de Bertrand du Guesclin, par Cuvelier, à la manière d'une chanson de geste. Plus ambitieuse — ambitieuse comme peut l'être le travail solitaire d'un amateur —, la chronique de Philippe Mousket va de la guerre de Troie à l'année 1243, en utilisant abondamment les sources épiques et romanesques.

Premières chroniques en prose française

Cependant la prose, qui est en latin la forme de l'histoire, le devient en français dès le début du XIIIe siècle, au moment même où la matière du Graal inaugure le roman en prose. A la limite de la matière épique et de l'histoire, Nicolas de Senlis reçoit en 1202 de la comtesse Yolande de Saint-Pol la commande d'une adaptation de la *Chronique du Pseudo-Turpin* en prose française. Le point est explicitement stipulé : la comtesse, écrit Nicolas, « me prie que je mette (ce livre) de latin en roman sans rime ». Mais ceux dans lesquels on voit les véritables pères de l'histoire en français, ceux que l'on nomme les premiers chroniqueurs français sont en réalité des mémorialistes. Ils ont en commun de n'être pas des écrivains de profession. Ils relatent des événements auxquels ils ont été personnellement mêlés, dont ils ont été plus que les témoins, les acteurs, et parfois des acteurs importants. Ils ont été poussés à en écrire ou à en dicter le récit à cause de la vive impression qu'ils en ont gardée ou plus souvent pour des raisons personnelles liées au rôle qu'ils y ont joué. C'est déjà le cas, au début du XIIᵉ siècle, pour l'ouvrage connu sous le nom d'*Histoire anonyme de la première croisade*, écrit en latin, certes, par le clerc qui l'a noté, mais certainement dicté par un chevalier, un croisé, qui ne connaissait que la langue vulgaire. Un siècle plus tard, l'œuvre de ses successeurs est conservée en prose française. En prose plutôt qu'en vers, peut-être parce que ce sont des amateurs. Mais cinquante ans auparavant, nul n'aurait eu l'idée d'écrire en prose française. Que les chroniqueurs aient recours à cette forme nouvelle produira plus tard un choc en retour considérable sur le développement de la prose et sur celui du roman.

Ces chroniqueurs sont d'abord ceux de la quatrième croisade (1202-1204). Cette croisade, on le sait, s'est laissé dévier de son objectif initial, le secours des établissements latins d'Orient et la reconquête de Jérusalem. Sous la pression des Vénitiens, qui avaient fourni la flotte et étaient les créanciers des croisés, ceux-ci s'emparèrent d'abord de la ville chrétienne de Zara, sur la côte est de l'Adriatique, s'attirant l'excommunication pontificale. Puis, entrant dans les querelles familiales des empereurs byzantins, ils prirent Constantinople et s'y établirent, élisant comme empereur l'un des leurs, le comte Baudouin de Flandres. L'Empire latin de Constantinople se maintiendra jusqu'à la reconquête de la ville par Michel Paléologue en 1261 et survivra encore quelques décennies sous la forme d'une principauté de Morée (Péloponnèse). De la quatrième croisade, nous avons deux récits en prose française, celui de Robert de Clari et celui de Geoffroy de Villehardouin.

Robert de Clari

Robert de Clari, acteur modeste sans être dupe, était un petit chevalier picard, un tout petit chevalier, possesseur d'un fief de six hectares. Son point de vue est celui des sans-grade, qui ne sont pas dans le secret des chefs de l'expédition, qui ne connaissent leurs plans et leurs projets que par la rumeur, qui doivent suivre le mouvement sans trop savoir où on les mène, mais qui n'en pensent pas moins et jugent sévèrement la cupidité des grands seigneurs et l'abus qu'ils font de leur pouvoir pour se réserver le meilleur du butin. Frappé par la splendeur de Constantinople et de ses monuments, il les décrit avec une précision assez rare dans les récits de voyage de ce temps. Il ne parle pratiquement jamais de lui-même, et ne se nomme guère que dans la dernière phrase de sa chronique, pour témoigner de la vérité de son récit, mais il ne ménage pas son admiration à d'autres, son suzerain Pierre d'Amiens ou son propre frère, le clerc Aleaume de Clari.

Geoffroy de Villehardouin

Geoffroy de Villehardouin est à tous égards bien différent. Né vers 1150 au château de Villehardouin, près de Troyes, il est dès 1185 maréchal de Champagne, c'est-à-dire l'un des principaux officiers de la cour comtale. Il se croise en même temps que le comte Thibaud III, lors du tournoi d'Ecry, le 28 novembre 1199. Il dirige les négociations avec les Vénitiens pour le transport de l'armée. Pendant toute l'expédition, il joue un rôle important et devient maréchal de Romanie (l'Empire latin de Constantinople). C'est un proche du chef des croisés, le marquis Boniface de Montferrat, qui a ses faveurs dans la rivalité qui l'oppose à Baudouin de Flandres. Son récit s'arrête d'ailleurs brusquement à la mort du marquis en 1207. Villehardouin écrit avec une sobre clarté qui révèle un esprit vigoureux et lucide. Mais, sous une affectation d'impartialité et de froideur laconique, il est constamment soucieux de justifier des décisions politiques et militaires où il porte une part de responsabilité. Une nuance, une restriction, un qualificatif placés à bon escient, un récit très construit où les juxtapositions, les mises en parallèle, les échos invitent discrètement à des comparaisons, voilà qui lui suffit pour orienter efficacement le jugement du lecteur, confiant dans sa neutralité ostentatoire.

Philippe de Novare

Un peu plus tard, vers 1252, le juriste Philippe de Novare (*ca* 1195 - après 1265), gentilhomme d'origine lombarde, vassal des seigneurs de Beyrouth, Jean Ier, puis Balian III d'Ibelin, écrit lui aussi ses « Mémoires ». De cette œuvre, seule a survécu la partie qui a été insérée dans la compilation historique connue sous le nom de *Geste des Chiprois*, rédigée vers 1320 par Gérard de Montréal, qui prend place dans le vaste ensemble des chroniques du royaume latin de Jérusalem, en latin (Guillaume de Tyr) et en français (*Livre d'Eracles* de Bernard le Trésorier, incorporant le récit plus ancien d'Ernoul).

La partie de l'ouvrage de Philippe de Novare ainsi sauvée concerne les années 1218 à 1243. Elle est consacrée au récit des troubles qui ont marqué à Chypre la minorité du roi Henri Ier de Lusignan et à la guerre contre l'empereur Frédéric II à laquelle Philippe a pris part aux côtés des Ibelin. Comme Villehardouin, mais avec un tempérament bien différent, plus fougueux et plus allègre, Philippe cherche dans ces pages à justifier ses choix et son action politiques. Il ne répugne nullement à se mettre en scène, il cite complaisamment les poèmes satiriques qu'il a composés impromptu, dans le feu de l'action, entre autres une « nouvelle branche » du *Roman de Renart*. Aussi bien, prise dans son ensemble, son œuvre était organisée, d'après ce qu'il en dira lui-même vers 1265 dans le prologue de son traité moral sur les *Quatre tenz d'aage d'ome*, comme une sorte de construction autobiographique où le récit de sa vie était mêlé à celui des événements de son temps et entrecoupé de poèmes amoureux, politiques et religieux, correspondant aux préoccupations de sa jeunesse, de son âge mûr et de sa vieillesse. L'auteur mettait ainsi sa propre vie au cœur de son entreprise. C'est elle qui donnait son unité à un *livre* dont le sommaire ne paraît disparate que parce que ses étapes et ses tournants déterminent la variété de l'écriture et s'y reflètent. C'est sa durée qui définit le temps du récit, tandis que les passions qui l'ont agitée ordonnent sa matière.

Jean de Joinville

Au début du XIVᵉ siècle — mais il a vécu si vieux et écrit si tard ! —, Jean de Joinville transforme lui aussi en autobiographie ce qui devait être un recueil de souvenirs sur Saint Louis destinés à justifier sa canonisation. Né en 1225, sénéchal de Champagne à titre héréditaire, Joinville voit pour la première fois le roi Louis IX, de dix ans son aîné, lors d'une cour plénière à Saumur en 1241. Il l'accompagne à la croisade de 1248 et partage sa captivité. Après leur libération, il insiste en juin 1250 pour que le roi reste en Terre sainte pour travailler à la délivrance de tous les autres prisonniers. Rentré en France avec le roi en juillet 1254, il refuse de se croiser une seconde fois en 1267 et ne participe pas à l'expédition de Tunis où le roi trouve la mort en 1270. Sa déposition, en 1282, contribuera à la canonisation de Saint Louis. Encore actif sous le règne de Philippe le Bel et de ses fils, il meurt le 24 décembre 1317, à quatre-vingt-douze ans. En 1272, il avait écrit un récit de la croisade à laquelle il avait participé. Quand la reine Jeanne de Navarre, épouse de Philippe le Bel, lui demanda de composer un « livre des saintes paroles et des bons faits » de Saint Louis, il reprit ce récit et l'amplifia d'anecdotes édifiantes tirées de la vie du saint roi. L'ouvrage, achevé en 1309, après la mort de la reine Jeanne, est dédié au futur Louis X le Hutin. Il constitue, bien entendu, un témoignage de premier ordre sur Saint Louis, mais plus encore sur son auteur lui-même. Joinville a aimé Saint Louis avec une passion qui s'exprime ou qui se trahit à chaque page, à travers les anecdotes, les propos, les rêves qu'il relate. Parlant du roi, il ne parle que de lui. Il se met en scène avec complaisance et est fort habile à éveiller l'émotion sans avoir l'air d'y toucher. Son œuvre révèle de façon saisissante sa propre sensibilité et celle de son temps. Ecrite avec vivacité et avec une affectation de simplicité très efficace, elle est en outre d'une lecture délicieuse.

De l'un à l'autre de ces auteurs — Clari et Villehardouin, Philippe de Novare, Joinville —, l'attention prêtée à soi-même et la mise en scène du moi sont de plus en plus importantes. De tels « chroniqueurs » entraînent le genre qu'ils illustrent de plus en plus loin de l'écriture de l'histoire.

Pèlerins et voyageurs

Une autre forme de témoignage, à la fois personnel et général, est constituée par les récits des voyageurs, et particulièrement des pèlerins. Il s'agit pour ces derniers soit de raconter leur propre voyage, soit de fournir un itinéraire et une sorte de guide à l'usage de leurs successeurs, soit de combiner les deux. Ce type d'ouvrage remonte à l'époque patristique, comme le montre celui de la nonne Egérie. Le célèbre *Guide du pèlerin de Saint-Jacques-de-Compostelle*, écrit au XIIᵉ siècle en latin par un auteur originaire de France, fait suite dans le *Liber sancti Jacobi* à la chronique du Pseudo-Turpin et est ainsi associé à l'univers épique. Ce sont surtout les itinéraires de Terre sainte que l'on trouve en grand nombre pendant tout le Moyen Age, en latin mais bientôt aussi en langue vulgaire. Ils apparaissent dès l'époque carolingienne. En français, le plus ancien est aussi l'un des premiers textes en prose d'une certaine étendue ; c'est une description de Jérusalem et des lieux saints intéressante par sa précision, connue sous le nom de *La Citez de Iherusalem* (*ca* 1187). La fin du Moyen Age verra plusieurs pèlerins se livrer à des relations personnelles et détaillées de leur propre voyage. On peut par exemple citer le récit en latin de Guillaume de Boldensele (1335) et, en français, le *Saint voyage de Jherusalem* d'Ogier d'Anglure (1395) ou le *Voyage de la saincte cyté de Hierusalem* (1480). Mais, à partir du XIIIᵉ siècle, missionnaires, diplomates, marchands s'écartent du pourtour de la Méditerranée et découvrent l'Asie. En 1253, le franciscain Guillaume de Rubrouck est envoyé par Saint Louis en mission auprès du prince tartare Sartach. Il fait de ses voyages un long récit en latin, d'une vivacité et d'une précision ethnologique remarquables. En 1298, prisonnier à Gênes, Marco Polo dicte à son compagnon de captivité l'écrivain Rusticien de Pise, auteur d'autre part d'une compilation arthurienne, une relation de ses voyages que Rusticien note en français : c'est le fameux *Livre des Merveilles*. En 1307, le prince arménien Haython (Héthoum) dicte à Poitiers le *Livre* ou la *Fleur des histoires de la terre d'Orient*, qui combine une description de l'Asie, une histoire de ses empires ainsi que des Tartares et un projet de croisade. En 1356, Jean de Mandeville écrit son *Voyage d'Outremer*, pour l'essentiel fictif et compilé d'auteurs antérieurs, mais qui brode avec charme sur l'Orient et ses merveilles et qui connaîtra un succès prodigieux, attesté par un nombre très élevé de manuscrits et des traductions en latin et dans toutes les langues d'Europe.

Mais nous sommes déjà là à la fin du Moyen Age. Revenons pour finir au XIIIe siècle et aux premières chroniques. Malgré l'existence de quelques œuvres comme la compilation connue sous le nom d'*Histoire ancienne jusqu'à César* (un peu avant 1230), fondée sur la Bible, Flavius Josèphe, Orose, mais aussi sur les romans antiques (celui de *Thèbes* est utilisé systématiquement), il faut attendre le milieu du XIVe siècle pour que l'histoire en prose française s'impose en tant que telle et se développe sous d'autres formes que celle des mémoires. On la verra alors devenir assez féconde et assez puissante pour dominer d'une certaine façon le roman. En attendant, il ne semble guère y avoir de point commun au départ entre les premières chroniques et les romans du Graal. Mais la forme prose commence à manifester, partout où elle apparaît et dès qu'elle apparaît, sa prétention uniforme à la vérité.

ORIENTATIONS BIBLIOGRAPHIQUES

Baumgartner Emmanuèle, *Le « Tristan en prose ». Essai d'interprétation d'un roman médiéval*, Genève, Droz, 1975.
— *La Harpe et l'épée. Tradition et renouvellement dans le « Tristan en prose »*, Paris, SEDES, 1990.
Bogdanow Fanny, *The Romance of the Graal*, Manchester University Press, 1965.
Cerquiglini Bernard, *La Parole médiévale. Discours, syntaxe, texte*, Paris, Ed. de Minuit, 1981.
Dufournet Jean, *Les Ecrivains de la quatrième croisade, Villehardouin et Clari*, Paris, SEDES, 1973.
Frappier Jean, *Etude sur la « Mort le roi Artu »*, Genève, Droz, 2e éd. 1961.
— et Grimm R. (sous la direction de), *Le Roman jusqu'à la fin du XIIIe siècle*, Grundriss der romanischen Literaturen des Mittelalters, IV/1 et 2, 2 vol., Heidelberg, Carl Winter, 1978 et 1984.

Guenée Bernard, *Histoire et culture historique dans l'Occident médiéval*, Paris, Aubier, 1980.

Gumbrecht Hans Ulrich, Link-Heer Ursula et Spangenberg Peter Michael (sous la direction de), *La Littérature historiographique des origines à 1500*, Grundriss der romanischen Literaturen des Mittelalters, XI/1, 3 vol., Heidelberg, Carl Winter, 1986-1987.

Kennedy Elspeth, *Lancelot and the Grail. A Study of the « Prose Lancelot »*, Oxford, 1986.

Kittay Jeffrey et Godzich Wlad, *The Emergence of Prose : an Essay in Prosaics*, Minneapolis, University of Minnesota Press, 1987.

Lathuillère Roger, *« Guiron le Courtois ». Etude sur la tradition manuscrite et analyse critique*, Genève, Droz, 1966.

Loomis Roger S., *Arthurian Literature in the Middle Ages*, Oxford, 1959.

Lot Ferdinand, *Etude sur le « Lancelot en prose »*, Paris, Champion, 1954.

Méla Charles, *La « Reine et le Graal ». La Conjointure dans les romans du Graal*, Paris, Le Seuil, 1982.

Micha Alexandre, *Etude sur le « Merlin » de Robert de Boron*, Genève, Droz, 1980.

— *Essais sur le cycle du « Lancelot-Graal »*, Genève, Droz, 1987.

Owen D. D. R., *The Evolution of the Graal Legend*, Edimbourg-Londres, Oliver & Boyd, 1968.

Pauphilet Albert, *Etude sur la « Queste del saint Graal » attribuée à Gautier Map*, Paris, Champion, 1921.

Smalley Beryl, *Historians in the Middle Ages*, Londres, 1974.

Stempel Wolf Dieter, Die Anfänge der romanischen Prosa im 13. Jahrhundert, dans *Grundriss der romanischen Literaturen des Mittelalters*, I, p. 585-601, Heidelberg, Carl Winter, 1972.

Van Coolput Colette-Anne, *Aventures querant et le sens du monde. Aspects de la réception productive des premiers romans du Graal cycliques dans le « Tristan en prose »*, Leuven University Press, 1986.

QUELQUES ÉDITIONS

« Lancelot-Graal »

Frappier Jean, *La Mort le roi Artu*, Genève, Droz, TLF, 1936. Traduction par Monique Santucci, Paris, Champion, 1991.

Micha Alexandre, *Lancelot, roman en prose du XIIIᵉ siècle*, 9 vol., Genève, Droz, 1978-1983. Extraits traduits par A. Micha : *Lancelot*, 2 vol., UGE « 10/18 », 1983-1984.

Mosès François, *Lancelot du Lac*, Paris, Le Livre de Poche, « Lettres gothiques », 1991 (édition d'après celle d'E. Kennedy, Oxford, 1980, et traduction par F. Mosès du début du roman jusqu'au premier baiser de Lancelot et de la reine).

Pauphilet Albert, *La Queste del saint Graal*, roman du XIIIᵉ siècle, Paris, Champion, « CFMA », 1923. Traduction dans la même collection par Emmanuèle Baumgartner, 1979.

Sommer O., *The Vulgate Version of the Arthurian Romances*, 7 vol. et 1 vol. d'index, Washington, 1906-1916.

« Perlesvaus »

Nitze W. et Jenkins T. A., 2 vol., University of Chicago Press, 1932-1937. Traduction partielle par C. Marchello-Nizia dans *La Légende arthurienne* (voir ci-dessous).

« Tristan en prose »

Curtis Renée, *Le roman de « Tristan en prose »*, t. I, Munich, Max Hueber, 1963 ; t. II, Leiden, Brill, 1976 ; t. III, Cambridge, Brewer, 1985 (début du roman).
Ménard Philippe (sous la direction de), *Le roman « de Tristan en prose »*, 5 vol. parus, Genève, Droz, « TLF », 1987-1992 (suite du roman à partir de l'endroit où l'édition Curtis s'interrompt). Traduction du vol. I par Ph. Ménard et M.-L. Chénerie, Paris, Champion, 1990.

Choix de romans arthuriens

Régnier-Bohler Danielle (sous la direction de), *La Légende arthurienne. Le Graal et la Table ronde*, Paris, Robert Laffont, « Bouquins », 1989 (larges extraits de quinze romans arthuriens traduits en français moderne).

Clari, Villehardouin, Joinville

Faral Edmond, Villehardouin. *La conquête de Constantinople*, 2 vol., Paris, Les Belles-Lettres, 1938-1939 (édition et traduction).
Lauer Philippe, *Robert de Clari. La conquête de Constantinople*, Paris, Champion, « CFMA », 1924. Traduction par A. Micha, Paris, UGE, « 10/18 », 1991.
Wailly Natalis de, *Œuvres de Jean sire de Joinville*, Paris, 1867 (édition du texte reconstitué et traduction).

8. La dramatisation et le rire

Expression dramatique de la littérature

Parmi les plus anciens textes français, on a mentionné, au chapitre 2, les passages en langue vulgaire insérés dans certains drames liturgiques. Cependant, le théâtre ne figure pas parmi les formes au travers desquelles la jeune littérature française a manifesté d'emblée sa créativité et son indépendance. Il est peu représenté jusqu'à la fin du XIIIe siècle. Mais cette proposition même est inadéquate et anachronique en ce qu'elle se fond sur un découpage et une pratique modernes de la littérature. La littérature médiévale est presque exclusivement chantée ou récitée. Elle n'existe qu'en performance. Elle relève donc tout entière de la mise en spectacle et de l'expression dramatique. Ce que nous nommons le théâtre n'est qu'un cas particulier de cette situation générale. Il y a, au XIIe et au XIIIe siècle, peu de pièces de théâtre en français, mais toute la littérature française est — peu ou prou — théâtre. Les jongleurs sont en partie les héritiers des mimes latins, comme l'a montré Edmond Faral[1]. Très certainement leur interprétation était bien souvent *dramatisée*, et l'abondance des dialogues dans tous les genres littéraires médiévaux — chanson de geste, roman, poésie lyrique même, avec les chansons de rencontre amoureuse et les jeux partis — suggère les effets qu'ils pouvaient en tirer en contrefaisant la voix de l'un, puis de l'autre.

---

1. *Les jongleurs en France au Moyen Age*, Paris, 1910.

Aucassin et Nicolette, composé à un moment indéterminé dans le courant du XIIIe siècle, illustre bien cette situation. L'auteur désigne cette œuvre inclassable sous le nom de *chantefable*, terme qu'il semble inventer pour la circonstance et qui n'est en tout cas pas attesté ailleurs. Il veut dire par là qu'elle fait alterner des sections en vers et des sections en prose. Les premières sont destinées à être chantées, comme les rubriques du manuscrit unique l'indiquent explicitement (*Or se cante*, « Ici l'on chante »), les secondes à être récitées (*Or dient et content et fablent*, « Ici l'on récite, on relate, on raconte »). Les dialogues sont extrêmement nombreux, particulièrement, mais non pas uniquement, dans les sections en prose, où ils constituent l'essentiel du texte. On a observé qu'ils ne mettent jamais en scène que deux personnages à la fois. L'œuvre se prêtait donc certainement à une sorte de représentation où l'alternance du chant, du récit, des dialogues introduisait variété et vivacité tout en soulignant le mélange du comique et de l'émotion. Cette représentation pouvait être un *one man show*, le jongleur, dans les dialogues, incarnant alternativement chacun des deux interlocuteurs. Peut-être aussi faisait-il appel à un comparse comme semble le suggérer le pluriel *Or dient et content et fablent*. Quoi qu'il en soit, ce type de représentation mettait sans doute très bien en valeur cette œuvre charmante qui raconte avec bonhomie sa petite histoire idyllique en faisant défiler avec rapidité et humour les poncifs des différents genres littéraires.

Dans un registre tout différent, le *Dit de l'herberie* de Rutebeuf, la version anonyme qui s'en inspire ou le *Dit de la goutte en l'aîne* pastichent le boniment d'un charlatan — un marchand de plantes médicinales dans les deux premiers cas, un médecin dans le troisième. Ils visent évidemment à faire valoir le talent de l'imitateur qui les débite au second degré sans laisser oublier sa présence. Ils redoublent ainsi les effets de la théâtralité puisqu'ils se prêtent à une performance, celle du jongleur-acteur, qui consiste à en imiter une autre, celle du marchand ambulant ou du charlatan. Il en va de même dans un *Dit du mercier* et dans quelques autres textes du même genre.

Mais c'est la littérature dans son ensemble qui évolue au XIIIe siècle de façon à accentuer cette dramatisation générale tout en modifiant les traits et les implications. La poésie tourne à une mise en scène volontiers caricaturale du moi, et le rire auquel elle fait une place paraît, dans des conditions qu'il reste à élucider, se trouver au cœur des formes nouvelles de la dramatisation. C'est pourquoi on étudiera à la fois dans ce chapitre la naissance et le développement du théâtre — auquel la clarté de l'exposé exige de faire malgré tout une place à part —, l'exhibition du moi à laquelle se livre désormais la poésie et les formes particulières du comique littéraire à cette époque.

Le théâtre jusqu'à la fin du XIIIᵉ siècle

Il faut bien, puisqu'il n'a presque pas été jusqu'ici question du théâtre, remonter brièvement jusqu'à ses premières manifestations. Elles sont bien différentes de celles de la chanson de geste, de la poésie lyrique ou même du roman. Aucune mutation, aucun surgissement ne fait au départ du théâtre français un genre essentiellement indépendant du théâtre religieux médio-latin. Rien ne rompt véritablement la continuité de l'un à l'autre, comme si la proportion du latin et de la langue vulgaire dans le drame liturgique se modifiait seulement peu à peu, jusqu'à ce que la seconde finisse par l'emporter, depuis les quelques passages en langue vulgaire du *Sponsus* jusqu'à la première pièce entièrement en français, le *Jeu d'Adam*, que l'on peut dater du milieu du XIIᵉ siècle.

Le « Jeu d'Adam »

Ce texte anglo-normand est encore, d'une certaine façon, un drame liturgique. Il met en scène la tentation d'Adam et d'Eve, le péché originel, l'expulsion du paradis, le meurtre d'Abel par Caïn. Il se termine par une sorte de défilé de personnages de l'Ancien Testament prophétisant la venue du Christ.

Son insertion dans la liturgie du jour comme sa dépendance à l'égard du latin sont encore très fermement marquées. Son titre tel qu'il figure dans le manuscrit — *Ordo representacionis Ade* — et ses didascalies sont en latin. Il intègre une leçon et sept répons empruntés à l'office de la Septuagésime, c'est-à-dire du temps préparatoire à celui du Carême, qui, chantés par le chœur, scandent le Jeu et en font comme une glose de l'office du jour. La leçon, sur laquelle il s'ouvre et dont le manuscrit ne donne que les premiers mots, qui sont aussi les premiers mots de la Genèse et donc de la Bible tout entière, *In principio creavit Deus celum et terram*, doit certainement être entendue comme comprenant tout le premier chapitre de la Genèse, conformément à la liturgie. Ainsi le spectateur écoute d'abord en latin le prologue des événements qu'il verra ensuite représentés en français. Ceux-ci sont encadrés, comme autant de scènes, par les répons, dont chacun apparaît ainsi comme une sorte de résumé préliminaire du développement dramatique qui le suit et l'illustre, et dont du même coup il garantit par avance l'orthodoxie. La liberté dont jouit le poème dramatique en langue vulgaire ne s'exerce qu'à l'ombre du texte sacré. Le Jeu ne peut qu'amplifier un peu à l'aide de la tradition exégétique et orchestrer — avec, au demeurant, une densité vigoureuse — les quelques versets de la Genèse qui lui fournissent sa matière et dont le respect de l'Ecriture sainte lui interdit de s'écarter.

Les prophéties successives des patriarches et des prophètes qui concluent le Jeu sont une mise en scène d'un sermon *Contra Iudaeos, Paganos et Arianos (Contre les juifs, les payens et les ariens)* que le Moyen Age attribuait à saint Augustin. Cette dernière partie a évidemment pour fonction de mettre en relation la chute du premier Adam et la rédemption que l'humanité déchue par sa faute obtiendra du nouvel Adam qu'est le Christ. On trouve donc dès ce premier monument du théâtre français la vision eschatologique qui sera à la fin du Moyen Age celle des grands mystères de la Passion.

Le « Jeu de saint Nicolas » de Jean Bodel

Cinquante ans plus tard, le grand trouvère arrageois Jean Bodel, également auteur d'une chanson de geste (la *Chanson des Saisnes*), de fabliaux, de pastourelles, de *Congés* dont on reparlera bientôt, compose un *Jeu de saint Nicolas*. Certes, c'est encore une pièce religieuse, à la profondeur spirituelle plus grande qu'il n'y paraît, mais une pièce religieuse qui a rompu tout lien avec la liturgie, même si elle a été représentée en la vigile de la Saint-Nicolas d'hiver, probablement le 5 décembre 1200, et avec le latin, bien que de nombreux drames liturgiques dans cette langue aient illustré des miracles de saint Nicolas. De latin il ne reste plus un mot : le prologue — authentique ou non — comme l'unique didascalie du texte sont en français.

Le thème général de la pièce est l'un des miracles attribués à saint Nicolas : la restitution d'un trésor volé. Mais la victime du vol n'est pas, comme dans la tradition antérieure, un juif qui se convertit sous l'effet du miracle accompli en sa faveur, mais le « roi d'Afrique ». Cette modification permet à Jean Bodel de rattacher sa pièce à l'univers de la croisade. La quatrième croisade — celle qui devait être détournée sur Constantinople — venait d'être prêchée. Notre poète lui-même avait pris la croix. Mais l'enthousiasme des premières expéditions se nuançait d'inquiétude. Jérusalem était perdue et la troisième croisade avait échoué à la reprendre. Dieu abandonnait-il les siens ? Pourquoi n'aidait-il pas à la délivrance de la Terre sainte ? Méditant sur le paradoxe chrétien de la force du faible, du triomphe et du martyre, Jean Bodel introduit dans sa pièce une croisade, et une croisade qui échoue. Il oppose à cet échec militaire — échec glorieux et bénéfique pourtant, puisque les chrétiens massacrés vont tous au paradis — le succès du *prudhomme* désarmé, craintif et sans défense tombé aux mains du cruel roi d'Afrique et qui, avec l'aide de Dieu et de saint Nicolas, le convertit, lui et ses émirs. La statue de saint Nicolas qu'il traîne avec lui et à la garde de laquelle il persuade le roi de confier son trésor n'est qu'un bout de bois inerte que les voleurs renversent au passage. Mais la puissance du saint leur fera rendre gorge. Au contraire la statue du dieu Tervagan, qu'adore le roi d'Afrique, toute boursouflée d'or, est une statue magique qui pleure, qui rit, qui parle, qui prédit l'avenir et qui le prédit juste. Mais c'est elle qui est en réalité impuissante et finira foulée aux pieds.

Mais l'originalité de la pièce est aussi dans son ouverture sur la vie quotidienne arrageoise, peinte avec précision et verve, avec aussi un superbe mépris de la vraisemblance, puisque l'action est supposée se dérouler chez les infidèles du « royaume d'Afrique ». La présentation des voleurs qui s'en prennent au trésor du roi est en effet le prétexte de longues scènes de taverne, avec leurs beuveries et leurs parties de dés. On vend du vin d'Auxerre, on compte en deniers et en mailles, on invoque les saints : l'Afrique est loin. Est-ce un détail ? Une trouvaille accidentelle ? Peut-être. Mais on verra bientôt les implications de ce procédé dans l'ordre de la mise en scène et des effets proprement dramatiques. On verra aussi le succès des scènes de taverne et le sens qu'il faut peut-être leur donner.

De Jean Bodel à Adam de la Halle : les essais dramatiques du XIIIe siècle

Entre le *Jeu de saint Nicolas* de Jean Bodel à l'aube du XIIIe siècle et, dans son dernier tiers, les deux pièces profondément originales d'un autre arrageois, Adam de la Halle, bien rares sont les productions proprement théâtrales. On a déjà cité quelques œuvres situées aux marges de la performance dramatique, comme *Aucassin et Nicolette*, ou certains monologues de bateleurs, à prendre le plus souvent au second degré. On peut y ajouter *Courtois d'Arras*. Est-ce une pièce de théâtre ? Ce n'est pas absolument certain si l'on prend l'expression dans son sens moderne, mais le poème est entièrement dialogué et se prête visiblement à une mise en scène, que le dialogue ait été réparti entre plusieurs acteurs ou interprété par un jongleur unique revêtant successivement tous les rôles. C'est une adaptation de la parabole de l'enfant prodigue (Lc. 15, 11-32), transposée dans le monde moderne et — une fois de plus — dans l'espace arrageois. Un sujet religieux, donc, mais la phrase de l'Evangile qui a le plus retenu l'attention de l'auteur et qu'il a développée avec le plus d'abondance et le plus de complaisance, est celle où il est dit que le fils prodigue dépense sa part d'héritage dans une vie de débauche. C'est le prétexte d'une longue et pittoresque scène de taverne où l'on voit le malheureux jeune homme se ruiner par les soins de l'aubergiste et de deux entraîneuses. Cet épisode occupe à lui seul les deux tiers du texte (428 vers sur 664).

Exception faite de la courte farce du *Garçon et de l'aveugle*, qui date du milieu du siècle environ, la seule œuvre de cette période explicitement désignée comme une pièce de théâtre par la présentation du texte dans le manuscrit, avec des rubriques désignant le personnage qui prend la parole et des didascalies, est le *Miracle de Théophile* de Rutebeuf, que l'on peut dater avec quelque vraisemblance de 1263 ou 1264. Le vertueux clerc Théophile refuse par humilité le siège épiscopal qu'on lui offre. Mais le nouvel évêque lui retire sa charge. De dépit, il vend son âme au diable et retrouve honneurs, puissance et argent. Plus tard il se repent et implore l'intercession de la Vierge qui va reprendre au diable le document — la charte — qu'il avait signé. Cette légende d'origine grecque a connu une fortune considérable au Moyen Age dans les textes comme dans l'iconographie, son traitement littéraire le plus long et le plus élaboré se trouvant dans les *Miracles de Notre Dame* de Gautier de Coincy (début du XIIIᵉ siècle). La pièce de Rutebeuf, qui s'en inspire, n'est pas dénuée de mérite, mais elle est un peu hâtive, elliptique, schématique, au point qu'on s'est parfois demandé si elle nous était parvenue dans son intégralité. Elle n'étoffe ni la matière de la légende ni sa mise en œuvre dramatique : comme les premières ébauches théâtrales, elle ne fait jamais intervenir que deux personnages à la fois. Son principal intérêt est dans la relation qui unit les effusions de Théophile repentant aux poèmes personnels et spirituels de Rutebeuf dont il sera question plus loin.

Le « Jeu de la Feuillée » et le « Jeu de Robin et de Marion » d'Adam de la Halle

Il faut retourner à Arras pour trouver la figure qui domine la production théâtrale française encore modeste du XIIIᵉ siècle. C'est en effet à Adam de la Halle ou Adam le Bossu (« On m'appelle bossu mais je ne le suis mie », proteste-t-il), évoqué plus haut comme poète lyrique et comme musicien, que l'on doit, dans les années 1270-1280, les premières manifestations importantes d'un théâtre profane français. Il a laissé deux pièces, le *Jeu de la Feuillée* et le *Jeu de Robin et de Marion*.

La première ne prend son sens qu'au regard de la vie arrageoise qu'elle reflète. Elle a probablement été représentée le 4 juin 1276 pour la Confrérie des jongleurs et bourgeois[1]. Les per-

1. Voir chap. 5, p. 123.

sonnages de cette pièce sont Adam de la Halle lui-même, son père, ses amis, ses voisins, tous individus bien réels, mêlés à d'autres, représentant la foule qui bat le pavé d'Arras : campagnards ahuris, gamin insolent, médecin moraliste, moine quêteur douteux, mégère portée sur la bagatelle et sur la sorcellerie. Les ridicules et les vices de tout ce beau monde et ceux de nombreux habitants d'Arras nommément désignés sont dénoncés et brocardés. Adam qui, au début de la pièce, vêtu en clerc et portant beau, croit les voir tous pour la dernière fois et prend congé d'eux, bien décidé à aller poursuivre ses études à Paris, restera prisonnier de ce monde borné, grotesque, dérisoirement enchanté — une scène de féerie occupe le milieu de la pièce —, et d'un mariage décevant. Avec les autres il ira finir la nuit à la taverne.

La pièce joue donc des thèmes de la chute, de la déception et de l'illusion qui sont présents par jeu de mots dans son titre même, ou plutôt dans ses deux titres. Celui qui figure au début de la pièce est « Le jeu Adam », c'est-à-dire le Jeu d'Adam, mais au sens qu'Adam en est l'auteur, avec un cas régime absolu pour exprimer le génitif subjectif : allusion, bien sûr, à la première pièce de théâtre en français, au « Jeu d'Adam », génitif objectif introduit par la préposition « de », le jeu sur Adam, le jeu où il est question d'Adam. Adam de la Halle, comme Adam notre premier père, est exclu du paradis, et il l'est même de bien des façons : il n'ira pas à Paris, paradis des études, il a perdu dans la lassitude du mariage le paradis de la découverte amoureuse, il est prisonnier de l'enfer d'Arras, ce lieu de l'enfermement et de la rétention symbolisés par les avares obèses et gloutons qui y pullulent et au premier rang desquels figure maître Henri, le père d'Adam. L'*explicit* du manuscrit donne un autre titre, celui dont on désigne aujourd'hui la pièce, *Li Jeus de le Fuellie*. La *fuellie*, c'est la feuillée, la branche feuillue qui signale une taverne, mais c'est aussi, en dialecte picard, la folie. La taverne est le lieu tout ensemble de l'illusion et de la résignation où se termine la pièce. La folie en est le thème récurrent le plus frappant. Le moine exhibe les reliques de saint Acaire, qui guérit la folie. On lui conduit un fou abruti, puis un fou furieux qui manifeste à l'égard de son père l'agressivité qu'Adam refrène vis-à-vis du sien. Folie, les illusions de l'amour, pour Adam comme pour la fée Morgue, et le messager du roi de féerie se nomme Croquesot.

Avec tout cela, la pièce n'engendre pas la mélancolie. Elle est menée sur un rythme endiablé, calembours et gaudrioles ne cessent de fuser. Elle tient de la revue, comme on l'a observé depuis longtemps. Sa construction habile sous l'apparent décousu ne lui enlève nullement ce caractère, pas plus que le désenchantement qui s'en dégage n'atténue son comique. Il en est au contraire le produit. Ce comique, sans lequel la pièce ne présenterait ni sel ni sens, se manifeste dès les premiers vers, dont la solennité boursouflée désigne d'emblée Adam, qui les prononce, comme un fantoche, bien loin d'être un avertissement (on l'a parfois soutenu) qu'il faudrait prendre l'œuvre avec gravité.

La seconde pièce d'Adam de la Halle, le *Jeu de Robin et de Marion*, a sans doute été composée à Naples en 1283. Adam était entré comme jongleur professionnel, ou ménestrel, au service du comte Robert II d'Artois, neveu de Saint Louis. Dans l'été 1282, celui-ci était allé secourir son oncle Charles d'Anjou, roi de Naples et de Sicile, en difficulté depuis le masssacre des Vêpres siciliennes. Adam, qui l'avait accompagné, est resté ensuite au service du roi Charles, en l'honneur duquel il écrit en alexandrins la *Chanson du roi de Sicile*. Il est sans doute mort en Italie du Sud en 1288, comme l'affirme son neveu Jean Madot. C'est probablement au début de ce séjour qu'il a composé le *Jeu de Robin et de Marion*. Jean Dufournet a pourtant supposé que cette pièce pourrait être antérieure au *Jeu de la Feuillée*. Mais il se fonde sur le postulat qu'un auteur va toujours dans le sens de l'approfondissement et ne saurait écrire une œuvre plus légère après une autre de plus grande portée. Cet argument ne peut être retenu ni d'une façon générale, car les contre-exemples sont nombreux, ni dans ce cas particulier, car le *Jeu de la Feuillée*, quelle que soit sa richesse, est une œuvre peu ambitieuse.

Le *Jeu de Robin et de Marion* est comme la mise en scène d'une pastourelle, avec des variations sur les différentes situations traitées dans ces chansons. Un chevalier, en train de chasser à l'oiseau, rencontre la bergère Marion et lui fait des avances. Elle les repousse par fidélité à son ami Robin, qui se fera plus tard houspiller par le chevalier. Robin et Marion, bientôt rejoints par leurs amis bergers, se livrent à des divertissements champêtres : déjeuner sur l'herbe, chants, jeux divers. Adam peint avec enjouement et finesse la rusticité des bergers, leurs effusions attendrissantes et un peu ridicules, leurs jeux qui le sont aussi, leurs personnalités diverses — celui qui est grossier et se livre à des incongruités, ceux qui ont des prétentions aux bonnes manières —, la naïveté réelle de Marion et en même temps la rouerie avec laquelle elle sait exagérer cette naïveté et en jouer pour se débarrasser du chevalier et lui signifier qu'elle n'est pas pour lui. En même temps, la pièce est farcie de chansons — rondeaux, refrains, fragments lyriques divers — qui viennent s'insérer avec à-propos dans le dialogue et permettent à Adam d'exploiter son talent de musicien.

La mise en scène et le langage dramatique

Le théâtre médiéval n'obéit pas aux règles et aux conventions qui seront celles du théâtre classique. Il ignore, bien entendu, les unités de lieu, de temps et même d'action. Les pièces ne sont pas divisées en actes et en scènes. Le seul élément de repérage et de découpage est constitué par les *mansions* (endroits où l'on demeure, « maisons »), c'est-à-dire les lieux successifs où se déroule l'action. Ainsi, dans le *Jeu de saint Nicolas* de Jean Bodel, les mansions sont le palais du roi d'Afrique, les pays lointains où résident les émirs, le champ de bataille, la taverne. Mais il ne faut certainement pas s'imaginer une scène vaguement rectangulaire, à la manière de celle d'un théâtre moderne, sur laquelle, face aux spectateurs, ces divers lieux juxtaposés seraient disposés ou symbolisés durant tout le spectacle, les acteurs allant de l'un à l'autre. Henri Rey-Flaud a sans doute raison de supposer un espace scénique généralement circulaire autour duquel étaient disposés alternativement, comme dans des boxes matérialisés ou non, spectateurs et acteurs regroupés par mansions. Lorsque l'action se transportait dans l'une des mansions, les acteurs qui en relevaient, s'avançant d'entre les spectateurs, occupaient l'espace scénique qui était alors supposé figurer cette mansion. Passait-on à une autre mansion, les acteurs attachés à la première reprenaient leur place parmi les spectateurs et cédaient l'espace scénique central à ceux de la nouvelle mansion, qui l'investissait à son tour. Ou, pour dire les choses autrement, chaque « boxe » où se tenait un acteur ou un groupe d'acteurs figurait une mansion, mais une mansion virtuelle qui s'actualisait le moment venu en débordant sur l'espace scénique, neutre en lui-même, qu'elle annexait provisoirement.

Dans le texte même, où le procédé de la rime mnémonique, ignoré du *Jeu d'Adam*, est systématique dès le *Jeu de saint Nicolas*, son absence entre deux répliques, rompant l'enchaînement du dialogue et marquant la clôture d'une séquence, signale le plus souvent un changement de mansion. Très tôt également les auteurs sont habiles à varier les mètres et la disposition des rimes de façon à mettre en valeur le ton propre à chaque passage et à chaque scène — si l'on peut employer ce mot sans lui donner sa valeur technique : l'habituel couplet d'octosyllabes peut ainsi céder la place aux rimes embrassées pour donner au passage une vivacité et un élan particuliers, aux quatrains d'alexandrins homophones pour marquer la solennité ou l'emphase, etc.

Revenons un instant pour finir à la taverne, cette mansion si particulière qui revient avec une insistance inattendue dans le théâtre arrageois, du *Jeu de saint Nicolas* au *Jeu de la Feuillée* en passant par *Courtois d'Arras*. Cette présence se comprend si l'on songe que la taverne est un lieu théâtral par excellence, celui de l'exhibitionnisme comique et de la révélation dérisoire de soi-même. La taverne est le lieu de la déchéance, pour les voleurs du *Jeu de saint Nicolas*, pour Courtois, pour Adam, mais le lieu aussi où cette déchéance prête à rire. Un rire qui dans le *Jeu de la Feuillée* s'exerce aux dépens du poète lui-même comme aux dépens des autres. Or Adam, qui se met en scène au sens propre dans la *Feuillée*, se met également en scène métaphoriquement dans un poème, les *Congés*, dont le thème est analogue. Et vers la même époque, à Paris, Rutebeuf, qui décrit dans plusieurs poèmes avec un humour grinçant la déchéance et la misère où l'a conduit la vie de taverne, exprime dans d'autres sa dévotion et son repentir en des termes très proches de ceux qu'il place au théâtre dans la bouche du clerc Théophile. Si l'on se souvient que le théâtre médiéval n'est qu'artificiellement séparé, sous notre regard anachronique, de l'expression dramatique qui colore l'ensemble de la littérature, on est ainsi amené à le mettre en relation avec l'évolution que connaît la poésie au cours du XIIIe siècle, et que l'on définissait plus haut comme une mise en scène caricaturale du sujet, à la fois complaisante et sévère.

Le dit : une naissance de la poésie

Le grand chant courtois des trouvères survit jusqu'à la fin du XIIIᵉ siècle. Adam de la Halle lui-même, auteur aux talents variés, en est un des derniers représentants. Mais l'expression poétique emprunte dès ce moment d'autres voies, qui ne sont plus celles du lyrisme. Une poésie récitée, dont l'origine et les conventions n'ont rien à voir avec le lyrisme courtois, se développe et constitue la préhistoire de la notion moderne de poésie. C'est elle en effet qui, pour une large part, donnera naissance à ce que nous appellerions aujourd'hui la « poésie personnelle » ou même la « poésie lyrique », dans l'usage commun que nous faisons de cette expression et qui ne se réfère plus au chant. C'est aussi cette poésie récitée — le *dit* par opposition au chant — qui est le cadre de la dramatisation du moi.

De la poésie édifiante à la poésie personnelle

L'inspiration première de cette poésie est à la fois morale, religieuse et satirique. Elle se développe, on l'a vu, à partir du milieu du XIIᵉ siècle sous la forme de « sermons » en vers, de revues des catégories de la société ou « états du monde », qui dénoncent les vices de chacun, comme le *Livre des Manières* de l'évêque Etienne de Fougères ou comme ces poèmes qui se donnent le nom de *Bible* — celle du seigneur de Berzé ou celle de Guiot de Provins. Vers le tournant du XIIIᵉ siècle, elle tend à s'enraciner dans l'expérience et le point de vue particuliers du poète. Expérience et point de vue particuliers qui commandent l'animosité d'Hugues de Berzé contre les moines de Cluny, ses voisins, ou qui orchestrent, vers 1190, l'ouverture et la chute des *Vers de la Mort* d'Hélinand de Froidmont, dont le succès et l'influence sont considérables et dont la forme strophique (un douzain de schéma *aabaabbbabba*) sera très souvent reprise.

Ils nourrissent et ils structurent de façon infiniment plus radicale et plus dramatique en 1202 les *Congés* de Jean Bodel, l'auteur du *Jeu de saint Nicolas*, devenu lépreux, et, soixante-dix ans plus tard, ceux d'un autre arrageois devenu lépreux à son tour, Baude Fastoul. Frappé par le terrible mal dans lequel il veut voir une grâce et non un châtiment, méditant sur les voies de Dieu, sur la souffrance et sur la mort, le poète, exclu vivant du monde des vivants, prend congé de tous ses amis l'un après l'autre, tout en se peignant avec un humour noir sous les traits terribles et grotesques qui sont désormais les siens, se regardant avec le regard des autres, riant de lui-même avant qu'on rie de lui. Et quelques années plus tard, on l'a vu, Adam de la Halle pousse jusqu'au bout la logique de cette dramatisation du moi en écrivant, à côté de ses propres *Congés* — provoqués, non par la maladie, mais par le dégoût de sa ville natale et de ses habitants — et sur le même thème, le *Jeu de la Feuillée*, dont on mesure à présent qu'il est plus révélateur, précisément en tant qu'œuvre dramatique, de l'évolution de la poésie que de celle du théâtre.

Cette théâtralisation et cette exhibition ne revêtent pas nécessairement — ne revêtent pas le plus souvent — la forme de la confidence. Elles n'en sont pas moins toujours présentes, ne serait-ce que dans les formes de l'énonciation. Comme l'écrit Jacqueline Cerquiglini : « Le dit est un discours qui met en scène un "je", le dit est un discours dans lequel un "je" est toujours représenté. Par là, le texte *dit* devient le *mime* d'une parole. » On verra plus loin comment la poésie de la fin du Moyen Age construit le personnage du poète à partir de la combinaison du dit et des formes proprement lyriques. Mais le dit n'oublie pas pour autant ses origines édifiantes et se prête à toutes les variations, sérieuses ou bouffonnes, de la moralisation, de la fable et de l'exemple (*Dit des sept vices et des sept vertus*, *Dit d'Aristote* d'Henri d'Andeli). A la rencontre de la pseudo-confidence d'une expérience personnelle et de la prétention à un enseignement général, il est, plus que toute autre forme littéraire, ouvert au jeu de l'allégorie dont l'analyse occupera le prochain chapitre. Rutebeuf va nous en fournir dans un instant une première et décisive illustration.

Enfin, le dit se prête à toutes les combinaisons et à tous les avatars de la parade, de l'exhibition, du boniment et de la satire : récit plaisant d'aventures incroyables que l'auteur prétend avoir vécues *(Dit d'aventures)* ; avertissement d'un jongleur qu'il accepte pour prix de sa performance même les dons les plus modestes, car avec une maille (la plus petite pièce de monnaie) on peut se procurer beaucoup de choses, qu'il énumère dans leur variété *(Dit de la maille)* ; imitations du boniment d'un vendeur ambulant ou d'un charlatan *(Dit de l'herberie, Dit de la goutte en l'aîne, Dit du mercier)* ; descriptions élogieuses, satiriques, moralisatrices ou plaisantes, souvent selon un principe énumératif, d'états du monde, de catégories sociales ou professionnelles, d'objets, de lieux, de saisons *(Dit de la bonté des femmes, Dit des fèvres, Dit des peintres, Dit du cordouanier, Dit du changeur, Dit du Lendit, Dit des vins d'ouan, Dit du bon vin, Dit du boudin, Dit des rues de Paris, Dit des moûtiers de Paris, Dit des cris de Paris, Dit des douze mois, Dit de l'hiver et de l'été)* ; mais aussi aveu agressif et humilié de la misère et du vice, auquel, on va le voir, se livre Rutebeuf.

Rutebeuf

Rutebeuf, dont l'activité s'étend entre 1250 et 1280 environ, incarne en effet plus que tout autre cette mutation du langage poétique. Son œuvre, à l'exception du *Miracle de Théophile* et de deux ou trois « chansons » dont la mélodie n'a d'ailleurs pas été conservée, est constituée tout entière de dits et reflète tous les aspects de cette forme mouvante : l'effusion religieuse, l'enseignement, la satire, la polémique, l'exhortation, l'allégorie insérée dans le cadre d'une vision ou d'un songe, la parade et l'exhibition du moi.

Ce poète de profession, dont on ne sait rien d'autre que ce que l'on peut inférer de son œuvre, était d'origine champenoise : son premier poème, le *Dit des Cordeliers* (1249), montre une connaissance précise du conflit qui avait marqué l'installation des Franciscains dans la ville de Troyes. Mais toute sa carrière ultérieure semble s'être déroulée à Paris, où il a peut-être fréquenté la Faculté des Arts. Lors de la querelle qui, au sein de l'université de Paris, a opposé dans les années 1250 les Ordres mendiants aux maîtres séculiers, il met sa plume au service de ces derniers *(Discorde des Jacobins et de l'Université)*. Il se fait l'ardent défenseur de leur chef de file, le maître en théologie Guillaume de Saint-Amour *(Dit de Guillaume de Saint-Amour* et

Complainte de Guillaume de Saint-Amour), brocarde les Frères Mendiants *(Sur l'hypocrisie, Dit des règles, Dit du mensonge, Dit des Jacobins, Ordres de Paris, Chanson des Ordres)*, fustige avec violence le pape Innocent IV et surtout le roi Saint Louis *(Renart le Bestourné)* qui embrassent leur cause et la feront triompher. L'échec du parti pour lequel il s'était compromis paraît provoquer chez Rutebeuf, autour de 1260, une crise matérielle et morale *(Repentance Rutebeuf)*. Sa « conversion » lui vaut de retrouver des commandes grâce à la protection probable des chanoines de Saint-Victor et certaine du comte Alphonse de Poitiers, frère du roi, et de l'entourage de la comtesse de Champagne, fille de Saint Louis : œuvres hagiographiques *(Vie de sainte Marie l'Egyptienne, Vie de sainte Elysabel de Hongrie, Miracle de Théophile)* et mariales ; pièces exhortant à la croisade et à la défense de l'Orient latin, dans lesquelles Rutebeuf, sans trop le dire, s'aligne désormais sur la politique royale *(Complainte de Geoffroy de Sergines, Complainte de Constantinople, Complainte d'Outremer, Disputaison du croisé et du décroisé, Voie de Tunis)* ; propagande pour la « croisade » de Sicile *(Chanson de Pouille* et *Dit de Pouille)* ; déploration sur la mort de grands personnages (comte de Nevers, roi de Navarre, comte de Poitiers).

Cette production presque entièrement de commande comprend une part de pièces comiques, fabliaux *(Le pet au vilain, Frère Denise)* ou sketches burlesques *(Dit de l'Herberie, Disputaison de Charlot et du Barbier)*. Mais les poèmes les plus célèbres sont ceux où Rutebeuf se contente de plaindre sa misère *(Griesche d'hiver* et *Griesche d'été, Mariage Rutebeuf, Complainte Rutebeuf*, plus tard *Pauvreté Rutebeuf)*. Ce sont aussi les plus originaux, mais même en leur temps ils ne sont pas uniques, puisqu'un contemporain de Rutebeuf, connu sous le nom du clerc de Vaudois, en compose de si proches *(Dit des Droits, Dit de Niceroles)* qu'il faut que l'un des deux poètes — mais lequel ? — ait imité l'autre. Ces pièces apparaissent comme une caricature du moi et du monde à travers un imaginaire concret. Le poète parle de lui et prétend raconter sa vie en même temps que celle de ses compagnons de débauche et de misère, bien qu'il soit évidemment vain de chercher la part de vérité que peuvent renfermer ces fausses confidences : un mariage malheureux, la faim, le froid, la maladie, les dettes, le harcèlement d'un propriétaire qui exige son loyer, la solitude, la soumission dégradante à la passion du jeu,

sujet des *Griesches*, et à celle du vin. Ailleurs, et en relation avec
son activité de polémiste, il fait le récit de ses rêves et des visions
allégoriques dont il prétend avoir été favorisé *(Leçon d'Hypocrisie
et d'Humilité, Voie d'Humilité* ou *de Paradis).*

Au milieu de tout cela il multiplie les plaisanteries, les calembours, les jeux verbaux, il commente son propre nom à partir
d'étymologies fantaisistes (« rude bœuf »). En un mot, sa poésie
donne souvent l'impression d'une parade de soi-même, d'un de
ces monologues de théâtre tout entiers conçus en fonction de
l'effet qu'ils veulent produire sur le public, auquel ils doivent
donner l'impression d'être une confidence sans fard, improvisée
sous le coup de l'humeur et du découragement, dans un de ces
moments où l'on oublie le respect humain, où l'on renonce à
sauver les apparences, et où l'on ne sait plus que faire rire tristement ou amèrement de soi-même. Certaines des formes métriques auxquelles il a recours, comme celle du *tercet coué*, renfor-
cent l'impression de désinvolture affectée et de facilité lasse :

Li dei m'ocient,	Les dés me tuent,
Li dei m'agaitent et espient,	les dés me guettent, les dés m'épient,
Li dei m'assaillent et desfient,	les dés m'attaquent et me défient,
Ce poize moi.	j'en souffre.
Je n'en puis mais se je m'esmai :	C'est l'angoisse, je n'y peux rien :
Ne voi venir avril ne mai,	je ne vois venir ni avril ni mai,
Veiz ci la glace.	voici la glace.
Or sui entreiz en male trace.	Me voilà sur la mauvaise pente.
Li traÿteur de pute estrace	Les trompeurs, cette sale race,
M'ont mis sens robe.	m'ont laissé sans habits[1].
Li siecles est si plains de lobe !	Il y a tant de malhonnêteté dans le monde !
Qui auques a si fait le gobe :	Dès qu'on a quelque chose, on fait le malin ;
Et ge que fais,	et moi, qu'est-ce que je fais,
Qui de povretei sent le fais ?	moi qui de la pauvreté sens le faix ?

(Griesche d'hiver, v. 54-67).

Cette poésie des choses de la vie n'a nullement pour préa-
lable une exigence de sincérité, contrairement à la poésie courtoise, beaucoup plus abstraite pourtant et aux règles formelles

1. Il a perdu ses habits au jeu.

rigides. Elle vise seulement à une dramatisation concrète du moi. C'est une poésie de la réalité particulière et reconnaissable, mais travestie, comme est travesti le moi qui l'expose et qui s'expose :

Que sunt mi ami devenu
Que j'avoie si pres tenu
Et tant amei ?
Je cuit qu'il sunt trop cleir semei ;
Il ne furent pas bien femei,
Si sunt failli. (...)
Je cui li vens les m'at ostei,
L'amours est morte :
Se sont ami que vens enporte,
Et il ventoit devant ma porte,
Ces enporta.

Que sont devenus mes amis
qui m'étaient si proches,
que j'aimais tant ?
je crois qu'ils sont bien clairsemés ;
ils n'ont pas eu assez d'engrais :
ils n'ont pas poussé. (...)
Je crois que le vent me les a enlevés,
l'amitié est morte ;
ce sont amis que vent emporte,
et il ventait devant ma porte :
il les a emportés.

(*Complainte Rutebeuf*, v. 110-124).

Les fabliaux

Il n'est ni artificiel ni paradoxal de traiter des fabliaux en même temps que du théâtre et du dit. Eux aussi supposent une performance de type dramatique. D'eux aussi on peut dire que « le texte *dit* devient le *mime* d'une parole ». Eux aussi exhibent volontiers le « je » qui les énonce. Et partout se retrouvent la taverne, la misère et le rire. Il y a entre les trois formes une parenté qui tient à leur atmosphère en partie commune et à leurs effets. Les auteurs, pour autant qu'on les connaisse, sont souvent les mêmes (Jean Bodel, Rutebeuf, Jean de Condé). Enfin, dans la terminologie médiévale elle-même, les frontières du dit et du fabliau ne sont pas toujours bien marquées.

C'est que la dénomination et la délimitation du genre ne sont pas rigides. Le mot « fabliau » est un dérivé de « fable », terme qui, au Moyen Age, peut désigner la fable ésopique, c'est-à-dire l'apologue, mais aussi plus généralement toute fiction ou tout récit fictif. La notion de fiction et la relation du fabliau et de la fable sont présentes à l'esprit des auteurs, comme en témoigne le début de deux fabliaux de Jean Bodel, celui du

Vilain de Bailleul — « Se fabliaus puet veritez estre... » (« Si un fabliau peut être vrai... ») — et celui des *Sohaiz que sainz Martin dona Anvieus et Coveistos* :

Seignor, après le fabloier	Seigneurs, après l'affabulation
Me voil a voir dire apoier ;	je veux m'appliquer à dire le vrai ;
Car qui ne set dire que fables	car celui qui ne sait dire que fables
N'est mie conteres raisnables.	n'est pas un conteur soumis à la raison.

Le prologue du fabliau de *La vieille truande* suggère que le rapport de la fable au fabliau est celui de la matière brute à sa mise en récit :

De fables fet on fabliaus,	Avec des fables on fait des fabliaux,
Et des notes les sons noviaus,	avec les notes les airs nouveaux,
Et des materes les canchons,	avec les thèmes les chansons,
Et des dras, cauces et cauchons.	avec les étoffes, culottes et chaussons.

Au demeurant, les deux termes se rencontrent concurremment, ainsi que d'autres. Bien des textes qui à nos yeux sont sans équivoque des fabliaux se désignent eux-mêmes, on l'a noté, comme des « dits », ou encore comme des « contes » ou des « exemples ». Enfin, l'usage préfère depuis Joseph Bédier la forme picarde « fabliau » à celle du francien « fableau », soulignant ainsi l'aire géographique dans laquelle le genre a connu son plus grand succès.

Les fabliaux sont des « contes à rire en vers » (Joseph Bédier) qui connaissent un très vif succès de la fin du XIIe au début du XIVe siècle. On s'accorde généralement à identifier comme tels environ cent cinquante textes, longs le plus souvent de quelques centaines de vers. Ils sont écrits ordinairement en couplets d'octosyllabes, avec quelques exceptions intéressantes, comme *Richeut*, le plus ancien d'entre eux, et le *Prêtre qui fut mis au lardier*, dont le mètre est lyrique. Les sujets, traditionnels et conventionnels, et dont certains se prêtent à une moralité, se retrouvent dans le folklore de nombreux pays, comme, au Moyen Age même, dans des compilations édifiantes — par exemple la *Disciplina clericalis* du juif espagnol converti Pierre Alphonse —, dans des recueils d'*exempla* (anecdotes à visée édifiante dont les prédicateurs farcissent leurs sermons), dans des fables et des contes d'animaux. Cette universalité même rend incertaines les hypothèses touchant la genèse du genre. Le ressort de l'intrigue est généralement la duperie, qui fait rire du personnage berné, souvent un trompeur trompé. Les retournements de situation s'exercent tour à tour en faveur et au détriment du prêtre lubrique, de l'épouse infidèle, du séducteur sans scrupules, du vilain stupide ou rusé, du filou trop habile. Parfois cependant la situation est piquante sans être réellement comique, et l'enseignement qui s'en dégage est parfaitement sérieux *(La pleine bourse de sens, La housse partie)*. C'est d'ailleurs à la limite de l'apologue édifiant ou du conte pieux que se trouvent les quelques pièces dont le classement prête à discussion.

Les histoires de maris trompés, de prêtres lubriques, de séducteurs mutilés, de femmes insatiables occupent une place considérable. Un tiers environ des fabliaux sont scatologiques ou obscènes, au point souvent d'étonner par le scabreux des situations et la crudité de l'expression même une époque aussi peu bégueule que la nôtre. Ainsi *Le chevalier qui faisait parler les cons et les culs* — ancêtre des *Bijoux indiscrets*, mais sans l'euphémisme —, *Connebert* (ou *Le prêtre qui perdit les couilles*) et *Le sot chevalier* de Gautier le Leu, *Le prêtre crucifié* et *Le rêve des vits* de Jean Bodel, *Les trois dames qui trouvèrent un vit, La demoiselle qui ne pouvait entendre parler de foutre, L'écureuil, La dame écouillée, La crotte, Le pet au vilain* de Rutebeuf, et tant d'autres, sans oublier *Trubert*, un fabliau à n'en pas douter malgré sa longueur, qui traite le thème folklorique bien connu du benêt chanceux et, pour finir, habile, avec une sorte de jubilation délirante et sauvage dans l'obscénité et le blasphème.

Cette insistance a intrigué, et a donné lieu à des analyses et à des interprétations parfois très différentes[1]. L'esprit des fabliaux paraît à cet égard les rapprocher de l'esprit clérical, toujours prompt à réduire l'amour à l'instinct sexuel et à jeter sur lui un regard désabusé, cynique, volontiers égrillard et mysogine, en insistant sur les besoins insatiables des femmes, cause de leur faiblesse morale. Aussi bien, dès la seconde moitié du XIIe siècle, s'écrivent dans les milieux cléricaux proches de la cour anglo-normande quelques brèves œuvres narratives en

---

1. Philippe Ménard, *Les Fabliaux*, Paris, 1983 ; Howard Bloch, *The Scandal of the Fabliaux*, Chicago, 1984.

latin, inspirées de Pétrone et d'Apulée, qui présentent ces caractères, décrivent avec complaisance les organes sexuels et dont l'obscénité se fonde pour une large part sur la conviction que les femmes ne peuvent résister à la vue d'un membre viril développé. Peut-être pourrait-on aussi mettre en relation et en opposition la sensualité propre à la poésie courtoise et celle des fabliaux. La première se permet bien des audaces et joue fortement de la suggestion, mais répugne à la désignation explicite des parties sexuelles et de l'acte sexuel. A l'inverse, les fabliaux obscènes ne parlent que de cela, comme s'ils réduisaient, en une sorte de gros plan perpétuel, le corps aux *pudenda* et les relations amoureuses à la pénétration. On pourrait ainsi prendre en compte les deux aspects opposés de la *Névrose courtoise*[1].

Cette grivoiserie et cette grossièreté, jointes au ton général du genre, à son cynisme terre à terre, ont fait douter qu'il ait pu s'adresser au même public que les romans courtois. On y a vu « la poésie des petites gens », différente de celle que goûtait l'aristocratie[2]. Cette opposition n'est en réalité pas fondée, et c'est pourquoi il est pertinent de tenter une interprétation des deux modes d'expression en relation l'un avec l'autre. Comme l'a montré Per Nykrog[3] et comme l'ont confirmé Ph. Ménard et N. Van Den Boogaard, le public de tous ces genres littéraires était le même, les fabliaux étaient destinés à être récités devant « les ducs et les comtes », et l'opposition de la courtoisie et du « réalisme » ne reflète que celle des conventions de style.

Réalistes, les fabliaux ne le sont pas si l'on entend par là qu'ils donneraient de la réalité de leur temps un reflet exact et fidèle. Ce qu'ils reflètent, ce sont les fantasmes — fantasmes sociaux et fantasmes érotiques — autant que le réel. Mais il est vrai cependant que ces textes, les premiers textes de fiction narrative à puiser leurs sujets dans la vie quotidienne du monde contemporain, tirent une bonne part de leurs effets de l'évocation des *realia*. Leurs personnages appartiennent à toutes les classes de la société — clercs et bourgeois, artisans et marchands, chevaliers, paysans, jongleurs, voleurs, mendiants, prostituées — et ils les montrent, les uns et les autres, vaquant aux

1. Henri Rey-Flaud, Paris, 1983.
2. J. Bédier, *Les Fabliaux*, Paris, 1893.
3. *Les Fabliaux*, Copenhague, 1957.

activités, anodines ou inavouables, liées à leur état. Mettant en scène des catégories marginales ou inférieures dont le reste de la littérature ne parle guère, ils offrent à n'en pas douter un intérêt exceptionnel pour l'historien de la société et des mœurs, mais à condition, encore une fois, de ne pas y voir des documents, mais les produits d'un imaginaire et de conventions particuliers.

Les sujets et l'esprit des fabliaux se retrouvent dans les nouvelles de la fin du Moyen Age et dans le théâtre comique de la même époque, mais le genre lui-même s'est auparavant éteint, de façon un peu mystérieuse, dès le premier tiers du XIVe siècle.

Les fables d'animaux et le « Roman de Renart »

On a signalé plus haut les rencontres entre les fabliaux et les contes d'animaux. Les uns et les autres ont en commun de prêter à rire ou à sourire et de dégager une moralité. Cependant, si le Moyen Age n'a pas ignoré les fables animalières, c'est surtout vers le *Roman de Renart* que convergent, à l'époque même des fabliaux, les contes d'animaux.

Les isopets

D'Esope, le Moyen Age n'a connu que le nom, d'où il a tiré celui qu'il donne au genre même de la fable : isopet. L'œuvre de Phèdre, encore connue au IXe siècle, s'est perdue ensuite jusqu'à la fin du XVIe siècle. Mais les fables de son tardif émule Flavius Avianus devaient être traduites en français *(Avionnet)*, tandis qu'apparaissent au Xe siècle des compilations et des adaptations nouvelles, dont certaines ont connu un grand succès et ont été traduites en langue vulgaire : l'*Esope d'Adémar* et l'*Esope de Wissembourg*, tous deux en prose, dont le premier est copié de la main d'Adémar de Chabannes, et surtout le *Romulus*, qui se donne pour une traduction du grec faite par un certain Romulus à l'intention de son fils Tiberinus. Le *Romulus* en prose est exploité ou recopié, parfois sous une forme abrégée, par de nombreux auteurs — par exemple, au XIIIe siècle, Vincent de Beauvais. Au XIIe siècle, il fait l'objet de plusieurs adaptations en vers, dont une a pour auteur Alexandre Neckam et une autre est attribuée à un certain Walter l'Anglais, tandis qu'il reçoit divers ajouts — parfois constitués par les fables d'Avianus — dans des rédactions composites. L'une d'elles, dite *Romulus anglo-latin*, est traduite en anglais et c'est cette traduction qu'utilise Marie de France pour composer, vers 1170, le premier recueil de fables en français. Aux XIIIe et XIVe siècles, le recueil de Walter l'Anglais est adapté en français dans l'*Isopet de Lyon* et les *Isopets I et III de Paris*, le *Novus Æsopus* d'Alexandre Neckam donnant naissance à l'*Isopet II de Paris* et à l'*Isopet de Chartres*.

Le « Roman de Renart »

Le *Roman de Renart* possède lui aussi des antécédents latins. Alcuin, au temps de Charlemagne, était déjà l'auteur d'un poème intitulé *Versus de Gallo (Poème du Coq)*, tandis que le XIe siècle voit la composition d'un *Gallus et Vulpes (Le Coq et le Renard)*. Au Xe ou XIe siècle, un religieux de Toul écrit l'*Ecbasis cujusdam captivi per tropologiam (Moralité sur l'évasion d'un prisonnier)*, épopée animale dans laquelle les animaux représentent les moines d'un couvent. Dans la seconde moitié du XIIe siècle, le *Bernellus* de Nigel cherche à tirer une moralité des mésaventures d'un âne qui évolue dans le monde clérical et pourrait à cet égard évoquer l'âne Bernard du *Roman de Renart* (Bernard est d'ailleurs le nom de son maître). Surtout, on voit figurer dans l'*Ysengrimus*, poème de six mille cinq cents vers longtemps attribué à un moine de Gand nommé Nivard et composé vers 1150, soit vingt-cinq ans environ avant la branche la plus ancienne du *Roman de Renart*, des épisodes qui reparaîtront dans celui-ci. Le goupil de Nivard s'appelle Reinardus, le loup Ysengrimus. La parenté est évidente. Autour de ces textes un long débat, un peu analogue à celui qui avait pour objet la chanson de geste, a opposé ceux qui, contre toute vraisemblance, n'admettaient pour le *Roman de Renart* d'autres sources que latines (Lucien Foulet, Robert Bossuat) et ceux qui, parfois maladroitement pour les premiers d'entre eux mais souvent à juste titre quant au fond, soulignaient la prolifération universelle des contes d'animaux et leur diffusion souvent orale (Léopold Sudre, Jean Batany). Sans que l'on puisse le moins du monde parler de filiation, on ne peut nier la similitude qui existe entre bien des aventures de Renart et des contes d'animaux appartenant à la tradition indienne et arabe, quand ce n'est pas à des civilisations plus éloignées.

Le *Roman de Renart* n'est pas une composition suivie et homogène. Il est formé d'un certain nombre de parties indépendantes, ou *branches*, composées par des auteurs différents, unies pour les plus anciennes d'entre elles par un enchaînement narratif des plus lâches et à peu près indépendantes les unes des autres pour les plus récentes. La partie la plus ancienne est la branche traditionnellement désignée comme la branche II, composée vers 1175 par Pierre de Saint-Cloud. Elle conte les mésaventures de Renart avec Chanteclerc le coq, avec la mésange, avec Tibert le chat (le piège), avec Tiercelin le corbeau (le corbeau et le renard) ; puis la visite de Renart à Hersent la louve, le traitement qu'il inflige aux louveteaux, enfin le viol d'Hersent à Maupertuis. A cette branche, on a ajouté, à partir de la fin du XIIᵉ siècle, toute une série de suites. D'une part la branche I, suite logique et chronologique de la branche II, mais placée en tête par tous les manuscrits (jugement de Noble le lion sur la plainte du loup Isengrin, puis siège de Maupertuis et Renart teinturier). D'autre part, se greffant elles aussi directement sur la branche II, les branches Va (autre plainte d'Isengrin devant Noble, serment de Renart sur le corps de Roonel le chien), Vb (Renart, Isengrin et le jambon, Renart et Frobert le grillon) et XV (Renart, Tibert et l'andouille). Enfin, les branches III (les anguilles, la pêche d'Isengrin), IV (Renart et Isengrin dans le puits) et XIV (Renart et le loup Primaut). D'autres branches ont été composées tout au long du XIIIᵉ siècle : la branche VIII (le pèlerinage de Renart, Belin le mouton et l'archiprêtre Bernard l'âne) ; la branche VII (Renart et Hubert le milan) ; la branche IX (Renart et le vilain Liétart), dont l'auteur, « un prêtre de la Croix-en-Brie », s'avoue écrivain débutant, ce que l'on croit sans peine ; la branche XII (les vêpres de Tibert), due au Normand Richard de Lison, certainement un ecclésiastique lui aussi ; la branche XI (Renart, usurpateur du trône de Noble) ; la branche XVI (variation sur Renart et Chanteclerc) ; la branche XVII (les fausses morts de Renart). Mais, dès 1190, le poète alsacien Heinrich der Glichezâre avait donné en allemand, avec son *Reinhart Fuchs*, un récit cohérent des aventures de Renart dont s'inspirera le *Reineke Fuchs* de Goethe.

Beaucoup de ces récits présentent des épisodes analogues et des situations répétitives. Certains personnages sont comme dédoublés : ainsi Isengrin et son cousin Primaut. Le *Roman de Renart*, loin d'être une composition structurée, est un ensemble de récits sériels, toujours repris, qui se complètent moins qu'ils ne confirment par le ressassement les constantes de leur imaginaire.

Renart lui-même est un avatar d'un personnage bien connu du folklore universel, le trompeur, le décepteur, celui qui joue des tours et que les Anglo-Saxons appellent le *trickster*. Il réunit en lui, comme l'a bien montré Jean Batany[1], des modèles de comportement très différents qui font de lui successivement — simultanément parfois — un héros négatif et positif : esprit démoniaque se plaisant à faire le mal et à semer la discorde ; marginal contestataire et agressif ; obsédé des plaisirs de la bouche et de la chair ; simple d'esprit qui l'emporte à l'occasion sur les malins ; plaisantin amateur de farces innocentes ; héros fondateur ; redresseur de torts. Renart est ainsi un personnage déconcertant parce qu'il est multiple et parce qu'il suscite à la fois la sympathie et l'antipathie. Cette ambiguïté ne pourra pas être longtemps préservée. Bien vite la réprobation l'emportera et Renart deviendra purement et simplement le prototype du méchant. La ruse et la mauvaise foi de Renart dans ses démêlés avec le roi Noble n'ont sans doute pas peu contribué à le faire juger détestable à une époque où la fidélité féodale est une valeur essentielle. Lorsque Philippe de Novare, dans le second quart du XIIIᵉ siècle, compose sur le modèle du *Roman de Renart* des poèmes politiques qu'il insérera dans ses Mémoires, il assimile ses adversaires à Renart et à ses partisans et juge flatteur pour le seigneur de Beyrouth, son maître, de le désigner sous le nom d'Isengrin.

La verve du *Roman de Renart* s'exerce volontiers aux dépens des diverses catégories sociales, dont les comportements sont reflétés par ceux des animaux qui les incarnent : le roi Noble, les

1. *Scène et coulisses du « Roman de Renart »*, Paris, 1989.

grands féodaux que sont Isengrin et ses amis, le clergé représenté par l'âne Bernard et dans certaines circonstances par
Tibert le chat et auquel appartiennent plusieurs des auteurs.
Certaines branches jouent en outre de la représentation ambiguë, tantôt animale, tantôt humaine, des personnages. Renart
rend à Hersent une visite galante, comme un amant courtois à
sa dame. Mais il *compisse* les louveteaux, retombant dans l'ani-
malité tandis que le château redevient tanière. Poursuivi par
Isengrin et Hersent, il se réfugie chez lui, à Maupertuis. Mais ce
château lui-même est un terrier de renard, dans l'entrée trop
étroite — dans le « mal pertuis » — duquel la louve reste coin-
cée, tandis que le goupil, ressortant par une autre issue, abuse
de la situation... *a tergo more ferarum.* La démarche de Grimbert
le blaireau est évoquée de façon réaliste s'agissant de l'animal,
mais en même temps comique si l'on se représente un homme se
dandinant comme un blaireau. Renart enfourche un cheval
pour se rendre à la cour de Noble, mais ce cheval traîne et
bronche parce que son maître n'est pas pressé d'arriver, et l'on
s'aperçoit qu'il n'a pas d'autres pattes que celles du goupil. Le
cortège funèbre de Dame Coppée, la poule, est décrit de façon
toute humaine, mais la défunte mérite d'être pleurée car elle
« pondait les œufs gros », et Chanteclerc, qui mène le deuil, va
« battant des paumes », comme un homme qui se tord les
poings, comme un coq qui bat des ailes. Ailleurs bêtes et
hommes entretiennent des relations complexes. Les premières
restent soumises à leurs mœurs et à leur condition. Mais ce sont
des animaux sauvages et prédateurs, en même temps que des
barons dans le royaume des bêtes, et ils sont confrontés à des
hommes qui appartiennent toujours aux basses classes de la
société (*vilains* ou humbles prêtres de campagne) : de ce fait ils
sont souvent vis-à-vis d'eux dans la position du noble, du seigneur, dont ils incarnent les exigences et la brutalité. Partout
enfin joue l'ambiguïté du masque : a-t-on affaire à des animaux
travestis en hommes ou à des hommes travestis en animaux ?

Malgré sa causticité, le *Roman de Renart* n'est pas en lui-même
une œuvre de satire sociale ou politique, mais il a été utilisé dans
ce sens. Le court poème de Rutebeuf intitulé *Renart le Bestourné*,
le *Couronnement de Renart* qui s'en inspire et, de façon beaucoup
plus ample, *Renart le Nouvel* de Jacquemart Giélée (vers 1288) et
Renart le Contrefait (entre 1320 et 1340) reprennent le personnage

de Renart et le cadre de ses aventures pour introduire une satire politique dans le cas de Rutebeuf — comme le fait aussi Philippe de Novare —, une revue polémique des états et de l'état du monde pour les deux autres œuvres, avec dans la dernière un aspect encyclopédique. Alors que le *Roman de Renart*, avec une sorte de détachement amusé et cynique, maintenait la balance égale entre Renart et ses adversaires, en les peignant également condamnables et odieux, le poids de la condamnation, plus tard, retombe souvent tout entier, on l'a vu, sur le goupil. Il incarne le mal, dont le roux est la couleur, et ses ennemis le bien. Au XIVe siècle, dans le *Roman de Fauvel*, Fauvel, animal mythique qui représente toute la bassesse et l'hypocrisie du monde et que les puissants se disputent l'honneur de torcher, se caractérise, comme son nom l'indique, par la couleur fauve de son pelage. Aussi bien, en dehors du *Roman de Renart*, c'est du côté de la moralisation que penchent toutes les autres histoires d'animaux, qu'il s'agisse des isopets ou du *Livre des bêtes* de Raymond Lulle, inspiré du recueil arabe de *Calila et Dimna*.

Tous les genres, caractérisés par l'exhibition dramatique, la satire, le rire, qui ont été présentés dans ce chapitre ont peut-être en commun de refléter l'esprit urbain du XIIIe siècle. A l'ordre hiérarchique du château et de la cour seigneuriale, à l'idéal courtois, ils substituent l'entrelacs des rues, le partage du pouvoir, sa contestation, la peinture désabusée des mœurs, l'exhibition des misères. Non, encore une fois, qu'ils aient eu leurs auteurs et leur public propres. Avec eux, c'est l'univers littéraire tout entier qui change. Les Arrageois, de Jean Bodel à Adam de la Halle, le Parisien Rutebeuf, le Lillois Jacquemart Giélée, le Troyen anonyme, auteur de *Renart le Contrefait*, portent partout l'esprit de la ville.

ORIENTATIONS BIBLIOGRAPHIQUES

Axton R., *European Drama in the Early Middle Ages*, Londres, Hutchinson, 1974.
Batany Jean, *Scène et coulisses du « Roman de Renart »*, Paris, SEDES, 1989.
Bédier Joseph, *Les Fabliaux*, Paris, Champion, 1893.
Bloch R. Howard, *The Scandal of the Fabliaux*, Chicago University Press, 1986.
Bossuat Robert, *Le Roman de Renart*, Paris, Hatier, 1957.
Boutet Dominique, *Les Fabliaux*, Paris, PUF, 1985.
Cartier Normand R., *Le Bossu désenchanté. Etude sur le « Jeu de la Feuillée »*, Genève, Droz, 1971.

Dufournet Jean, *Adam de la Halle à la recherche de lui-même ou le « Jeu dramatique de la Feuillée »*, Paris, SEDES, 1974.

Dufournet Jean, *Sur le « Jeu de la Feuillée ». Etudes complémentaires*, Paris, SEDES, 1977.

Faral Edmond, *Les Jongleurs en France au Moyen Age*, Paris, Champion, 1910.

Flinn John, *Le « Roman de Renart » dans la littérature française du Moyen Age et dans les littératures étrangères*, University of Toronto Press, 1963.

Foulet Lucien, *Le Roman de Renart*, Paris, 1914.

Foulon Charles, *L'Œuvre de Jean Bodel*, Paris, 1958.

Jauss Hans Robert, *Untersuchungen zur mittelalterlichen Tierdichtung*, Tübingen, Max Niemeyer, 1959.

Ménard Philippe, *Les Fabliaux, contes à rire du Moyen Age*, Paris, PUF, 1983.

Nykrog P., *Les Fabliaux*, Copenhague, 1957 (2ᵉ éd., Genève, Droz, 1973).

Regalado Nancy, *Poetic Patterns in Rutebeuf*, New Haven, Yale University Press, 1970.

Rey-Flaud Henri, *Pour une dramaturgie du Moyen Age*, Paris, PUF, 1980.

Ribard Jacques, *Un ménestrel du XIVᵉ siècle : Jean de Condé*, Genève, Droz, 1969.

Ribemont Bernard (sous la direction de), *Ecrire pour dire. Etudes sur le dit médiéval*, Paris, Klincksieck, 1990.

Rychner Jean, *Contribution à l'étude des fabliaux*, 2 vol., Genève, Droz, 1960.

Scheidegger Jean, *Le Texte de la dérision. Contribution à l'étude du « Roman de Renart »*, Genève, Droz, 1989.

Stratman C. J., *Bibliography of Medieval Drama*, Berkeley, 1954.

Sudre Léopold, *Les Sources du « Roman de Renart »*, Paris, 1892.

Zink Michel, *La Subjectivité littéraire : autour du siècle de Saint Louis*, Paris, PUF, 1985.

QUELQUES ÉDITIONS

Théâtre

Dufournet Jean, *Adam de la Halle, Le « Jeu de la Feuillée »*, Paris, Garnier-Flammarion, 1989 (texte et traduction).

Dufournet Jean, *Adam de la Halle, Le « Jeu de Robin et de Marion »*, Paris, Garnier-Flammarion, 1989 (texte et traduction).

Henry Albert, *Le « Jeu de saint Nicolas de Jean Bodel »*, Bruxelles, 3ᵉ éd. remaniée, 1981 (édition et traduction).

Langlois Ernest, *Adam le Bossu. Le « Jeu de la Feuillée »*, Paris, Champion, « CFMA », 1923. Traduction dans la même collection de C. Buridant et J. Trotin (1972).

Langlois Ernest, *Adam le Bossu, Le « Jeu de Robin et de Marion »*, Paris, Champion, « CFMA », 1924. Traduction dans la même collection d'A. Brasseur-Pery (1970).

Nomen Willem, *Le Jeu d'Adam*, Paris, Champion, « CFMA », 1971.

Rutebeuf

Faral Edmond et Bastin Julia, *Œuvres complètes de Rutebeuf*, 2 vol., Paris, Picard, 1959-1960.

Zink Michel, *Rutebeuf. Œuvres complètes*, 2 vol., Paris, Classiques Garnier, 1989-1990 (édition et traduction).

Fabliaux

Montaiglon A. de et Raynaud G., *Recueil général et complet des fabliaux des XIIIᵉ et XIVᵉ siècles*, 6 vol., Paris, 1872-1890.

Noomen W. et Van Den Boogaard N., *Nouveau recueil complet des fabliaux*, Assen, 1983... (en cours de publication).

Rossi Luciano, *Fabliaux érotiques*, Paris, Le Livre de Poche, « Lettres gothiques », 1992 (édition et traduction, avec une préface de H. Bloch).

(Nombreuses autres éditions de quelques pièces ou des fabliaux d'un auteur.)

Roman de Renart

Combarieu du Grès M. et Subrenat J., 2 vol., Paris, UGE, « 10/18 », 1981 (texte et traduction d'un choix de branches).

Dufournet J. et Meline A., 2 vol., Paris, Garnier-Flammarion, 1985 (texte et traduction d'un choix de branches).

Martin Ernest, 4 vol., Strasbourg, 1882-1887.

Roques Mario, 6 vol. (un 7ᵉ vol. n'a jamais paru), Paris, Champion, « CFMA », 1948-1963.

9. L'allégorie

La notion d'allégorie et son champ d'application de l'Antiquité au Moyen Age

L'allégorie, grossièrement définie, est, on le sait, un procédé qui consiste à donner à une idée ou d'une abstraction une expression concrète, narrative, descriptive ou picturale. Elle est un élément essentiel de la littérature, mais aussi, et d'abord, de la pensée médiévales. Le Moyen Age voit en elle une figure de rhétorique et un principe de composition poétique, mais aussi, et d'abord, un mode de déchiffrement du monde, de l'âme et des signes de Dieu. Dans le domaine des lettres françaises, elle trouve son expression la plus achevée au cœur du XIIIᵉ siècle avec le *Roman de la Rose*, dont le retentissement sera immense et durable.

L'allégorie n'exerce plus aujourd'hui sur nous la séduction qui était la sienne alors. Nous la taxons volontiers de pauvreté et de monotonie. Elle nous paraît illustrer l'abstraction sans l'enrichir et simplifier la dialectique du général et du particulier. C'est que nous la comprenons mal, marqués comme nous le sommes par la distinction entre le symbole et elle, qui s'exerce à son détriment. Seul, à nos yeux, « le symbole donne à penser », comme le dit Paul Ricœur. Or cette distinction ne correspond nullement aux catégories médiévales. Elle voit le jour au XVIIIᵉ siècle seulement et trouve alors sous la plume de Goethe sa formulation la plus célèbre : « Un poète qui cherche le particulier pour illustrer le général est très différent d'un poète qui conçoit le général dans le particulier. La première manière résulte de l'allégorie. » Cette observation, profonde en elle-même, trouve difficilement une application dans le monde médiéval, qui n'oppose pas comme nous le faisons le concret et l'abstrait, le particulier et le général. La seule distinction que connaît le Moyen Age est celle qui réserve le mot *symbole* au seul domaine de la théologie — où il désigne chez Jean Scot une espèce de l'allégorie — tandis que le mot *allégorie*, tout en appartenant au vocabulaire de l'exégèse, doit à l'emploi qu'en fait la rhétorique de pénétrer le champ littéraire. Il faut donc, avant d'aborder la littérature allégorique du Moyen Age, oublier nos notions modernes touchant l'allégorie.

Allégorie et exégèse : les quatre sens de l'Ecriture

Il existe dans l'Antiquité deux définitions de l'allégorie. L'une, qui relève strictement de la rhétorique, est celle d'Aristote et plus tard de Quintilien : l'allégorie est une métaphore prolongée. L'autre, plus générale, est celle que retiendra surtout le Moyen Age : l'allégorie est un trope par lequel à partir d'une chose on en comprend une autre, ou encore : un trope par lequel on signifie autre chose que ce que l'on dit. C'est la définition d'Héraclite, reprise par saint Augustin, par Isidore de Séville, par Bède le Vénérable, par saint Thomas d'Aquin et par bien d'autres. Plus que la première, elle est sensible à la valeur herméneutique de l'allégorie et elle s'accorde avec l'idée que le Moyen Age se fait de la vérité, toujours recouverte d'un voile *(integumentum)* qui la dissimule tout en signalant sa présence et en invitant à la chercher. Cette seconde définition s'applique ainsi de façon privilégiée à la fonction première de l'allégorie au Moyen Age, qui est d'être la méthode de l'exégèse.

Chercher dans l'Ecriture sainte un sens second est une démarche à laquelle tout invite : les paraboles du Christ, l'interprétation qu'il donne lui-même de celle du semeur, l'exhortation, constante dans le Nouveau Testament, à préférer l'esprit à la lettre, la volonté du christianisme de voir dans tout l'Ancien Testament et dans l'histoire entière du peuple hébreu l'annonce prophétique ou la représentation anticipée de la venue du Christ et de la Rédemption. Dès l'époque patristique, avec Origène, saint Jérôme, saint Augustin, cette recherche du sens second a été formalisée de façon à constituer le noyau de la démarche exégétique. On considère à partir de ce moment que chaque passage de l'Ecriture possède quatre sens : un sens littéral ou historique ; un sens allégorique ou spirituel ; un sens tropologique ou moral ; un sens anagogique, en rapport avec l'eschatologie. Au Moyen Age, on se contentera souvent des trois premiers, le sens anagogique tendant à se confondre avec le sens allégorique. C'est la méthode que pratiqueront systématiquement les Victorins, c'est-à-dire les chanoines de Saint-Victor, qui dominent, on l'a vu plus haut, la vie intellectuelle parisienne dans la seconde moitié du XIIᵉ siècle, en particulier l'exégète André de Saint-Victor, le grand Hugues de Saint-Victor ou Richard de Saint-Victor dont la lecture commentée de la Bible a été conservée grâce à des notes prises à ses cours *(Liber exceptionum)*. D'une façon générale, les commentaires universitaires de la Bible ainsi que bien des sermons fondent leur plan sur l'élucidation successive des trois sens de l'Ecriture. Mais le sens littéral et l'exégèse historique sont souvent traités avec condescendance, voire méfiance, tandis que les deux autres sens, qui sont tous deux des sens seconds, des sens allégoriques dans une acception large du terme, sont privilégiés.

Voici, à titre d'exemple, le commentaire qu'un prédicateur médiéval donne de la parabole du bon Samaritain (Luc 10, 29-37). Ce prédicateur peut être l'évêque de Paris Maurice de Sully, auteur, à la fin du XIIᵉ siècle, du premier recueil de sermons en français pour tous les dimanches et les fêtes de l'année, mais aussi bien un autre, car tous commentent le texte de la même façon. Sens littéral ou historique : explication de ce qu'étaient un prêtre de l'ancienne Loi, un lévite, un Samaritain et de la haine des juifs pour les Samaritains. Sens allégorique : le voyageur est l'homme, les brigands le diable, les blessures le péché. Le prêtre et le lévite représentent l'ancienne Loi, incapable de racheter l'homme pécheur. Le Samaritain est le Christ, le vin et l'huile dont il nettoie les plaies du blessé sont les sacrements, l'auberge est l'Eglise, l'aubergiste le prêtre. Sens tropologique ou moral : la charité exige que l'on aime tout homme, y compris son ennemi, et qu'on lui fasse du bien. Sens anagogique : reprise du sens allégorique, mais au regard des fins dernières. Le voyageur représente l'humanité tout entière, déchue par le péché originel, et qui, au sein de l'Eglise qu'est l'auberge et sous la garde du clergé, attend le retour ultime du voyageur, le Christ.

Ainsi, du maître en théologie au simple fidèle qui, semaine après semaine, écoute l'homélie dominicale, les hommes du Moyen Age sont habitués à toujours chercher derrière la lettre ou derrière l'apparence un sens second. L'homme est créé à l'image de Dieu, la cosmologie tout entière est faite de correspondances, le macrocosme — l'univers — se reflétant dans le microcosme — l'homme, comme l'explique, par exemple, au XIIᵉ siècle le maître chartrain Bernard Silvestre dans son *De mundi universitate*. Vers la même époque, Alain de Lille écrit :

Omnis mundi creatura   Toute créature au monde,
quasi liber et pictura   tels un livre et une image,
  nobis est in speculum ;   est pour nous un miroir ;
nostrae vitae, nostrae mortis,   de notre vie, de notre mort,
nostri status, nostrae sortis,   de notre condition, de notre sort,
  fidele signaculum.   elle est un signe fidèle.

Dans la révélation biblique, non seulement les textes *(allegoria in verbis)*, mais encore les faits *(allegoria in factis)* appellent une interprétation allégorique.

On prête même un sens second spirituel, renvoyant de façon prophétique à la Révélation, aux œuvres de certains auteurs païens, bien que l'attitude des Pères de l'Eglise et des premiers auteurs chrétiens à l'égard de cette démarche soit ambiguë. Arnobe et Lactance condamnent l'allégorie païenne ; saint Augustin aussi, en principe, mais il adopte pourtant certaines interprétations néo-platoniciennes visant à donner des mythes gréco-latins une interprétation spirituelle. Et pour illustrer le sens du mot *allegoria* Isidore de Séville proposera deux exemples d'exégèse allégorique appliquée à Virgile. En Italie du Nord, vers 970, un grammairien nommé Vilgardo pousse ce principe jusqu'à sombrer dans l'hérésie en affirmant que toute la littérature de l'Antiquité païenne est chargée d'un tel sens allégorique renvoyant à la révélation chrétienne. Mais cette tendance s'épanouit surtout au XIIᵉ siècle autour de l'école chartraine[1]. Pénétrée d'esprit platonicien, elle recourt systématiquement à la notion d'*integumentum*, dont Bernard, l'auteur d'un commentaire illustre de l'*Enéide*, donne la définition suivante : « L'*integumentum* est une sorte de démonstration cachée sous un récit fabuleux, enveloppant *(involvens)* la compréhension de la vérité ; c'est pourquoi on l'appelle aussi *involucrum* » (trad. F. Mora). Ce commentaire, traditionnellement daté de 1150 environ et attribué à Bernard Silvestre, mais que certains vieillissent aujourd'hui d'une trentaine d'années pour l'attribuer plutôt à Bernard de Chartres, est fondé sur ce principe. Bien que nourri des anciens commentaires pointillistes de l'*Enéide,* celui de Servius ou celui de Fulgence, il a une ampleur et une ambition nouvelles, et il lit le poème virgilien comme les ouvrages allégoriques de l'Antiquité tardive, comme les *Noces de Mercure et de Philologie* de Martianus Capella ou la *Consolation de la Philosophie* de Boèce, voire comme le *Timée*, connu à l'époque à travers la traduction latine glosée de Chalcidius. Il voit dans les aventures d'Enée l'image du destin de l'âme incarnée et attache une importance particulière à la descente d'Enée aux enfers, au livre VI, et aux révélations qui lui sont faites à cette occasion.

Les personnifications, expression du monde de l'âme et de l'âme du monde

En elle-même cependant, et indépendamment de l'application forcée qui lui était faite des procédés empruntés à l'exégèse, la littérature antique était loin d'être étrangère à la pratique de l'allégorie. Elle recourt en particulier largement aux personnifications, qui ne sont pas le tout du traitement littéraire de l'allégorie, mais qui y jouent un rôle essentiel. Les divinités mêmes du paganisme sont souvent des personnifications de réalités concrètes (fleuves, fontaines) ou de notions abstraites (la justice, la discorde, la vengeance). E. R. Dodds a montré[2] que dès la littérature homérique la représentation des dieux est un moyen de

---

1. Voir chap. 3, p. 48-50.
2. *The Greeks and the Irrational*, Berkeley, 1951.

rendre compte des forces obscures et des passions qui dominent l'âme humaine et de faire comprendre par d'autres voies que celles de l'analyse rationnelle, qui ne saurait y parvenir, les notions que recouvrent des mots comme *atè* (aveuglement ou égarement fatal de l'esprit) ou *thumos* (le cœur en tant qu'il est agité de mouvements irrépressibles — pitié, colère, etc.).

De façon plus précise, les mythes auxquels Platon a recours pour faire apparaître, par exemple, la nature de l'amour ou celle de l'âme relèvent de l'allégorie, puisqu'ils donnent une image concrète de réalités abstraites. Quant à ses représentations du conflit entre l'âme et les passions du corps ou entre les deux parties de l'âme, celle qui est en proie aux passions obscures et irrationnelles et celle qui s'efforce de les dominer, elles sont le point de départ de toute psychomachie, ce combat à l'intérieur de l'âme entre les vices et les vertus dont on constatera bientôt la fortune tout au long du Moyen Age.

Par le néo-platonisme et par saint Augustin, cette forme de pensée atteindra la littérature chrétienne, où elle ne pourra manquer, sur un terrain aussi favorable, de connaître un développement immense. D'une part, en effet, la recherche d'un sens second caché derrière le sens littéral et désigné par lui, l'effort pour découvrir l'esprit au-delà de la lettre sont familiers, on l'a vu, à la pensée chrétienne. D'autre part, le chrétien est également habitué à une représentation du monde dans laquelle s'affrontent les forces du bien et celles du mal et à la description imagée de cet affrontement sous la forme d'un combat. Une telle représentation et une telle description sont présentes dans les métaphores pauliniennes, celle des armes du croyant, celle de la vie comparée à une course dont le prix est le salut. Elles fondent également l'interprétation des livres historiques de l'Ancien Testament, qui relatent les combats du peuple hébreu contre ses ennemis comme un combat du bien contre le mal, et celle des psaumes, où le juste se plaint d'être opprimé par les méchants.

Dans la perspective platonicienne, puis dans la conception augustinienne du combat contre les forces démoniaques, puis dans la description de la guerre intestine, du *bellum intestinum*, par le premier théologien d'inspiration platonicienne du Moyen Age, Jean Scot, ce n'est pas seulement l'âme individuelle qui est en jeu. De même que le *Timée* décrit d'abord l'âme du monde puis l'âme et le corps humain, de même la lutte pour le salut se joue dans l'histoire, celle du monde et de l'Eglise, aussi bien que dans chaque destin humain. Le parallèle n'est nullement gratuit. Comme les historiens médiévaux s'efforcent de concilier la chronologie de l'Antiquité païenne et celle de la Bible, les théologiens poètes du XIIᵉ siècle tentent d'unir la vision platonicienne de l'univers et celle que propose la Bible dans leurs ouvrages allégoriques, le *De mundi universitate* et le commentaire de l'*Enéide* de Bernard, le *De planctu Naturae* et l'*Anticlaudianus* d'Alain de Lille. Lorsque, chez les deux auteurs, Nature, pour créer l'homme et lui insuffler la vie, a besoin de l'aide, obtenue à l'issue d'un voyage à travers les sphères célestes, soit des facultés intellectuelles chez Bernard Silvestre, soit de la foi qui obtient de Dieu le don d'une âme capable d'animer le corps inerte, c'est à la fois le démiurge de Platon et le Dieu chrétien que l'on voit à l'œuvre. Genius, qui apparaît tout à la fin du *De planctu Naturae* avant de jouer un rôle essentiel dans le *Roman de la Rose* de Jean de Meun, est, sous l'autorité de Dieu, une puissance démiurgique qui donne forme à la matière.

Autrement dit, non seulement le reflet du macrocosme dans le microcosme, du destin et du fonctionnement de l'univers dans le destin et le fonctionnement de l'individu, invite à voir dans chacun un sens transposé de l'autre. Mais encore le langage poétique, en rendant perceptible cette transposition universelle du sens, manifeste la présence du divin. L'allégorie est le mode d'expression privilégié des relations de l'âme avec le principe de l'univers et avec Dieu. Ainsi, les méthodes de l'exégèse et les modes de pensée hérités du platonisme se rencontrent pour inviter la pensée médiévale à chercher dans le déchiffrement de l'allégorie l'élucidation des mystères de l'âme et du plan de Dieu.

Allégorie et personnifications dans l'Antiquité tardive

On comprend dès lors que l'allégorie médiévale ne se réduit pas aux personnifications et que celles-ci n'en sont au contraire que l'ultime monnayage. Mais elles jouent un rôle si important dans le traitement littéraire de l'allégorie que la succession des œuvres qui y ont recours trace le chemin qui mène à son triomphe. Chez les poètes de l'Antiquité, non seulement chez Homère, mais encore beaucoup plus tard chez Virgile ou chez Stace, il est, à vrai dire, bien difficile d'interpréter comme de purs ornements littéraires les abstractions personnifiées, pourtant nombreuses, puisque la religion leur prête une réalité. Mais à la fin du IVe siècle, chez Claudien, le dernier grand poète païen, ces abstractions ne sont plus rien d'autre que les acteurs d'une psychomachie, d'une guerre intestine que se livrent dans l'âme les vertus et les vices. *Psychomachie*, c'est le titre même de l'œuvre, à peu près contemporaine (début du Ve siècle), du chrétien Prudence, un ancien conseiller de l'empereur Théodose qui a consacré la fin de sa vie à la poésie : on y assiste, selon un schéma promis à un riche avenir, au combat de Foi contre Idolâtrie, de Chasteté contre *Libido*, d'Humilité contre Orgueil, etc.

Un peu plus tard, dans le courant du Ve siècle, l'ouvrage du païen Martianus Capella, les *Noces de Mercure et de Philologie*, qui connaîtra un grand succès au Moyen Age, repose tout entier sur la mise en scène de personnifications. Jupiter décide de donner sa fille Philologie en mariage à Mercure. Le dieu psychopompe, qui conduit les âmes de la vie à la mort, le dieu de la gnose, se voit ainsi accorder pour épouse la divinité du langage, qui sera capable de dire ses mystères. De son côté, il ouvre au langage le ciel et l'absolu[1]. Au moment d'épouser Mercure, Philologie, parée par les soins de sa mère *Phronesis* (la Sagesse), monte au ciel, portée par *Labor* et *Amor*, et, célébrée par les muses, reçoit en cadeau de noces les sept « arts libéraux » personnifiés. Chacun se voit consacrer un exposé qui occupe tout un livre, soit au total sept livres sur les neuf que compte l'ouvrage. Martianus Capella classe les arts libéraux en deux groupes. D'un côté, la grammaire, la rhétorique et la dialectique ; de l'autre, l'arithmétique, la géométrie, l'astronomie et la musique. On reconnaît là le *trivium* et le *quadrivium* qui constituent le programme des études au Moyen Age. Les *Noces de Mercure et de Philologie* ont d'ailleurs servi de manuel dans les écoles jusqu'au XIIe siècle. Ainsi l'enseignement médiéval s'organisera sur le modèle d'une œuvre qui peint les diverses disciplines sous l'aspect de personnifications. De ce côté aussi, la pensée médiévale s'enracine dans l'allégorie.

Au début du VIe siècle, Boèce, ministre puissant du roi Théodoric à Ravenne, tombé en disgrâce, est emprisonné à Pavie et

1. Alain Michel, *La parole et la beauté*, Paris, 1982, p. 154-155.

condamné à mort. En attendant l'exécution de la sentence, ce chrétien écrit dans sa prison la *Consolatio Philosophiae (Consolation de la Philosophie)*, cherchant un réconfort dans la sagesse antique, celle d'un platonisme teinté de stoïcisme, plus que dans la foi, bien que la fin de l'ouvrage soit une méditation sur l'enchaînement des causes et le sens de la Providence au regard de la prescience de Dieu et de sa vision de toute chose dans un éternel présent. L'œuvre, où alternent le vers et la prose, se présente comme un dialogue entre le prisonnier et Philosophie qui lui rend visite sous la forme d'une femme imposante dont l'apparence et les attributs signifient l'identité. Philosophie chasse avec indignation les Muses de la poésie qui entourent Boèce mais ne savent que donner des mots à sa douleur, et le réconforte en lui enseignant le détachement face aux changements de la Fortune. Le Moyen Age vouera à Boèce, dont les commentaires sur Aristote nourriront d'autre part toute une réflexion sur les signes et sur le langage, une immense admiration. La *Consolation de la Philosophie* a directement inspiré, on l'a vu, l'un des premiers textes en langue romane. A la fin du XIIᵉ siècle, le *Roman de Philosophie* de Simon de Freine en est une libre adaptation. A la fin du XIIIᵉ siècle, Jean de Meun, le second auteur du *Roman de la Rose*, la traduit à son tour. Bien d'autres l'imiteront. Et pour ce qui nous occupe en ce moment, la rencontre et le dialogue entre l'auteur et une entité abstraite personnifiée, comme aussi l'allégorie de la roue de Fortune évoquée au début du livre second, joueront un grand rôle dans les lettres médiévales.

La littérature allégorique du latin au français

Poèmes et prosimètres latins du XIIᵉ siècle

Ces modèles fournis par l'Antiquité tardive exerceront toute leur influence au XIIᵉ siècle. Cette époque d'extrême activité intellectuelle et de redécouverte de la philosophie voit fleurir dans le domaine de la latinité plusieurs ouvrages dont les ambitions spéculatives s'expriment à travers un argument concret fondé sur la mise en scène d'abstractions personnifiées. Vers 1150, le *De Universitate Mundi* ou *Cosmographia* de Bernard

Silvestre, déjà mentionné, prétend rendre compte de la création du monde et de l'homme sur le modèle de la cosmogonie platonicienne du *Timée* et de ses commentaires. Cette création est l'œuvre de Noys (la pensée divine) et de Natura, qui, après le « macrocosme », veut créer le « microcosme » (l'homme) en suivant les conseils de Bien et avec l'aide de Physique.

Entre 1160 et 1180, Alain de Lille écrit le *De planctu Naturae* et l'*Anticlaudianus*. Dans le premier ouvrage, Nature se plaint que l'homme, fait à l'image du macrocosme, lui soit rebelle, en particulier dans le domaine de l'amour. Le second doit son titre au fait qu'il entend faire le portrait de l'homme idéal en réponse à celui de l'homme diabolique présenté par Claudien dans son *Contra Rufinum*. Il montre Nature désireuse de créer, avec l'assistance des Vertus, un homme parfait. *Prudentia* va demander l'aide de Dieu, sur un char construit par les sept Arts libéraux et tiré par les cinq Sens dirigés par Raison. Contemplant Dieu dans le miroir que lui tend Foi, elle obtient de lui qu'il fasse l'âme humaine sur le modèle de sa Noys et qu'il la lui confie. Nature fabrique le corps, Concorde l'unit à l'âme, et les Vices qui veulent détruire l'homme nouveau sont vaincus par les Vertus.

Dans un registre beaucoup moins ambitieux et moins grave, l'*Architrenius* de Jean de Hanville (1184) relate le voyage du héros pour aller trouver Nature à travers des lieux allégoriques (palais de Vénus, montagne de l'Ambition, etc.), mais aussi réels, comme les écoles et les tavernes de Paris.

Les débuts de la littérature allégorique en français

A la fin du XIIe siècle, l'allégorie fait son apparition dans les textes français. Ces textes, à vrai dire, ne poursuivent pas d'emblée la réflexion sur l'homme et la nature qui nourrit leurs prédécesseurs en latin — ce sera l'originalité de Jean de Meun d'y revenir dans la seconde partie du *Roman de la Rose*. Les premiers sont des exercices exégétiques fondés sur la paraphrase de l'Ecriture : traductions glosées des Psaumes ou du Cantique des Cantiques, sermons au peuple commentant les lectures du jour, comme ceux de Maurice de Sully. S'y adjoindront bientôt des traductions de paraboles de saint Bernard (le *Fils du roi*, les *Trois filles du roi*), de courts traités spirituels ou édifiants dont certains sont composés directement en français, soit en prose soit en vers. On y voit les degrés de la perfection ou de la contemplation représentés par les barreaux d'une échelle, par les ailes et les plumes d'un ange (*De sex alis cherubim* d'Alain de Lille, traduit au XIIIe siècle), par les branches et les rameaux d'un arbre (*Livre du palmier*). Guiot de Provins décrit l'*Armure du chevalier*, dont les pièces, selon une représentation inspirée de saint Paul (Ephés. 6, 11-17), sont les vertus qui défendent le chrétien du péché. Robert Grosseteste (1168-1253), chancelier de l'Université d'Oxford puis évêque de Lincoln, ne dédaigne pas de délaisser un moment ses importants travaux théologiques et scientifiques pour écrire en français le *Château de l'Ame* et le *Mariage des neuf filles du diable*, dont chacune est un vice et épouse l'un des états du monde (clercs, chevaliers, etc.).

L'allégorie religieuse sous-tend toute description du monde et des créatures. Elle est systématiquement présente, aussi bien que dans le *De bestiis* d'Hugues de Saint-Victor, dans les bestiaires français inspirés de l'antique *Physiologus*, qui trouvent en elle leur justification : le vieux bestiaire de Philippe de Thaon (vers 1130), celui de Guillaume le Clerc de Normandie (vers 1210), vers la même date celui de Gervaise et celui, en prose, de Pierre de Beauvais, jusqu'au *Bestiaire d'Amour* de Richard de Fournival (né en 1201, mort en 1260 au plus tard), qui la remplace malicieusement par l'allégorie amoureuse. Elle s'introduit même dans le roman arthurien avec la *Quête du Graal* où l'aventure chevaleresque et ses combats deviennent l'image de l'affrontement du bien et du mal, comme le révèlent aux protagonistes les signes du ciel et les commentaires des hommes de Dieu qu'ils trouvent sur leur chemin.

Dans le courant du XIIIe siècle, quelques poèmes exploitent de façon anecdotique la vieille personnification des arts libéraux à la faveur des circonstances nouvelles de la vie universitaire. Ainsi dans la *Bataille des sept Arts* (1240 au plus tard) où Henri d'Andeli illustre à travers le combat de Grammaire contre Dialectique la rivalité des écoles d'Orléans et de Paris. Ainsi dans le *Mariage des sept Arts* de Jean le Teinturier d'Arras et dans la réfection anonyme de ce poème sous la plume d'un auteur qui manifeste ainsi son intérêt pour les allégories du savoir mais dont les erreurs trahissent qu'il n'y entend pas grand-chose.

Mais les plus anciens, les plus nombreux et les plus importants des poèmes allégoriques français restent fidèles à la tonalité religieuse et moralisatrice. Vers 1215, le bref (678 vers) *Songe d'Enfer* de Raoul de Houdenc (*ca* 1170 - *ca* 1230) est le premier poème à présenter l'argument allégorique comme un songe du narrateur, convention appelée à un immense succès. C'est un moyen de compenser la généralité de l'allégorie par un enracinement dans l'expérience particulière du poète. La présence, à côté des personnifications allégoriques, de personnages bien réels, contemporains de l'auteur, va dans le même sens. Le sujet même traité par Raoul connaîtra une grande vogue : Voies d'Enfer et Voies de Paradis sont nombreuses pendant tout le XIIIe siècle et au-delà. Rutebeuf et plus tard Baudoin de Condé écriront chacun une Voie de Paradis. Autour de la thématique de l'*homo viator*, illustrée entre-temps par la *Divine Comédie* de Dante, Guillaume de Digulleville composera au XIVe siècle trois longs et importants poèmes, le *Pèlerinage de Vie humaine*, le *Pèlerinage de l'Ame* et le *Pèlerinage de Jésus-Christ*, où l'influence du *Roman de la Rose* est, on le verra, explicite.

Raoul de Houdenc, à qui l'on doit aussi un roman arthurien, *Meraugis de Portlesguez*, a composé un autre poème allégorique, le *Roman des Ailes*, sur la nature et les devoirs de la chevalerie courtoise, dont chaque vertu est une aile, composée elle-même de différentes plumes. L'allégorie de l'aile est fréquente à l'époque, mais il semble que Raoul se soit particulièrement inspiré du *De sex alis cherubim* d'Alain de Lille, qui devait lui-même être traduit en français, on l'a dit, dans le courant du XIIIe siècle. Malgré l'abondance des personnifications, le *Roman de Carité* et le *Roman de Miserere* du Reclus de Molliens (vers 1220-1230) n'offrent pas une mise en œuvre de l'allégorie aussi élaborée.

En revanche, le *Tournoiement Antéchrist* d'Huon de Méry, sans doute un peu postérieur à la première partie du *Roman de la Rose* (1236 ?), présente pour l'histoire de la poésie allégorique un intérêt considérable. C'est le récit d'une psychomachie opposant les légions de l'Antéchrist, constituées par les vices, aux saintes cohortes. Le poème présente plusieurs originalités : un hommage initial appuyé rendu à Chrétien de Troyes et à Raoul de Houdenc ; une entrée en matière arthurienne (le narrateur provoque la venue du « chambellan de l'Antéchrist » en renversant de l'eau sur la margelle de la fontaine de Barenton, comme chez Wace et chez Chrétien) ; une réflexion, déjà présente chez Alain de Lille, sur le bon et le mauvais amour ; un débat de casuistique amoureuse ; un mélange de personnages allégoriques, bibliques, mythologiques et littéraires, tous traités sur le même pied ; enfin, une coloration autobiographique appuyée. Le narrateur déclare s'être rendu à la fontaine de Barenton en pèlerinage littéraire, alors qu'il accompagnait l'armée royale dans une expédition contre le comte de Bretagne. A l'intérieur même de la narration allégorique, il ne se contente pas d'assister au combat des Vertus contre les Vices ; il y est blessé par une flèche que Vénus décochait à l'intention de Chasteté et, conséquence de cette blessure, il finira ses jours en religion.

Tous ces poèmes se présentent comme une expérience, une vision ou un songe du narrateur. Ils se situent donc tout à fait dans la perspective de la mise en scène du moi qui, on l'a vu dans le chapitre précédent, définit, avec le dit, l'orientation nouvelle de la poésie du XIIIᵉ siècle. Ils sont prêts à transformer la peinture générale des mouvements de l'âme qu'est la psychomachie en aveu particulier d'une expérience individuelle unique. Cette tendance sera celle de la poésie allégorique jusqu'à la fin du Moyen Age. Mais, en ce XIIIᵉ siècle, une œuvre hors du commun, le *Roman de la Rose*, marque de façon profonde et définitive toute la littérature allégorique, en même temps qu'elle transpose complètement pour la première fois le modèle de l'allégorie chrétienne dans le domaine profane, amoureux et courtois.

Le « Roman de la Rose »

Le *Roman de la Rose* est un poème de plus de vingt-deux mille octosyllabes, commencé vers 1230 par Guillaume de Lorris, qui s'interrompt au bout de quatre mille vers, et poursuivi par Jean de Meun vers 1270. Il raconte, sous la forme d'un songe allégorique, la conquête par le narrateur de la rose qui représente la jeune fille aimée.

Le narrateur commence en affirmant que, contrairement à l'opinion commune, il ne croit pas que les songes soient mensonges, car il voit aujourd'hui se réaliser un rêve qu'il a fait il y a cinq ans et dont il offre le récit à la dame de ses pensées en espérant qu'elle le prendra en gré. Dans ce rêve, il se levait par un matin de mai et, suivant le cours d'une rivière, parvenait jusqu'au mur d'un jardin où étaient peints d'affreux personnages, Haine, Convoitise, Tristesse, etc. Une belle jeune fille, Oiseuse, l'introduit dans le verger de Deduit (Plaisir), sur lequel règne Amour entouré des vertus dont la pratique lui est favorable. Dans la fontaine où jadis se noya Narcisse, il voit le reflet d'un buisson de roses, s'en approche, a le regard attiré par un bouton de rose particulièrement charmant. A ce moment, Amour lui décoche une flèche qui, entrant par l'œil, l'atteint au cœur. Quatre autres flèches suivent la première. Voilà le narrateur amoureux de la rose et prisonnier d'Amour dont il promet de suivre les commandements. Raison, une belle dame d'aspect un peu austère, l'exhorte à renoncer à l'amour. Mais il ne l'écoute pas et entreprend, en suivant les conseils d'Ami (un ami ainsi nommé qu'il s'est choisi pour confident comme le lui a recommandé Amour), de faire la conquête de la rose, avec l'aide de Bel-Accueil, dont il fait la connaissance, et en dépit de Danger, Jalousie, Male-Bouche, Peur, Honte, etc. Il obtient un baiser, mais Jalousie, alertée, construit un château où Bel-Accueil est enfermé.

Le poème de Guillaume de Lorris s'interrompt à ce moment, au milieu des lamentations de l'amant et Jean de Meun prend le relais. Il introduit quelques péripéties nouvelles, comme l'intervention de l'hypocrite Faux-Semblant, en froc de dominicain, et d'Abstinence Contrainte, qui tuent Danger et corrompent la vieille duègne qui garde Bel-Accueil, mais surtout il multiplie les « discours » des divers personnages : nouveau discours de Raison, nouveau discours d'Ami, au milieu duquel est reproduit le discours d'un mari jaloux, discours de la Vieille, discours d'Amour, discours de Nature, discours de Genius. Jean de Meun multiplie aussi les digressions, les développements polémiques, les réflexions touchant les plus grandes questions philosophiques et scientifiques ou ce qu'on appellerait aujourd'hui les « questions de société », toujours abordées par un biais inattendu et dans un style allègre. A la fin du roman, il ne faudra rien de moins que l'intervention de Nature elle-même, secondée par son chapelain Genius — personnage emprunté, on le sait, à

Alain de Lille —, pour que le château soit pris par l'armée d'Amour et que le narrateur puisse enfin — et avec une précision indécente — déflorer la rose avant de s'éveiller.

L'œuvre pose tout d'abord un certain nombre de questions liées à la présence des deux auteurs. Nous ne connaissons le premier qu'à travers le second. Rien dans la première partie elle-même ne permet d'en identifier l'auteur ou d'en préciser la date. Mais dans la seconde partie Jean de Meun fait dire à Amour, qui invite ses hommes à attaquer le château de Jalousie, qu'il est juste d'aider Guillaume de Lorris dans sa quête amoureuse. Il nomme ainsi son prédécesseur en même temps qu'il en fait le personnage du poème poursuivi par ses soins — loin de le supplanter dans ce rôle (v. 10496-10500). Amour poursuit sous la forme d'une prophétie — puisque, dans l'argument du roman, il est un personnage dans le rêve du narrateur, identifié à Guillaume de Lorris — en annonçant que ce dernier consacrera un roman à son aventure. Il cite alors les vers 4023-4028, en spécifiant que ce sont les derniers composés par Guillaume, dont il laisse entendre qu'il est mort depuis. Et il ajoute :

Puis vendra Johans Chopinel,
au cuer jolif, au cors inel,
qui nestra sur Laire a Meün.

Puis viendra Jean Chopinel,
au cœur joyeux, au corps agile,
qui naîtra à Meung-sur-Loire.

(V. 10535-10537).

Ce Jean Chopinel, ce Jean de Meun, qui se présente ainsi lui-même par la voix d'Amour, prendra, nous dit-il, la suite du roman plus de quarante ans après Guillaume. Il ne nous est au demeurant pas inconnu. Probablement installé à Paris dès 1255, c'est un clerc qui a fait ses études à l'Université. A la fin des années 1260, il paraît succéder à Rutebeuf comme polémiste attitré des maîtres séculiers de l'Université contre les Ordres mendiants. Après avoir achevé le *Roman de la Rose*, il traduira en prose plusieurs ouvrages latins : l'*Abrégé de l'art militaire* de Végèce en 1284, puis les *Lettres* d'Abélard et d'Héloïse, la *Consolation de la Philosophie* de Boèce, les *Merveilles d'Irlande* de Giraud de Barri et l'*Amitié spirituelle* d'Aelred de Rivaux, ces deux dernières traductions étant aujourd'hui perdues. Ces traductions ont été faites pour de grands personnages, auprès desquels il paraît avoir été bien introduit et parmi lesquels figure le roi Philippe le Bel. Il est également l'auteur d'un court traité édifiant et satirique, le *Testament*, tandis que le *Codicille*, une petite poésie pieuse, lui a sans doute été attribué à tort. Le personnage fascinera la fin du Moyen Age. Certains manuscrits donnant au vers 10535 « Clopinel » au lieu de « Chopinel », on fera de lui un boiteux. Les vers du *Roman de la Rose* qui portent sur l'astronomie et sur l'alchimie lui vaudront la réputation d'avoir été astronome, astrologue, alchimiste. Enfin, selon une légende dont on trouve la trace dès le début du XIVᵉ siècle — légende évidemment échafaudée à partir de l'hostilité du poète aux Ordres mendiants —, Jean de Meun aurait légué aux Jacobins un coffre très lourd à condition d'être enterré dans leur église. Mais en ouvrant le coffre, les Dominicains n'y auraient trouvé que des ardoises et, furieux, auraient déterré le corps.

Certaines allusions à l'actualité dans son *Roman de la Rose* permettent de le dater des alentours de 1270. S'il a écrit « plus de quarante ans » après Guillaume, cela placerait le premier *Roman de la Rose* dans les années 1225-1230. Mais faut-il prendre cette indication à la lettre ? « Quarante ans » est une durée à valeur symbolique qui peut représenter n'importe quelle longue période de temps : les Hébreux ont passé quarante ans au désert. Nous ne sommes donc guère avancés touchant Guillaume de Lorris. On pourrait même soupçonner Jean de Meun de l'avoir inventé si quelques manuscrits ne contenaient pas la première partie du roman seule, complétée par la conclusion d'un remanieur, Gui de Mori, étrangère au poème de Jean de Meun.

Guillaume de Lorris et lui ont des perspectives, des intérêts, une tournure d'esprit, un ton tout différents, au point que Jean de Meun met certainement quelque malice à détourner l'œuvre de son prédécesseur sous le couvert de la fidélité. Guillaume de Lorris est un poète courtois. Dans sa littéralité, la trame de son roman paraît comme le développement narratif des strophes printanières de la poésie lyrique et l'explicitation de leur sens implicite. Au lieu que l'évocation de la nature printanière serve de prélude et d'occasion à l'aveu de l'amour, elle recèle en elle-même, par le jeu de l'allégorie, le tout de l'initiation amoureuse. Le service fidèle que l'amant, prisonnier d'Amour, promet à son vainqueur selon les règles chevaleresques ; les étapes de la conquête amoureuse ; les réticences et les obstacles qu'elle rencontre ; les qualités de patience, de discrétion, de soumission, de respect, d'élégance qu'elle suppose : tout est conforme à l'idéal de la courtoisie.

D'autre part, le sens allégorique, la relation du signifiant et du signifié sont élaborés de façon très cohérente et très claire. Les figures peintes sur le mur extérieur du verger sont celles des vices (parmi lesquels Pauvreté, qui n'est pourtant pas vice) incompatibles avec l'amour ; c'est Oiseuse qui introduit le narrateur dans le verger, car il faut du loisir pour être amoureux dans les règles ; la rose représente la femme aimée ; Bel-Accueil, la part d'elle-même qui est favorable à l'amant ; Danger (la réserve ou la pudeur excessive), Refus, Honte et Peur, ses réticences ; Jalousie et Male-Bouche, les malveillants et les médisants, etc. De même le prologue souligne avec attention et subtilité l'articulation délicate entre la conscience du rêveur, celle du poète, ses réminiscences, ses espoirs ; entre le temps du rêve, la saison et l'heure du jour dans le rêve, le temps du souvenir, le temps de l'écriture, le temps, suggéré, de la maturation de l'amour réel : ce rêve fait quand le narrateur avait vingt ans, âge auquel Amour « prélève un droit de passage sur les jeunes gens » (v. 21-23), voilà qu'il se le rappelle cinq ans après, au moment où la découverte de l'amour réel vient éclairer le sens de l'amour rêvé. Il y a enfin chez Guillaume de Lorris la volonté d'écrire un art d'aimer. Il se souvient d'Ovide, mais il se souvient sans doute aussi de la coloration didactique habituelle à la poésie allégorique. Si on demande, dit-il, le titre du roman qu'il entreprend :

ce est li *Romanz de la Rose*,	c'est le *Roman de la Rose*
ou l'art d'Amors est tote enclose.	où l'art d'Amour est enclos tout entier.

(V. 36-37).

Un art d'aimer : c'est aussi de cette façon que le définit Jean de Meun par la voix d'Amour, mais en des termes différents :

... tretuit cil qui ont a vivre	tous les hommes à venir
devroient apeler ce livre	devraient appeler ce livre
le *Miroër aus Amoreus*.	le *Miroir des amoreux*.

(V. 10619-10621).

Un miroir, on l'a dit plus haut, c'est une somme, une encyclo-pédie. Jean de Meun est un homme de son temps : il a le goût d'un savoir totalisateur. Un homme cultivé aussi, savant, curieux, pro-fond, ironique, à l'esprit provocant et agile. C'est un clerc enfin prompt à jeter sur les choses de l'amour un regard cynique et gri-vois, bien éloigné de l'idéalisme courtois. L'argument narratif et la construction allégorique qu'il hérite de son prédécesseur, et qu'il traite avec quelque désinvolture, sont pour lui l'occasion de parler de tout, en un désordre qui n'est qu'apparent. On trouve, on l'a dit, dans son poème de très longues digressions, enchâssées parfois les unes dans les autres, qui donnent la parole à un mari jaloux ou à une vieille entremetteuse donnant des conseils de séduction. On y trouve aussi des exposés scientifiques et philoso-phiques — par exemple sur la cosmologie, le cours des astres, la question de savoir s'ils influent sur le destin des hommes —, des perfidies polémiques — sur l'hypocrisie des Ordres mendiants —, l'exposé et l'interprétation de mythes divers (Fortune, Adonis, Pygmalion, l'âge d'Or), des exemples empruntés à l'actualité, des développements ou des réflexions sur des questions débattues à son époque ou qui le préoccupent : la querelle des universaux (portant sur la nature des idées générales et la nécessité ou l'arbi-traire des mots au regard de leur signification) ; la nature et la valeur des femmes, avec des exemples antiques et modernes, de Lucrèce à Héloïse ; l'apparition de la propriété et des hiérarchies sociales, qui a consacré la disparition de l'âge d'Or ; et, bien entendu, la nature et les lois de l'amour.

Sur ce dernier point, ses positions — ou plutôt celles qu'il prête à ses personnages, car jamais il ne s'engage en son propre nom — ne sont nullement celles de la courtoisie : il faut obéir en tout à la nature et satisfaire l'instinct sexuel, gage de fécondité, qu'elle a placé en nous. La fidélité est un leurre : Nature n'a pas créé Robin pour la seule Marion ni Marion pour le seul Robin, mais « toutes pour tous et tous pour toutes ». Signe de cette rup-ture avec les valeurs qui sont celles de Guillaume de Lorris, la rose, qui chez ce dernier représente la femme aimée, ne désigne plus chez Jean de Meun que son sexe, tandis que la jeune fille tend à se confondre avec Bel-Accueil, qui, dans le système mis en place par Guillaume de Lorris, ne représente que la part d'elle-même favorable à l'amant. Amour, tout-puissant chez Guillaume, est ainsi soumis chez Jean de Meun à Nature et à

Raison, dans une apologie de l'hédonisme qui prétend se fonder sur l'ordre divin, confondu avec celui de la nature.

Par l'ironie, par la subversion, Jean de Meun conduit ainsi l'œuvre de son prédécesseur là où elle ne voulait pas aller. L'apparente confusion de son poème dissimule une sorte de progression dialectique rigoureuse : après que tous les personnages — Ami, la Vieille, Faux-Semblant — ont fait apparaître, directement, ou de façon détournée, ou par antiphrase, le caractère factice de l'amour courtois et son hypocrisie essentielle, Nature et Genius peuvent prêcher la vérité de l'amour selon la nature. C'est cet amour, affirme-t-il non sans audace, que l'on trouve dans le jardin de l'amour divin, où l'on jouit d'un éternel présent sans passé ni futur et qui est supérieur au jardin du rêve, de la réminiscence et de l'espoir frustré dans lequel était entré Guillaume.

L'aisance élégante de Guillaume de Lorris, l'habileté avec laquelle il garde au signifiant toute sa valeur et toute sa séduction concrète sans brouiller pour autant le sens second ; la puissance intellectuelle, la profondeur, la verve de Jean de Meun, la densité de son style : la chance du *Roman de la Rose* est d'avoir eu deux auteurs à la fois aussi différents et aussi remarquables.

L'influence du « Roman de la Rose »

Le *Roman de la Rose* connaîtra un succès prodigieux. Nous en connaissons plus de deux cent cinquante manuscrits, alors que l'immense majorité des œuvres médiévales en langue vulgaire est conservée dans moins de dix manuscrits, et pour beaucoup d'entre elles dans un ou deux seulement.

L'esprit polémique et les positions provocantes de Jean de Meun, ses incitations à la liberté amoureuse et son antiféminisme apparent, après avoir inspiré toute une littérature satirique des *Lamentations* et des *Méditations* de Gilles le Muisit au long *Miroir de Mariage* d'Eustache Deschamps, susciteront, au tournant du XIVe et du XVe siècle, une « querelle du *Roman de la Rose* », dans laquelle interviendront Jean Gerson, Christine de Pizan, Jean de Montreuil, Gontier et Pierre Col, les deux premiers pour l'attaquer, les trois autres pour le défendre. Gerson reproche à Jean de Meun d'inciter à la luxure, d'habiller son immoralité de métaphores et d'un vocabulaire religieux, de prétendre la justifier par la voix de Raison, fille de Dieu, de promettre par celle de Genius le paradis aux fornicateurs, de calomnier les femmes, accusation sur laquelle Christine de Pizan s'attarde particulièrement. Les défenseurs du *Roman* font valoir qu'on ne peut faire grief à Jean de Meun des opinions soutenues par ses différents personnages, car rien ne dit qu'il les prend à son compte. Surtout, ils invitent à pénétrer les « mystères » de l'œuvre, mot par lequel l'exégèse désigne le sens spirituel dissimulé derrière la lettre. Autrement dit, ils traitent le *Roman de la Rose* comme les œuvres de l'Antiquité dont on estimait que sous le voile du paganisme elles contenaient une vérité sur le monde et sur Dieu. Ironiquement, le poème qui avait consacré un usage profane de l'allégorie est défendu à la fin du Moyen Age au nom des principes de l'exégèse et se voit appliquer par ses admirateurs — de façon abusive, d'ailleurs, puisque c'est une œuvre de l'ère chrétienne — une lecture analogue à celle que Bernard faisait de l'*Enéide*. Bien plus, l'élaboration du système allégorique constitutif de l'œuvre (l'allégorèse dans le vocabulaire de Hans Robert Jauss) se trouve ainsi, d'une certaine façon, dévaluée au profit de la lecture allégorique à qui est seule confiée la mise à jour du sens.

Mais bien avant cette querelle et en dehors de l'intérêt explicite et intellectuel pour les questions débattues par Jean de Meun, l'allégorie s'impose désormais, et pour une grande part à l'imitation du *Roman de la Rose*, comme mode de pensée et d'expression poétique. Le songe allégorique, en particulier, devient une convention habituelle de la poésie, personnelle ou didactique. Le jeu qu'il suppose entre le caractère particulier de ce qui se prétend une confidence autobiographique et la généralité de l'itinéraire amoureux nourrira la poésie du XIVᵉ siècle. Les personnages de Guillaume de Lorris, surtout ceux où s'incarnent les dispositions diverses de la jeune fille (Bel-Accueil, Danger, Refus, Honte, Peur), les personnifications telles que Nature ou Raison mêlées aux figures mythologiques comme Vénus deviennent le bien commun des poètes dont traitera le prochain chapitre.

Pour ne citer que quelques exemples, tous ces traits, ou certains d'entre eux, se trouvent à la fin du XIIIᵉ siècle dans le *Dit*

de la Panthère d'Amour de Nicole de Margival et au début du
XIVᵉ siècle dans la *Messe des Oiseaux* de Jean de Condé, deux
œuvres qui, dans des registres différents, s'inspirent directement
du *Roman de la Rose*. Ils se trouvent d'une façon générale dans
une bonne partie de l'œuvre de Jean de Condé et dans toute
celle de Watriquet de Couvin. Vers 1330, l'influence du *Roman
de la Rose* est à la source de l'œuvre entière du moine de Chaalis
Guillaume de Digulleville : son *Pèlerinage de l'Ame* et son *Pèlerinage de Jésus-Christ* dérivent de son *Pèlerinage de Vie humaine* ; or ce
poème lui-même se présente dans ses premiers vers comme une
vision du poète endormi après avoir lu et médité le *Roman de la
Rose* dont il est une sorte de critique édifiante. A la fin du siècle,
les *Echecs d'Amour*, tout en s'inscrivant dans la tradition ovidienne, sont à beaucoup d'égards très proches du *Roman de la
Rose*, dont ils constituent « comme une relecture » (Pierre-Yves
Badel). Vers 1395, le *Chevalier errant* du marquis Thomas III de
Saluces traite le poème de Guillaume de Lorris et de Jean de
Meun avec une révérence qui va jusqu'au plagiat et en 1457 le
Livre du Cuer d'Amours espris du roi René d'Anjou s'en réclame
explicitement. Ces livres écrits par des princes reflètent leurs
goûts de lecteurs. En mêlant à l'atmosphère chevaleresque héritée des romans bretons l'univers du *Roman de la Rose*, ils révèlent
quels domaines de la littérature exercent sur eux la plus grande
fascination. Et ce ne sont là que quelques exemples.

Il n'est pourtant pas certain que l'allégorie connaisse un succès croissant jusqu'à la fin du Moyen Age comme on en a souvent
l'impression. Elle triomphe du XIIIᵉ au début du XVᵉ siècle, mais
une étude attentive ferait peut-être apparaître qu'elle est plus
tard moins présente. Dans le domaine de l'iconographie, des historiens de l'art (Michael Camille) ont déjà observé que certaines
abstractions (les vices et les vertus, les quatre éléments) représentées au XIIIᵉ siècle par des personnifications sont figurées à
l'extrême fin du Moyen Age par des scènes ou des tableaux
concrets qui les évoquent dans leur généralité à travers une illustration et une application particulières. La même désaffection,
certes très relative, apparaîtrait sans doute dans le domaine littéraire, au moins hors du domaine religieux. Mêler l'allégorie et
l'aventure, comme le faisaient de façon très diverse le *Roman de la
Rose*, la *Quête du Graal*, les avatars tardifs de *Renart*, est un procédé
romanesque apprécié pendant tout le XIVᵉ siècle, mais qui au

milieu du XVᵉ siècle paraît une survivance désuète dans le *Livre du Cuer d'Amour espris* du roi René. De même, l'usage systématique de l'allégorie est un trait de la poésie du XIVᵉ siècle. Dans celle de Charles d'Orléans, l'allégorie est constamment esquissée, avec une brièveté fugitive, pour unir les états d'âme aux petites choses concrètes de la vie. Mais elle n'est précisément qu'esquissée. Personnifications et « réifications » ne sont guère plus que des agents abstraits chargés de tracer, avec un certain tremblé, les perspectives d'une profondeur où le poète, dans sa nonchalance, renonce à s'enfoncer. Seul le cadre de l'autobiographie amoureuse tracé, à l'imitation du *Roman de la Rose*, dans la *Retenue d'Amour* et le *Songe en complainte* poursuit avec cohérence la construction de l'allégorie. Encore Charles d'Orléans, après vingt-cinq ans de captivité en Angleterre, est-il au milieu du XVᵉ siècle un personnage d'une autre époque, dérouté par les modes nouvelles. Ces modes, qui vont fleurir avec les rhétoriqueurs, portent la poésie vers le jeu linguistique plus que vers l'approfondissement de la *signifiance* et la recherche d'un sens second.

Après avoir exercé une domination de plus en plus grande sur la pensée et sur l'art littéraire, l'allégorie voit donc peut-être son succès s'estomper à la fin de la période traditionnellement définie comme le Moyen Age. Si elle était vérifiée, cette évolution ne serait pas sans signification. L'allégorie médiévale n'a pas, on l'a vu, la pauvreté redondante que nous lui prêtons. Elle a une valeur herméneutique par sa capacité à mettre en lumière les correspondances qui structurent l'univers et à exprimer des réalités psychiques trop obscures ou trop brûlantes pour pouvoir aisément être désignées ou analysées directement. Quand la pensée moderne, plus sensible aux distinctions et aux oppositions qu'aux correspondances et aux analogies, plus attentive à la causalité qu'au sens, lui refusera cette valeur herméneutique, elle se desséchera, cantonnée dans le rôle d'ornement littéraire.

ORIENTATIONS BIBLIOGRAPHIQUES

Badel Pierre-Yves, *Le « Roman de la Rose » au XIVᵉ siècle. Etude de la réception d'une œuvre*, Genève, Droz, 1980.
Batany Jean, *Approches du « Roman de la Rose »*, Paris, Bordas, 1973.
Gunn A. F., *The Mirror of Love. A Reinterpretation of the « Roman de la Rose »*, Lubbock (Texas), 1952.

Hult David F., *Self-fulfilling Prophecies. Readership and Authority in the First « Roman de la Rose »*, Cambridge University Press, 1986.

Jung Marc-René, *Etudes sur le poème allégorique en France au Moyen Age*, Berne, Francke, 1971.

Lewis C. S., *The Allegory of Love. A Study in Medieval Tradition*, Oxford, 1936.

Lubac Henri de, *Exégèse médiévale. Les quatre sens de l'Ecriture*, Paris, 1959-1964.

Paré G., *Le « Roman de la Rose » et la scolastique courtoise*, Paris-Ottawa, 1941.

Payen Jean-Charles, *La Rose et l'utopie. Révolution sexuelle et communisme nostalgique chez Jean de Meun*, Paris, Ed. Sociales, 1976.

Pépin Jean, *Mythe et allégorie*, Paris, Aubier, 1947.

— *Dante et la tradition de l'allégorie*, Paris-Montréal, 1970.

Poirion Daniel, *Le Roman de la Rose*, Paris, Hatier, 1973.

Ruhe Doris, *Le dieu d'Amours avec son paradis. Untersuchungen zur Mythenbildung um Amor in Spätantike und Mittelalter*, Munich, Wilhelm Fink, 1974.

Strubel Armand, *Le Roman de la Rose*, Paris, PUF, 1984.

— *La Rose, Renart et le Graal. La littérature allégorique en France au XIII⁰ siècle*, Paris, Champion, 1989.

ÉDITIONS DU « ROMAN DE LA ROSE »

Langlois Ernest, 5 vol., Paris, SATF, 1914-1924.

Lecoy Félix, 3 vol., Paris, CFMA, 1965-1970. Dans la même collection, traduction par A. Lanly, 5 vol., 1971-1975.

Poirion Daniel, Paris, Garnier-Flammarion, 1974.

Strubel Armand, Paris, Le Livre de Poche, « Lettres gothiques », 1992 (édition et traduction intégrales en un volume).

10. Destin des lettres d'oc

On a vu le rôle essentiel joué par la littérature en langue d'oc dans le développement de la poésie lyrique et de la courtoisie. Ailleurs, et plus tard, elle nous est apparue beaucoup plus en retrait : quelques chansons de geste, quelques romans, au regard de la production considérable de la littérature d'oïl dans ces deux domaines. Brillante encore au XIIIe siècle, malgré l'épreuve de la croisade contre les Albigeois, elle s'étiole dans les derniers siècles du Moyen Age. Il faut pourtant marquer sa place et garder en mémoire son évolution.

Contrairement à ce qu'on dit parfois, ce n'est pas la croisade qui a causé l'effacement relatif de la littérature en langue d'oc. Dès la seconde moitié du XIIe siècle elle est moins abondante et surtout moins variée que celle en langue d'oïl. Il faut peut-être, il est vrai, faire la part d'une moins bonne conservation des œuvres liée aux conditions particulières de la vie littéraire comme au déclin politique du Midi : des centres plus dispersés, parfois exilés hors du domaine d'oc lui-même, des copies moins nombreuses, et donc à la survie plus aléatoire. Mais la prise en compte de cette hypothèse ne suffit pas à combler l'écart. Ces conditions n'ont pas empêché les chansons des troubadours d'être abondamment et longtemps recopiées. Et si nous connaissons les titres de quelques œuvres narratives qui ont été perdues ou dont seuls des fragments ont survécu, le nombre n'en est malgré tout pas très élevé. Cependant, on ne peut, bien évidemment, pas nier l'effet néfaste de la croisade sur l'évolution comme sur l'esprit des lettres d'oc.

L'évolution du lyrisme

Le « trobar » dans la tourmente

Cet effet s'exerce d'abord, et de plusieurs façons, sur le lyrisme lui-même. Au moment de la croisade, quelques troubadours, en particulier dans le Carcassès et dans les Corbières, étaient liés à de petites cours seigneuriales teintées ou suspectes de catharisme. Ces cours dispersées, ils se sont trouvés déracinés, parfois contraints à l'exil : ainsi Raimon de Miraval, engagé personnellement dans la lutte, réfugié en Aragon après la défaite de Muret, ou, de façon plus indirecte, Peire Vidal. Des milieux littéraires ont été ainsi détruits.

Un autre effet, favorable celui-là au moins dans l'ordre poétique, a été le développement d'une poésie polémique et politique. Née de la croisade, elle se prolonge pendant tout le XIIIᵉ siècle, forme méridionale d'un courant dont on a vu l'importance en France du Nord avec le succès du dit. Cette veine est illustrée par des pièces célèbres. Ainsi le violent sirventès de Guilhem Figueira contre Rome, composé par ce Toulousain en exil entre 1226 et 1229 et auquel répondra peu après, depuis la catholique Montpellier, une trobairitz nommée Gormonde. Ainsi le sirventès *Ab greu consire* d'un troubadour du Gévaudan, Bernard Sicard de Marvéjols, qui montre le Midi ravagé et humilié par les Français arrogants et cupides :

Ai ! Tolosa e Proença	Hélas ! Toulouse et la Provence,
E la terra d'Argença,	et vous terre d'Argence,
Besers et Carcassei :	Béziers et Carcassonne :
Com vos vi et co'us vei !	comme je vous ai vues, et comme je vous vois !

Ainsi, vers le milieu du siècle, le Toulousain Guilhem Montanhagol, plus nuancé pourtant et plus prudent, mais attaché à défendre les valeurs courtoises et amoureuses. Ainsi, vers la même époque, le *planh* (déploration) de Sordel sur la mort de Blacatz, prétexte à flétrir, avec un total éclectisme politique et une totale impartialité, il est vrai, la lâcheté des princes.

Le grand nom qui s'attache à cette inspiration est celui de Peire Cardenal. Né à Brioude en 1180, fils d'un chevalier, il avait été placé tout enfant dans la « chanoinie » du Puy. Mais parvenu à l'âge d'homme, nous dit sa *vida*, « il s'éprit de la vanité du monde, car il se sentit beau et joyeux et jeune ». Le voilà poète de cour et poète d'amour, bien que cette partie de son œuvre soit aujourd'hui presque tout entière perdue. Lorsque survient la croisade, il devient un poète militant, un moraliste sarcastique, un âpre polémiste dont la verve courroucée s'exerce aux dépens des Français et des clercs, un défenseur enthousiaste du comte de Toulouse qui incarne la résistance. Un poète religieux aussi, exaltant la Croix et le Christ pour mieux flétrir les clercs qui le trahissent et le déshonorent au lieu de le servir. Il compose jusque dans les années 1270 et meurt presque centenaire vers 1278.

Vers l'amour sage.
Fin de la poésie des troubadours, naissance de leur roman

Mais en dehors même de cette poésie polémique qui leur est directement liée, la croisade et ses suites ont des conséquences sur la nature et le ton du lyrisme amoureux lui-même. Dans le climat d'ordre moral qui s'instaure, il tend à devenir timoré, gourmé, convenable, il s'affadit, ou bien il se fige dans le regret d'un apogée qui lui paraît révolu et dans le désir d'assurer de façon didactique la survie d'un art menacé par l'oubli. On le voit avec le sage Daudes de Pradas, qui, aux côtés des croisés, devient vicaire général de Rodez. On le voit même avec Guilhem Montanhagol, qui tente de sauver la *fin'amor* en lui imposant la chasteté. On le voit surtout, dans la seconde moitié du siècle, à travers l'œuvre du Narbonnais Guiraut Riquier, souvent désigné, d'ailleurs improprement, comme le dernier troubadour, dont l'activité poétique s'étend de 1254 à 1292 et s'exerce à la cour du vicomte de Narbonne, puis à celle du roi de Castille Alphonse X le Savant, enfin dans diverses cours occitanes, du Rouergue au Comminges. Guiraut Riquier cultive avec une sorte d'application mélancolique tous les genres lyriques traditionnels, de la chanson au sirventès, de la tenson à la pastourelle, à laquelle il donne une coloration méditative et religieuse. Il a le sentiment d'être venu trop tard. Il

défend avec une fierté hautaine, mais aussi avec un souci pointil-
leux et raide des hiérarchies, sa condition de poète, menacée, tant
les vrais amateurs sont devenus rares, d'être confondue avec celle
de jongleur. Le commentaire de l'œuvre d'un prédécesseur, qui
avait toujours été un exercice intégré à la pratique du *trobar*,
devient chez lui glose professorale qui déborde, oh combien !, le
cadre de la chanson et se situe dans un ordre différent : à la
demande du comte de Rodez, il compose un commentaire d'un
millier de vers sur une chanson difficile de Guiraut de Calanson.
Reniant ses compositions amoureuses, il finit par ne plus vouloir
chanter que la Vierge.

Enfin l'évolution du *trobar* est sensible à travers les conditions
de conservation des poèmes des troubadours. On a dit plus haut
l'importance de l'organisation des chansonniers, et en particulier
de la présence des *vidas* et des *razos*. Elles montrent, on l'a souligné,
comme le fait aussi l'absence fréquente des mélodies, que les troubadours étaient lus à la fin du XIIIe et au XIVe siècle, quand ces
vidas ont été écrites et ces manuscrits copiés, dans un esprit bien
différent de celui qui anime leurs poèmes, l'esprit même de la
poésie à prétention autobiographique qui triomphe au même
moment en France du Nord. Mais elles témoignent aussi d'un
effort de préservation de ce patrimoine poétique entrepris aux
marches ou au-dehors de son domaine naturel : plusieurs de ces
manuscrits ont été copiés en Italie du Nord, où Uc de Saint-Circ,
troubadour lui-même et auteur dans le second tiers du XIIIe siècle
de plusieurs *vidas*, a terminé sa carrière. Comme si cet effort de
préservation avait quelque chose de trop délibéré, d'un peu artificiel. Les chansons des troubadours ont été recopiées en même
temps que s'écrivait le roman des troubadours. Ecrire le roman
des troubadours, c'était reconnaître qu'ils appartenaient à un
passé prestigieux et révolu.

Une tentative de restauration : le « Gai Saber » et les « Leys d'Amors »

Au début du XIVe siècle, un mouvement se fait jour à Toulouse pour renouer avec la tradition des troubadours et lutter
contre le déclin de cette poésie. Il aboutit en 1323 à la création

du *Consistoire du Gai Savoir (Consistori de la subregaya companhia del Gai Saber)*. Cette année-là, le mardi après la Toussaint, sept troubadours qui se réunissaient dans un faubourg de Toulouse envoient une convocation en vers à tous les poètes de langue d'oc pour le 1er mai 1324 : ce jour-là aurait lieu un concours poétique dont le lauréat recevrait une violette d'or fin. Ces troubadours étaient Bernard de Panassac, Pey Camaut, Guilhem de Gontaut, Guilhem de Lobra, Peyre de Mejanasserra, Bernard Oth, Berenguier de Sant-Plancat. En dehors du premier, noble gascon qui est aussi le seul à avoir laissé un nom comme poète, c'étaient des bourgeois de Toulouse, banquiers, marchands ou juristes. Ainsi fut fondé le Consistoire du Gai Savoir. En somme, le Midi empruntait à son tour le chemin tracé, on l'a vu, dès les dernières années du XIIe siècle par les villes du Nord, comme Arras, où la bourgeoisie animait sociétés poétiques et concours de poésie. D'activité curiale, la poésie devenait une activité bourgeoise et urbaine.

Les sept troubadours demandèrent à Guilhem Molinier, un docteur en droit qui allait devenir un peu plus tard le chancelier du Consistoire, de rédiger une sorte de code ou de manuel de poésie. Ce furent les *Leys d'Amors* dont la première rédaction, en prose, fut achevée vers 1341. Elle allait être suivie de trois autres rédactions en prose et d'une en vers. La totalité de l'ouvrage reconstitué en combinant les différentes rédactions comprend cinq parties : un historique de la fondation du Consistoire, un traité religieux et moral, un exposé méthodique de la grammaire occitane (phonétique, morphologie et syntaxe), un art poétique qui étudie, avec de nombreux exemples, le vers, la rime, la strophe, les genres lyriques, enfin un exposé de rhétorique touchant en particulier les figures. Cette somme se fonde sur l'œuvre des anciens troubadours dont la pratique fixe les règles de grammaire et de poétique. En voulant assurer la restauration de leur poésie, elle la fige dans la position de modèle intangible et en interdit l'évolution vivante.

En 1324, les sept troubadours décernèrent la première violette d'or à Arnaud Vidal de Castelnaudary, auteur d'autre part du roman de *Guillaume de La Barre*. Il fut couronné pour un poème en l'honneur de la Vierge. Mais le plus brillant lauréat des premières années du Consistoire et le meilleur poète à composer dans sa mouvance est Raymond de Cornet, un prêtre

originaire de Saint-Antonin-Noble-Val, un moment franciscain
avant de quitter l'Ordre et enfin chartreux au soir d'une vie agitée. Comme tous les troubadours tardifs, il chante un amour
désincarné dont la *dame* se confond aisément avec la Vierge. Auteur d'un bref *Doctrinal de trobar*, il est surtout un poète polémiste
et satirique, un peu dans la veine de Peire Cardenal, violemment hostile à la domination française sur le Midi et au roi de
France. Mais d'une façon générale, les poèmes couronnés par le
Consistoire et réunis pour la période de 1324 à 1484 sous le titre
de *Joias del Gai Saber* n'ont rient de remarquable. La dévotion,
partout présente, y est assez fade. Seules quelques pièces touchant l'actualité toulousaine — la famine de 1453, l'incendie
de 1463 — retiennent l'attention.

Le Consistoire du Gai Savoir ne parviendra pas réellement à
ranimer le souffle du *trobar*. Mais il remplira son rôle en contri-
buant à la vitalité de la poésie en langue d'oc jusqu'à la fin du
Moyen Age et même jusqu'à nos jours, puisqu'il vit encore sous
la forme de l'Académie des Jeux floraux de Toulouse dont les
quarante mainteneurs, héritiers de ceux du *Consistori de la subregaya companhia del Gai Saber* du XIVᵉ siècle, couronnent chaque
année des poèmes occitans et français.

La littérature narrative, didactique et édifiante

Les « novas » et leurs attaches lyriques

On ne s'attardera pas ici sur les grands textes narratifs en
langue d'oc que sont les romans de *Jaufré* et de *Flamenca*, les
chansons de geste de *Daurel et Beton, Roland à Saragosse* ou *Ronsasvals*. On les a déjà mentionnés en même temps que leurs congé-
nères en français en étudiant le développement des genres dont
ces œuvres relèvent. On ne reparlera pas davantage des *vidas* et
des *razos*. On se contentera de replacer ces textes dans la tradition de la littérature narrative occitane et d'en faire apparaître
les traits caractéristiques et l'évolution.

La chanson de geste est, on le sait, peu représentée en langue
d'oc, bien qu'elle y soit peut-être ancienne. Le roman arthurien

l'est moins encore : *Jaufré* en est l'unique, et d'ailleurs remarquable, spécimen ; plus tard, au XIVe siècle, le bref roman de
Blandin de Cornouaille est certes un roman breton, mais ne fait
nulle référence au roi Arthur. Le roman d'aventures non breton
n'a lui aussi qu'un seul représentant, qui se fait lui aussi attendre jusqu'au XIVe siècle, le *Guillaume de La Barre* d'Arnaud Vidal.
Flamenca, enfin, correspond en partie à ce que l'on appelle
improprement du côté français le « roman réaliste » : c'est sous
cette rubrique qu'on l'a classé plus haut.

En revanche, il est un terme qui est propre à la littérature
narrative de langue d'oc : celui de *novas* (« nouvelles »). Il peut
désigner toute sorte de récit : *Flamenca* et même, en une occasion, *Jaufré* se l'appliquent. Mais il est employé plus précisément
à propos de récits relativement brefs, centrés sur une péripétie
unique et chargés d'un enseignement, quand ils ne revêtent pas
une forme proprement didactique. En un mot, des textes un peu
analogues à ce que peuvent être, en langue d'oïl, la *Châtelaine de
Vergy*, le *Lai de l'Ombre*, le *Vair palefroi*, voire, un peu plus tard,
certains dits.

C'est de ce genre — si le mot peut s'appliquer à un ensemble
aussi flou — que relèvent, dans les permières années du XIIIe siècle, deux poèmes du Catalan Raimon Vidal de Besalù, auteur
d'autre part de *Razos de trobar* qui sont comme une maladroite
préfiguration des *Leys d'Amors*. Le *Judici d'amor* relate, comme
son titre l'indique, un jugement rendu en matière amoureuse au
château du seigneur et troubadour catalan Uc de Mataplana
(un chevalier peut-il quitter une *dame* inflexible pour répondre à
l'amour que lui offre une jeune fille ?). Le *Castiagilos* (« châtiment du jaloux ») est l'histoire d'un mari jaloux, cocu et
content. On retrouve ce thème quelques années plus tard dans
Flamenca, qui est un *Castiagilos*, mais qui est bien davantage : la
résolution narrative pénétrante, provocante, éblouissante, des
apories de l'amour et du langage qui se nouent dans la poésie
des troubadours. Vers le milieu du siècle, Arnaut de Carcassès
compose *Las novas del papagai*, récit d'une brève rencontre à la
faveur d'un incendie allumé par un perroquet entremetteur.
Novas encore, mais relevant de l'allégorie didactique de l'amour,
et non pas du récit romanesque, que la *Cour d'Amour* et le *Château
d'Amour*, poèmes dont nous ne possédons dans les deux cas qu'un
fragment.

On voit combien ces textes s'accordent avec l'esprit d'une littérature dominée par la lyrique amoureuse et courtoise. Ce sont les figures et les images de ce lyrisme qui constituent le germe des développements allégoriques, comme c'est le cas dans le domaine français pour le premier *Roman de la Rose*. Ce sont ses thèmes et son éthique qui nourrissent les récits amoureux, comme ceux des nouvelles françaises citées plus haut. C'est son langage qui fonde le chef-d'œuvre de l'art narratif occitan qu'est *Flamenca*. Jusque dans ses choix narratifs la littérature de langue d'oc manifeste son goût pour le lyrisme et sa dépendance à son égard. On le voit avec les *novas*, on le voit avec les *vidas* et les *razos*, bien sûr. On le voit encore à ce fait minuscule que certains passages de *Jaufré* à caractère rhétorique ou élégiaque, mais en tout cas non narratifs — diatribe contre les médisants, éloge du roi d'Aragon, tourments amoureux, aveux de l'amour — ont été extraits du roman pour être copiés dans deux anthologies de pièces lyriques du XIVe siècle, à une époque où ce n'est plus la musique qui fait le lyrisme et où ils peuvent ainsi rejoindre le genre d'où ils sont issus.

Grammaire et amour, cosmogonie et religion

Les traités en langue d'oc ne séparent pas la grammaire de la métrique et de la versification. C'est le cas des *Razos de trobar* de Raimon Vidal de Besalù. C'est le cas, au milieu du XIIIe siècle, du *Donatz proensals* d'Uc Faiditz. C'est le cas des *Leys d'Amors*. C'est l'ensemble constitué par la langue et la poésie des troubadours que l'on cherche à enseigner à ceux qui peuvent les avoir oubliées dans le cas du dernier ouvrage, à ceux à qui elles sont étrangères dans le cas des deux premiers : Raimon Vidal est catalan, Uc Faiditz écrit en Italie pour deux seigneurs de ce pays.

Mais dans cette culture dominée par les troubadours, au-delà des questions de forme, c'est toute l'idéologie amoureuse qui demandait à être, non pas seulement formalisée, mais plus encore récupérée, intégrée à l'orthodoxie religieuse et morale. Cette tendance se manifeste, on l'a vu, dans l'évolution même du lyrisme. Le Consistoire du Gai Savoir se place sous l'invocation de la

Vierge et les *Leys d'Amors* comporte une partie éhique et religieuse. Mais on voit des entreprises totalement différentes, beaucoup plus ambitieuses, tournées tout entières vers la spéculation sur les réalités divines et humaines et vers leur description, s'enraciner néanmoins dans cette réflexion sur l'amour.

La plus remarquable est le *Bréviaire d'Amour (Breviari d'Amor)* composé à partir de 1288 par Matfre Ermengaud, un juriste de Béziers appartenant sans doute à une famille de la bourgeoisie marchande, et certainement lié à la spiritualité franciscaine. L'ouvrage se présente comme une longue encyclopédie de près de 35 000 vers dont les sources sont aussi bien théologiques comme les *Sentences* de Pierre Lombard que scientifiques comme le *De proprietatibus rerum* de Barthélemy l'Anglais. Mais la perspective et le plan sont bien particuliers. Ils reposent sur une représentation de l'arbre d'amour et de ses ramifications. De Dieu émanent Droit de Nature et Droit des gens, qui se divisent eux-mêmes en Amour de Dieu et du prochain, Amour des biens temporels, Amour d'homme et de femme et Amour des enfants, chacun de ces amours fournissant la matière d'une partie de l'ouvrage, sauf l'amour des enfants dont il n'est plus question, sans doute parce que le poème est inachevé. L'auteur s'intéresse d'abord à la nature de Dieu, puis à la création (éléments, sphères célestes). La partie consacrée à l'amour de Dieu est l'occasion d'une réfutation des erreurs des juifs, avec des citations en hébreu à l'usage de la communauté juive particulièrement nombreuse en Languedoc, d'un commentaire du Credo, d'une revue des états du monde liée à la satire des péchés propres à chacun.

Mais la dernière partie (v. 27253-34597), le *Perilhos tractat d'amor de donas* (« Périlleux traité de l'amour des dames »), est d'un intérêt tout particulier. A travers une série de débats, Matfre montre les dangers de l'amour entre homme et femme, défend l'amour et les dames contre les troubadours et les amants qui conçoivent le premier et traite les secondes de façon à ses yeux inacceptable, place le mariage au rang des vertus, mais il tente en même temps une conciliation de l'amour courtois et de la doctrine chrétienne. Dans cet effort, il invoque l'Ecriture, les Pères, les *Remedia amoris* d'Ovide, mais il cite aussi très fréquemment et très abondamment les troubadours : plus de deux cent cinquante citations empruntées à plus de soixante troubadours, dont lui-même, la plupart d'entre elles couvrant une strophe entière. Aussi bien, dès les premiers vers de son œuvre, il s'était présenté en ces termes :

Matfres Ermengaus de Bezerss,	Matfre Ermengaud de Béziers,
senhers en leis e d'amors serss,	maître en droit et serviteur de l'amour,
e no solamen serss d'amor	et non seulement serviteur de l'amour,
mas de tot fizel aimador...	mais encore amant parfaitement fidèle...

(V. 9-12).

Si grande était la séduction que le *trobar* et la *fin'amor* exerçaient sur ce pieux compilateur qui connaissait si bien les troubadours et les citait avec tant de plaisir.

Si ce n'était déborder le cadre de la littérature d'oc, il faudrait mettre en relation l'ouvrage de Matfre Ermengaud avec l'œuvre, infiniment plus abondante et plus importante, de son contemporain le logicien et mystique catalan Raymond Lulle (*ca* 1232-1315), qui appartient lui aussi à la mouvance franciscaine et qui avait été troubadour avant sa conversion. L'arbre d'amour et la philosophie d'amour, la représentation, dans le texte et dans les illustrations de ses œuvres, des concepts et de leur enchaînement sous la forme d'un arbre, de ses ramifications et de ses feuilles, le souci de conversion des infidèles — musulmans plus que juifs dans son cas — et même l'attention aux états du monde y tiennent une place importante, et le talent comme le goût poétique y ont leur place.

D'une façon générale, c'est dans le domaine religieux que la littérature en langue d'oc des derniers siècles du Moyen Age est la plus vivante. Du côté de l'hérésie, les textes cathares, rares de tout temps en latin et plus encore en langue vulgaire, ont bien entendu disparu. La *Nouvelle de l'Hérétique (Novas de l'Heretge)* de Sicart de Figueiras présente du point de vue de l'orthodoxie le procès d'un cathare en forme de débat. Mais les Vaudois, réfugiés dans les vallées alpines sur le versant italien, ont laissé une collection de sept poèmes composés à la fin du XIVe ou au début du XVe siècle, dont le plus remarquable est la *Nobla leiçon*. Enfin, un médecin juif du Cayla écrit après 1322 le *Roman d'Esther*, en langue d'oc mais transcrit en alphabet hébreu, qui adapte le début du livre biblique.

Du côté catholique, les vies de saints sont nombreuses, au nombre desquelles on relève, à côté d'un certain nombre de textes touchant saint François et la vie franciscaine, la *Vie de sainte Douceline*, sœur du franciscain Hugues de Digne révéré par Saint Louis, morte en 1274. Sa Vie en prose, particulièrement intéressante pour la connaissance de la dévotion populaire vers la fin du Moyen Age, a sans doute été écrite au début du XIVe siècle par Philippine de Porcelet, qui lui avait succédé à la tête du couvent qu'elle avait fondé à Hyères.

Deux poèmes se situent aux confins de la littérature religieuse et de la matière épique. La *Vie de saint Honorat* du Niçois Raymond Féraud († 1325) montre le saint, fils converti d'un roi païen de Hongrie, délivrer, sur l'ordre de saint Jacques, Charlemagne prisonnier du roi sarrasin Aigolant — personnage de la *Chanson d'Aspremont* — et, devenu archevêque de Vienne, lutter contre les manichéens d'Arles soutenus par le comte Girard ; à sa mort, les morts des Aliscamps sortent de leur tombeau pour empêcher le transfert de son corps au monastère de Lérins qu'il a fondé. Vers la fin du XIVe siècle, le *Roman d'Arles* mêle gauchement des traditions empruntées aux Actes des apôtres apocryphes et des souvenirs du cycle de Guillaume d'Orange.

Signalons enfin, écrite dans la région d'Albi à la fin du XIIIe ou au début du XIVe siècle, une version en prose occitane de *Barlaam et Josaphat*, roman ascétique et mystique d'origine orientale reposant sur l'histoire christianisée de la jeunesse de Bouddha, et qui a connu en Occident à partir du XIIe siècle un très vif succès.

En fait, la production littéraire en langue d'oc à la fin du Moyen Age ne présente pas d'originalité par rapport à la production française. Elle suit son évolution dans tous les domaines, y compris le domaine théâtral (*Jeu de sainte Agnès* au XIVe siècle, *Passion provençale*). Elle est seulement beaucoup moins riche. Et elle est devenue provinciale. Le temps est loin où l'on chantait et copiait dans le Nord les chansons des troubadours. Le recrutement des concurrents du Gai Savoir est de plus en plus local. En 1387, Froissart accueilli à Orthez par le comte de Foix et de Béarn Gaston Phébus observe avec satisfaction que son hôte ne s'adresse pas à lui dans son gascon mais en excellent français. Parler français est devenu le signe de la distinction.

ORIENTATIONS BIBLIOGRAPHIQUES

Aurell Martin, *La Vielle et l'épée. Troubadours et politique en Provence au XIIIe siècle*, Paris, Aubier, 1989.

Camproux Charles, *Histoire de la littérature occitane*, Paris, 2e éd. révisée, 1971.

Huchet Jean-Charles, *Le Roman occitan médiéval*, Paris, PUF, 1991.

Lafont Robert et Anatole Christian, *Nouvelle histoire de la littérature occitane*, 2 vol., Paris, PUF, 1970.

Zufferey F., *Bibliographie des poètes provençaux des XIVe et XVe siècles*, Genève, Droz, 1981.

ANTHOLOGIES

Bec Pierre, *Anthologie de la prose occitane du Moyen Age*, t. II, Valdériès, Vent Terral, 1987.

Nelli René et Lavaud René, *Les Troubadours*, 2 vol., Paris, Desclée de Brouwer, 1960-1966.

Riquer Martin de, *Los Trovadores. Historia literaria y textos*, 3 vol., Barcelone, Editorial Planeta, 1975.

QUATRIÈME PARTIE
La fin du Moyen Age

Les deux derniers siècles du Moyen Age sont toujours considérés comme un monde à part et comme un monde finissant. On parle de « déclin » ou d' « automne » du Moyen Age : l'ouvrage illustre de J. Huizinga a été successivement publié en français sous ces deux titres. Il est vrai que cette époque est marquée par des crises politiques, sociales, religieuses particulièrement graves : la guerre de Cent Ans ; les révoltes dans les villes de Flandre, à Paris, à Rouen ; la jacquerie en France, la révolte des Travailleurs en Angleterre ; l'effondrement de valeurs féodales incompatibles avec la concentration du pouvoir et la naissance du sentiment national ; le malaise d'une chevalerie inadaptée à l'évolution militaire et sociale ; l'inflation — mal nouveau — et les « mutations de fortune » qu'elle entraîne ; la peste noire, qui dépeuple l'Europe ; les derniers sursauts de la croisade et le désastre de Nicopolis ; le grand schisme d'Occident ; les mouvements religieux annonciateurs de la Réforme — lollards en Angleterre, plus tard hussites en Bohême. On conçoit sans peine que ces crises ont des répercussions dans le domaine culturel entendu au sens large : prophétisme apocalyptique, manifestations dévoyées du sentiment religieux (flagellants, pogroms), théâtralisation sanglante des comportements, goût effréné du luxe, angoisse et débauche.

Mais on admet souvent trop aisément que cet ensemble de crises entraîne une décadence de la littérature. En réalité, les lettres peuvent se nourrir des crises autant qu'en pâtir. L'Italie du Quattrocento connaît les mêmes soubresauts que le reste de l'Europe, et elle est en pleine Renaissance. Il ne faut pas appeler des enchaînements de causalités incertaines au secours des lieux communs accrédités plus tard, pour des raisons et dans des circonstances bien particulières, par les poètes de la Renaissance française. Il est vrai, cependant, que la littérature française du XIVe et du XVe siècle s'est, dans plusieurs domaines, engagée dans des voies qui n'ont pas eu d'avenir. Mais ce n'est que la connaissance de cette stérilité future qui nous fait rétrospectivement pressentir un déclin dans des mouvements alors en pleine vigueur. Si le fastueux, le flamboyant monde bourguignon avait triomphé au XVe siècle, l'évolution ultérieure des lettres françaises aurait peut-être été différente et nous porterions sur celles de cette époque un autre regard.

S'il est permis de supposer ainsi que les destinées politiques ont pu influer sur celles de la littérature, c'est qu'à la fin du Moyen Age les divers centres, les divers lieux du pouvoir imposent successivement ou simultanément leur style aux lettres et aux arts. Au XIVe siècle l'influence de Paris est prédominante. Siège à la fois de la plus grande cour et de la plus grande université de l'époque, elle favorise le développement d'une littérature plus soucieuse d'instruire que de divertir. Les questions morales, philosophiques et théologiques, le savoir encyclopédique et, de façon plus originale, la réflexion politique y sont au premier plan. Charles V enrichit de façon considérable la bibliothèque — la « librairie » — royale, qui sera malheureusement en partie dispersée sous le règne de son successeur après être passée aux mains des Anglais. Au tournant du siècle encore, le premier humanisme français, autour du collège de Navarre, est parisien. Mais les troubles du règne de Charles VI et le peu de goût manifesté par Charles VII pour une ville et une université qui avaient rejeté le dauphin de Bourges et s'étaient engagées dans le camp anglo-bourguignon ont pour conséquence au XVe siècle que, si l'esprit parisien reste important, il n'est plus prépondérant et ne se confond d'ailleurs plus avec celui de la cour de France.

De la seconde moitié du XIVe siècle à la mort de Charles le Téméraire, les cours princières provinciales — terme qui s'applique d'ailleurs mal au prestigieux carrefour de l'Europe qu'est la cour de Bourgogne — exercent leur plus grand rayonnement. Ce sont d'abord les cours des frères de Charles V, les ducs d'Anjou, de Berry et de Bourgogne. La longévité du duc Jean de Berry prolonge jusqu'à l'aube du XVe siècle l'éclat de sa cour, dont cet esthète jouisseur et ce collectionneur rapace oriente au demeurant le goût vers les œuvres d'art et les objets précieux plus que vers les lettres. Le duc Louis Ier d'Anjou meurt dès 1384, mais la cour d'Anjou, puis d'Anjou-Provence, compense ses déboires politiques en devenant un centre littéraire et artistique de plus en plus brillant sous les règnes de son fils Louis II, de son petit-fils Louis III et du frère de ce dernier, le célèbre roi René, qui vit jusqu'en 1480. Les longues et malheureuses tentatives de la dynastie pour entrer en possession du royaume de Naples et de Sicile l'ouvrent aux influences italiennes. Enfin, et surtout, la cour de Bourgogne exerce dans le domaine des arts et des lettres un rayonnement à la mesure de son poids politique croissant sous Philippe le Hardi († 1404), Jean sans Peur († 1419) et surtout Philippe le Bon († 1467), le « grand duc d'Occident », avant la déconfiture sur laquelle s'achève le règne de Charles le Téméraire († 1477). La librairie des ducs de Bourgogne devient d'une richesse exceptionnelle dont attestent les inventaires soigneux qui en sont faits à la mort des deux derniers ducs. A ces cours il faut ajouter celle d'Orléans. L'assassinat du duc Louis d'Orléans, frère de Charles VI, en 1409, la captivité d'un quart de siècle en Angleterre de son fils Charles, fait prisonnier à Azincourt en 1415, ont rendu l'histoire des Orléans chaotique et ont réduit leur influence. Mais Charles d'Orléans est l'un des plus grands poètes du XVe siècle et sa seule présence donne à sa cour de Blois, de 1440 à 1460, une importance extrême.

A côté de ces cours issues de la couronne de France, d'autres, entièrement ou partiellement de langue française, ont joué à certaines périodes un rôle littéraire important, comme la cour pontificale d'Avignon, celle de Savoie, celle de la famille de Luxembourg-Bohême, du roi Jean de Bohême, protecteur de Machaut, à son fils Wenceslas, protecteur de Froissart. Quant à celle d'Angleterre, encore largement francophone sous le règne d'Edouard III, au temps où Froissart y commence sa carrière auprès de la reine Philippa de Hainaut, elle cesse bientôt de l'être de façon en partie délibérée, sous l'effet des sentiments anti-français provoqués par la guerre de Cent Ans. En 1354 Henri de Lancastre écrit en français la belle méditation sur son passé qu'est le *Livre des seintes medicines*. Mais son cadet John Gower (1330 - vers 1402), contemporain et ami de Chaucer, écrit en anglais aussi bien qu'en français et en latin.

Ainsi, un nouvel espace européen se dessine. Pendant deux cents ans l'ensemble littéraire français et occitan avait exercé plus d'influence qu'il n'en avait reçu. La fin du Moyen Age voit se créer une situation différente, parfois inverse. L'Italie déjà renaissante devient un modèle, avec Pétrarque, avec Boccace, avec Coluccio Salutati ; la cour d'Avignon, un peu plus tard celle d'Anjou servent de relais à son influence. Des romans se vantent d'être traduits de l'espagnol. La littérature anglaise, sous l'influence française, certes, mais aussi italienne avec Chaucer, prend son véritable essor, et Charles d'Orléans prisonnier ne dédaigne pas d'écrire quelques poèmes dans la langue de ses vainqueurs. L'Etat bourguignon, dont le cœur n'est pas en Bourgogne mais dans les Flandres, tourne ses regards vers le monde germanique, tandis que l'épouse de Philippe le Bon, Isabelle de Portugal, y apporte l'air de la péninsule Ibérique. Cet intérêt nouveau pour un ailleurs de la culture qui ne se confond plus avec son passé ne marque pas un déclin des lettres françaises. Mais les perspectives élargies qu'il ouvre sur le monde contemporain sont peut-être l'un des signes de l'avènement des Temps modernes.

11. La poésie au XIVᵉ et au XVᵉ siècle

Les nouvelles règles du jeu lyrique

La poésie de la fin du Moyen Age, que la Renaissance devait tant mépriser, a été le genre littéraire le plus prestigieux de son temps. « A l'époque de Guillaume de Machaut, écrit Daniel Poirion, on peut dire que le lyrisme constitue le noyau dur de la production littéraire. » C'est que ce lyrisme n'est plus celui du XIIᵉ et du XIIIᵉ siècle. Il s'est gonflé et diversifié. L'extension de la prose, le monopole grandissant qu'elle exerce sur les formes narratives tendent à donner par opposition à toute la production en vers une unité qu'elle n'avait jamais eue. La notion de poésie, dont on a vu l'émergence au XIIIᵉ siècle, recouvre désormais tout ce qui s'écrit en vers. Et le vers, considéré comme plus orné et plus difficile que la prose, est chargé, si l'on peut dire, d'un plus fort coefficient de littérarité. D'où son prestige. A l'inverse, et malgré quelques rares mentions d'une fausse étymologie rapprochant *versus* (vers) de *verus* (vrai), les prosateurs se targuent d'une plus grande vérité, tout en se reconnaissant, non sans complaisance, une certaine maladresse et en se présentant volontiers comme des amateurs. Le véritable homme de lettres devient celui que l'on commence à appeler le poète : le mot apparaît pour la première fois dans un emploi proche de son acception moderne à la fin du XIIIᵉ siècle dans le *Livre du trésor*, une encyclopédie en français du Florentin Brunet Latin. Or le vers, objet de la notion nouvelle de poésie, est associé — implicitement, mais de plus en plus nettement à mesure que chansons de geste et romans en vers se font plus rares jusqu'à n'être plus que des survivances — à l'expression de l'affectivité et à la peinture du moi, qui caractérisent, bien que de façon différente et presque opposée, aussi bien le lyrisme au sens propre du terme que le dit.

C'est ainsi que la poésie telle qu'elle s'épanouit au XIVe siècle combine l'esthétique du dit et une esthétique proprement lyrique. Le dit offre un cadre à demi ou entièrement narratif et, au moins à son point de départ, conventionnellement autobiographique. On a vu plus haut qu'il revêt volontiers la forme d'une histoire ou d'une prétendue confidence du moi et qu'à la suite du *Roman de la Rose* il développe souvent une vision ou un récit à caractère allégorique dans le cadre du songe. C'est au début du XIVe siècle la manière de bien des poètes : Jean de Condé, dont le père, Baudouin de Condé, est lui-même l'auteur de vingt-quatre dits, et qui, au service du comte de Hainaut Guillaume Ier le Bon († 1337), laisse une œuvre importante de quelque vingt mille vers, dits moraux *(Dicté de Franchise)*, religieux *(Le Pasque)*, allégorico-didactiques *(La Messe des Oiseaux)*, ainsi que des récits courtois *(Le Blanc Chevalier, Le Chevalier à la Manche)* et des fabliaux *(Dit du sentier battu)*. Watriquet de Couvin, ménestrel de Guy de Châtillon, comte de Blois, qui compose entre 1319 et 1329 une trentaine de dits où le songe allégorique et la mise en scène du moi s'articulent souvent de façon très intéressante *(Dit de l'araignée et du crapaud, L'arbre royal, La Confession Watriquet, Dit des quatre sièges, Le Miroir des Dames, Le Miroir des Princes, Le Tournoi des Dames)* et deux fabliaux (les *Trois Chanoinesses de Cologne* et les *Trois Dames de Paris*).

Dans le cadre du dit viennent volontiers s'insérer des pièces lyriques, qui jouent le rôle d'un commentaire affectif et que le recours à des formes fixes replie en même temps sur elles-mêmes. Ce procédé, appelé à se généraliser à partir de Machaut, est déjà mis en œuvre en 1322 dans le poème allégorique de Jean Acart de Hesdin *La Prison amoureuse* où figurent neuf ballades et neuf rondeaux. Que le cadre du dit s'efface, et les pièces lyriques, restées seules, cherchent souvent à entretenir, par leur organisation en recueil, l'illusion d'une continuité, voire d'une narration.

Pour s'en tenir aux exemples les plus illustres, Guillaume de

Machaut raconte dans son *Voir dit* (« Dit véritable ») comment, poète vieillissant et célèbre, il a reçu une lettre d'une très jeune admiratrice, comment s'est engagée entre eux une correspondance poétique et sentimentale, comment l'amour les a entraînés au-delà de la correspondance. Lettres et poèmes sont insérés dans le dit. Machaut avait déjà usé d'une construction analogue vingt ans plus tôt dans le *Remède de Fortune*. L'*Espinette amoureuse* de Froissart évoque de la même façon les amours de jeunesse du poète, en recourant aussi au procédé des insertions lyriques, et l'on pourrait ainsi multiplier les exemples. D'un autre côté, les recueils de pièces lyriques ne cherchent pas seulement une unité en recourant à une forme unique (par exemple la ballade) ou en se définissant par un nombre rond de poèmes (*Cent ballades* de Christine de Pizan ou de Jean le Seneschal, *Cinquante ballades* en français de John Gower) ; ils supposent que chaque poème est une étape dans une histoire dont le récit est sous-entendu, mais que le commentaire lyrique permet de soupçonner ou de reconstituer : ainsi la *Louange des dames* de Machaut, les *Cent ballades d'amant et de dame* de Christine de Pizan, ou même, on le verra, les poèmes de Charles d'Orléans tels que les dispose le manuscrit autographe du poète.

Car le livre dans sa matérialité, l'objet livre, le livre que copie le poète, le livre qu'il offre, le beau livre qu'il fait calligraphier, illustrer, enluminer à son goût, ce livre occupe une place croissante dans la représentation de la littérature. Ce trait, il est vrai, est général et ne concerne pas seulement la poésie lyrique. Le roi René d'Anjou, lui-même connaisseur en peinture, fait réaliser sur ses instructions par un artiste particulièrement original et doué les admirables miniatures qui ornent son exemplaire du *Livre du Cuer d'Amour espris*. Les ouvrages copiés pour Philippe le Bon s'ouvrent presque systématiquement sur une miniature où l'on voit l'auteur ou le compilateur faire hommage du livre au duc. Mais c'est à travers la constitution des recueils lyriques et les considérations réflexives du dit sur la compositions poétique que cette attention se manifeste le plus clairement en liaison avec l'écriture : poèmes dont les ingrédients sont pêle-mêle le souvenir, l'encre et le parchemin, comme le *Joli Buisson de Jonece* de Froissart ; poèmes recopiés, envoyés, dérobés (dans la *Prison amoureuse* de Froissart), découverts par la dame sans que son soupirant ose s'en avouer l'auteur (dans le *Remède de Fortune* de Machaut), lus des yeux, divulgués par la lecture à haute voix ; « livre de pensée » feuilleté, copié, enluminé dans les poèmes de Charles d'Orléans, qui, de façon matérielle et non plus métaphorique, veille à l'organisation, puis à l'enrichissement de son manuscrit autographe et en fait faire des copies pour sa femme ou pour Jacques de Savoie.

Les genres lyriques à forme fixe

L'attention aux formes lyriques fixes et à refrain, longtemps cantonnées dans le domaine mineur de la chanson à danser, se manifeste dès la fin du XIIIᵉ siècle à travers les rondeaux, les virelais, les ballades de poètes musiciens comme Adam de la Halle ou comme Jehannot de Lescurel, qui appartiendrait davantage à l'histoire littéraire du siècle suivant s'il n'avait été pendu en 1303 « pour plusieurs forfais à plusieurs femmes de religion et aultrez ». A la fin du Moyen Age, les poèmes lyriques abandonnent la forme à la fois longue et relativement libre de la *canso*. Celle-ci, discursive, réflexive et argumentée, réunissait l'histoire et le cri de l'amour. La première est désormais prise en charge par le dit ou par le recueil quand sa composition suggère une narration latente. Au lyrisme proprement dit reste le cri qui s'exprime dans des poèmes à formes fixes, enserrés dans la rigidité de leur construction strophique et le plus souvent lovés autour de leur refrain.

Le rondeau

Cet enroulement est si fortement ressenti que le nom même du rondeau n'est plus rapporté à la ronde, à la danse en rond qui lui avait peut-être donné son nom et qui avait défini sa forme, mais à cette forme même, sentie comme une forme circulaire, une forme ronde, une forme, écrit-on, « qui s'enroule sur elle-même comme un cercle, commençant et se terminant de la même façon ». C'est dire que les poètes exploitent désormais systématiquement ses traits marquants : le contraste des voix entre le refrain et le couplet, les effets d'écho, le discontinu, l'ébauché. Guillaume de Machaut, sensible à l'importance du refrain, a tendance à le privilégier au détriment du couplet, de manière qu'il soit attendu avec plus d'impatience et que son impact soit plus fort, succédant aux vers de remplissage d'un couplet banal. D'autres mettent en évidence le mouvement circulaire du rondeau grâce à un texte d'un extrême dépouillement, de façon à montrer que ce mouvement à lui seul suffit à donner une épaisseur poétique à un texte transparent, de façon aussi à créer l'illusion de la simplicité, de la raideur mélancolique que l'on prêtera plus tard aux chansons définies comme populaires. Cette manière est celle de certains rondeaux d'Eustache Deschamps et de Christine de Pizan et contraste fortement avec le style habituel de ces poètes. En voici un exemple chez Christine qui, femme, joue des échos traditionnels de la chanson de femme et de son ton uni et plaintif :

> Il me semble qu'il a cent ans
> Que mon amy de moy parti !
>
> Il ara quinze jours par temps,
> Il me semble qu'il a cent ans !
>
> Ainsi m'a anuié le temps,
> Car depuis lors qu'il departi
> Il me semble qu'il a cent ans !

Cependant, il arrive au rondeau de déborder un peu le schéma très bref qui est au départ le sien : ABaBabAB (les majuscules désignent les vers du refrain, les minuscules ceux du couplet, l'identité des lettres désignant celle de la rime). Il peut s'étendre sur plusieurs strophes. Le couplet du milieu peut prendre son indépendance métrique : c'est alors une *bergerette*. Refrain et couplet peuvent être allongés. Le refrain peut ainsi passer de deux vers (« rondeau simple ») à trois vers (« rondeau tercet »), à quatre vers (« rondeau double » ou « rondeau quatrain »), à cinq vers (« rondeau cinquain »). Sorti du cas du rondeau simple, où le premier des deux vers du refrain est repris au milieu du couplet, se pose la question de savoir quelle proportion du refrain, quand il est plus long, est reprise à cette place. Les manuscrits, qui systématiquement ne copient à la reprise que les premiers mots du refrain, ne sont pas d'un grand secours. Certains pensent qu'une loi stricte gouvernait ces reprises, d'autres qu'elles pouvaient être de longueur variable en fonction du sens. Selon N. Wilkins, Charles d'Orléans donne au poème le nom de rondeau quand le refrain est incomplet et de chanson quand il est entièrement repris. Le premier cas suggère un nouveau mode de lecture, parcourant le poème dans sa nouveauté sans s'astreindre à écouter ses répétitions, mais en laissant seulement la porte ouverte à leur possible retour. C'est à cette lecture qu'invitent les copistes en faisant suivre le premier mot du refrain d'*etc.* Aussi bien, le rondeau survivra longtemps encore avec un refrain réduit à un hémistiche, ou même à un seul mot.

Enfin, par sa brièveté, par les effets piquants que permet le retour du refrain, le rondeau se prête particulièrement à un jeu social léger et facile. Il peut affecter la forme de la missive ou de l'épigramme ou se prêter à l'échange poétique, comme le montrent ceux d'Eustache Deschamps ou de Charles d'Orléans.

Le virelai

D'autres genres offrent plus aisément et plus naturellement l'extension qu'appelle une rhétorique flamboyante. Le virelai ne remplit qu'à demi cette exigence. Le terme — *vireli* ou *virelai* — apparaît à la fin du XIIIe siècle et se réfère soit à un air rustique — comme le *dorenlot*, le *valuru, valura, valuraine* des pastourelles — soit au mouvement de la danse. En tout cas, il désigne alors en France une sorte de rondeau, tandis que sous la forme du *villancico* il connaît dans la péninsule Ibérique un grand succès.

Plus tard sa structure se précise avec Guillaume de Machaut, qui en a laissé trente-huit, et ses successeurs. Il reçoit alors parfois le nom de *chanson balladée* ou de *balette*. Ses strophes sont composées de deux parties dont la seconde reproduit les rimes du refrain-prélude. Par exemple, dans le cas d'une construction en quatrains, on obtient un schéma du type : ABAB cdcd abab ABAB, etc.

A ceci près qu'il n'a pas recours au refrain inséré, ce genre est donc assez proche du rondeau. Il fait au refrain une large place, d'autant plus large que, la structure de la seconde partie de la strophe étant la même que celle du refrain, ce dernier doit être étoffé si l'on veut que la strophe le soit aussi. On le voit, toute réduction de la partie répétitive du poème se paie, en principe, par une réduction égale de la partie discursive. Et pourtant les poètes cherchent souvent à en faire le support d'une analyse développée des sentiments. Eustache Deschamps et Christine de Pizan, dont les rondeaux sont si différents, le font servir à une poésie didactique ou simplement raisonneuse à laquelle sa structure paraît *a priori* peu adaptée. Là encore, on en viendra à réduire la reprise du refrain, devenu une gêne. Aussi bien, à la fin du XVe et au XVIe siècle, Jean Molinet et Thomas Sibilet appellent virelai, non plus un poème à refrain, mais un douzain dont les rimes inversées sont celles de la vieille strophe hélinandienne (aab aab bba bba), justifiant par ce seul schéma la circularité qu'implique le mot *virelai* : « C'est ainsi que vire le lai », dit Thomas Sibilet dans son *Art poétique*.

La ballade et le chant royal

On ne s'étonne donc pas, dans ces conditions, de voir le succès de formes qui font peu de place au refrain, comme la ballade, ou qui ne lui en font, au départ du moins, aucune, comme le chant royal. La ballade est à l'origine un poème de trois strophes dont chacune se termine par un refrain d'un seul vers, le chant royal un poème de cinq strophes et un envoi répétant le schéma métrique de la fin des strophes sur le modèle de la *tornada* des *cansos*. Les deux genres sont au départ bien distincts. La ballade dérive sans doute d'une forme populaire ancienne liée à la danse (latin *ballare*, français *baller*, « danser »). Sa structure, au départ incertaine et proche de celle du virelai, ne se fixe qu'au XIVe siècle. Quant au chant royal, avec son envoi hérité de la *tornada*, ses strophes *unisonnantes* et sa prédilection pour le décasyllabe, il dérive directement de la *canso*. Mais les deux genres se contaminent mutuellement à la fin du XIVe siècle : la ballade est alors dotée d'un envoi et le chant royal d'un refrain. Dès lors, seul le nombre des strophes les distingue. Ce sont les deux formes lyriques préférées de la fin du Moyen Age et les plus souvent imposées dans les concours poétiques organisés par les *puys*. Mais le succès de la ballade dépasse celui du chant royal : Guillaume de Machaut en compose deux cent quarante-huit, Jean Froissart une cinquantaine, Eustache Deschamps un millier, Charles d'Orléans plus de cent vingt. Son succès sera aussi plus long et se prolongera jusqu'au milieu du XVᵉ siècle. On peut tenter d'expliquer cette préférence, comme le fait Henrik Heger, en observant que les habitudes intellectuelles inspirées par la dialectique scolastique favorisaient un développement en trois parties correspondant aux trois strophes mais rendaient plus difficile de répartir la matière dans les cinq strophes du chant royal. Cette matière peut être de nature très variée : ballades amoureuses, satiriques, polémiques, religieuses et mariales, « de moralité », traitant de petits faits quotidiens, comme chez Deschamps. On trouve des pastourelles en forme de ballades ou de chants royaux, comme les pastourelles politiques de Froissart.

A la fin de chacune des trois strophes et de l'envoi de la ballade, l'unique vers du refrain séduit l'esprit comme une citation bien trouvée, chaque fois adaptée de façon ingénieuse au contexte, plus qu'il n'émeut les sens par le vertige des rythmes et des échos. En même temps, la régularité du mètre et sa longueur, puisque le décasyllabe, on l'a dit, est le vers le plus employé par la ballade et le chant royal, permettent au discours poétique de se déployer et de mettre en évidence ses articulations. On comprend aussi que les recueils de ballades soient particulièrement bien placés pour impliquer une trame narrative qui serait ailleurs supportée par un dit.

Le lai lyrique

On s'en souvient, les lais bretons, comme ceux de Marie de France, consistent probablement, au moins à l'origine, dans le développement narratif de thèmes évoqués dans des pièces musicales celtiques. On a longtemps admis sans discussion que le mot celtique *laid*, qui désigne, par exemple, des pièces lyriques insérées dans les épopées irlandaises, s'était tout naturellement appliqué en français également à une forme lyrique. Toutefois R. Baum pense que le mot n'a rien à voir avec le celtique et propose l'étymologie *laicus*[1]. Quoi qu'il en soit, d'une part, certains poèmes insérés dans des romans bretons tardifs comme le *Tristan en prose* ou *Perceforest* portent ce nom. Ils consistent le plus souvent, mais non pas toujours, en quatrains d'octosyllabes. D'autre part le lai désigne, dès les trouvères (Andrieu Contredit, Ernoul le Viel, Charles d'Anjou) et jusqu'à la fin du Moyen Age (Machaut, Froissart, Deschamps, Christine de Pizan, Alain Chartier, Jean Molinet...), un type lyrique mouvant et complexe, caractérisé par son irrégularité : chaque strophe a son schéma métrique et sa mélodie propres. Le lai est composé en principe de douze longues strophes formées de vers de longueur variable, généralement courts. Chaque strophe est divisée en deux ou quatre sections appelées couplets. Les poètes font volontiers étalage de leur virtuosité dans la disposition des mètres et des rimes. Le XV° siècle voit apparaître des lais brefs, qui viennent de ce que les auteurs prennent la strophe modèle donnée par les traités de rhétorique pour la totalité du poème.

La séparation de la poésie et de la musique

Un dernier trait, mais essentiel, marque le lyrisme de la fin du Moyen Age : la séparation d'avec la musique. Guillaume de Machaut, qui dans le *Voir dit* prête à sa jeune admiratrice la capacité de rimer, mais non de « noter », est le dernier à être à la fois musicien et poète. Son disciple Eustache Deschamps n'est plus capable de composer de la musique, et il la dissocie de la poésie dans l'*Art de dictier et de faire chansons* (1392), premier traité de versification française (mais précédé pour la langue d'oc par les *Leys d'Amors* de Guilhem Molinier). Il y distingue la « musique naturelle », celle du vers, celle que produit « la bouche en proferant paroules metrifiees », de la « musique artificielle », la mélodie et la musique instrumentale. Les formes fixes, définies à l'origine par leur forme musicale aussi bien que métrique et liées ainsi à la danse, comme les noms de rondeau ou de ballade le disent, tirent paradoxalement de n'être plus chantées une

---

1. *Zeitschrift für romanische Philologie. Sonderband zum 100 jährigen Bestehen*, 1977, p. 17-78.

importance nouvelle. L'attention portée à la métrique et aux virtuosités qu'elle permet en est augmentée, comme le montrera au XVᵉ siècle l'œuvre des « grands rhétoriqueurs ». A l'inverse, la *canso* devient chanson : deux somptueux manuscrits du XVᵉ siècle ont recueilli des chansons d'allure populaire, dont beaucoup conservent, en la simplifiant, la forme qui avait été celle du premier lyrisme courtois. Ces pièces d'allure traditionnelle et de facture simple inspirent les musiciens de cour, Gilles Binchois, Guillaume Dufaÿ, Josquin des Prés, qui composent pour certaines des mélodies nouvelles mais dont le principal titre de gloire est l'éclat nouveau qu'ils donnent à la polyphonie.

Guillaume de Machaut

La figure de Guillaume de Machaut domine la poésie du XIVᵉ siècle. Après des études menées au moins jusqu'à la maîtrise ès arts, ce Champenois, né vers 1300 dans une famille non noble originaire du village de Machault dans les Ardennes, entre vers 1323 au service du roi de Bohême Jean de Luxembourg, auprès duquel il occupe diverses fonctions de notaire et de secrétaire. Il a ainsi l'occasion de voyager à travers toute l'Europe. En 1337, son protecteur obtient pour lui du pape un canonicat à Reims. A partir de 1340 environ, il semble se fixer à Reims. Il quitte vers cette époque son protecteur pour sa fille, Bonne de Luxembourg, femme de Jean, duc de Normandie — le futur roi de France Jean II le Bon. A la mort de Bonne en 1349, il s'attache au roi de Navarre Charles d'Evreux, dit plus tard « le Mauvais ». Après 1357 il est au service de Jean, duc de Berry, tout en entretenant des rapports étroits avec son frère aîné Charles, duc de Normandie, puis roi de France (Charles V), à la cour duquel il séjourne et qu'il reçoit dans sa maison de Reims, où il meurt en avril 1377.

Cette carrière est en elle-même significative de l'importance du mécénat à la fin du Moyen Age. Les cours imposent leurs modes et s'attachent les écrivains les plus illustres. Au XVᵉ siècle, ceux de la cour de Bourgogne seront de véritables fonctionnaires. L'exercice, la nature même de la poésie passent par ces relations du poète et du prince, comme le dit le titre de l'ouvrage fondamental de Daniel Poirion[1].

Nous n'avons pas à nous occuper ici de l'importante œuvre musicale de Machaut, où figurent entre autres sa fameuse *Messe* et une vingtaine de motets. Son œuvre littéraire se partage essentiellement entre la poésie lyrique et le dit. Elle comprend quelque quatre cents pièces lyriques, qui peuvent chercher la cohérence du recueil comme les cinquante ballades et rondeaux de la *Louange des dames*. Quant aux dits, les principaux sont le *Jugement du Roy de Behaingne* (vers 1340), le *Remede de Fortune* (vers 1341), le *Dit dou Lyon* (1342), le *Dit de l'Alerion* (avant 1349), le *Jugement du Roy de Navarre* (1349), le *Confort d'Ami* (1357), la *Fonteinne amoureuse* (vers 1361), le *Voir dit* (1364). D'autres sont plus brefs (*Dit de la Marguerite, Dit de la Rose, Dit de la Fleur de Lis et de la Marguerite, Dit du Cerf blanc* si ce dernier poème est vraiment de lui). Dans un genre différent, un long poème historique, la *Prise d'Alexandrie* (1369), est consacré à la vie du roi de Chypre Pierre Ier de Lusignan. Vers la fin de sa vie, Machaut compose un *Prologue* à l'ensemble de son œuvre, prologue qui livre un art poétique et un peu un art de vivre en poésie.

C'est de ce prologue qu'il faut peut-être partir. Il manifeste la volonté *a posteriori* de donner à l'œuvre une unité. Plus encore, il témoigne, à travers la fiction allégorique qu'il met en scène, de la mission dont se sent investi le poète : Nature et Amour l'ont « formé à part » pour composer de *nouviaus dis amoureus plaisans*. Nature, qui a formé spécialement Guillaume afin qu'il chante l'amour, met à sa disposition, pour donner forme à sa poésie, trois de ses enfants, Sens, Rhétorique et Musique. De son côté, Amour lui fournit la matière poétique grâce à Doux Penser, Plaisance et Espérance. Enfin, la joie lui permet d'actualiser ces virtualités poétiques et de créer. Ainsi s'affirme la conscience des ressources de l'écriture, de la création et de cette dignité nouvelle du clerc, qui est d'être *poète* — mot réservé aux auteurs de l'Antiquité jusqu'à ce que Deschamps l'applique à son maître Machaut. A cette conscience du poète Machaut joint la conscience des valeurs qu'il se doit de défendre et qu'il voit

---

1. *Le poète et le prince. L'évolution du lyrisme courtois de Guillaume de Machaut à Charles d'Orléans*, Paris, 1965.

menacées. Valeurs chevaleresques idéalement incarnées dans
son patron, le « bon roi de Bohême », valeurs de l'amour et de
la courtoisie. Ce sont ces valeurs qui sont en question et en
débat dans le *Jugement du Roy de Behaingne* et le *Jugement du Roy de
Navarre*, qui traitent de casuistique amoureuse (lequel est le plus
à plaindre d'un chevalier trahi par son amie ou d'une dame
dont l'amant est mort ?), dans le *Confort d'Ami*, dans la *Fonteinne
amoureuse*, tous poèmes où le *je* du poète se fait l'avocat de ces
valeurs ou en est le témoin, aussi bien que dans ceux où il tient
le rôle de l'amant comme le *Remede de Fortune*, dans une moindre
mesure le *Dit dou Lyon* et le *Dit de l'Alerion*, et surtout le *Voir dit*.
Double rôle où s'inscrivent les tensions qui marquent la relation
à l'écriture du clerc amoureux. Double rôle où trouve à
s'exercer « un engin si soutil », si subtilement analysé par Jacqueline Cerquiglini.

Le *Voir dit*, c'est-à-dire le *Dit véritable* — « à la fois *dit* du vrai
et vrai *dit* », comme le souligne J. Cerquiglini —, est l'œuvre
maîtresse de Machaut par son ampleur, par sa date tardive qui
en fait le couronnement et la somme de son activité créatrice,
par la synthèse qu'il offre des formes et des valeurs que le poète
s'est attaché à promouvoir, et aussi par la fiction autobiographique qu'il développe et qui a beaucoup frappé. On en a déjà évoqué plus haut la trame. Une toute jeune fille de noble naissance,
dont un anagramme cache et livre le nom, Péronne d'Armentières, s'éprend sans l'avoir jamais vu et sur sa seule gloire du
vieux poète. Elle lui écrit pour lui avouer un amour que Guillaume lui retourne aussitôt. Ils échangent des poèmes et des lettres. Les uns et les autres sont insérés dans le dit, qui renferme
ainsi soixante-trois poésies lyriques et quarante-six lettres, la
moitié de ces pièces étant attribuée à Péronne. Ils s'envoient des
présents. Une brève rencontre finit par les unir, puis ils reprennent leur liaison épistolaire et poétique. Mais celle-ci est divul-
guée et les « losengiers » cherchent à perdre le poète dans
l'esprit de la jeune fille. Jaloux, Guillaume compare à la chan-
geante Fortune l'esprit de sa bien-aimée qui, apprenant ses
soupçons, s'en justifie.

Ainsi, en un montage grâce auquel s'élabore en même temps
que l'œuvre la figure du poète, le récit enchâsse les pièces lyriques, mais en même temps n'est tout entier que le développement et l'écho de l'émoi lyrique. Car « l'aventure n'est

qu'amoureuse » et « ses péripéties sont les aléas du désir », pour reprendre des formules de Jacqueline Cerquiglini :

Car cilz qui aimme par amours	Car celui qui aime d'amour
Ha des joies et des clamours	a des joies et des souffrances,
Et des diverses aventures	des expériences variées,
Et des joieuses et des dures,	certaines joyeuses, d'autres pénibles,
Des granz desirs et des pensees	de grands désirs et des pensées
Diversement entremellees.	diversement entremêlées.

(Voir dit, v. 1568-1573, texte établi par J. Cerquiglini).

A cette réflexion sur « le clerc et l'écriture », sur l'amour et les jeux de Fortune, à l'inspiration courtoise, au cadre et à l'imagerie allégoriques hérités du *Roman de la Rose* (par exemple dans le *Dit du Vergier* ou dans la *Fontaine amoureuse*), à la théâtralisation du moi qui fonde le dit, Machaut ajoute des intérêts et des accents propres à son époque, que l'on retrouvera plus nettement encore chez ses successeurs : l'attention au temps, aux dates, au vieillissement ; une relation nouvelle à la réalité. Le poète qui, dans l'introduction du débat de casuistique amoureuse qu'est le *Jugement du roi de Navarre*, évoque les calamités de son temps — la peste, les flagellants, le massacre des juifs ; le poète qui, dans le *Confort d'Ami*, adresse ses consolations à ce même roi de Navarre, au moment où il languit dans les prisons du roi de France et qui, dans la *Fonteinne amoureuse*, en adresse d'autres au duc Jean de Berry, quittant sa dame pour partir comme otage en Angleterre après le traité de Brétigny ; le poète qui fonde le charme et le drame du *Voir dit* sur l'écart des âges, le temps et les étapes de l'aventure : ce poète ouvre la poésie à un dialogue nouveau avec le monde, tout en affirmant fortement le caractère impérieux de ses lois propres.

Jean Froissart poète

Ces traits, en particulier le jeu sur le temps à travers ses diverses valeurs et l'attention aux choses de la vie, sont plus accusés encore chez les poètes de la génération suivante qui se mettent à l'école de Machaut, Jean Froissart et Eustache Deschamps. Du premier (1337 ? - après 1404), on parlera surtout plus loin en tant que chroniqueur. Ses intérêts d'historien de son temps transparaissent d'ailleurs jusque dans sa production lyrique, puisqu'il est l'auteur de plusieurs pastourelles à caractère politique, et non plus érotique, dans lesquelles bergères et bergers célèbrent et commentent des événements contemporains, traités de paix ou mariages princiers. On peut noter que sa carrière d'homme de lettres reconnu et fêté, protégé par des mécènes successifs et prébendé d'un canonicat par leurs soins sans pourtant dépendre exclusivement d'aucun d'eux, n'est pas sans ressemblance avec celle de Machaut.

L'univers allégorique de Machaut et les personnages dont il le peuple avec prédilection, comme Fortune, se retrouvent chez Froissart. Plusieurs de ses dits relevant de l'esprit courtois sont directement inspirés par ceux du chanoine de Reims : comme lui il compose un *Dit de la Marguerite* et sa *Plaidoirie de la Rose et de la Violette* évoque le *Dit de la Fleur de Lis et de la Marguerite* de Machaut. La filiation apparaît tout autant dans les grands poèmes de Froissart qui donnent à l'allégorie une coloration autobiographique (l'*Espinette amoureuse*, le *Joli Buisson de Jonece*) ou qui se veulent un « confort d'ami » (la *Prison amoureuse* ou, dans une certaine mesure, le *Dit du bleu Chevalier*). Comme Machaut, Froissart insère dans ses dits des poèmes lyriques et des lettres. Comme lui — plus encore que lui, peut-être —, il fait une large place à la mythologie. Plus que lui, il convoque les personnages des romans arthuriens, pour lesquels il éprouve un goût dont témoigne son propre roman de *Méliador*. Comme lui, il est fidèle à la leçon de Guillaume de Lorris, par exemple dans son premier dit, le *Paradys d'Amours*, récit d'un songe allégorique dans lequel le poète visite le jardin du dieu d'Amour où sa dame le couronne d'un chapelet de marguerites avant qu'il se réveille.

En dehors de l'intéressant *Orloge amoureus*, où Froissart décrit avec précision le mécanisme d'une horloge en y voyant une allégorie des mouvements du cœur amoureux, ses trois poèmes les plus importants sont l'*Espinette amoureuse*, la *Prison amoureuse* et le *Joli Buisson de Jonece*. Le premier est le récit d'une initiation sentimentale. Désireux d'aimer depuis son enfance, dont il énumère longuement les jeux, le poète se voit accorder par Vénus le don d'être amoureux. Il s'éprend en effet d'une dame, la rencontre ou la manque en diverses occasions sociales, lui envoie des poèmes, apprend avec désespoir qu'elle va se marier, médite sur son geste d'adieu à la brutalité ambiguë (elle lui a arraché quelques cheveux). A ce prélude, le *Joli Buisson de Jonece* sert de conclusion ; mais le corps de l'amour aura manqué. A trente-cinq ans, le 30 novembre 1373, le poète rêve que Jeunesse le conduit à un buisson rond, à la signification allégorique riche et complexe, où il retrouve inchangée, avec sa propre jeunesse, la dame qu'il aimait jadis. Mais le réveil l'arrache à ces chimères, et il se tourne vers la Vierge pour laquelle il écrit un poème. La *Prison amoureuse* s'organise autour de la discussion sur la nature de l'amour que poursuivent le poète-conseiller, qui se donne le nom de Flos, et l'amant, qui reçoit celui de Rose, dans une correspondance formée de lettres en prose insérées dans le dit. Rose raconte en particulier un rêve qui, sous le voile de l'allégorie, fait allusion à la captivité d'un an du bienfaiteur de Froissart, le duc de Brabant Wenceslas de Luxembourg, fait prisonnier par le duc de Gueldres à la bataille de Baesweiler en 1371.

Plus que Machaut, Froissart s'entend à écrire une poésie du quotidien. Dans l'*Espinette amoureuse*, il énumère, on l'a dit, des centaines de jeux enfantins et il évoque le temps où il essayait de se faire remarquer par les petites filles en se battant avec les garçons :

Et s'ai souvent d'un bastonciel	Et j'ai souvent fait d'un bâton
Fait un cheval nommé Grisiel,	un cheval nommé Grison,
Et ossi souvent fait avons	et souvent aussi nous faisions
Hïaumes de nos caperons,	des heaumes de nos capuchons,
Et moult souvent devant les filles	et très souvent devant les filles
Nos batïons de nos kokilles.	nous nous battions avec nos bonnets.

(V. 213-218).

Le temps où il rentrait les habits déchirés et où il était battu parce qu'il s'était battu ; le temps où il était battu encore pour n'avoir pas appris son latin ; le temps où il offrait aux filles des couronnes de violettes : tant de faits minuscules et décisifs, toute une préhistoire de l'amour. Dans un autre registre, il imagine un débat entre son cheval et son chien pour savoir lequel souffre le plus des voyages auxquels les contraint leur maître (*Débat du cheval et du lévrier*). Le *Dit du florin* évoque son séjour à la cour du comte de Foix Gaston Phébus, la somme qu'il a reçue de ce prince pour lui avoir lu son roman *Méliador*, et comment cette somme lui a été dérobée pendant le voyage de retour. Heureux caractère et poète habile, Froissart sait dans ces moments joindre à l'aisance élégante de ses vers un humour et une simplicité de ton qui leur donnent une grande séduction.

Eustache Deschamps

Deschamps, qui déplore dans une ballade célèbre la mort de « Machaut, le noble rhétorique », se veut plus explicitement que Froissart son disciple, mais est sans doute plus éloigné de son inspiration. Un peu plus jeune que Froissart (1346-1406 ou 1407), Champenois comme Machaut dont une tradition du XV⁰ siècle fait son oncle, il interrompt des études de droit poursuivies à Orléans sans beaucoup de zèle pour entrer au service du roi comme messager. Il occupera diverses charges administratives, dont celle de bailli de Valois à partir de 1373 environ, année qui paraît être aussi celle de son mariage. Il participera surtout, jusqu'à ce que l'âge et la maladie l'en écartent, à la vie joyeuse et frivole de la cour, fâché lorsque sa charge de bailli le retient à Senlis. Dès la naissance en 1372 de Louis, le futur duc d'Orléans, frère de Charles VI, il est attaché à la personne de ce prince et le restera jusqu'à sa mort. Mais ses dernières années semblent assombries par la maladie, par les soucis d'argent, par l'oubli.

Son œuvre énorme et dispersée (82 000 vers, à comparer aux 60 000 vers de Machaut et aux 35 000 de Froissart, auxquels s'ajoutent les 30 000 vers de *Méliador*) est composée pour l'essentiel de pièces à forme fixe : ballades, chants royaux, rondeaux, virelais et lais, auxquels s'ajoutent quelques poèmes strophiques ou à rime plate. Mais on y trouve aussi des compositions plus vastes, en particulier le *Miroir de Mariage*, poème allégorique de 11 000 vers resté inachevé. Outre quelques pièces en latin, Deschamps est aussi l'auteur de trois ouvrages en prose. On a déjà mentionné l'*Art de dictier et de fere chançons, balades, virelais et rondeaulx...* composé en 1392, qui emprunte ses exemples à l'œuvre du poète lui-même. La *Demoustracions contre sortileges* est un recueil d'exemples dirigés contre l'art de la divination. La troisième de ces pièces, traduite du latin, est une déploration sur l'Eglise en proie au schisme.

L'œuvre poétique se veut pour une très large part un reflet du quotidien et se nourrit volontiers de l'écume des jours : au fil et au hasard des poèmes Deschamps décrit les mœurs de la cour, donne des conseils au roi, célèbre des événements politiques, des naissances et des morts illustres, moralise avec facilité. Il rime pour demander de l'argent au roi, pour demander au pape un canonicat pour son fils, pour commenter un procès dans lequel il est engagé, pour reprocher à un ami de lui avoir fait vendre sa maison trop bon marché, pour prodiguer de bons conseils à sa fille qui va se marier, pour se plaindre à la duchesse d'Orléans qu'une pièce de sa maison sent mauvais et pour espérer qu'il sera mieux logé dans l'hôtel ducal à Paris. Il rime en qualité de président de plusieurs sociétés de buveurs. Il rime, et abondamment, pour donner des conseils d'hygiène alimentaire. Il compose une ballade sur la calvitie, inconvénient qu'il partage avec plusieurs de ses nobles amis et qui paraît l'avoir beaucoup affecté, car il y revient souvent ; une autre pour raconter une nuit de ribote passée par les oncles du roi et quelques-uns des plus grands seigneurs à l'hôtel de Nesles. Il se nomme « Brûlé des champs » le jour où les Anglais incendient sa maison de campagne. Il ironise sur son physique simiesque, se proclame le « Roi des laids », parle de son gros visage, de son teint basané, de son nez camus, de ses longues dents, de son groin de sanglier, de ses yeux louches. Il déplore sa propension à s'enrhumer et l'arthritisme dont il souffre. Il décrit avec réalisme, et aussi avec une amertume croissante, les infirmités de l'âge et la solitude qui l'accompagne, car il a connu l'humiliation de se sentir délaissé par les grands personnages beaucoup plus jeunes que lui, comme Louis d'Orléans, dont il avait été l'amuseur :

Je suis moqué, ainsi sont vielles gens,
Pardonnez moy, car je m'en vois en blobes[1].

(Ball. 225, v. 27-28).

Ailleurs il se plaint qu'on ne lui rend pas les livres qu'il prête ou raconte une équipée canularesque dans Calais occupé par les Anglais. Sans parler des pièces grivoises ou ordurières, l'amour n'est pas oublié : Deschamps propose ses services à Péronne d'Armentières après la mort de Machaut et célèbre une *Margue-*

1. Loques, guenilles.

rite la Clinete nonayn d'Ormont, dont l'acrostiche d'un poème livre
le nom.

   Poésie de circonstance, poésie de circonstances (inclure dans
le poème l'énoncé de sa date est chez lui une pratique courante),
poésie qui mêle dans le quotidien l'humour et l'amertume : ces
caractères qui ont longtemps fait considérer l'œuvre de Deschamps comme mineure sont ceux-là mêmes qui la rendent
importante à nos yeux.

Christine de Pizan

   Bien différente est Christine de Pizan, modèle de vertu et d'application laborieuse, première femme de lettres professionnelle de
notre littérature. Elle naît en 1365 à Venise où son père, l'illustre
médecin et astrologue bolognais Thomas de Pizzano, est au service de la République. Trois ans plus tard, Thomas devenu
l'astrologue de Charles V, fait venir sa famille à Paris. Après avoir
reçu sous la conduite de son père une instruction solide, elle
épouse en 1370, à l'âge de quinze ans, un jeune gentilhomme
picard, Etienne Castel, qui reçoit une charge de notaire et de
secrétaire du roi. Le crédit et la fortune de Thomas de Pizan ne
survivent pas à la disparition en 1380 de son bienfaiteur,
Charles V. Lui-même meurt entre 1385 et 1390, bientôt suivi par
son gendre. Christine se retrouve à vingt-cinq ans, en 1390, veuve
avec trois enfants, dans une situation matérielle difficile,
contrainte de faire face à plusieurs procès. En 1392 elle vend ses
biens à Philippe de Mézières. Elle vit désormais de sa plume jusqu'à sa mort vers 1430, consciente de ce que sa situation a
d'exceptionnel autant que de douloureux, toujours prête à défendre la réputation et la condition des femmes. Elle connaît d'ailleurs le succès. En France et à l'étranger les princes s'intéressent à
elle et rémunèrent les ouvrages qu'elle leur offre. Elle bénéficiera
ainsi de la protection et des gratifications du duc Jean de Berry et
de sa fille, du duc de Bourgogne Philippe le Hardi et de ses
enfants, d'Isabeau de Bavière, du dauphin Louis de Guyenne, du
duc Louis d'Orléans et de sa femme Valentine Visconti, dont le
père, le duc de Milan, avait essayé en vain de la faire revenir en
Italie, de même que le roi Henri IV de Lancastre l'avait en vain

invitée en Angleterre. Elle sera admirée par ses contemporains Eustache Deschamps et Jean Gerson de son vivant, Guillebert de Metz et Martin Le Franc quelques années après sa mort.

Christine de Pizan est bien loin d'être seulement un poète lyrique. Son œuvre, très abondante, est variée. Mais elle a commencé par l'écriture lyrique et elle n'y a jamais entièrement renoncé, même si elle l'a quelque peu délaissée plus tard comme « chose légère » au profit d'ouvrages plus ambitieux et plus savants, dont il sera question plus loin. Son œuvre proprement lyrique comprend de nombreuses ballades, des rondeaux, des virelais, deux lais, ainsi que des « jeux à vendre », sorte de divertissement amoureux, poétique et mondain. De cette poésie, la postérité a surtout retenu les pièces les plus simples, qui pleurent la disparition d'un mari aimé. Mais leur apparente sincérité ne doit pas masquer la tension constante entre une exigence d'authenticité et l'artifice d'une écriture de commande dont Christine déplore parfois explicitement la violence qu'elle fait à son *sentement*. Ainsi les *Cent ballades sur divers sujets*, sa première œuvre, mêlent des pièces où s'exprime la douleur de la jeune veuve et d'autres qui, placées dans la bouche d'amants et de dames, jouent le jeu de l'amour courtois. C'est le même jeu qui se déploie dans les *Cent ballades d'amant et de dame*, corrigé cette fois par la leçon qui se dégage de l'organisation du recueil et du déroulement des poèmes : ce jeu de l'amour courtois est un leurre dont les femmes sont les victimes.

Car la grande affaire de Christine est la défense et l'illustration des femmes. Elle s'y emploie dès le moment où, s'enhardissant, elle compose des dits et non plus seulement de brèves pièces lyriques. Le premier, l'*Epître au dieu d'Amours* (1399), est un plaidoyer en faveur des femmes et une attaque de l'*Art d'aimer* d'Ovide et du *Roman de la Rose*. Le second, le *Dit de la Rose* (1402), est lui aussi une défense des femmes. Le dernier de tous sera un *Dittié* en l'honneur de Jeanne d'Arc écrit le 31 juillet 1429 après la levée du siège d'Orléans. D'autres, il est vrai, sont d'inspiration plus diverse : amoureuse, sans pourtant que l'honneur des femmes soit jamais oublié *(Débat des deux amants, Livre des trois jugements, Livre du duc des vrais amants)* ; morale *(Epître à Eustace Maurel, Enseignements moraux, Proverbes moraux)* ; religieuse *(Quinze Joies Notre Dame, Oraison Notre Seigneur)* ; pastorale *(Dit de la pastoure)*. Le *Dit de Poissy* raconte une visite de Christine à sa fille, dominicaine au couvent de cette ville, en avril 1400.

Mais les deux ouvrages poétiques majeurs de Christine de Pizan sont le *Chemin de long estude* et le *Livre de la mutacion de Fortune*. Dans le premier de ces poèmes, écrit entre le 5 octobre 1402 et le 20 mars 1403 et long de plus de six mille vers, Christine raconte un songe dans lequel la sibylle de Cumes, après lui avoir montré la fontaine de Sapience, la conduit au ciel où les quatre reines du monde, Richesse, Sagesse, Chevalerie et Noblesse, siègent sous la présidence de Raison. Le *Livre de la mutacion de Fortune* (plus de vingt-trois mille vers et un bref passage en prose), écrit entre août 1400 et novembre 1403, est plus ambitieux. C'est une sorte d'histoire universelle et d'essai sur la philosophie de l'histoire. L'auteur décrit le château de Fortune et la salle où se trouvent les portraits de Philosophie et des sciences et où sont figurés les exploits des grands princes depuis l'origine du monde, ce qui permet de rappeler leur histoire. Le début du poème offre une allégorie assez surprenante de la vie de Christine et du drame de son veuvage, à la suite duquel, nous dit-elle, elle a changé de sexe et est devenue homme.

Il est, bien entendu, artificiel de séparer l'œuvre en prose de Christine de son œuvre poétique. Les mêmes thèmes (songe, intervention de Nature, confidence autobiographique) qui figurent dans le *Livre de la mutacion de Fortune* se retrouvent en prose dans l'*Avision Christine*. L'éloge des femmes trouve son expression la plus forte dans la *Cité des dames* et dans le *Trésor de la cité des dames*. Les préoccupations politiques de certains ouvrages en prose trouvent un écho dans les poèmes. Toutefois, le plan de ce livre nous contraint, comme dans le cas de Froissart ou dans celui d'Alain Chartier, mais avec plus d'artifice, à scinder l'examen de l'œuvre de Christine de Pizan.

L'évolution de la poésie de la fin du XIVe au milieu du XVe siècle

La tradition courtoise nourrit encore à la fin du XIVe et au début du XVe siècle l'inspiration de nombreux poètes. Lors de sa mésaventure à Calais, Deschamps se trouvait en compagnie d'Oton de Grandson, alors au service des Anglais, qui, pendant qu'il faisait le pitre, feignait de ne pas le connaître. Ce noble savoyard connut un destin tragique. A la mort en 1391 du duc Amédée VII de Savoie, dont il était le conseiller, il est accusé de l'avoir fait empoisonner et doit se réfugier en Angleterre. Son innocence ayant été reconnue, il rentre en Savoie, mais, à nouveau accusé, doit se soumettre au « jugement de Dieu » dans un duel judiciaire contre un adversaire beaucoup plus jeune. Il y trouve la mort le 7 août 1397. Illustre en son temps par son élégance et sa vaillance, il est l'un des poètes les plus représentatifs de cet esprit courtois qui jette ses derniers feux, avec un talent marqué par une virtuosité sans effort apparent, une poésie fluide et un ton élégiaque. Même milieu chevaleresque, même inspiration courtoise chez Jean de Garencières, compagnon de Louis d'Orléans, tué à Azincourt en 1415, auprès duquel Charles d'Orléans fait ses premières armes en poésie, et, du côté anglais, chez John Gower, auteur vers 1399 d'un recueil de cinquante ballades. A l'exception du prolixe Gower, et bien qu'un dit d'amour coupé de pièces lyriques ait été attribué sous le titre de *Livre de messire Ode* à Oton de Grandson, ces chevaliers poètes ne cultivent guère le dit, mais écrivent ballades, rondeaux, lais, complaintes dans l'esprit de Guillaume de Machaut.

L'écho de la courtoisie se fait encore entendre dans les poèmes lyriques d'Alain Chartier (*ca* 1385-1433 au plus tard), chanoine de Paris, notaire et secrétaire du dauphin Charles (VII), dont on évoquera plus loin l'œuvre morale et politique, mais le même poète scandalise et fait en même temps des émules en dénonçant dans *La Belle Dame sans merci* (1424) l'hypocrisie du jeu courtois qui, dans les milieux de cour, n'est plus qu'une apparence. Ce poème de huit cents vers en strophes d'octosyllabes *ababbcbc* met en scène une dame et un amant dont le poète surprend la conversation. Les plaintes de l'amant laissent la dame inflexible. Elle dénonce leur fadeur, leur caractère convenu, leur manque de sincérité : les hommes multiplient auprès d'objets divers des serments de fidélité qui ne leur coûtent guère et affirment qu'ils mourront s'ils sont repoussés, pronostic régulièrement démenti. Elle dénonce surtout le chantage insupportable de la requête amoureuse : pourquoi une dame devrait-elle, sous peine d'être jugée insensible et cruelle, aimer un homme au seul motif que pour sa part il est épris d'elle ou le prétend ? Quel droit cet amour lui donne-t-il à son attention ? En un mot son raisonnement est celui-là même que, quatre siècles plus tard, la Marianne de Musset tiendra à Octave.

La Belle Dame sans merci provoque un important débat poétique. La tradition veut que son auteur ait été flétri par la « Cour amoureuse » fondée en 1400 par l'échanson du roi Pierre de Hauteville pour la glorification des dames. Pierre de Nesson, un ami d'Alain Chartier, fait bien une allusion dans son *Lay de Guerre* à une condamnation du poète par la Cour amoureuse à Issoudun. Mais elle ne renvoie, comme nous l'apprend une note de Nesson lui-même, qu'à une farce qu'il a jouée à son ami. Ce qui est vrai, en revanche, c'est que le poème en a suscité une foule d'autres qui l'imitent, l'approuvent ou le démentent. Ainsi, les *Accusations contre la Belle Dame sans merci*, poème intitulé ailleurs *Jugement* ou *Procès de la Belle Dame sans merci*, de Baudet Herenc ; la *Dame loyale en amours*, œuvre d'un poète de Tournai à laquelle répondent la *Cruelle femme en amours* et l'*Hôpital d'amours* d'Achille Caulier, lui aussi de Tournai ; la *Belle dame qui eut mercy* ; les *Erreurs de jugement de la Belle Dame sans merci* ; le *Jugement du povre triste amant banny* ; le *Débat de la dame et de l'écuyer*, faussement attribué à Henri Baude et qui est peut-être de Martin Le Franc ; de façon plus lointaine, l'*Amant rendu cordelier à l'Observance d'Amour*, faussement attribué à Martial d'Auvergne, qui s'inspire de tous ces « jugements » et « procès » dans ses *Arrêts d'Amours* en prose imitant le style juridique (1460). Villon se réfère à Alain Chartier pour évoquer sur le mode de la dérision les amants malades d'amour. Au XVIᵉ siècle encore le poème de Chartier est mis en rondeaux par Anne de Graville et cité par Marguerite de Navarre dans l'*Heptaméron*. *La Belle Dame sans mercy* aura ainsi ravivé l'intérêt pour l'amour courtois et précipité en même temps son déclin.

Cette double tendance est l'un des traits qui donnent au lyrisme du XVᵉ siècle sa physionomie propre. Un autre, plus contingent encore et lié aux hasards des guerres, est la place qu'y tient, jusqu'au milieu du siècle, la poésie de la prison. Un riche bourgeois parisien, Jean de Calais, est emprisonné en 1430 pour avoir dit du mal des Anglais. Il compose alors des *Lamentations*. Jean Regnier (vers 1390-1468), bailli d'Auxerre (appartenant donc au parti anglo-bourguignon), est fait prisonnier par les Français en traversant la forêt des Andelys le 14 janvier 1432 et emprisonné à Beauvais jusqu'en mai 1433, le temps de réunir la lourde rançon exigée. Il conte ses malheurs dans les *Fortunes et adversitez*, poème autobiographique et allégorique coupé de nombreuses pièces lyriques, en tout près de cinq mille vers. Dans une situation analogue un auteur anonyme compose le poème du *Prisonnier déconforté du château de Loches*. Bien entendu, le poète prisonnier le plus illustre de cette période est Charles d'Orléans, et, si l'on va jusqu'aux prisonniers de droit commun, on sait que le *Testament* de Villon s'ouvre sur le souvenir amer de la « dure prison de Mehun ».

Ces deux figures, celle de Charles d'Orléans et celle de François Villon, marquent plus que toute autre la poésie du XVe siècle. Très différentes l'une de l'autre, elles sont toutes deux à la fois centrales et marginales. Tous deux, par des voies divergentes, enracinent la revendication autobiographique de leur poésie dans une méditation sur le temps, selon une démarche que l'on trouve aussi chez d'autres, dans la *Destrousse* et le *Passe-Temps* de Michault Taillevent (1426-1450 ?), poète attaché à la cour de Bourgogne, ou, vers le milieu du siècle, dans les deux poèmes de Pierre Chastellain qui s'en inspirent et qui s'intitulent respectivement, de façon frappante pour nous, le *Temps perdu* et le *Temps recouvré*. Poètes à la fois originaux et conservateurs, Charles d'Orléans et Villon se tiennent à l'écart de la tendance littéraire communément définie de façon contestable comme celle des Rhétoriqueurs qui s'amorce de leur temps et qui domine la seconde moitié du siècle et le début du suivant.

Charles d'Orléans

Né en 1394, Charles d'Orléans est le fils de Louis, duc d'Orléans, frère de Charles VI, et de Valentine Visconti. Il a treize ans à peine quand son père est assassiné sur l'ordre de son cousin, le duc de Bourgogne Jean sans Peur (23 novembre 1407). Sa mère meurt l'année suivante. En décembre 1408, le jeune duc d'Orléans, émancipé par lettres du roi, consomme le mariage qui l'unissait depuis 1406 à sa cousine germaine, de six ans son aînée, Isabelle de France, fille de Charles VI, et veuve du roi d'Angleterre Richard II. Mais Isabelle meurt à son tour en septembre 1409 après lui avoir donné une fille et Charles se remarie en 1410 avec Bonne d'Armagnac, âgée de onze ans, fille du connétable Bernard d'Armagnac qui était depuis l'assassinat de Louis d'Orléans le chef du clan anti-bourguignon. Les « Armagnacs » remportent des succès militaires, et en 1414 Jean sans Peur doit demander la paix. Mais le 25 octobre 1415, à Azincourt, Charles d'Orléans, âgé de vingt et un ans, est fait prisonnier par les Anglais. Il ne sera libéré qu'en 1440. A l'exception de quelques moments où il est gardé d'assez près, sa captivité n'a rien de très rigoureux et certains de ses hôtes, comme le comte Suffolk et son frère, sont pour lui des amis. Mais il souffre de l'exil, du mal du pays, de l'impression de voir sa vie s'écouler sans profit. Il s'occupe en lisant et en composant des poèmes — quelques-uns en anglais. Sa femme meurt loin de lui.

Enfin libéré contre une énorme rançon et grâce à l'intervention du duc de Bourgogne Philippe le Bon, il épouse la très jeune Marie de Clèves, qui lui donnera plusieurs enfants, dont le futur roi de France Louis XII, né en 1462. Charles VII le regarde avec méfiance, car il a toujours eu le goût de l'intrigue : ses contemporains ont tous été frappés par son charme enveloppant et son caractère ondoyant jusqu'à la dissimulation. Dans les années qui suivent son retour en France, il s'agite, joue au grand politique, favorise des négociations avec les Anglais que le roi juge intempestives à un moment où la victoire est presque acquise. C'est que son long séjour outre-Manche a fini par le rendre anglophile et que les conditions de sa libération comme son mariage avec Marie de Clèves l'ont rapproché de Philippe le Bon. Plus tard, Louis XI ne le prendra guère au sérieux. Il meurt le 5 janvier 1465, sans avoir rencontré le grand destin politique qui aurait pu être le sien, au terme d'une vie qui est à la ressemblance de son œuvre : à la fois transparente et secrète.

A son retour de captivité, mais surtout à partir de 1451, Charles d'Orléans vit le plus souvent retiré dans son château de Blois, écrivant de nouveaux poèmes qu'il transcrit dans le recueil de ses œuvres, copié de sa main vers 1450-1455, à côté des pièces des poètes dont il s'entoure, ou des personnes de son entourage qui se transforment pour lui en poètes d'occasion, et de celles des visiteurs qui passent par Blois : René d'Anjou, Jean Meschinot, Olivier de la Marche, qui le juge dans ses *Mémoires*

« moult bon rhetoricien », Georges Chastellain, François Villon. Le livre prend ainsi la forme d'un dialogue poétique, où aux noms illustres qu'on vient de citer se mêlent d'autres plus obscurs, souvent ceux de notables régionaux ou d'officiers de la cour ducale : Fredet, Antoine de Cuise, Antoine de Lussay, Bertaut de Villebresme, Jean et Simonet Caillau, Benoist Damien, Gilles des Ormes, Hugues Le Voys. Les poèmes ainsi se répondent, en partant parfois du même incipit donné comme une règle du jeu : « En la forest de Longue Attente... », « Jaulier des prisons de Pensee... ».

La poésie de Charles d'Orléans est, surtout à ses débuts, d'inspiration nettement courtoise, sous l'influence du fidèle Jean de Garancières, chevalier dévoué à la maison d'Orléans et poète qui perpétue la tradition de Machaut. Son œuvre est formée pour l'essentiel de ballades et de rondeaux, auxquels viennent s'ajouter quelques complaintes, chansons et caroles. Le recueil des ballades est introduit par un poème narratif, autobiographique dans la généralité du discours allégorique, très marqué par le *Roman de la Rose*, la *Retenue d'Amour* (1414), auquel fait pendant plus loin le *Songe en complainte* (1437), annonçant la *Departie d'Amour* du poète vieillissant. Les ballades elles-mêmes s'organisent par moments en suites narratives, évoquant, par exemple, la maladie et la mort de l'aimée. D'autres évoquent la douleur de la captivité, l'espoir de la paix et de la délivrance :

> En regardant vers le païs de France,
> Un jour m'avint, a Dovre sur la mer,
> Qu'il me souvint de la doulce plaisance
> Que souloye[1] oudit pays trouver.

Cette poésie est faite tout entière de la réflexion du temps sur le moi et de la réflexion du moi sur le temps. Le temps qu'il fait, tel que l'évoquent si volontiers les rondeaux (« Yver, vous n'êtes qu'un vilain... » ; « Le temps a laissié son manteau... » ; « En yver, du feu, du feu, / Et en esté, boire, boire... »). Les dates et les saisons : la Saint-Valentin, qu'il a pris en Angleterre l'habitude de célébrer, le 1er mai. Le temps qui passe et la vieillesse qui vient. La vie qui passe et la captivité qui se prolonge. Les petits plaisirs : « Dîner au bain et souper en bateau ». C'est à la

---

1. J'avais coutume.

fois une poésie de l'instant et une poésie qui place chaque instant dans la perspective du vieillissement. Une poésie dans laquelle le moi, modelé par le temps, est constamment marqué par une tristesse souvent habillée d'humour et par sa conséquence, ou sa tentation, le « nonchaloir ». Une poésie, enfin, où les expressions du langage quotidien (« D'Espoir, et que vous en diroye ? / C'est un beau bailleur de parolles... »), les ritournelles (« Petit mercier, petit panier... »), les proverbes (« Chose qui plaist est a demy vendue... », « De legier pleure a qui la lippe pent... »), donnent un sens et une charge d'émotion, tout en en détruisant l'emphase, à une allégorie toujours affleurante, toujours inachevée — la forêt de Longue Attente, le livre de Pensée, Mélancolie, Espoir, Souci, le dialogue des Yeux et du Cœur. Cette poésie du quotidien, du presque rien, du mot qui vous trotte dans la tête, à l'apparente facilité mélancolique et souriante, est surtout sensible dans les rondeaux et caractérise la dernière période du vieux duc, un peu agacé par la prétention pédante et les coquetteries de versification des jeunes poètes de la nouvelle école comme par les nouvelles modes vestimentaires : « Le monde est ennuyé de moy, / Et moy pareillement de lui. »

François Villon

Villon semble bien être passé à la cour de Blois. Le manuscrit personnel de Charles d'Orléans contient plusieurs poèmes de lui. Déjà renommé de son temps — son œuvre sera imprimée dès 1489 et Clément Marot en donnera dès 1532 une édition critique —, il n'était donc peut-être pas tout à fait, ou pas seulement, le marginal dont sa poésie comme ses démêlés avec la justice donnent l'image.

De son vrai nom François de Montcorbier, né, à en croire le *Testament,* en 1432, orphelin de père, sans fortune, il doit à la générosité de Guillaume de Villon, chapelain de Saint-Benoît le Bétourné, de faire des études à la Faculté des Arts de Paris, qui le reçoit bachelier en 1449, licencié et maître en 1452. Mais à partir de cette date, les seules indications sûres que nous ayons sur lui sont d'origine judiciaire. Le 5 juin 1455, il blesse mortellement un prêtre, Philippe Sermoise, au cours d'une rixe. Il s'enfuit, mais revient à Paris après avoir obtenu, en janvier 1456, des lettres de rémission. La nuit de Noël de la même année, en compagnie de quatre complices, dont deux appartiennent à la bande dite des Coquillards, dont il connaît le jargon, il commet un vol avec effraction au Collège de Navarre, et quitte à nouveau Paris par prudence. C'est sans doute à cette époque qu'il passe à Blois, peut-être aussi à la cour du duc Jean II de Bourbon. Pendant l'été 1461, il est en prison à Meung-sur-Loire, pour une raison inconnue, sur l'ordre de l'évêque d'Orléans Thibaud d'Aussigny : cette expérience particulièrement douloureuse est le point de départ du *Testament*. Libéré le 2 octobre à l'occasion de l'entrée de Louis XI dans la ville, il retourne à Paris. Mais en novembre 1462, il est arrêté pour le vol du Collège de Navarre, révélé entre-temps par un de ses complices, puis relâché après avoir promis de rembourser cent vingt écus. A la fin du même mois, le voilà à nouveau en prison à la suite d'une rixe où un notaire pontifical a trouvé la mort. Condamné à la pendaison, il fait appel. Le 5 janvier 1463, le Parlement de Paris commue la peine en dix ans de bannissement. Villon quitte à nouveau Paris, et nous perdons alors définitivement sa trace. Les deux anecdotes que Rabelais rapporte à son sujet, et dont l'une le montre à la cour du roi d'Angleterre, sont de fantaisie.

En dehors de quelques ballades dans le jargon des Coquillards, d'interprétation difficile, et de quelques poèmes variés, quelques-uns liés à la cour de Blois, la plupart à ses démêlés avec la justice — parmi lesquels la célèbre *Epitaphe Villon*, dite « Ballade des pendus », l'œuvre de Villon se compose essentiellement de deux poèmes en huitains d'octosyllabes *(ababbcbc)*, le *Lais* et le *Testament*.

Le *Lais* (320 vers) se donne pour contemporain du vol du Collège de Navarre (Noël 1456). Prétextant une déception amoureuse, Villon annonce son intention de partir pour Angers et, selon l'usage, lègue ses biens pour le cas où il ne reviendrait pas. En réalité, il lègue des objets qu'il ne possède pas ; quant aux destinataires — des Parisiens appartenant à tous les milieux —, ils sont présentés de façon ironique ou par antiphrase. Entendant la cloche de la Sorbonne sonner l'angélus du soir, il s'interrompt pour prier et tombe dans une demi-inconscience. Quand il en sort, son encre est gelée et sa bougie éteinte : il se déclare alors incapable de finir son poème. Le temps pendant lequel a duré cet état second peut être interprété comme le moment où le vol a été commis : Villon atténuerait ainsi plaisamment sa responsabilité.

Le *Testament* (186 huitains, dans lesquels sont insérés 15 ballades, une double ballade et 3 rondeaux, soit en tout 2 023 vers) a été composé en 1461-1462, après la captivité de Meung. A partir de cette dure expérience, dont il garde une haine violente pour l'évêque Thibaud d'Aussigny, Villon médite dans une première partie sur sa jeunesse enfuie, sa déchéance physique et morale, sa pauvreté, la mort inévitable, précédée d'une angoissante agonie (« Quiconque meurt, meurt a douleur ») et suivie de la décomposition du cadavre — ou peut-être déjà du mourant :

> La mort le fait fremir, pallir,
> Le nez courber, les vaines tendre,
> Le corps enffler, lascher, mollir,
> Joinctes, oz, nerfs croistre et estendre.

(V. 321-324).

Cette vision l'amène à des considérations sur le thème du *Ubi sunt ?* qui s'expriment à travers trois ballades, celle « des dames du temps jadis », comme l'a baptisée Marot, dont le refrain est « Mais ou sont les neiges d'antan ? », celle « des seigneurs du temps jadis (refrain « Mais ou est le preux Charlemagne ? ») et celle « en vieil langage françoys » (refrain « Autant en emporte ly vens »). Evoquant la misère du grand âge, qui conduit parfois à l'horrible péché qu'est le suicide, Villon donne la parole à une vieille qui regrette le temps de sa jeunesse et ses amours enfuies :

> « Ainsi le bon temps regretons
> Entre nous, povres vielles sotes
> Assises bas, a cruppetons,
> Tout en ung tas comme pelotes,
> A petit feu de chenevotes[1]
> Tost alumées, tost estaintes ;
> Et jadiz fusmes si mignotes !...
> Ainsi en prent a maint et maintes. »

(V. 525-532).

---

1. Déchets ligneux du chanvre, servant de combustible aux pauvres.

Dans une ballade elle invite les filles de joie à profiter de leur jeunesse sans épargner les hommes, ce qui conduit le poète à montrer le danger qu'il y a pour ceux-ci à être amoureux, propos qu'il développe dans une double ballade (refrain « Bien est eureux qui riens n'y a ! ») illustrée d'exemples mythologiques et bibliques. Hélas, il a été lui-même amoureux et abusé, mais renie Amour aujourd'hui qu'il est à l'article de la mort.

La seconde partie du *Testament* reprend le procédé du *Lais* — non plus au regard d'un éventuel départ, mais au regard d'une mort prochaine —, en l'amplifiant, en le systématisant, en lui donnant plus de précision (dispositions conformes à celles d'un vrai testament touchant la sépulture, les aumônes, etc.). Les légataires, plus nombreux (une soixantaine), sont variés : grands personnages qu'il estime (Robert d'Estouteville) ou déteste (Pierre de Brezé), filles et voyous, parmi lesquels ses anciens complices, clercs et bourgeois, catégories dont il se moque (moines, amants courtois et transis). Les allusions elliptiques ou cryptiques, les déformations plaisantes, le recours à l'antiphrase rendent parfois l'interprétation difficile. Les ballades insérées dans cette partie du poème, et dont plusieurs semblent avoir été composées antérieurement, constituent autant d'hommages rendus aux légataires, hommages soit sérieux (ballade à sa mère pour lui permettre de prier Notre Dame, à Robert d'Estouteville), soit burlesques (ballade à son « amie », à l'ivrogne Jean Cotart, etc.). Pour finir il prend à son compte deux ultimes ballades, l'une où il « crie a toutes gens mercis », l'autre en forme de conclusion :

> Icy se clost le testament
> Et finist du povre Villon.
>
> . . . .
> Ung traict but de vin morillon[1]
> Quant de ce monde voult partir.

(V. 1996-23).

L'œuvre de Villon n'est pas en elle-même d'une extrême nouveauté. Le genre du poème en forme de testament fictif et parodique existe avant lui. Les thèmes « sérieux » qu'il traite sont des lieux communs de la poésie. Mais la mise en scène du

---

1. Rouge (couleur de mûre).

moi, caricaturale, dérisoire et amère, qu'avaient inaugurée les dits du XIIIᵉ siècle, trouve avec lui son expression la plus vigoureuse. Il campe avec une intensité extrême la figure du poète misérable et vicieux, revenu de tout, battant le pavé de la ville, hantant filles perdues et « enfants perdus », mauvais garçons et mauvais lieux, abandonnant « tout aux tavernes et aux filles ». Il mêle avec une extrême audace les tons et les registres, les thèmes, le sérieux apparent et le bouffon, l'angoisse et le rire obscène, les allusions et les sous-entendus. Il subvertit l'amour courtois en en exagérant les poses, en l'amalgamant cyniquement à l'amour vénal, en multipliant les expressions à double sens. Il renouvelle les considérations sur la mort en les appliquant à ceux qui, de la torture au gibet, l'affrontent de la façon la plus douloureuse et la plus dégradante. Une versification habile, fluide et dense, au rythme prenant et aux enjambements audacieux (« Beaulx enfans, vous perdez la plus / Belle rose de vo chappeau... »), un sens aigu de la formule et du trait, n'ont pas peu contribué à sa gloire.

Les « grands rhétoriqueurs »

La dénomination de « grands rhétoriqueurs » est impropre : elle repose sur un contresens commis sur deux vers du chanoine de Reims Guillaume Coquillart († 1510), poète satirique un peu dans la tradition de Villon. Mais elle est entrée dans l'usage pour désigner une tendance de la poésie de cour du milieu du XVᵉ au début du XVIᵉ siècle. Si le vieux Charles d'Orléans et son entourage restent rebelles à ces nouveautés, on les voit fleurir à la cour de Bretagne, avec Jean Meschinot, à la cour de Bourbon, avec Jean Robertet, et surtout à la cour de Bourgogne, avec, à la suite de Michault Taillevent et de Georges Chastellain, Olivier de la Marche, Pierre Michault, Jean Molinet, Jean Lemaire de Belges. Dans les dernières années du XVᵉ siècle, sous le règne de Charles VIII, la cour de France suivra avec André de la Vigne, Guillaume Cretin, Octovien de Saint-Gelais, Jean Marot.

Tous ces poètes, qui n'ont jamais été réunis en une école,

n'en présentent pas moins des traits communs. Ce sont des poètes de cour, employés et rémunérés par le prince, souvent dans des fonctions sans rapport direct avec leur activité poétique. Leur haute conception du service du prince et de l'Etat apparaît dans leur œuvre, qui ne se limite pas à la poésie lyrique ni au vers, mais fait une grande place à la prose oratoire. Volontiers moralisateurs, soucieux d'agir sur l'opinion en vue du bien public, ils font à l'amour une place des plus réduites. Dans leurs œuvres et dans leurs traités de versification, ils se réclament volontiers d'Alain Chartier, remarquable à leurs yeux autant par son goût du débat et de l'éloquence politiques que par les coups qu'il avait portés à l'idéal de l'amour courtois. Ces traités de versification, ou *Arts de seconde rhétorique*, sont nombreux : *Doctrinal de la Seconde Rhétorique* de Baudet Herenc dès 1432, *Rhétorique* de l'humaniste Guillaume Fichet (né en 1433), celui-là même qui crée le premier atelier d'imprimerie à la Sorbonne en 1470, *Grand et Vray Art de Pleine Rhétorique* de Pierre Fabri, qui connaît les honneurs de l'impression dès le début du XVIe siècle, *Instructif de la Seconde Rhétorique* que le compilateur qui se nomme « l'Infortuné » (Regnaud Le Queux ?) place en tête du *Jardin de Plaisance et Fleur de Rhétorique*, anthologie de la poésie courtoise du XVe siècle imprimée en 1501. De tels ouvrages témoignent de la tournure d'esprit sérieuse, laborieuse, réflexive, qui est celle de ces auteurs.

Plus volontiers encore que des poèmes à forme fixe, il écrivent des dits strophiques plus amples à la versification incroyablement complexe : poèmes pouvant se lire de haut en bas ou de bas en haut, par hémistiches, par colonne ou par vers entiers ; acrostiches complexes, rimes intérieures, rimes inversées, rimes équivoques courant tout au long de la pièce, rimes reproduisant au long de la strophe les notes de la gamme (Jean Molinet), etc. Leur recherche, en vers et en prose, de la virtuosité technique et de la prouesse verbale manifeste un effort constant pour pousser les possibilités de la langue jusqu'à leurs limites extrêmes. Cet effort, longtemps discrédité par les sarcasmes des poètes de la Pléiade, a suscité assez récemment un nouvel intérêt. Mais le rejet de l'art des Rhétoriqueurs a été pour beaucoup au XVIe siècle dans la définition d'une nouvelle poétique et c'est lui qui donne souvent à tort l'impression que la Renaissance a rompu totalement avec les lettres médiévales.

ORIENTATIONS BIBLIOGRAPHIQUES

Brownlee Kevin, *Poetic Identity in Guillaume de Machaut*, Madison, The University of Wisconsin Press, 1984.

Cerquiglini Jacqueline, « *Un engin si soutil* ». *Guillaume de Machaut et l'écriture au XIVe siècle*, Paris, Champion, 1985.

Champion Pierre, *Vie de Charles d'Orléans*, Paris, Champion, 1910.

— *François Villon. Sa vie et son temps*, 2 vol., Paris, Champion, 1913 (réimpr. 1984).

— *Histoire poétique du XVe siècle*, 2 vol., Paris, Champion, 1923.

Desonay Fernand, *Villon*, Paris, Droz, 1947.

Dufournet Jean, *Recherches sur le « Testament » de François Villon*, 2 vol., Paris, SEDES, 2e éd. revue et augmentée, 1971-1973.

— *Nouvelles recherches sur Villon*, Paris, Champion, 1980.

Favier Jean, *François Villon*, Paris, Fayard, 1982 (rééd. Marabout Université, 1983).

Guillaume de Machaut, poète et compositeur. Colloque organisé par l'université de Reims (19-22 avril 1978), Paris, Klincksieck, 1982.

Heger Henrik, *Die Melancholie bei den französischen Lyrikern des Spätmittelalters*, Bonn, 1967.

Hoepffner E., *Eustache Deschamps. Leben und Werke*, Strasbourg, 1904.

Imbs Paul, *Le Voir Dit de Guillaume de Machaut. Etude littéraire*, Paris, Klincksieck, 1991.

Ingenschay Dieter, *Alltagswelt und Selbsterfahrung. Ballade und Testament bei Deschamps und Villon*, Munich, Wilhelm Fink, 1986.

Kennedy A. J., *Christine de Pizan : a Bibliographical Guide*, Londres, Grant & Cutler, 1984.

Le Gentil Pierre, *Villon*, Paris, Hatier, 1967.

Machabey Armand, *Guillaume de Machaut, 130?-1377. La vie et l'œuvre musical*, 2 vol., Paris, 1955.

Pelner Cosman Madeleine et Chandler Bruce (sous la direction de), *Machault's World. Science and Art in the Fourteenth Century*, New York, 1978 (*Annals of the New York Academy of Sciences*, vol. 314).

Planche Alice, *Charles d'Orléans à la recherche d'un langage*, Paris, Champion, 1975.

Poirion Daniel, *Le Poète et le Prince. L'évolution du lyrisme courtois de Guillaume de Machaut à Charles d'Orléans*, Paris, PUF, 1965.

Poirion Daniel (sous la direction de), *La Littérature française aux XIVe et XVe siècles*, Grundriss der romanischen Literaturen des Mittelalters VIII/1, Heidelberg, Carl Winter, 1988, chap. IV (« Le Rondeau », J. Cerquiglini), V (« La Ballade et le Chant royal », H. Heger), VI (« Le Lai et la Complainte », R. Deschaux), VII (« Le Dit », J. Cerquiglini), VIII (« Le Débat », P.-Y. Badel), IX (« La Poésie de circonstance », C. Thiry), X (« Le Poème allégorique », P.-Y. Badel).

Ribard Jean de Condé, *Un ménestrel du XIVe siècle. Jean de Condé*, Genève, Droz, 1970.

Sasaki S., *Sur le thème du nonchaloir dans la poésie de Charles d'Orléans*, Paris, Nizet, 1974.

Shears F. S., *Froissart Chronicler and Poet*, Londres, George Routlers & Sons, 1930.

Siciliano Italo, *François Villon et les thèmes poétiques du Moyen Age*, Paris, Nizet, 1934.

— *Mésaventures posthumes de maître Françoys Villon*, Paris, Picard, 1973.

Willard Charity C., *Christine de Pizan. Her Life and Works*, New York, Persea Books, 1984.

Yenal Edith, *Charles d'Orléans. A Bibliography of Primary and Secondary Sources,* New York, 1984.

Zumthor Paul, *Le Masque et la lumière. La poétique des Grands Rhétoriqueurs,* Paris, Le Seuil, 1978.

QUELQUES ÉDITIONS

Guillaume de Machaut

Poésies lyriques, éd. V. Chichmaref, 2 vol., Paris, Champion, 1909.

Œuvres, éd. E. Hoepffner, 3 vol., Paris, SATF, 1908-1922.

Le Livre du Voir Dit, éd. P. Paris, Paris, 1875.

Quatre dits édités par A. Fourrier avec ceux de Froissart (1979) : voir ci-dessous.

Jean Froissart

Editions d'Anthime Fourrier : *L'Espinette amoureuse* et *La Prison amoureuse,* Paris, Klincksieck, 1972 et 1974 ; *Le Joli Buisson de Jonece* et « *Dits* » et « *Débats* », Genève, Droz, 1975 et 1979.

Ballades et Rondeaux, éd. Rae S. Baudouin, Genève, Droz, 1978.

Le Paradis d'Amour, L'Orloge amoureus, éd. Peter F. Dembowski, Genève, Droz, 1986.

Christine de Pizan

Œuvres poétiques, éd. M. Roy, 3 vol., Paris, SATF, 1886-1896.

Cent Ballades d'Amant et de Dame, éd. J. Cerquiglini, Paris, UGE, « 10/18 », 1982.

(Voir aussi la bibliographie du chapitre suivant.)

Alain Chartier

Poetical Works, éd. J. Laidlaw, Cambridge University Press, 1974. (Choix de poèmes présentés par J. Laidlaw, Paris, UGE, « 10/18 », 1988.)

Charles d'Orléans

Poésies, éd. P. Champion, 2 vol., Paris, Champion, « CFMA », 1923-1927.

Ballades et rondeaux, éd. J.-C. Muehlethaler, Paris, Le Livre de Poche, « Lettres gothiques », 1992 (avec éclaircissements continus en regard du texte).

Villon

Longnon A., *Œuvres,* 4e édit. revue par L. Foulet, Paris, Champion, « CFMA », 1932. Dans la même collection, traduction par A. Lanly, 2 vol., 2e éd. 1974.

Rychner J. et Henry A., *Le Testament Villon,* I : Texte ; II : Commentaires, Genève, Droz, 1974 ; *Le Lais Villon et les poèmes variés,* I : Texte ; II : Commentaire, Genève, Droz, 1977 ; *Index des mots, Index des noms propres, Index analytique,* Genève, Droz, 1985.

Thiry C., *Villon. Poésies complètes,* Paris, Le Livre de Poche, « Lettres gothiques », 1991 (avec éclaircissements continus en regard du texte).

Grands rhétoriqueurs

Zumthor Paul, *Anthologie des grands rhétoriqueurs,* Paris, UGE, « 10/18 », 1978.

12. Les formes de la réflexion : témoigner, juger, savoir

L'histoire

L'écriture de l'histoire et le service du prince

Les malheurs des temps, la guerre, les conflits de toutes sortes, ont sans doute leur part dans l'essor que connaît le genre historique à partir du XIVe siècle, particulièrement sous la forme de la chronique, c'est-à-dire du récit d'actualité. Les écrivains se font l'écho de l'actualité, parce que l'actualité les rattrape, parce que nul ne peut lui échapper, parce qu'elle est devenue plus brutale, plus présente et plus pesante, parce qu'elle écrase plus la vie de chacun qu'en d'autres périodes. Mais aussi — car quelle époque ne trouve pas son actualité brûlante ? — l'abondance des chroniques reflète la situation nouvelle de bien des auteurs au service du prince et au service de l'Etat. Le premier qui, au tournant du XIIIe siècle encore, sous Philippe Auguste, tirait sa force de celle du système féodal, bénéficie, au temps de la guerre de Cent ans, de son effritement, qui lui permet de concentrer le pouvoir entre ses mains et de s'entourer d'un personnel qui lui doit tout et constitue une véritable classe politique. En même temps la rivalité franco-anglaise accélère le développement du sentiment national, qui s'accompagne d'une attention nouvelle aux relations de la société et de l'Etat — aux relations des états et de l'Etat — dont témoigne, on le verra, le développement d'une littérature politique au sens large dans la France de Charles V et de Charles VI. La multiplication des chroniques s'inscrit dans le même mouvement. Beaucoup de leurs auteurs sont proches des milieux dirigeants et de l'appareil administratif, politique et militaire de gouvernement. L'intérêt qu'ils portent à l'actualité est professionnel et le récit qu'ils en font chargé d'intentions politiques.

C'est le cas de ceux qui poursuivent, directement en français désormais, les *Grandes Chroniques de France* : Pierre d'Orgemont, qui relate les règnes de Jean le Bon et de Charles V, est chancelier de France, et il ne se cache pas d'écrire pour la gloire des Valois ; Jean Jouvenel des Ursins, auteur de l'histoire du règne de Charles VI, est le fils de Jean Jouvenel, chargé par le roi de la prévôté des marchands après la révolte des Maillotins, et le frère du chancelier Guillaume Jouvenel des Ursins. Du côté bourguignon, Georges Chastellain, Olivier de La Marche, Jean de Wavrin — moins important à vrai dire comme auteur des *Anciennes Chroniques d'Angleterre* que comme mécène et comme bibliophile — sont des officiers importants de la cour et des conseillers écoutés du duc. Des personnages de plus petit calibre écrivent l'histoire du maître qu'ils ont servi, tel le héraut d'armes du grand capitaine anglais Jean Chandos, auteur vers 1385 d'une *Vie du Prince Noir*, à laquelle répond du côté français, sous la forme plus littéraire de la chanson de geste, la *Vie de Bertrand du Guesclin* de Cuvelier, ou Guillaume Gruel († 1463), auteur d'une *Chronique d'Arthur de Richemont*, panégyrique de ce connétable de France pourtant peu exemplaire, mort en 1458. Mêlés par leurs fonctions à beaucoup d'événements importants, fréquemment chargés de missions diplomatiques, les hérauts d'armes se font volontiers chroniqueurs : ainsi le héraut Chandos qu'on vient de mentionner ; le héraut Berry (Gilles Le Bouvier), qui a laissé une *Chronique du roi Charles VII* (1402-1455), dont le début a été utilisé par les *Grandes Chroniques de France*, un *Recouvrement de Normandie* (1449), une *Histoire de Richard II* (1440) ; le héraut bourguignon Toison d'Or (Jean Lefèvre de Saint-Rémy) dont la *Chronique* va de 1408 à 1436. On voit enfin apparaître des mémorialistes, soucieux de justifier leur carrière et leurs choix, dont le plus illustre est Commynes.

Pour trouver un ton plus libre et plus vivant, il faut se tourner vers de moindres personnages : le « Bourgeois de Paris » et son *Journal*, Jean de Venette, qui offre un récit très coloré et très attachant du début de la guerre de Cent ans, mais qui sort du cadre de ce livre, car sa chronique est en latin.

Les « *Chroniques* » de Jean Froissart

Pour le XIVᵉ siècle, le monument essentiel de l'histoire en français est constitué par la masse gigantesque des *Chroniques* de Jean Froissart, que nous avons déjà rencontré comme poète. Né à Valenciennes, sans doute en 1337, Froissart quitte en 1361 le Hainaut pour l'Angleterre, où il est pendant huit ans le protégé de sa compatriote la reine Philippa, épouse d'Edouard III. Pendant cette période, il compose surtout des poèmes, mais, si l'on interprète correctement son propre témoignage, au moment où il débarque en Angleterre, cela fait quatre ou cinq ans déjà qu'il réunit des matériaux touchant « les guerres de France et d'Angleterre » et qu'il compile la chronique du chanoine de Liège Jean le Bel. L'année même de son arrivée, il offre à la reine Philippa le résultat de ce travail, un « livre », peut-être en vers, qui est la première ébauche des *Chroniques*. Sa protection et son soutien matériel lui permettent de poursuivre son enquête.

A la mort de la reine (1368), il s'installe en Hainaut où il s'attire la protection du duc Wenceslas de Brabant, fils du roi de Bohême Jean de Luxembourg et frère de l'empereur Charles IV, et où il achève en 1373 pour Robert de Namur la première version du Premier Livre des *Chroniques*. Nommé la même année curé des Estinnes-au-Mont grâce à Gui de Châtillon, comte de Blois, qui sera son mécène aussi longtemps que sa fortune le lui permettra et lui obtiendra plus tard un canonicat à Chimay, il rédige à sa demande une deuxième version du Premier Livre, puis le Second, et enfin, après un voyage à la cour du comte de Foix et de Béarn Gaston Phébus, le Troisième Livre des *Chroniques* (1389). Il écrit aussi dans les années 1380 son roman *Méliador*. Malgré l'accueil aimable du roi Richard II, un voyage en Angleterre en 1395 le laisse sur la déception de ne plus y retrouver le monde de sa jeunesse. Rentré en Hainaut, il rédige le Quatrième Livre et refond entièrement la première partie du Premier Livre des *Chroniques*. Il meurt à une date inconnue, postérieure à 1404.

Cette carrière dans la mouvance de mécènes successifs qui assurent à l'écrivain, très tôt respecté et admiré, sécurité matérielle, mais aussi, grâce à des bénéfices ecclésiastiques, indépendance, n'est pas sans évoquer celle de Machaut. Le poids des cours et des amitiés princières y est très sensible, mais l'écrivain travaille malgré tout en *free lance* et n'est pas encore le fonctionnaire que seront ses successeurs bourguignons du XVᵉ siècle.

Froissart chroniqueur a souvent été jugé avec une injuste sévérité. On lui a reproché son manque de profondeur et de sens politique, son goût du spectacle plus que de l'analyse, une adhésion irréfléchie aux préjugés de la noblesse, une fascination et une admiration dénuées de sens critique pour les fastes et les valeurs chevaleresques, dont les événements mêmes qu'il rapporte montrent pourtant l'inconsistance, la vanité, l'inadéquation à l'évolution de la société, du jeu politique, de l'art militaire et du même coup, inévitablement, l'hypocrisie. Ces critiques témoignent d'une certaine incompréhension. Froissart cherche à dégager le sens des événements et, pour y parvenir, il s'inspire des méthodes de composition et d'écriture du genre littéraire qui à son époque est par excellence porteur de sens : le roman. Le malentendu vient de là : ce qui est romanesque dans ses *Chroniques* est ce qui est porteur de sens.

D'autre part, on ne peut qu'être confondu par ses efforts et par son travail. Travail d'enquête d'abord : il voyage en Angleterre, en Ecosse, en Italie, en Béarn, toujours anxieux de rencontrer des témoins et des acteurs des événements, de recueillir et de confronter leurs témoignages. Ainsi, il corrige la version d'origine castillane des événements d'Espagne qu'il a recueillie à la cour de Gaston Phébus en 1388-1389 grâce aux renseignements qu'il obtient du Portugais Fernando Pachéco, rencontré l'année suivante en Zélande. Travail de rédaction ensuite : il donne plusieurs versions successives du Premier Livre, chacune marquée par une perspective, une ambition, des choix particuliers. Et même chaque nouvelle copie faite sous sa direction est l'occasion de modifications et de remaniements en fonction de son destinataire. De ce double travail, il sait donner un aperçu en se mettant en scène avec vivacité et habileté comme enquêteur et comme écrivain. Il évoque ses voyages, ses rencontres, et l'essentiel du Livre III est occupé par le récit de son voyage en Béarn et de sa collecte d'informations en chemin comme à la cour d'Orthez. Souvent il explique au lecteur pourquoi il regroupe les faits de telle façon, pourquoi il s'interrompt à tel moment pour revenir en arrière. Il se tire avec honneur de ses morceaux de bravoure et il est, pour le dire d'un mot, d'une lecture des plus agréables.

Enfin, au fil de l'écriture et des rédactions successives, Froissart évolue. L'unité de ses *Chroniques* n'est qu'apparente. Elle ne repose que sur la continuité chronologique d'un récit qui couvre les trois quarts du XIVe siècle, de 1325 à 1400. Mais cette continuité, dont l'impression est augmentée par l'énormité de l'ouvrage et le débit amazonien de la narration, cache des fractures essentielles. Le Livre I, conservé par un nombre particulièrement élevé de manuscrits (plus de cinquante), est à part. Au départ, il ne se veut qu'une compilation et une continuation de la chronique de Jean le Bel, dont il reproduit des chapitres entiers, parfois remarquables, d'ailleurs, comme ceux qui relatent la première campagne d'Edouard III contre les Ecossais. Mais Froissart a travaillé à ce Livre I, l'a récrit, l'a remanié jusqu'à la fin de sa carrière en même temps qu'il écrivait les suivants. Il couvre à lui seul une période de plus d'un demi-siècle et s'ouvre sur des événements antérieurs de plus de dix ans à la naissance de Froissart pour s'achever sur des événements contemporains du moment même où il écrit. A l'inverse, les deux derniers livres sont très différents et ont chacun leur caractère propre. Le Livre III, dans lequel le récit du voyage en Béarn enchâsse celui des événements dont Froissart s'est informé à cette occasion, tire de cette structure particulière un caractère autobiographique accusé et transforme le chroniqueur en mémorialiste. Le Livre IV, débordant largement le cadre initial des guerres franco-anglaises, tente avec une ambition nouvelle de saisir dans la synchronie les fils enchevêtrés de la géopolitique à l'échelle du temps en couvrant l'ensemble des grands événements du monde et en en montrant les liens. La simple perspective diachronique, le simple enchaînement temporel, linéaire, des effets et des causes, y cèdent la place à la vision de l'intercausalité simultanée des événements dans leur foisonnement et leur complexité.

A ce regard nouveau plus rien ne paraît simple. Un certain scepticisme et une certaine sévérité se font jour, qui gagnent rétrospectivement le Livre I, dont Froissart rédige une ultime version (manuscrit de Rome) plus brève, plus sobre, moins complaisante, plus pessimiste. Comme l'observe G. Diller, « le chroniqueur décèle maintenant la dissimulation, la ruse et l'intérêt personnel derrière le geste héroïque, autrefois admirable et exemplaire ». En même temps, Froissart vieillissant médite sur lui-même et sur son œuvre, de plus en plus conscient de ce qui profondément unit tout ce qui a fait sa vie, ses poèmes et ses *Chroniques*, ses rencontres, ses protecteurs, ses voyages, les événements auxquels il a été mêlé, ceux qu'il a racontés, ce long travail qui aura été son plaisir et sa gloire. Il faut lire — il faudrait lire tout entière — la page admirable sur laquelle s'ouvre le Livre IV :

> Or considérez entre vous qui le lisez, ou le lirez, ou avez lu, ou orrez lire, comment je puis avoir sçu ni rassemblé tant de faits desquels je traite et propose en tant de parties. Et pour vous informer de la vérité, je commençai jeune, dès l'âge de vingt ans (...) et si y ai toujours pris grand'plaisance plus que a autre chose (...). Aussi ai-je rassemblé la haute et noble histoire et matière (...) et tant comme je vivrai, par la grâce de Dieu, je la continuerai, car comme plus y suis et plus y laboure, et plus me plaît. Car ainsi comme le gentil chevalier et écuyer qui aime les armes, et en persévérant et continuant il s'y nourrit parfait, ainsi, en labourant et ouvrant sur cette matière je m'habilite et délite.

Au lecteur qui ne se laisse pas éblouir par la fresque grandiose, brillante, vivante et sanglante qu'elles placent sous ses yeux, les *Chroniques* de Froissart révèlent le mûrissement d'un esprit, d'une pensée et d'un style.

Les chroniqueurs bourguignons du XVe siècle

Le succès immense des *Chroniques* de Froissart leur a valu de trouver des émules, surtout bourguignons. Une version remaniée et modernisée du Livre I verra même le jour à la cour de Philippe le Bon près de cinquante ans après sa mort. Peut-être les amitiés anglaises de Froissart l'ont-elles fait particulièrement apprécier du parti bourguignon, bien que sa gloire ait vite été universelle. Peut-être le rêve chevaleresque qu'affectait d'entretenir la cour de Bourgogne trouvait-il dans son œuvre un aliment séduisant. Enguerrand de Monstrelet († 1453), un familier du comte de Saint-Pol, originaire de Cambrai, dont la chronique couvre en deux livres la période 1400-1444, se veut explicitement son continuateur :

> Et commencera cette présente chronique au jour de Pâques communiaux l'an de grace 1400, auquel an finit le dernier volume de ce que fit et composa en son temps ce prudent et très renommé historien, maître Jean Froissart, natif de Valenciennes, en Hainaut, duquel, par ses nobles œuvres, la renommée durera par longtemps.

La chronique de Monstrelet est poursuivie pour les années 1444 à 1461 par celle de Mathieu d'Escouchy (1420-1482). Elle est utilisée par Jean Lefèvre de Saint-Rémy et par Georges Chastellain. Le premier (*ca* 1396-1468) fut à partir de 1431, sous le nom de Toison d'Or, roi d'armes de l'ordre créé en 1429 par Philippe le Bon, dont il était un proche conseiller. A ce double titre, il fut chargé de nombreuses missions diplomatiques et protocolaires. A côté de plusieurs traités d'héraldique (*Traité des hérauts d'armes*, *Traité des brisures*), il a laissé une chronique très inspirée de celle de Monstrelet, d'un esprit bourguignon très partisan, qui couvre les années 1408-1436 et mérite plus que celle de Froissart les reproches traditionnellement adressés à ce dernier.

Georges Chastellain (1415-1475), lui aussi Flamand, lui aussi officier de la cour de Bourgogne, écrivain fécond et très renommé en son temps, est d'une tout autre envergure. Historiographe officiel du duc de Bourgogne à partir de 1455, il écrit une longue *Chronique*, dont il ne nous reste que le dernier tiers, correspondant à la période 1419 (assassinat de Jean sans Peur)-1475. Favorable, bien entendu, à la Bourgogne mais protestant de sa fidélité à la couronne de France et de plus en plus sévère pour Charles le Téméraire, il est sensible aux fastes et à l'idéal chevaleresques sans être dupe de leur vanité ni aveugle sur les réalités moins glorieuses. Il est d'ailleurs l'auteur de plusieurs traités et poèmes politiques. Chastellain, que nous avons déjà mentionné comme poète, écrit dans une prose emphatique et déclamatoire, soucieuse de rythme et de périodes, riche en discours et en portraits, caractéristique en un mot de l'art des rhétoriqueurs. Un autre rhétoriqueur, son disciple Jean Molinet, lui succède comme chroniqueur officiel de la cour de Bourgogne. Il couvre les années 1474-1506.

Olivier de La Marche, enfin (1425 ou 1420-1502), soldat, homme de cour et diplomate, occupe de très hautes fonctions

auprès des ducs de Bourgogne auxquels il voue une fidélité et un
dévouement absolus, bien que lucides, et qui le chargent volontiers des missions de confiance les plus délicates. Il a laissé des
poèmes, des traités relatifs à la vie de cour et aux fêtes qu'il était
chargé d'organiser, mais surtout une *Chronique* écrite à l'intention de son élève, l'archiduc Philippe le Beau, qui va de 1435
à 1488 et est particulièrement remarquable par l'abondance et
l'enthousiasme avec lesquels elle relate les manifestations de la
vie chevaleresque. Elle paraît à cet égard, comme celle du
héraut Toison d'Or, une sorte de caricature des *Chroniques* de
Froissart, une imitation outrée, plus marquée par l'admiration
que par le discernement. Elle est à cet égard caractéristique de
l'éclat flamboyant et nostalgique du rêve bourguignon que son
auteur a vécu et dont il a vu l'écroulement.

Philippe de Commynes

C'est dans une perspective toute différente que se situent les
Mémoires de Philippe de Commynes. Né en 1447, écuyer du comte
de Charolais, le futur duc de Bourgogne Charles le Téméraire,
en 1464, il est secrètement acheté par Louis XI lors de l'entrevue
de Péronne en 1468. Après avoir continué à remplir des missions
de confiance pour le duc Charles pendant quelques années, il
l'abandonne et gagne le camp français dans la nuit du 7 au
8 août 1472. Comblé de faveurs par Louis XI, qui lui octroie une
pension de six mille livres tournois, les titres de chambellan et de
conseiller, lui donne la principauté de Talmont, lui ménage un
mariage avantageux, il joue auprès du roi un rôle politique de
premier plan jusqu'en 1477. Il tombe alors dans une demi-dis-
grâce dont il ne sortira plus malgré quelques missions en Bourgogne et auprès de Laurent de Médicis, dont il se fait à la cour le
soutien intéressé. Sa situation devient pire encore après la mort de
Louis XI en 1483, sous la régence d'Anne de Beaujeu. Mêlé à
divers complots, il est dépossédé de sa principauté de Talmont,
emprisonné (janvier 1487), condamné en mars 1489 à l'exil et à la
confiscation d'un quart de ses biens. Durant l'expédition d'Italie
de 1494-1495, il est chargé auprès des villes italiennes de missions
diplomatiques dont le mauvais succès entraîne sa disgrâce défini-

tive. Malgré ses efforts, il ne reviendra plus aux affaires jusqu'à sa mort en 1511.

Les huit livres de ses *Mémoires*, entrepris à la demande de l'archevêque de Vienne, Angelo Cato, ont été composés pour l'essentiel en 1489-1490, et complétés entre 1493 et 1498. C'est l'ouvrage d'un témoin, soucieux de démêler les causes profondes des événements auxquels il a été mêlé. C'est aussi, de façon dissimulée, le plaidoyer *pro domo* d'un homme marqué par la trahison. C'est enfin une sorte de traité de gouvernement à l'usage des princes, à travers la leçon des faits, les portraits des souverains, les caractères des peuples, la nature des différents systèmes politiques, le destin des princes et des Etats.

A l'inverse des chroniqueurs bourguignons, Commynes ne se laisse pas fasciner par l'éclat extérieur. Son premier souci est de n'être pas dupe. Il dédaigne ce qui est superficiel et anecdotique, démasque les apparences, détruit les illusions, cherche les causes secrètes et profondes. Le prince idéal à ses yeux, dont Louis XI est à quelques faiblesses près le modèle, tandis que Charles le Téméraire fait figure de repoussoir, ne se laisse pas dominer par ses passions. Il calcule sans cesse, s'entoure de bons conseillers et les écoute, tout en se réservant toujours la décision. Il cherche à l'emporter par la négociation, la ruse, la mauvaise foi s'il le faut, et ne se résout à la guerre que lorsqu'il ne peut l'éviter et qu'il est sûr d'être le plus fort. Il sait frapper fort, mais évite toute cruauté inutile qui éveillerait des ressentiments. En un mot, une position proche de celle de Machiavel, mais tempérée par le souci de discerner la main de Dieu qui punit les excès de l'orgueil et de la violence. Le style de Commynes est à l'image de son caractère : sec, sans souci de l'élégance, parfois embarrassé, mais relevé de formules assassines. Commynes est le fossoyeur des idéaux et des illusions chevaleresques. Selon la formule de Jean Dufournet, ses mémoires sont une entreprise de « destruction des mythes ».

Les « journaux »

Tous les témoignages personnels sur cette époque n'ont pas autant d'ambition ni de recul. Mais il est intéressant, précisément, d'en voir apparaître qui ne prétendent, en principe du moins, à aucune mise en forme littéraire. Dès la fin du XIVe siècle, l'évêque Jean Le Fèvre, chancelier du duc Louis Ier d'Anjou, tient un journal qui a retenu l'attention des historiens, en particulier pour ce qu'il dit des événements du Grand Schisme. Entre 1405 et 1449, le *Journal d'un bourgeois de Paris* (le chanoine Jean Chuffart ?) offre, dans un style alerte et efficace, d'où le souci littéraire n'est pas absent, une mine de renseignements sur la vie quotidienne et les opinions moyennes dans la capitale à la fin de la guerre de Cent ans. Il parle pêle-mêle du temps qu'il fait, de la qualité du vin de l'année, du prix des denrées, des grands événements, des rumeurs, du spectacle de la rue — entrées royales, émeutes, exécutions capitales. Les « journaux » tenus en marge de leurs registres par des greffiers du Parlement de Paris, Nicolas de Baye pour les années 1400 à 1417, Clément de Fauquembergue de 1417 à 1435 n'ont ni cette verve ni cette richesse et se bornent à signaler des événements publics.

Toutefois, le véritable intérêt au regard de la littérature de tous ces ouvrages à caractère historique est peut-être moins dans leur contenu que dans leurs marges. Il est dans la conscience nouvelle de soi et de son œuvre qui est celle du chroniqueur ou du mémorialiste. Il est pour une part dans l'envahissement des diverses formes littéraires par l'actualité et par des préoccupations politiques au sens large, conséquence de l'importance croissante que revêt l'écriture de l'histoire du temps présent. Il est aussi, on le verra plus loin, dans la relation, mentionnée à propos de Froissart, entre l'écriture de l'histoire et celle de la fiction romanesque. Certaines compilations à caractère encyclopédique d'origine bourguignonne hésitent, selon les critères qui sont aujourd'hui les nôtres, entre les deux domaines. La *Fleur des histoires* de Jean Mansel (1401-1474) relève plutôt du domaine de l'histoire à coloration religieuse. C'est une compilation d'histoire universelle dans une perspective qui est celle de l'histoire de l'Eglise : le prologue montre le Christ s'apprêtant à aller attaquer le péché, entouré de l'armée des patriarches, des prophètes, des apôtres, des saints et des anges. L'histoire sainte, celle de l'Antiquité, celle des papes, celle de France jusqu'au règne de Charles VI, puis de Charles VII dans la dernière version de l'ouvrage, sont enrichies d'exemples, d'anecdotes, mais aussi de récits romanesques empruntés à des sources diverses. Les *Chroniques et conquêtes de Charlemagne* de David Aubert sont une compilation de la matière épique qui se veut un ouvrage historique.

L'effort didactique

La réflexion politique

La nouvelle catégorie d'écrivains constituée par des serviteurs du prince et de l'Etat ne manifeste pas seulement son intérêt pour la chose publique en relatant l'histoire de son temps. Elle le fait aussi de façon plus directe et plus nouvelle en se livrant à une réflexion politique et morale, souvent enrobée sous les formes de la littérature.

Cette ambition est particulièrement sensible à la cour de France parmi les conseillers de Charles V, puis du jeune Charles VI. Charles V, porté, semble-t-il, sur ces questions par goût et par tempérament, est également amené à s'y intéresser par les circonstances mêmes de son règne. La querelle dynastique franco-anglaise, le besoin d'affirmer en droit la légitimité du pouvoir royal sur les provinces reconquises, les conflits toujours latents d'autorité et de compétence avec la papauté d'Avignon, plus tard les problèmes posés par le retour du siège pontifical à Rome et par le schisme : tout cela invitait à une réflexion juridique et politique.

Le *Songe du Vergier* est très caractéristique de ces préoccupations comme de ce genre de littérature. Dans le cadre conventionnel du songe, c'est un long dialogue en prose sur les rapports de la puissance ecclésiastique et de la puissance séculière, et plus particulièrement sur les pouvoirs du pape et du roi de France, défendus respectivement par un clerc et un chevalier. L'ouvrage, écrit immédiatement après les trêves de Bruges de 1375, qui consacrent les résultats de la reconquête de la France par Charles V, aborde de nombreux sujets d'actualité : la question bretonne, la question anglaise, celle du retour du pape à Rome, celle de la succession des femmes, celle de la souveraineté du roi de France, qui fondait juridiquement la position de Charles V dans les négociations de Bruges. Mais, utilisant et compilant des sources nombreuses, il traite aussi de questions plus générales : la tyrannie, le bon gouvernement, l'éducation des princes, le choix de leurs conseillers, les impôts, les guerres, les duels, l'usure et la situation des juifs, etc. Les conditions dans lesquelles l'ouvrage a été composé comme son attribution la plus vraisemblable sont égalemênt significatives. Il en existe une rédaction latine, achevée le 16 mai 1376 et une version française de très peu postérieure, puisque Charles V y a porté de sa main la date de 1378. L'*Explicit* du texte latin précise que c'est le roi lui-même qui, le 16 mai 1374, a appelé l'auteur à certaines fonctions officielles en liaison, semble-t-il, avec la commande qu'il lui avait faite de l'ouvrage, qui est donc en lui-même une sorte d'acte politique émanant de la volonté royale et reflétant la position du souverain. Cet auteur, selon Marion Schnerb-Lièvre, pourrait être un juriste, conseiller de Charles V, Evrard de Trémaugon, frère d'un capitaine de Du Guesclin, docteur en droit civil et canon, professeur à la Faculté de Décret (de Droit) de Paris, puis évêque de Dol.

Un autre proche conseiller de Charles V, Philippe de Mézières (1327-1405), qui avait été auparavant le chancelier du roi de Chypre Pierre Ier de Lusignan, écrit en 1389 à l'usage de Charles VI, dont il avait été le précepteur, le *Songe du Vieux Pèlerin*, ouvrage de *bonne policie*, dont l'enseignement est à la fois religieux et politique. Il s'agit de préparer l'âme à la conquête du Royaume de Dieu, représenté, pour l'ancien chancelier de Chypre, par le passage d'outremer et la croisade. Guidée par l'auteur sous le nom d'Ardent Désir, la reine Vérité, entourée de Justice, Paix et Miséricorde, parcourt l'Orient et l'Occident en jugeant les mœurs et les institutions. A la fin, elle arrive en France où elle passe en revue les divers états de la société, jusqu'au roi. Des réformes sont proposées, et la dernière partie de l'ouvrage est un véritable manuel de gouvernement.

De façon moins directe et plus spéculative, le grand Nicole Oresme, traducteur d'Aristote en français, dont le *Songe du Vergier* utilise le *Livre de divinacions*, propose, à travers Aristote, une éthique de l'Etat et réfléchit sur les conséquences perverses de la sophistication des monnaies dans son Traité des monnaies *(De moneta)*.

D'autres ouvrages revêtent une forme plus littéraire, parfois plus proche de l'éloquence politique qui connaît un certain essor depuis le milieu du XIVe siècle et semble vouloir renouer avec la tradition antique, sans pouvoir, bien entendu, lui être comparée : en 1407, le docteur de Sorbonne Jean Petit prononce devant le roi une harangue restée tristement célèbre où, grâce à l'extension sophistique d'une justification du tyrannicide, il justifie l'assassinat de Louis d'Orléans à l'instigation de Jean sans Peur. L'ouvrage le plus illustre dans le domaine de la prose oratoire à contenu politique où les personnifications ne sont plus que les servantes de la prosopopée est le *Quadrilogue invectif* d'Alain Chartier, secrétaire de Charles VI, puis du dauphin (Charles VII), et dont on a dit déjà l'influence comme poète. Composé en 1422, après le traité de Troyes, à l'époque la plus sombre pour le royaume, le *Quadrilogue invectif* montre la France en habits de deuil se plaindre de ses enfants. Ceux-ci, représentés par les trois états, prennent la parole tour à tour. Le Peuple crie sa misère et son désespoir, le Chevalier son amertume, tandis que le Clergé formule les conditions d'un redressement national.

L'intérêt pour les questions politiques et pour les considérations morales qui s'y rattachent est particulièrement présent dans l'œuvre de Christine de Pizan. En 1404, elle écrit un *Livre des faits et bonnes mœurs du roi Charles V* en se fondant, entre autres sources, sur des documents fournis par le duc de Bourgogne Philippe le Hardi, frère du roi défunt. Le portrait qu'elle trace de lui se ressent de cette inspiration. Consciemment ou non, Christine mettait sa plume au service des « beaux oncles » de Charles VI, qui n'étaient guère fidèles en réalité, c'est le moins qu'on puisse dire, à la ligne politique de Charles V et qui s'étaient empressés dès 1392, quand le jeune roi avait été frappé de folie, d'écarter les vieux conseillers de son père dont il s'était jusque-là entouré. Mais en octobre 1405 c'est par le truchement de Louis d'Orléans qu'elle entend faire parvenir une *Lettre à Isabeau de Bavière*, où elle supplie la reine de rétablir la paix. En 1410, la *Lamentation sur les maux de la guerre civile*, adressée aux princes, déplore les maux provoqués par la lutte entre le parti armagnac et le parti bourguignon. Dédié au dauphin Louis de Guyenne, le *Livre de la paix*, commencé en septembre 1412 après la paix d'Auxerre, interrompu fin novembre « pour cause de matiere de paix deffaillie », repris et achevé à la fin de 1413 après la paix de Pontoise, réunit des conseils de bon gouvernement à l'usage du prince. Et la dernière œuvre connue de Christine est, en 1429, un *Ditié de Jehanne d'Arc*. Enfin, les considérations à caractère politique ne manquent ni dans l'*Epître d'Othéa* (vers 1400) ni dans la *Cité des Dames* (début 1405) ni, en liaison avec une revue des états du monde, dans le *Livre des trois vertus* ou *Trésor de la Cité des Dames* (1405) et le *Livre du corps de policie*, achevé en novembre 1407, ouvrages que l'on retrouvera plus loin.

D'autre part, les préoccupations et les thèmes politiques investissent curieusement à cette époque une forme littéraire que rien ne semblait destiner à les accueillir, la pastorale. Dans la première moitié du XIVᵉ siècle, un court poème de Philippe de Vitry, le *Dit de Franc-Gontier*, dont se moquera Villon, avait célébré la vie rustique, rompant ainsi avec le regard méprisant ou narquois que la pastourelle jetait sur elle. Cette inversion des valeurs, également sensible, par exemple, dans le *Dit de la pastoure* de Christine de Pizan, marque le passage de la pastourelle à la pastorale. Mais voilà que dans le même temps les bergeries deviennent le masque d'une propagande politique. Froissart compose quelques pastourelles où les bergers oublient leurs amours pour commenter l'actualité. Le *Pastoralet* (entre 1422 et 1425), qui relate sous le couvert de la pastorale les événements du règne de Charles VI, est un violent pamphlet bourguignon.

Enfin, la poésie des choses de la vie, définie au chapitre précédent, devient naturellement une poésie de l'actualité : Machaut peint les malheurs du temps, Deschamps pleure la mort de Du Guesclin. La prison, dont la guerre rend la menace constante, devient, on l'a vu plus haut, un thème poétique important. En prose, Christine de Pizan écrit entre le 15 juin 1416 et le 20 janvier 1418 l'*Epistre de la prison de vie humaine* pour consoler les dames de France qui pleurent un être cher tué ou fait prisonnier à la guerre, en particulier lors du désastre d'Azincourt (25 octobre 1415).

Cette coloration sérieuse de la littérature, cette sagesse des lettres, se manifeste, hors du domaine politique qui n'en est qu'un cas particulier, surtout remarquable par sa relative nouveauté, à travers l'abondance des ouvrages didactiques en français. Ouvrages d'édification et de spiritualité, bien sûr, comme il y en a eu tant tout au long du Moyen Age, mais aussi ouvrages de réflexion morale et sociale, traités d'éducation, traités scientifiques ou techniques.

Edification et spiritualité

La littérature religieuse en français à la fin du Moyen Age est d'une extrême abondance. Mais, lourdement et presque exclusivement moralisante, assez peu intéressée par la spéculation théologique et, malgré l'usage qu'elle fait du terme de contemplation, par l'expérience spirituelle, elle ne connaît presque rien de comparable à la floraison d'écrits mystiques qui illustrent à partir de la fin du XIIIᵉ siècle les littératures germaniques. Cela est vrai même si quelques notables exceptions obligent à nuancer ce jugement, même si l'*Horloge de Sapience* (1389) et le *Livre du Trésor de Sapience*, traductions l'une complète, l'autre partielle de l'*Orologium Sapientiae* du dominicain de Constance Henri Suso (*ca* 1296-1366), disciple de maître Eckhart, sont la marque d'un intérêt pour la mystique rhénane et si l'influence de ces deux ouvrages se retrouve chez certains auteurs, dont Gerson. Aussi bien, ce succès n'est pas en lui-même très significatif, puisque l'*Orologium Sapientiae* a été traduit dans la plupart des langues d'Europe.

Une exception, Marguerite Porete, au seuil de la période qui nous intéresse, en est une par son destin tragique, mais aussi parce qu'elle est la seule représentante en français d'une mystique féminine dont les attaches sont flamandes ou allemandes. Originaire elle-même de Flandre, cette béguine voit son ouvrage, le *Miroir des simples âmes anéanties*, condamné à Valenciennes vers 1300. Pour avoir continué à le diffuser, elle meurt à Paris sur le bûcher le 1ᵉʳ juin 1310. A Eglise la Petite, qui est l'Eglise officielle, celle de l'institution, celle de la hiérarchie, celle du pouvoir, celle aussi du plus grand nombre, le *Miroir des simples âmes* oppose Eglise la Grande, qui lui est supérieure et où se retrouvent les quelques âmes capables d'assez de dépouillement, d'abandon et d'amour pour s'unir directement à Dieu. L'ouvrage évoque cette union et décrit les degrés qui y mènent en termes saisissants, parfois brûlants. Dans cette volonté de se situer par rapport à l'Eglise, dans ce mélange de classifications minutieuses — présentes, il est vrai, dans toute la littérature spirituelle du temps — et d'effusions d'amour mystique, quelque chose rappelle la tournure d'esprit de cet autre marginal, au destin moins tragique, qu'est Raymond Lulle, dont le

Livre d'Evast et de Blaquerne, où se trouve inséré le traité mystique du *Livre de l'ami et de l'aimé*, avait été traduit du catalan en français peu de temps auparavant.

Mais, encore une fois, la littérature religieuse en français ne puise guère à cette inspiration proprement mystique. Sous ses diverses formes — élucidations du dogme à l'intention des fidèles, manuels de confession, « arts de mourir », méditations sur la vie et la Passion du Christ, prières, hagiographie, prédication — elle délivre un enseignement fondé sur la crainte de la damnation plus que sur l'amour, sur le souci de la perfection individuelle plus que sur celui de la communion ecclésiale, sur l'arithmétique des péchés et des mérites plus que sur l'élan spirituel. Privilégiant le modèle monastique, elle s'interroge rarement sur ce que pourrait être une spiritualité propre aux laïcs, adaptée à la vie dans le monde, à la portée des « simples gens », eux que l'on juge incapables d'accéder à la « prière de cœur » et dont on n'exige que la « prière de bouche » ; en un mot, sur ce qu'elle pourrait être elle-même dans sa spécificité. Bien entendu, de telles considérations sont trop générales pour s'adapter sans corrections ni nuances à des textes aussi nombreux, aussi variés, et de surcroît parfois mal connus encore. Il suffit d'ailleurs, pour que des rectifications paraissent nécessaires, de se tourner vers l'œuvre des grandes figures qui dominent cette littérature.

La plus remarquable est celle de Jean Gerson (1363-1429). De famille modeste, Jean Charlier dit Jean Gerson du nom du village des Ardennes où il est né, fait ses études à Paris au fameux Collège de Navarre, dont on reparlera à la fin de ce chapitre. Licencié en théologie en 1392, maître régent sans doute dès l'année suivante, il succède en 1396 à Pierre d'Ailly comme chancelier de l'Université de Paris. Personnalité particulièrement respectée, il joue une rôle important dans les négociations qui visent à mettre fin au schisme et prend une part active, de 1415 à 1418, au concile de Constance qui y parvient enfin. Hostile au parti bourguignon, il ne peut rentrer à Paris et se retire en 1419 auprès d'un de ses frères à Lyon où il passe les dix dernières années de sa vie et d'où il a le temps de saluer, deux mois avant de mourir, l'intervention de Jeanne d'Arc. Il a laissé une œuvre théologique et spirituelle importante en latin, mais aussi en français, langue dans laquelle il écrit *La Montagne de contemplation, La Mendicité spirituelle, La Médecine de l'âme, L'ABC des simples gens* et de très nombreux sermons. Prédicateur de la cour comme des « simples gens », il cultive un style oratoire à la fois travaillé et simple, ample et vivant. Dans ses sermons comme dans ses ouvrages de spiritualité, il cherche à donner une représentation imagée et frappante de la vie intérieure en recourant aux *exempla* et aux figurations allégoriques. On a déjà signalé enfin sa participation à la querelle du *Roman de la Rose* du côté des adversaires de Jean de Meun, dont il condamne l'immoralité.

Si attentif que soit Gerson à la vie des laïcs dans la foi, il ne cherche pas à leur ouvrir les secrets de la théologie. Quant à la contemplation dont il les invite à gravir la « montagne », si elle n'a rien d'une union extatique à Dieu, elle ne fait pas non plus appel à la raison mais désigne « la réponse sensible de la grâce à la ferveur de la dévotion » (Geneviève Hasenohr). En revanche, Robert Ciboule (*ca* 1403-1458), universitaire parisien lui aussi, recteur de l'Université, chancelier de Notre-Dame, proviseur enfin du collège d'Harcourt, est plus audacieux dans son *Livre de sainte meditation en connaissance de soi*. Cet ouvrage est peut-être en son temps le seul à proposer en français un exposé méthodique de théologie tournée vers l'expérience spirituelle. Il invite le lecteur à parvenir à une contemplation intellectuelle en passant, par les étapes de la méditation, de l'imagination à l'intelligence.

Dans un domaine différent, et comme l'exemple de Gerson le montre, la prédication en français, ou, pour parler plus justement, la conservation des sermons en français, dans la langue où ils ont été prêchés, devient habituelle. A côté de leurs sermons en latin, on possède ainsi l'œuvre homilétique française de prédicateurs réputés, comme le maître parisien Jean Courtecuisse († 1423) ou le franciscain Olivier Maillard (*ca* 1430-1502), confesseur de Charles VIII, à l'éloquence fougueuse et familière, à la limite parfois de la vulgarité.

Il faut enfin signaler ici, parce qu'ils nous rapprochent des milieux littéraires et des milieux de cour, que plusieurs princes ou grands personnages ont, au XIVe et au XVe siècle, composé des ouvrages d'édification. Le duc Henri de Lancastre (1310-1361) écrit en 1354 son beau *Livre des Saintes Médecines*, sorte de retour sur sa vie et d'examen de conscience, suivi de l'exposé sous forme d'allégories d'un traitement propre à guérir l'homme pécheur. Le comte de Foix et de Béarn Gaston Phébus († 1391), l'hôte de Froissart, a laissé, à côté de son célèbre *Livre de la Chasse*, un *Livre des Oraisons*. Le roi René d'Anjou (1409-1480) ne s'est pas seulement intéressé aux tournois et aux tourments du *Cœur d'Amour épris* ; il a aussi montré la conversion à Dieu de l'âme repentante dans le *Mortifiement de vaine plaisance*. Ces deux derniers ouvrages ne sont en eux-mêmes des monuments essentiels ni pour l'histoire de la spiritualité ni pour celle de la littérature. Mais ils montrent l'importance qu'un prince qui se piquait de lettres accordait à la littérature religieuse, qui constituait au demeurant une part importante de sa bibliothèque.

Les mœurs et l'éducation

Une partie importante de l'œuvre de Christine de Pizan, la plus originale sans doute, s'inscrit dans le cadre d'un effort didactique répondant aux préoccupations propres à cet auteur, celles qui sont déterminées par sa condition et par son sexe. L'ouvrage essentiel dans cette perspective est le *Livre de la Cité des Dames*, écrit pour la défense et le réconfort des femmes entre décembre 1404 et avril 1405. Dans ce livre, qui s'inspire essentiellement du *De claris mulieribus* de Boccace, Christine raconte comment, un jour que pour se délasser de ses études elle avait lu le pamphlet misogyne de Matheolus et qu'elle se désolait d'être née femme, puisque les femmes sont ainsi calomniées, Raison, Justice et Droiture lui sont apparues pour lui demander de les aider à bâtir une cité où les dames privées de protection pourraient trouver refuge. Dans le corps du traité, les trois personnifications démentent les faiblesses physiques, intellectuelles et morales qu'on prête généralement aux femmes en invoquant les exemples de femmes qui se sont illustrées dans tous les domaines, exemples qu'elles énumèrent et développent à tour de rôle. Est-il besoin de souligner l'importance de cet ouvrage pour l'histoire des mentalités et des mœurs ? Comme souvent, Christine part de sa situation et de son expérience particulières de femme ayant bénéficié d'une formation intellectuelle, exerçant une responsabilité — celle de chef de famille — et une activité — celle d'écrivain — généralement réservées aux hommes pour leur donner une portée générale. C'est déjà le souci de défendre les femmes, calomniées, selon elle, par Jean de Meun, qui avait déterminé, à partir de l'*Epistre au dieu d'Amours* (1399), sa position dans la querelle du *Roman de la Rose*.

Ecrit entre le printemps et l'automne 1405, immédiatement à la suite de la *Cité des Dames*, le *Livre des trois vertus* ou *Trésor de la Cité des Dames* indique aux femmes leurs devoirs selon leur état, de la princesse à la paysanne. C'est une sorte de revue des états du monde féminin. Le *Livre du corps de policie*, achevé en 1407, lui fait pendant. Il compile des exemples empruntés à l'Antiquité pour en tirer des préceptes moraux adressés aux divers états de la société, mais cette fois aux hommes : princes, chevaliers, clercs, marchands, paysans, etc.

Ces traités où se combinent des préoccupations sociales, morales et religieuses et où l'Antiquité est exploitée avec complaisance sont à ces divers titres caractéristiques de l'esprit du temps que Christine est toujours habile à saisir en y imprimant la marque de la perspective féminine qu'elle revendique.

Un peu plus tôt, ses deux grands poèmes didactiques et l'*Epître d'Othea* s'engageaient déjà dans cette voie sans être encore aussi attentifs aux « faits de société » et sans que le point de vue féminin se soit encore vraiment transformé en revendication féminine. Dans l'*Epître d'Othea*, écrite vers 1400, on voit la déesse de Prudence donner à Hector de Troie toute une série de conseils assortis de cent exemples mythologiques ou antiques, dont le récit est en vers, mais l'interprétation et le commentaire en prose. Les six mille vers du *Livre du Chemin de longue étude* ont été composés entre le 5 octobre 1402 et le 20 mars 1403. Christine y raconte une vision au cours de laquelle la sibylle de Cumes, au terme d'un long voyage, l'a conduite au ciel où les quatre reines du monde, Richesse, Sagesse, Chevalerie et Noblesse, siégeant sous l'autorité de Raison, s'affrontent sur le choix d'un prince digne de gouverner le monde. Le *Livre de la mutation de Fortune*, écrit entre août 1400 et novembre 1403, est beaucoup plus ambitieux. C'est, en plus de vingt-trois mille vers, une compilation d'histoire universelle, portant surtout sur l'Antiquité biblique et païenne, et mettant en évidence le rôle de Fortune. Le long prologue autobiographique et allégorique mettant en évidence la « mutation de Fortune » subie par Christine elle-même est d'un intérêt particulier.

Enseignements de l'histoire, de l'actualité, de la société : l'œuvre de Christine est presque tout entière marquée par la moralisation. Cette inspiration court à travers la poésie du temps, du *Bréviaire des nobles* d'Alain Chartier au *Psautier des vilains* de Michault Taillevent. Elle est particulièrement présente dans l'œuvre des rhétoriqueurs.

Aux marges de la littérature, ce souci didactique se manifeste à partir du XIVe siècle à travers l'apparition de véritables ouvrages d'éducation en langue vulgaire, comme Raymond Lulle (*ca* 1232-1315) en avait composé dès la fin du siècle précédent : *Doctrine d'enfant*, qui répond exactement à cette définition, mais aussi *Felix ou les merveilles*, et le *Livre d'Evast et de Blaquerne*, déjà mentionné, à la fois *Bildungsroman*, revue des états religieux du monde et utopie d'une réforme de l'Eglise ; tous ces ouvrages ont été écrits en catalan, mais le premier et le troisième ont été très vite traduits en français. Le chevalier angevin Geoffroy de La Tour Landry (*ca* 1330-*ca* 1405) compose un *Livre pour l'enseignement de ses filles*, qui est à la fois un livre de souvenirs et un recueil d'anecdotes et d'*exempla* d'origines diverses. Vers 1393, un bourgeois de Paris, riche et vieillissant, écrit pour sa très jeune épouse le *Mesnagier de Paris*, qui mêle l'instruction religieuse, les conseils d'économie ménagère et les recettes de cuisine.

Ouvrages scientifiques et techniques

La littérature scientifique et technique en français devient abondante à la fin du Moyen Age. Certains ouvrages sont désormais écrits directement dans cette langue, et surtout les traductions du latin se font très nombreuses, presque systématiques. D'autre part, elle ne produit plus guère de ces grandes sommes encyclopédiques du savoir qui avaient fleuri au XIIIe siècle.

Les ouvrages scientifiques ou qui exposent un savoir pratique se multiplient même en langue vulgaire : traités d'astronomie ou d'astrologie, de médecine ; livres de chasse, dont les plus célèbres sont, à la fin du XIVe siècle, celui de Gaston Phébus, l'hôte de Froissart, le *Roman des deduits* de Gace de La Buigne, le *Livre du Roy Modus et de la Royne Ratio*, où l'enseignement de l'art de la chasse se double d'une moralisation ; traités sur l'art de la guerre. Parmi ces

derniers, certains n'ont pour objet que les techniques liées à l'évolution de l'art militaire *(Art d'archerie, Art d'artillerie)* ou la codification des joutes et des tournois *(Demandes pour les joutes, les tournois
et la guerre* de Geoffroy de Charny, *Livre des tournois* du roi René
d'Anjou), mais d'autres proposent une réflexion sur les règles de la
guerre et sur les relations de la force et du droit. Si Geoffroy de
Charny, mort à la bataille de Poitiers en 1356 alors qu'il portait
l'oriflamme de France, tente seulement, dans son *Livre de chevalerie*,
de maintenir les règles chevaleresques menacées par la guerre
moderne, sans se soucier des conséquences de la guerre sur les
civils, l'*Arbre des batailles* d'Honoré Bovet, prieur de Salon, a, dans
les dernières années du XIVᵉ siècle, une tout autre portée. C'est un
véritable traité de droit public portant sur le droit de la guerre,
particulièrement soucieux de la protection des non-combattants
et de leurs biens (gens d'Eglise, étudiants, marchands et surtout
paysans), auquel les exactions des grandes compagnies donnaient
une actualité particulière. Si l'efficacité pratique de l'ouvrage fut
sans doute nulle, son succès fut immense : on le trouve invoqué au
XVᵉ siècle dans des négociations et dans des traités de paix comme
on invoquerait aujourd'hui les conventions de Genève, et Christine de Pizan le pille, ainsi que la traduction française de Végèce,
dans son *Livre des faits d'armes et de chevalerie* de 1410. Le *Jouvencel*
(1461-1466) de l'amiral de France Jean de Bueil, à travers le récit
à demi autobiographique de la carrière d'un jeune homme
pauvre à la fin de la guerre de Cent ans, se veut un traité d'éducation militaire.

Du clerc à l'humaniste

A côté de cet effort didactique, dont les quelques exemples
cités ne donnent qu'une faible idée, une mutation plus profonde
se profile, touchant peut-être la conception même de la vie intellectuelle et du savoir. D'Italie commence à souffler au XIVᵉ siècle
un esprit nouveau : Pétrarque cherche, au-delà de la formalisation scolastique, à rendre à l'Antiquité son vrai visage. En
France même l'effort soutenu de traduction du latin, qui va sans
cesse s'amplifiant, ne se limite pas aux œuvres religieuses, historiques, encyclopédiques ou scientifiques modernes, mais s'étend

aux auteurs antiques : au tournant du XVᵉ siècle, Laurent de Premierfait traduit à la fois Boccace et le *De senectute* de Cicéron, témoignant de l'intérêt conjoint pour l'Italie et pour les lettres antiques. Mais Tite-Live a été traduit par Pierre Bersuire dès le règne de Jean le Bon et son successeur Charles V, qui enrichit sa bibliothèque de très nombreuses traductions, confie celles de la *Politique*, de l'*Economique* et de l'*Ethique* d'Aristote à Nicolas Oresme (*ca* 1322-1382).

Grand maître du collège de Navarre, puis doyen du chapitre de Rouen, avant de devenir évêque de Lisieux, Oresme laisse, en latin et en français, une œuvre d'une importance considérable à travers laquelle il apparaît en particulier comme un mathématicien de premier ordre et un esprit positif. Soucieux, à l'image de son maître Charles V, du renouveau matériel et moral de la nation, il dénonce dans le *Traité de la divination* le danger de l'occultisme et de la fausse science astrologique qui propagent sans raison rumeurs et paniques et il souligne dans le *Traité des monnaies* le danger du jeu imprudent sur les valeurs monétaires. Dans le *Traité de l'espère,* sorte d'introduction à sa traduction du *Livre du ciel et du monde* d'Aristote, il montre avant Copernic la possibilité du mouvement terrestre, mais se rallie finalement à la position traditionnelle.

Quelques années plus tard, autour du collège de Navarre, un groupe de beaux esprits — Nicolas de Clamanges, Gontier et Pierre Col, Jean de Montreuil — est en relation avec l'Italie, correspond avec l'humaniste florentin Coluccio Salutati, cherche à retrouver la pureté du latin antique et l'élégance épistolaire classique, sans mépriser pour autant d'écrire en français, sans se désintéresser non plus des difficultés de leur temps : dans les premières années du XVᵉ siècle, Jean de Montreuil défend contre les Anglais les droits du roi de France dans des libelles en latin et en français. Comme les frères Col, il prend dans la querelle du *Roman de la Rose* la défense de Jean de Meun attaqué au nom de la morale par Gerson et au nom de l'honneur des femmes par Christine de Pizan. Ces pré-humanistes n'exercent pas sur le moment même une influence décisive. Il faudra attendre les années 1450-1470 pour voir Guillaume Fichet, qui installe la première presse d'imprimerie à l'Université de Paris, réclamer, contre les exercices scolastiques, le retour à l'éloquence antique. Mais dès le début du siècle on devine que la grande synthèse du savoir élaborée au XIIIe siècle vacille et qu'est prêt d'apparaître un intellectuel d'un type nouveau, différent du clerc défini indissociablement par ce seul mot comme homme d'Eglise et homme de savoir, plus critique, plus seul.

ORIENTATIONS BIBLIOGRAPHIQUES

Ainsworth Peter F., *Froissart and the Fabric of History*, Oxford, 1991.

Allmand C. T., *War, Literature and Politics in the Late Middle Ages*, Liverpool University Press, 1976.

Badel Pierre-Yves, *Le « Roman de la Rose » au XIVe siècle. Etude de la réception de l'œuvre*, Genève, Droz, 1980.

Bell Dora, *Etude sur le « Songe du vieil Pelerin » de Philippe de Mézières (1327-1405)*, Genève, Droz, 1955.

— *L'Idéal éthique de la royauté en France au Moyen Age d'après quelques moralistes du temps*, Genève, Droz, 1962.

Cecchetti Dario, *Il primo Umanismo francese*, Turin, 1987.

Combes A., *La Théologie mystique de Gerson*, 2 vol., Rome, 1963-1965.

— *Jean de Montreuil et le chancelier Gerson. Contribution à l'histoire des rapports de l'humanisme et de la théologie en France au début du XVe siècle*, Paris, 2e édit., 1973.

Delclos Jean-Claude, *Le Témoignage de Georges Chastellain, historiographe de Philippe le Bon et de Charles le Téméraire*, Genève, Droz, 1980.

Diller George T., *Attitudes chevaleresques et réalités politiques chez Froissart. Microlectures du premier livre des « Chroniques »*, Genève, Droz, 1984.

Doutrepont Georges, *La Littérature à la cour des ducs de Bourgogne*, Paris, 1909.

Dufournet Jean, *La Destruction des mythes dans les « Mémoires » de Philippe de Commynes*, Genève, Droz, 1966.

— *La Vie de Philippe de Commynes*, Paris, SEDES, 1969.

Gumbrecht Hans Ulrich, Link-Heer Ursula et Spangenberg Peter Michael (sous la direction de), *La Littérature historique des origines à 1500*, Grundriss der romanischen Literaturen des Mittelalters, XI/1, 3 vol., Heidelberg, Carl Winter, 1986-1987.

Hansen B., *Nicole Oresme and the Marvels of Nature. A Study of his « De causis mirabilium »*, Toronto, 1985.

Hindman S. L., *Christine de Pizan's « Epistre Othea ». Painting and Politics at the Court of Charles VI*, Toronto, 1986.

Huizinga J., *L'Automne du Moyen Age*, préface de Jacques Le Goff, Paris, Payot, 1977 (1re édit. aux Pays-Bas, 1919 ; 1re trad. franç. *Le Déclin du Moyen Age*, 1932).

Martineau-Genieys Christine, *Le Thème de la mort dans la poésie française de 1450 à 1550*, Paris, Champion, 1978.

Ornato Ezio, *Jean Muret et ses amis Nicolas de Clamanges et Jean de Montreuil : contribution à l'étude des rapports entre les humanistes de Paris et ceux d'Avignon (1394-1420)*, Genève, Droz, 1969.

Poirion Daniel (sous la direction de), *La Littérature française aux XIVe et XVe siècles*, Grundriss der romanischen Literaturen des Mittelalters, VIII/1, Heidelberg, Carl Winter, 1988, chap. II (« Complexification des Structures du Savoir »,

H. U. Gumbrecht), X (« Le Poème allégorique », P.-Y. Badel), XIV (« La Traduction en français », F. Berier), XV (« La Littérature religieuse », G. Hasenohr), XVI (« Les Traités scientifiques », C. Thomasset, Th. Charmasson, R. Halleux), XVII (« Les Traités de Guerre, de Chasse, de Blason et de Chevalerie », Ph. Contamine).

Rouy P. J., *L'Esthétique du traité moral d'après les œuvres d'Alain Chartier*, Genève, Droz, 1980.

Shears F. S., *Froissart Chronicler and Poet*, Londres, George Routlers & Sons, 1930.

Thiry Claude, *La Plainte funèbre*, Turnhout, 1978 (*Typologie des sources du Moyen Age occidental*, 30).

Willard Charity C., *Christine de Pizan. Her Life and Works*, New York, Persea Books, 1984.

QUELQUES ÉDITIONS

Froissart

Kervyn de Lettenhove Joseph (baron), *Œuvres*, Bruxelles, V. Devaux, 1867-1877 (*Chroniques*, t. I-XXV).

Chroniques, publiées pour la Société de l'Histoire de France, Paris, 1869-1975 (15 volumes parus, le Livre IV est à paraître).

Diller G. T., « *Chroniques* ». *Dernière rédaction du premier livre. Edition du manuscrit de Rome Reg. lat. 869*, Genève, Droz, 1972.

— « *Chroniques* ». *Le manuscrit d'Amiens, Livre I (1307-1340)*, Genève, Droz, 1991.

Commynes

Calmette J. et Durville G., *Philippe de Commynes. Mémoires*, 3 vol., Paris, Les Belles-Lettres, 1924-1925.

Christine de Pizan

Kennedy A. J. et Varty K., *Ditié de Jehanne d'Arc*, Oxford, 1977.

Lucas R. H., *Le Livre du Corps de Policie*, Genève, Droz, 1967.

Moreau Th. et Hicks E., *La Cité des Dames*, Paris, Stock/Moyen Age, 1986 (en traduction).

Pueschel R., *Le Livre du Chemin de Long Estude*, 2ᵉ édit., Berlin, 1887.

Solente S., *Le Livre des Fais et bonnes Meurs du sage Roy Charles V*, 2 vol., Paris, Champion, 1936-1941.

— *Le Livre de la Mutacion de Fortune*, 4 vol., Paris, SATF, 1959-1966.

Jean Gerson

Œuvres complètes, éd. Mgr. P. Glorieux, 11 vol., Paris, Desclée de Brouwer, 1960-1973.

Humanisme

Hicks E., *Le Débat sur le « Roman de la Rose » (Christine de Pizan, Jean Gerson, Jean de Montreuil, Gontier et Pierre Col)*, Paris, Champion, 1977.

Ornato Ezio, *Jean de Montreuil, Opera*, 3 vol., Turin, 1963-1975 et Paris, 1981.

13. Les formes de la représentation

Un monde en représentation

On juge souvent sévèrement la propension du Moyen Age finissant à s'étourdir dans son propre reflet. Dans les fastes chevaleresques et princiers un monde insoucieux ou ignorant de son propre déclin paraît se mirer avec complaisance. La misère physique et morale de la condition humaine elle-même s'étale avec les représentations de la danse Macabre et leurs équivalents littéraires. Il est vrai que peu d'époques ont aussi volontiers joué leur propre mise en scène. Chaque entrée royale, minutieusement relatée par les chroniques, offre la combinaison de plusieurs spectacles : celui du cortège princier, dans sa puissance et dans sa gloire ; celui des tableaux vivants, des bribes de représentation dramatique qui s'animent sur son passage et manifestent le sens de la circonstance par les correspondances de l'allégorie ; celui des manifestations emblématiques de l'abondance (banquets ouverts à tous, fontaines d'où coule le vin, etc.). Sacre, couronnement, reddition, réception ou conférence diplomatiques, procès, exécution capitale, tout est, autant que les représentations théâtrales elles-mêmes, occasion de mise en scène.

Mais la société chevaleresque se plaît surtout à se contempler dans le miroir de la littérature et à se déguiser sur le modèle que lui offrent les romans. Elle multiplie les fêtes et les tournois à thème arthurien, elle reproduit dans ses jeux les aventures des héros de romans. Jean de Luxembourg s'inspire d'un épisode d'*Alixandre l'Orphelin* quand il défend le Pas de la Belle Pèlerine contre des adversaires portant les armes de Lancelot ou de Palamède. Le roi René d'Anjou, grand connaisseur en la matière et auteur d'un *Livre des tournois*, emprunte au *Lancelot en prose* le nom du château de la Joyeuse Garde donné à une *emprise et pas* qu'il organise près de Chinon (un pas d'armes est un tournoi édulcoré et ritualisé où le cérémonial, réglé de façon rigide, l'emporte sur les hasards et la brutalité de la joute). Pendant un an, de l'automne 1449 à l'automne 1450, en Bourgogne, Jacques de Lalaing défend pour une Dame de Pleurs la Fontaine de Pleurs contre tout adversaire. On consacre aux exploits de ce personnage bien réel un livre écrit comme un roman *(Livre des faits de Jacques de Lalaing)*, comme il y aura aussi un *Livre des faits du maréchal de Boucicaut*. A Lille en 1454, le duc de Bourgogne Philippe le Bon fait précéder d'un *Pas du Chevalier au Cygne*, dont le nom même dit la source littéraire, le célèbre *Banquet du Faisan* où figure parmi les « entremets » un *chasteau a la façon de Lusigan* avec *au plus hault de la maistresse tour Melusine en forme de serpente*.

Les chroniqueurs du temps, surtout les Bourguignons, se font l'écho complaisant de ces jeux inspirés par les romanciers qui eux-mêmes décrivent avec toujours plus d'abondance et d'enthousiasme les manifestations ostentatoires de la gloire chevaleresque. Grand amateur de romans bretons, Jacques d'Armagnac, qui surnommait son sénéchal de Castres Palamède, est peut-être l'auteur de la *Devise des Armes des Chevaliers de la Table Ronde* suivie de minutieuses *Loys et ordonnances de l'Ordre des Chevaliers de la Table Ronde*, où se fait jour, comme dans les tournois à thème arthurien, le désir d'actualiser dans le réel la fiction romanesque. C'est ce même désir que flatte la création des ordres de chevalerie, celui de la Toison d'Or à la cour de Bourgogne, celui du Croissant à la cour d'Anjou, à la cour de France celui de Saint-Michel, dont l'instauration répond d'autant plus clairement à une intention politique que Louis XI était lui-même fort étranger à ces jeux, bien d'autres encore. On cherche ainsi à donner vie au passé romanesque et à donner à la vie les couleurs du roman.

Le miroir romanesque

Le sentiment du passé litttéraire, les mises en prose et leur esprit

Car le monde des romans est plus que jamais un monde du passé. C'est dans le passé que sont projetés, en même temps que l'action des romans, les valeurs et l'imaginaire du temps. Il n'y a là, semble-t-il, rien de nouveau : les premiers romans et les chansons de geste faisaient de même. Mais à la fin du Moyen Age, le passé du récit est redoublé par celui de la littérature elle-même. Arthur, Charlemagne, Alexandre n'ont pas seulement vécu il y a très longtemps. Il y a très longtemps aussi qu'on parle d'eux. Au début du roman d'*Ysaïe le Triste*, dont les protagonistes sont le fils, puis le petit-fils de Tristan et d'Iseut, l'auteur insiste sur la durée des aventures bretonnes : au moment où commence son histoire, nous dit-il, le roi Arthur est très âgé et certains chevaliers de la Table Ronde sont déjà morts. Non seulement tous ces personnages ont vécu à une époque reculée, mais encore leur vie littéraire est déjà longue, si longue qu'ils en sont devenus vieux. Et cette vie, ils l'ont menée, non pas dans un autre monde littéraire, celui de l'Antiquité ou celui de quelque tradition folklorique ou pseudo-historique incertaine, comme lorsqu'ils ont été accueillis dans les premiers romans français, mais dans ces romans mêmes, c'est-à-dire, sans aucune solution de continuité linguistique, culturelle ou chronologique, chez les prédécesseurs et les modèles immédiats de ceux de la fin du Moyen Age qui en sont pour la plupart des remaniements ou des mises en prose.

Pour la première fois, la littérature française joue des perspectives ouvertes par la perspective de son propre passé. Elle éprouve le vieillissement des modes et celui de la langue. Elle découvre que le français d'il y a deux ou trois siècles, celui du XIIe ou du XIIIe siècle, est du vieux français, différent de la langue moderne, presque incompréhensible. Elle découvre que le vers est devenu difficile et rebutant pour le public contemporain qui lui préfère la prose. Elle éprouve le vieillissement des modes et celui de la langue. D'où le besoin de rajeunir les vieux romans, et en particulier de réécrire en prose ceux qui étaient en vers. On justifie ces mises en prose en arguant que les *anchiennes histoires rymees*, la *vieille rime* ont cessé de plaire, *pour ce que aujour d'huy les grans princes et autres seigneurs appetent plus la prose que la rime (Histoire de Charles Martel et de ses successeurs)*, car *plus volontiers s'i esbat l'en maintenant qu'on ne souloit et plus est le laingage plaisant prose que rime (Guillaume d'Orange en prose)* : tel est l'*appetit du temps*, concluent les auteurs d'*Anséis de Carthage* et de *Florent de Lyon*. On s'aperçoit que le français d'il y a deux ou trois siècles est du vieux français, différent de la langue moderne, presque incompréhensible : *Et a esté le present livre nouvellement reduict de vieil langage corrompu en bon vulgaire françois (Mabrian)*. En 1500, Jean Molinet adapte et moralise en prose le *Roman de la Rose*, car, depuis le XIII\ :sup:`e` siècle, le français est devenu, dit-il, *fort mignon et renovellé*. Un peu plus tard, Pierre Durand, adaptant *Guillaume de Palerne*, dit avoir mis *en langage moderne François* ce qui *estoit Romant antique rimoyé en sorte non intelligible ne lisible*.

Ainsi se fait jour une sorte de dialectique du renouvellement et de la fidélité. Il faut bien réécrire les vieux romans, puisque la langue et la mode ont changé. Mais s'il faut les réécrire, c'est pour les sauver, pour les garder, comme le dit Pierre Durand, « lisibles ». Le principe de la réécriture, qui, dans la pratique, prend la forme de la mise en prose, suppose, plus qu'une évolution continue, une pérennité figée de l'univers littéraire. A cet égard, la comparaison entre les premiers romans en prose, au XIII\ :sup:`e` siècle, et les mises en prose de la fin du Moyen Age est éclairante. Les premiers romans en prose ne répètent pas leurs prédécesseurs en vers. Ils constituent une création originale à partir des personnages, des situations, de l'imaginaire que ceux-ci leur fournissent. Les écarts d'esprit, de signification, de choix esthétique entre les uns et les autres témoignent de l'évolution vivante d'un courant littéraire. La tradition s'en perpétue encore au XIV\ :sup:`e` siècle : *Ysaÿe le Triste* se greffe sur le *Tristan en prose*, le *Petit Artus de Bretagne*, bien qu'indépendant en fait des cycles antérieurs, surdétermine par son titre même l'idée d'une filiation par rapport au monde arthurien, l'immense *Perceforest* écrit la préhistoire arthurienne. Jusqu'à la fin du Moyen Age, d'ailleurs, de nouvelles copies sans cesse remaniées, redécoupées, contaminées, des grands romans cycliques — le *Lancelot-Graal* ou le *Tristan en prose* — témoignent à la fois de leur survie et de leur ressassement.

Mais la mise en prose — dont le principe est ancien, puis-qu'elle est pratiquée pour la première fois, autant qu'on puisse en juger, sur l'*Histoire du saint Graal* de Robert de Boron — ne se veut rien d'autre qu'une traduction. Elle est conservatrice d'une activité littéraire qu'elle considère comme achevée et passée, qu'elle admire de l'extérieur, dont elle cherche à donner une idée à un public moderne plus qu'elle ne prétend la faire sienne et la poursuivre. Le poids du passé littéraire, conservé et amé-nagé en tant que tel, étouffe l'élan créateur sous les impératifs d'une restauration respectueuse. Certes, les mises en prose les plus fidèles à leur modèle s'en écartent en réalité sensiblement. Mais elles semblent peu conscientes de leur propre nouveauté, où elles prétendent ne voir qu'un tribut payé au vieillissement de la langue, et elles se satisfont d'emprisonner la création romanesque dans le miroir du passé en en faisant le fruit de la répétition.

Syncrétisme de la prose

L'hégémonie progressive de la prose, qui, à la fin du XVe siè-cle, détient à peu de chose près le monopole de la narration, a des causes multiples et souvent étudiées, au nombre desquelles figurent probablement d'une part l'assouplissement de la lan-gue, d'autre part le développement de la lecture individuelle. Mais le succès a sans doute appelé le succès : celui de la prose a dû accélérer, avec l'évolution de la langue littéraire, le vieillisse-ment du vers, dont la syntaxe, devenue étrangère, rebutait le lecteur habitué à la prose.

L'uniformisation du mode de diffusion et de lecture des textes littéraires avait retiré sa pertinence à la distinction tradi-tionnelle entre les genres narratifs (chanson de geste, roman), qui étaient fondés en grande partie sur des oppositions de forme poétique, liées elles-mêmes à des modes de réception différents. Elle avait ainsi favorisé le développement de la prose, dans l'uniformité de laquelle se fondent ces genres divers. La résolu-tion des différents genres littéraires et des modes d'utilisation variés qui leur sont liés en une forme unique, celle de la narra-tion en prose divisée en chapitres, a pour conséquence que l'attente du public est la même quelle que soit l'histoire racontée, et qu'elle dérive d'une chanson de geste, d'un roman antique ou breton, d'un récit hagiographique. La vision du monde propre à chacun de ces genres perd dès lors de sa spécificité aux yeux du lecteur et se fond dans une sorte de syncrétisme idéologique commun à toute la littérature narrative. Certains romans au caractère un peu hybride ont ainsi obtenu peu de succès dans leur version d'origine en vers, dont seuls des fragments nous sont parfois parvenus, alors que leur mise en prose a été ensuite largement diffusée : c'est le cas de *Bérinus*, de la *Belle Hélène de Constantinople*, de *Baudouin de Flandres* ou, dans des conditions un peu différentes, d'*Apollonius de Tyr*. En prose, tout est bon pour l'aventure. Si fidèle que soit chaque mise en prose à l'égard de son modèle, l'ensemble du corpus littéraire ainsi constitué reçoit de cette manière une tonalité et une valeur nouvelles.

Survie du roman en vers

Le roman en vers, encore bien vivant au début du XIVᵉ siècle où le *Roman du comte d'Anjou* de Jean Maillart, par exemple, s'inscrit dans la droite ligne des romans dits « réalistes » du XIIIᵉ siècle, ne survit à la fin que dans des cas limites. C'est que la fusion de tous les types de narration dans l'uniformité de la prose donne par contraste au vers une unité qu'il n'avait jamais eue. Il trouve cette unité dans la coloration affective et subjective qui commence à le marquer en tant que tel et à définir la notion de poésie. Les romans en vers qui continuent à s'écrire se ressentent de cette évolution. Ils tendent souvent à donner à l'aventure amoureuse l'expression intériorisée de l'allégorie. Le titre même du *Roman de la Dame à la Licorne et du Beau Chevalier au Lion* (XIVᵉ siècle) réunit, derrière l'apparente symétrie des deux héros dotés chacun d'un animal emblématique, un chevalier de roman d'aventures qui évoque bien entendu l'Yvain de Chrétien de Troyes et un personnage féminin à demi allégorique, associé au symbolisme amoureux de la licorne et dont le mari s'appelle Privé Dangier, comme s'il n'était que la personnification de sa pudeur. Aussi bien, le lion et la licorne se font emblématiquement face sur les tapisseries du Musée de Cluny à Paris et des Cloisters à New York.

Entre ce roman, qui reste un vrai roman, et les dits qui, racontant un songe allégorique du poète ou retraçant l'aventure du moi, échappent, malgré leur caractère narratif, au genre romanesque, des poèmes ou des prosimètres au classement incertain assurent une continuité : dits amoureux influencés par le *Roman de la Rose* comme *Pamphile et Galatée* de Jean Brasdefer de Dammartin-en-Goële ; romans du moi issus du croisement du roman allégorique et du roman breton comme, à la fin du XIVᵉ siècle, le *Chevalier errant* du marquis Thomas III de Saluces ou, au milieu du XVᵉ, le *Livre du Cœur d'Amour épris* du roi René d'Anjou. Le premier emprunte des passages entiers au *Roman de la Rose*, sans pour autant que l'œuvre, immense et de conception assez originale, soit d'un plagiaire. Le second, dont la narration est plus conforme au modèle romanesque, s'inspire ouvertement à la fois du *Roman de la Rose* et des romans arthuriens. Livres de princes dilettantes, livres de lecteurs, ils font la synthèse de ce qui en leur temps séduit et nourrit l'imaginaire sur le versant subjectif de la narration.

C'est sur ce versant que se trouve désormais l'avenir du vers. Paraissent anachroniques, à partir du dernier tiers du XIVᵉ siècle, les romans en vers qui ne sont pas en même temps des romans du moi. Le recours au vers peut être simplement la marque d'une nostalgie. Il l'est sans doute pour Froissart, qui compose dans les années 1380 un long roman arthurien en vers, *Méliador*, alors que plus personne n'en avait écrit depuis l'*Escanor* de Gérard d'Amiens, un siècle plus tôt. Ce roman, semble-t-il, n'aura de vrai succès qu'à la cour, certes brillante mais malgré tout provinciale, de Gaston Phébus.

Ailleurs, le recours au vers peut aller de pair avec une certaine maladresse et relever ainsi du conservatisme propre à des œuvres semi-populaires, ou tout au moins littérairement peu évoluées. On l'a soutenu à propos du *Roman de Mélusine* de Coudrette, bien que ce soit faire quelque tort au talent de ce poète et bien que son roman ne dérive pas, contrairement à ce qu'on a longtemps cru, du *Mélusine* en prose de Jean d'Arras, qui le précède de quelques années en cette fin du XIVᵉ siècle. Il reste que Coudrette écrit en vers pour la famille assez obscure des seigneurs de Parthenay, Jean d'Arras en prose pour le duc Jean de

Berry, le prince le plus au fait des modes artistiques. Le trait est toutefois plus net s'agissant d'œuvres comme *Eledus et Serena*, *Brun de la Montagne*, le roman franco-italien de *Belris et Machabia* ou *Richard sans Peur*, une suite de *Robert le Diable* qui possède, il est vrai, les mêmes caractères dans sa version en prose, appelée au-delà du Moyen Age à un grand succès, que dans sa version en vers.

Dans les toutes dernières années du XVe siècle, cependant, sous le règne de Charles VIII, l'humanisme naissant paraît donner au vers une valeur nouvelle : pour Octovien de Saint-Gelais, c'est visiblement la marque du bel esprit que de traduire en vers — même exécrables — l'*Enéide* ou *Eurialus et Lucrèce* d'Eneas Silvio Piccolomini (le pape Pie II), traduit aussi vers la même époque en vers et prose alternés par Antitus Faure.

Ecriture historique du roman

La généralisation de la prose ne donne pas seulement par contraste au vers une coloration nouvelle. Elle témoigne aussi du rapprochement entre le roman et l'histoire, ou plutôt de la mise en forme historique du roman. Ce sont les formes de la littérature historique en français qui s'imposent dans une large mesure à la littérature de fiction dès lors qu'elle a perdu, en passant à la prose, les caractéristiques des différents genres auxquels elle empruntait sa matière. L'écriture romanesque se modèle sur celle de l'histoire, et le roman retrouve les prétentions historiques qui avaient été les siennes à ses débuts. Aussi bien, ni le vocabulaire ni les catégories littéraires de l'époque ne distinguent nettement le roman et l'histoire.

Compilant au XVe siècle l'ensemble de la matière épique, le Bourguignon David Aubert intitule son énorme ouvrage *Chroniques et conquêtes de Charlemagne*. La matière antique de Troie ou d'Alexandre, celle des croisades, sont refondues sous une coloration historique plus soutenue, même lorsque les sources des nouveaux ouvrages sont purement romanesques ou épiques, même lorsque leur contenu fait la plus large part au merveilleux. *Gilles de Chin* ou *Gilion de Trasignies* fondent systématiquement sur des souvenirs historiques l'accumulation des aventures

fabuleuses. Au début de *Baudouin de Flandres*, un comte de Flandre épouse un démon qui s'est incarné dans le cadavre d'une
princesse orientale. Ce motif, bien connu de la littérature
indienne et arabe, se retrouve un peu plus tard dans *Richard sans
peur*. Mais à partir de là, au lieu de se concentrer sur les aventures d'un héros, le roman se transforme en une chronique qui
s'intéresse à de multiples personnages et se déroule sous les
règnes de Philippe Auguste, de Saint Louis et de Philippe III le
Hardi. Il s'achève, non par le dénouement d'une intrigue ou
d'un récit, mais avec la mort de ce dernier souverain et la montée sur le trône de Philippe le Bel. Il réécrit l'histoire, celle de
Bouvines ou celle de la septième croisade. Il s'attache à des personnages historiques qu'il affuble de destins fantaisistes, comme
Ferrant de Flandre ou comme Jean Tristan, dans la réalité troisième fils de Saint Louis, né à Damiette et mort devant Tunis,
qui, devenu le fils aîné du saint roi, se voit attribuer une vie particulièrement mouvementée.

Le mécénat princier favorise les romans généalogiques écrits
sur commande à la gloire d'une famille, de ses racines dans l'histoire et dans le mythe, des personnages qui l'ont illustrée. C'est
le cas de l'*Histoire des seigneurs de Gavre*, des deux versions de
Mélusine, écrites pour des commanditaires apparentés aux Lusignan, de *Fouke le Fitz Warin* et de *Guy de Warwick*, qui poursuivent la tradition anglo-normande du roman familial. Les romans écrits à la cour de Bourgogne jouent volontiers de leur
apparence historique pour flatter le duc par des allusions ou des
parallèles implicites : ainsi le *Roman du comte d'Artois* ou l'*Histoire
de Jason et de Médée* de Raoul Le Fèvre, évidemment liée à la
création de l'ordre de la Toison d'Or. Même les mises en prose
des romans les plus « classiques » et les moins historiques de
l'époque précédente tentent de les tirer vers l'histoire : on multiplie les précisions dynastiques et familiales dans les entrées en
matière et les épilogues, les repères chronologiques, les allusions
à des événements ou des personnages réels. Ces traits sont sensibles dans les mises en prose d'*Erec* et de *Cligès* de Chrétien de
Troyes, de *Cléomadès* d'Adenet le Roi, du *Roman de Chastelain de
Coucy et de la Dame du Fayel* de Jakesmes, et dans bien d'autres.

En même temps, bien des romans manifestent le même souci
éducatif ou pédagogique qui anime, on l'a vu plus haut, des
ouvrages qui prétendent échapper totalement à la fiction,

comme le *Livre de Boucicaut*, celui de *Jacques de Lalaing*, le *Jouvencel*. Ce souci se rencontre aussi bien dans des romans bretons comme *Ysaïe le Triste* ou *Perceforest*, dans *Cleriadus et Meliadice* ou dans l'*Histoire d'Olivier de Castille et d'Artus d'Algarbe*, que dans un roman situé dans un passé récent, et proche par certains aspects de *Jacques de Lalaing*, comme *Jehan de Saintré* d'Antoine de la Sale. Les proses et les remaniements de la fin du Moyen Age ajoutent volontiers à leur modèle des développements sur les qualités du bon prince et de son gouvernement, comme dans la version de Vienne d'*Apollonius de Tyr* ou dans *Floriant et Florete*.

Du roman romanesque au roman populaire

Mais la revendication de la vérité historique comme celle de l'utilité didactique sont évidemment des masques de la séduction romanesque. Le roman connaît à la fin du Moyen Age une déperdition du sens qu'il compense en prétendant à la vérité référentielle et à l'enseignement. Il se veut histoire dans le même temps qu'il devient romanesque au sens moderne du terme : ce sont les deux aspects d'une même évolution. Et il devient romanesque si l'on entend par là qu'aucun enjeu transcendant n'est plus impliqué par l'aventure individuelle, réduite à une étape dans la conquête par le héros de l'amour et du bonheur, parfois du salut, éventuellement au service d'une communauté, mais dont les intérêts et les visées peuvent être circonscrits, mesurés, satisfaits. De l'appel à des luttes nouvelles pour la défense de la chrétienté sur lequel s'achève la *Chanson de Roland* à la grande histoire du Graal qui ordonne à un dessein divin les aventures et les amours des chevaliers de la Table Ronde, chaque chanson de geste, chaque roman courtois classique, apparaît comme un fragment, certes centré sur un destin particulier, d'une histoire qui le dépasse, lui donne, mystérieusement parfois, son sens, l'affronte et le soumet à des valeurs impérieuses dont la soudaine émergence révèle la cohérence souterraine. Désormais, au contraire, rien ne passe la mesure du héros, et la fin de ses aventures est la fin de tout. D'où la tendance à les multiplier et à allonger le roman par leur accumulation, l'histoire sachant qu'elle mourra avec elles et qu'aucune résonance ne la prolongera. D'où également l'impression que tout se limite à la recherche d'un petit bonheur romanesque, qui n'épargne même pas l'idéal de l'amour. Micheau Gonnot, dans sa compilation arthurienne (manuscrit Bibl. Nat. fr. 112), écrit d'un personnage : *Amoreux ne fut il gueres, autant amoit l'une comme l'autre ; il prenoit son aventure la ou il la pouvoit trouver.* Cette tendance apparaît dès le XIIIe siècle, mais elle se généralise à la fin du Moyen Age.

En voici deux exemples empruntés au domaine arthurien, qui se prêtait à l'origine si peu à une telle attitude. *Le Chevalier au papegau*, petit roman en prose du XVe siècle, relate une aventure de jeunesse du roi Arthur lui-même. Il est évident qu'Arthur ne peut devenir le héros d'un roman qu'en renonçant à son rôle d'arbitre et de garant des valeurs du monde sur lequel il règne, puisque l'excellence de ses exploits ne peut être sanctionnée par son propre verdict. C'est pourquoi, dans les anciens romans, lorsqu'il occupait le devant de la scène, c'était pour son malheur, dans l'épisode de l'enchanteresse Gamille ou dans celui de la fausse Guenièvre du *Lancelot* en prose, dans la *Mort Artu*. L'accumulation des motifs traditionnels du merveilleux breton n'empêche pas le *Chevalier au papegau*, où la présence bouffonne du perroquet introduit un élément comique, de se borner à la relation de succès guerriers ou sportifs dont la seule raison d'être est d'ouvrir la voie aux succès amoureux, limités eux-mêmes à un éphémère repos du guerrier. Aventures et amours ne sont plus le signe d'une vérité essentielle et cachée, mettant en jeu le destin de l'homme. Le héros des unes et des autres pourrait être n'importe qui. Son identification au roi Arthur a pour seule fonction d'éveiller les échos du passé pour en faire les succédanés de ceux, absents, du sens.

Telle est aussi la fonction du monde arthurien dans *Méliador*. Le roi Arthur propose aux meilleurs chevaliers du monde entier une quête, comme à la grande époque. Mais cette quête, qui doit durer cinq ans, est une sorte de championnat par points dont les épreuves consistent en des tournois et des joutes variés et dont le vainqueur épousera la belle princesse d'Ecosse Hermondine. En outre, pour que tout finisse vraiment bien, les suivants, classés par ordre de mérite, obtiennent des lots de consolation, c'est-à-dire que chacun épouse sa chacune, choisie parmi

les jeunes personnes présentées au cours du roman. Ainsi la
quête, au lieu d'être un engagement collectif mettant en cause,
à travers les aventures individuelles, les valeurs fondamentales
du monde arthurien et son sens, et débouchant sur une révélation lourde de conséquence pour ce monde tout entier, devient
une chasse au beau parti sous forme de compétition sportive
entre jeunes gens ambitieux. Et la série de mariages qui clôt le
roman montre que le dénouement de la quête n'est marqué par
rien d'autre que par la juxtaposition de bonheurs particuliers,
sanctionnant la réussite limitée à eux-mêmes des couples qui se
constituent. Loin de toute métaphysique, le romanesque apparaît ici comme ce qui, par le biais de la fiction, rend désirables
les choses de la vie. Le lecteur est invité, plus qu'il ne l'avait
jamais été, à s'identifier à un héros dont les succès ne dépassent
pas ses propres désirs et qui n'est séparé de lui que par la distance d'un passé littérairement prestigieux, qui permet à l'évasion de se joindre à l'identification pour le séduire d'autant plus
complètement que l'écriture historique, non pas dans *Méliador*,
mais dans les romans en prose, prétend garantir la vérité du
récit. De tels romans ont tout pour provoquer l'erreur de Don
Quichotte. Cette erreur — l'effort pour actualiser dans le présent et dans le réel le passé chevaleresque, substitut du sens —
est encouragée au XVᵉ siècle par la circulation mimétique,
décrite au début de ce chapitre, entre le roman d'une part, la
vie de cour, ses valeurs et ses divertissements de l'autre.

De cette façon, alors même qu'il est plus que jamais un genre
aristocratique, produit des cours princières et consommé par
elles, le roman de cette époque, en tant qu'il est un roman historique et un roman gratifiant, est l'ancêtre du roman « populaire », c'est-à-dire s'adressant à un public soit socialement
indifférencié, soit constitué de ceux qui viennent d'accéder à la
lecture et à qui échappe la mise en forme de la culture : le
public des livres de colportage, de la bibliothèque bleue, plus
tard des feuilletons. Bien des romans du Moyen Age finissant
ont été diffusés sous cette forme jusqu'au siècle dernier : *Robert le
Diable* et sa suite *Richard sans Peur*, *Jean de Paris*, *Pierre de Provence
et la Belle Maguelonne*, *Griseldis* au succès multiforme, de la version en vers de Philippe de Mézières à celle de La Fontaine, du
théâtre aux livres populaires. Définir la fascination exercée par
le roman de la fin du Moyen Age comme celle du roman histo-

rique, c'est préparer la compréhension de la fascination exercée du XVIe siècle à nos jours par le roman comme littérature popularisante ou comme infra-littérature. Déjà au début du XVIe siècle, le *Tristan* de Pierre Sala, écrit Lynette Muir, « tient plus du roman de cape et d'épée que du roman courtois ». Au XXe siècle encore, Henri Pourrat est sensible à cette filiation quand il donne à la première version de *Gaspard des Montagnes* un titre inspiré des livres de colportage et comme sous-titre « roman campagnard de chevalerie ».

Or, on l'a vu, ce processus n'est pas propre au roman. Dans le domaine de la poésie lyrique, on sait que les manuscrits de cour qui contiennent les recueils de chansons dites « populaires » du XVe siècle constituent dans les faits une sorte d'étape entre la poésie courtoise et la chanson populaire française telle qu'elle s'épanouit à partir de la fin du XVIIe siècle. Ainsi, et dans plusieurs domaines, l'autre versant, ou la face cachée, du discrédit qui pèse sur la littérature de la fin du Moyen Age durant les siècles ultérieurs dans la culture officielle est la folklorisation, pour le dire vite, de pans entiers de cette littérature, tandis qu'inversement, et parallèlement, son retour à la mode à l'époque romantique est lié lui aussi à l'association du Moyen Age et du folklore. L'un des intérêts de l'étude de la littérature française du XVe siècle est d'aider à la compréhension de cette mutation.

La nouvelle

Mais, à la même époque, cette évasion complaisante dans l'histoire rêvée est refusée par la nouvelle en prose qui connaît alors un vif succès. Des recueils apparaissent sur le chemin qui va du *Decameron* de Boccace à l'*Heptaméron* de Marguerite de Navarre, tel, vers le milieu du XVe siècle, celui des *Cent nouvelles nouvelles* dont le cadre est la cour de Bourgogne et où chaque récit est placé dans la bouche d'un devisant. L'influence italienne s'y fait tôt sentir, précédant celle qui s'exercera plus tard sur d'autres genres littéraires. La tradition du fabliau qui s'y perpétue donne à la nouvelle un ton volontiers grivois, en même temps que s'y introduit une réflexion polémique sur l'amour et sur la place des femmes dans la société, réflexion liée à la querelle du féminisme, comme en témoigne la charge misogyne des *Quinze joies de mariage*, ou poursuivant les débats courtois de casuistique amoureuse comme dans les *Arrêts d'Amour* de Martial d'Auvergne, où l'exposé de chaque « cause » est prétexte à conter une anecdote.

La nouvelle se situe tout entière dans le présent. Elle met en cause ses valeurs, que le roman célèbre en les prétendant fondées sur le passé, car elle regarde le monde contemporain directement, et non dans le miroir déformant d'un passé illusoire. Elle est critique, alors que le roman est emphatique. Ce trait la définit plus sûrement peut-être que la brièveté, si l'on considère que l'abrégement accompagne aussi souvent, dans des conditions bien différentes, l'entrée du roman dans la littérature semi-populaire.

On peut voir aux frontières entre le roman et elle la montée du pessimisme corrosif qui lui est propre dans *Jehan de Saintré* d'Antoine de La Sale (1385 ou 1386-1460 ou 1461). Cet écuyer au service, comme son père, de la maison d'Anjou, précepteur de Jean de Calabre, le fils du roi René, a sur le tard, alors que son pupille princier n'avait plus besoin de lui, exercé, à partir de 1448, les mêmes fonctions auprès des enfants de Louis de Luxembourg, comte de Saint-Pol. Il est l'auteur de deux compilations pédagogiques où se mêlent des récits de sa vie et de ses voyages, *La Salade*, où se trouve insérée sa visite au Paradis de la reine Sibylle, et *La Salle*, d'un traité *Des anciens tournois et faits d'armes*, d'un récit de la croisade de Ceuta (1415) contenu dans le *Réconfort de Madame de Fresne* et surtout de *Jehan de Saintré*, qui raconte comment une jeune veuve choisit un petit page pour faire, en même temps que sa fortune, son éducation sentimentale et chevaleresque, puis le trahit.

La duplicité de cette dame des Belles Cousines, la vulgarité triomphante de l'abbé son amant, l'humiliation de Jehan de Saintré, la cruauté de sa vengeance, tout cela dément l'élégante perfection traditionnellement attribuée aux amours courtoises et à l'univers chevaleresque, et dont l'œuvre conserve dans sa première partie l'apparence, en même temps que la vertu de la dame des Belles Cousines semble garantie par l'enseignement moral et religieux qu'Antoine de La Sale emprunte mot pour mot à Simon de Hesdin pour le placer dans sa bouche. Il semble que l'idéalisation de la vie chevaleresque et du service d'amour ne résiste ni à la localisation du récit dans un passé proche et un milieu identifiable (la cour de Jean le Bon) ni à l'attention portée aux contingences matérielles.

Dans le roman courtois, le chevalier errant parcourt le monde sans un sou sur lui, et il n'est jamais question d'argent. Les contraintes financières ne sont guère mentionnées que par Jean Renart, et avec une légèreté optimiste dénuée de tout réalisme. Au contraire, l'ascension de Jehan de Saintré n'est rendue possible que par la générosité de la dame des Belles Cousines. L'argent appelle l'argent. Entretenu par sa maîtresse, le jeune homme est couvert de bienfaits par le roi, sensible à son élégance vestimentaire et à sa prodigalité. Equipé par sa maîtresse, il peut courir les tournois dans un équipage somptueux et avec une suite nombreuse, rafler tous les prix, s'enrichir toujours davantage. Dans le roman courtois, combats et quêtes répondent à une nécessité et à un devoir. Dans *Jehan de Saintré*, défis et tournois ne sont que les manifestations gratuites de la vaine gloire, et l'abbé n'a pas tort d'en dénoncer la pose et la futilité. Dans le roman courtois, l'amour, vécu comme une passion exigeante ou comme un aimable divertissement, permet la maturation du héros dans l'ascèse ou dans la sensualité. Jehan de Saintré, trop jeune élève d'une femme mûre, se satisfait de la gloire chevaleresque et ne comprend pas que sa maîtresse ne la lui propose que comme une étape de son initiation, au-delà de laquelle elle attend de lui d'autres satisfactions. Il encourt sa colère en repartant pour une nouvelle expédition au moment où elle attendait qu'il les lui donnât. Les faiblesses, les contradictions, les petitesses, les contraintes de la vie chevaleresque transparaissent irrésistiblement sous le masque de perfection qui les farde et autorisent le pessimisme et la dérision de la seconde partie.

Or, l'histoire littéraire confirme les conclusions de la critique interne. Comme le montre un passage, raturé par la suite, d'un des manuscrits, Antoine de La Sale entendait primitivement écrire à la suite de *Jehan de Saintré* l'histoire de *Paris et Vienne*, à la demande expresse de Jean de Calabre. Mais la dédicace à ce prince promet finalement, après *Saintré*, l'histoire de *Floridan et Elvide*, que trois manuscrits donnent en effet à sa suite, mais sous la plume de Rasse de Brunhamel, qui la dédie à Antoine de La

Sale. Entre-temps, ce dernier était passé au service de Louis de Luxembourg, où Rasse se trouvait déjà. Que la collaboration que l'on peut supposer entre les deux auteurs ait pris la forme d'une révision par Rasse du travail d'Antoine ou l'inverse, il est certain que le début de *Jehan de Saintré* est dans l'esprit de *Paris et Vienne*, qui devait à l'origine lui faire suite, et que la fin s'accorde davantage avec *Floridan et Elvide*, qui figure réellement à sa suite dans les trois manuscrits révisés. D'un côté, l'idéal chevaleresque et la tradition du roman d'aventures et d'amour. De l'autre, la noirceur de l'étude de mœurs, une manière de sadisme, la brutalité d'un érotisme cruel. Quel que soit le rôle exact joué par Rasse de Brunhamel, le changement d'esprit de la première à la seconde partie de *Jehan de Saintré* correspond à la modification de l'environnement littéraire qu'Antoine de La Sale prévoyait de lui donner. Dans les deux cas, au roman — *Paris et Vienne*, début de *Saintré* — succède la nouvelle — *Floridan et Elvide*, fin de *Saintré*. Le récit de Nicolas de Clamanges mérite d'autant plus l'appellation de nouvelle qu'il n'a pas été seulement traduit par Rasse de Brunhamel, mais qu'il fournit aussi la matière de la quatre-vingt-dix-huitième des *Cent nouvelles nouvelles*.

Ainsi, dès que le recours au passé romanesque n'est plus là pour les embellir, les mœurs contemporaines apparaissent telles qu'elles sont, basses. Et c'est parce qu'il refuse l'illusion du passé que le nouvelliste du XVᵉ siècle apparaît comme un moraliste. A ce compte, le roman au sens moderne est fils de la nouvelle et non du roman médiéval traditionnel, du roman de chevalerie, qu'on a vu rejoindre la littérature populaire.

Anjou et Bourgogne

Mais, et pour en revenir une dernière fois à la relation entre *Jehan de Saintré*, *Paris et Vienne* et *Floridan et Elvide*, il faut souligner que le gauchissement de *Jehan de Saintré*, le remplacement de *Paris et Vienne* par *Floridan et Elvide*, le passage du roman à la nouvelle, de l'idéalisation courtoise à la critique des mœurs, accompagnent le passage d'Antoine de La Sale de la cour d'Anjou au service de Louis de Luxembourg, qui appartient au monde bourguignon. Les caractères et l'évolution du roman français à la fin du Moyen Age tels qu'on a essayé de les faire apparaître ne peuvent être compris si l'on ne tient pas compte des modes et des styles imposés par les grandes cours, et particulièrement par celles d'Anjou et de Bourgogne.

Quelques mécènes étrangers à ces deux cours favorisent, certes, la production ou la compilation romanesques, comme Jacques d'Armagnac, féru de littérature arthurienne. Plus souvent, un grand personnage patronne exceptionnellement un roman célébrant ses origines familiales : Jean de Berry et les Parthenay-Larchevêque pour les deux versions de *Mélusine*, Charles Ier de Nevers, lié, il est vrai, à la Bourgogne, pour *Gérard de Nevers*, Anne de Lusignan pour *Philippe de Madien*, si l'on admet qu'un roman dont l'action est située en Grèce pouvait flatter la nostalgie d'une princesse de Chypre mariée en Savoie. A la fin du XVe et au début du XVIe siècle, d'autre part, le milieu littéraire lyonnais contribuera à la survie du roman de chevalerie, avec des ouvrages comme le *Tristan* de Pierre Sala ou *Palanus, comte de Lyon* de Symphorien Champier. Mais, au XVe siècle, Anjou et Bourgogne constituent les deux pôles essentiels, bien qu'inégaux, de l'activité littéraire dans le domaine romanesque.

La cour d'Anjou est naturellement très sensible à l'influence italienne : un exemple en est *Troïlus et Cressida*, adaptation par l'un des Beauveau du *Filostrato* de Boccace. Elle s'intéresse aux histoires exemplaires, recueille des romans séparés traitant souvent des sujets à peu près inconnus jusqu'alors, même s'ils exploitent des motifs éculés : *Paris et Vienne, Pierre de Provence et la Belle Maguelonne, Pontus et Sidoine, Jehan de Saintré*, malgré son caractère particulier. En revanche, elle n'a pas produit de grande construction cyclique et historique. La bibliothèque du roi René semble n'avoir contenu aucun roman arthurien, bien que le *Livre du Cœur d'Amour épris* se réfère explicitement à la matière arthurienne et que la prose de *Floriant et Florete* soit peut-être d'origine angevine.

Au contraire, la cour de Bourgogne encourage les vastes ensembles : les mises en prose systématiques des romans anciens (romans de Chrétien dont la matière n'avait pas été reprise dans les romans en prose du XIIIe siècle, comme *Erec* et *Cligès*, romans en vers du XIIIe siècle comme *Blancandin et l'Orgueilleuse d'Amours*, le *Châtelain de Coucy*, *Cléomadès*, la *Manekine*, la *Belle Hélène de Constantinople*, etc.) ; les grandes compilations cycliques à prétentions historiques (cycle de la croisade, flanqué de romans comme *Gilion de Trasignies*, *Gilles de Chin*, *Baudouin de Flandres*, cycle de Troie, cycle d'Alexandre, avec ses annexes *Florimont* et *Philippe de Madien* — écrit, il est vrai, par un auteur de La Rochelle pour la duchesse de Savoie). Ces romans sont généralement l'œuvre des écrivains fonctionnaires de la cour de Bourgogne, qui accomplissent sur commande leur tâche d'historiens et de compilateurs : Jean Wauquelin, David Aubert, Philippe Camus, Raoul Le Fèvre, Jean de Wavrin. Les manuscrits sortent d'ateliers repérables, fournissant un travail suivi, comme ceux de Lille, dont les illustrations portent la marque originale et humoristique du « maître de Wavrin », ou comme toute une série de romans copiés sur papier dans des conditions relativement économiques.

Tous ces romans figurent dans la librairie des ducs de Bourgogne et sont répertoriés dans les inventaires dressés à la mort de chacun d'entre eux. Si le rôle des deux premiers ducs de la seconde dynastie, et surtout celui de Philippe le Hardi, n'a pas été négligeable, si Charles le Téméraire et Marie de Bourgogne ont enrichi la collection, le grand mécène de la dynastie est naturellement Philippe le Bon. Un nombre considérable de romans font leur entrée dans la librairie sous son règne et apparaissent pour la première fois à sa mort dans le grand inventaire de 1467-1469. Mais le duc n'est pas seul. D'autres mécènes bourguignons jouent à ses côtés un rôle essentiel, parfois même plus important que le sien, dans la mesure où ils ont dû guider de plus près les auteurs et où les œuvres qui leur sont dédiées offrent probablement un reflet plus exact de leur goût personnel. Au premier rang d'entre eux figurent Antoine, grand bâtard de Bourgogne, Jean et Louise de Créquy, Louis de Bruges, Jean de Croy. La masse de la production bourguignonne, son caractère systématique, sa cohérence sont tels que l'on confond volontiers le roman français de la fin du Moyen Age avec le roman bourguignon, qui est lui-même essentiellement le roman de la cour de Philippe le Bon, et que l'on est tenté d'attribuer aux caractères et aux déterminismes généraux de l'époque ce qui relève en réalité du style en vogue dans un milieu précis.

Le théâtre

Du monologue à la représentation dramatique

Le miroir romanesque est un mode métaphorique de la représentation. Mais la fin du Moyen Age est l'époque, on l'a dit, de toutes les représentations et de toutes les mises en scène. C'est le moment où le théâtre connaît son grand développement. Il n'entraîne pas pour autant la disparition des formes du spectacle fondées sur le dit, ces monologues rudimentaires du point de vue de l'art dramatique, mais complexes, on l'a vu, par l'imbrication, la distance et la confusion de l'auteur impliqué et de son personnage. Au contraire, la galerie de ces personnages s'enrichit. A côté du jongleur, du marchand ambulant, du charlatan apparaissent l'amoureux vantard et ridicule, comme dans le *Monologue du bain* ou dans deux monologues de Guillaume Coquillart (1450 ?- 1510), celui de la *Botte de foin* et celui du *Puits*, et le franc archer. Ce dernier type est un produit du temps. En 1448, Charles VII crée une milice de francs archers, sorte de réserve territoriale mobilisable en cas de besoin et destinée à éviter le recours coûteux et dangereux aux compagnies de mercenaires. Ces francs archers avaient la réputation d'être des soldats médiocres, au courage incertain, plus remarquables par leur fanfaronnade et leur goût de la maraude que par leur aptitude au combat. Ces traits sont illustrés dans les monologues du *Pionnier de Seurdre*, du *Franc Archer de Cherré* ou du *Franc Archer de Bagnolet*. Ailleurs, le monologue cède la place au dialogue, qui rapproche le spectacle du théâtre et autorise une ébauche d'action, comme dans les *Deux Archers qui vont à Naples* et dans d'autres textes qui se définissent souvent comme des farces ou des sotties et mettent en scène les personnages traditionnels de ces genres.

Que le monologue ou le dialogue cèdent la place à un spectacle plus complexe, et, en l'absence de troupes professionnelles qui ne paraissent pas avoir existé, il faut que ce spectacle soit pris en charge par un groupe. Quand il s'agit de théâtre religieux — miracles ou mystères —, ce rôle est joué par les confréries, ou charités, sociétés d'entraide spirituelle souvent liées aux corporations ou aux paroisses et dont la Charité des Ardents devenue

Confrérie des Jongleurs et Bourgeois d'Arras nous a offert plus haut un exemple ancien. La représentation est montée à l'occasion de leur réunion annuelle qui correspond à la fête de leur saint patron. Certaines confréries finissent par se spécialiser dans l'organisation des spectacles dramatiques. A Paris les Confrères de la Passion obtiennent du roi en 1402 le monopole de la représentation des mystères et le conservent jusqu'à l'interdiction de ceux-ci en 1548. Toutefois, certains spectacles exceptionnels sont pris en charge directement par la cité ou par un mécène.

Le théâtre comique et satirique, pour sa part, est essentiellement entre les mains des groupes de jeunes. De plus en plus nombreuses au XVᵉ siècle, des « confréries joyeuse » ou « abbayes de jeunesse » affublées de noms burlesques (Connards à Rouen, Enfants sans Soucy à Paris) organisent les divertissements qui marquent traditionnellement le Carnaval ou la période comprise entre Noël et l'Epiphanie. Leur chef porte souvent le nom d'*abbé* ou de *prince des Sots*. Il leur est parfois reconnu une sorte de droit de regard dans les matières qui relèvent du charivari : remariage des veufs, rivalité matrimoniale des vieux et des jeunes. D'autre part, les étudiants en droit se sont dès le début du XIVᵉ siècle organisés en *basoches* : celle de Paris est autorisée par Philippe le Bel en 1303. Les basoches organisent à l'occasion de leurs fêtes des spectacles théâtraux et on trouve en leur sein des poètes importants comme André de La Vigne ou Pierre Gringore.

Le théâtre religieux : miracles et mystères

Les « miracles par personnages », dont le *Jeu de saint Nicolas* de Jean Bodel ou le *Miracle de Théophile* de Rutebeuf étaient les premiers représentants, se multiplient, souvent commandés par des confréries soucieuses d'honorer leur saint patron. Miracles des saints ou *Miracles de Notre Dame* — ces derniers reprenant sous forme dramatique les anciennes collections narratives dont la plus célèbre était celle de Gautier de Coincy (*ca* 1177-1236) — traitent chacun un miracle particulier, opéré par le saint ou par la Vierge depuis leur séjour céleste. Les « mystères », en revanche, mettent en scène la vie entière d'un saint ou la totalité d'un livre ou d'un épisode bibliques. Leur repré-

sentation, associée à celle d'une « moralité » et d'une « farce »,
durait toute une journée, et parfois, pour les grands mystères de
la Passion ou pour celui des Actes des Apôtres, plusieurs jours.
Les représentations étaient organisées par les villes, à grands
frais, avec des mises en scène faisant appel à des machineries et
à des truquages élaborés, en particulier pour montrer tortures et
supplices : seringues projetant un liquide rouge pour simuler la
crevaison des yeux, clous de papier gorgés de peinture rouge sur
lesquels saint Vincent marche pieds nus, mannequin remplaçant
in extremis l'acteur escamoté par un ingénieux mécanisme pour
la décollation de saint Jean-Baptiste. La population tout entière
était appelée à la préparation du spectacle et se retrouvait pour
y assister, entourant le cercle de l'espace scénique qui pouvait
être étendu aux dimensions d'une place[1].

Au XVe siècle, les mystères de la Passion — celui d'Eustache
Mercadé ou *Mystère de la Passion d'Arras* (1420), prolongé par la
Vengeance de Notre Seigneur qui fera l'objet d'une imitation anonyme imprimée en 1491, celui d'Arnoul Gréban (1452), repris et
amplifié en 1486 par Jean Michel — comptent plusieurs dizaines
de milliers de vers (près de 35 000 pour celui de Jean Michel).
Loin de se limiter à la Passion du Christ elle-même, ils remontent
à la création de l'homme et au péché originel et suivent l'attente
du Sauveur et la promesse de Dieu à travers tout l'Ancien Testament, offrant une vaste méditation sur l'histoire du salut, les relations de Dieu et des hommes, l'économie de la Rédemption. Ils ne
craignent pas d'y ajouter des éléments apocryphes, comme la
légende d'un Judas parricide et incestueux, et d'y mêler des scènes
familières, touchantes ou comiques, voire burlesques lorsqu'ils
mettent en scène les démons. Le long *Mystère des Actes des Apôtres*
d'Arnoul et de Simon Gréban (62 000 vers) prolonge la *Passion*
par l'histoire du christianisme naissant au sein du monde romain.

Enfin quelques mystères traitent des sujets profanes. Le *Mystère du siège d'Orléans* (1453), à peu près contemporain de la réha-
bilitation de Jeanne d'Arc, a été composé et représenté sous le
contrôle d'anciens compagnons de la Pucelle qui avaient participé en 1429 à la levée du siège d'Orléans. Son intérêt historique
est donc considérable. Il possède malgré tout une coloration
hagiographique, liée, non pas, bien entendu, au personnage de

---

1. Henri Rey-Flaud, *Le cercle magique*, Paris, 1973.

Jeanne, mais à la place faite aux saints patrons d'Orléans qui protègent la ville. Le *Mystère de la Destruction de Troie la Grant* de Jacques Milet (1452), long de 27 000 vers et divisé en quatre journées, est dédié à Charles VII. Il met pour la première fois sur scène le monde antique et exploite le mythe de l'origine troyenne des Francs. Le *Mystère de saint Louis* (avant 1472) a certes un saint pour héros, mais est surtout un drame historique.

De même, il existe des miracles édifiants sans être proprement religieux, comme *L'Estoire de Griseldis en rimes et par personnages* de 1395. L'histoire de la malheureuse Griselidis, qui constitue la dernière nouvelle du *Décaméron* de Boccace, avait très vite connu en France un grand succès. Philippe de Mézières l'avait traduite à partir de la traduction latine faite par Boccace de sa propre nouvelle et l'avait insérée dans son *Livre de la vertu du Sacrement de Mariage* (entre 1384 et 1389). Son adaptation est reproduite peu après dans le *Mesnagier de Paris* et on la trouve dans plusieurs manuscrits à la suite du *Livre du Chevalier de la Tour Landry pour l'enseignement de ses filles*. Une autre version en prose et une version en vers assez gauche, qui s'inspire de celle de Philippe de Mézières mais l'attribue à Pétrarque, apparaissent un peu plus tard. Le miracle, en portant cette histoire au théâtre, témoigne de son succès, qui se prolongera grâce aux livres de colportage dans lesquels Charles Perrault la lira. Il en tirera, on le sait, un de ses contes en vers. Le *Mystère du roi Avenir* de Jean du Prier dit Le Prieur (1455) offre un cas un peu analogue, bien qu'il se rapproche davantage du cadre hagiographique. Il adapte au théâtre le célèbre roman édifiant de *Barlaam et Josaphat*, adaptation christianisée de l'histoire de la jeunesse de Bouddha qui avait fait au XIIIe siècle l'objet de trois versions en vers français et d'une version en prose occitane au début du XIVe, à quoi s'ajoute une rédaction en prose française dont nous n'avons qu'un fragment.

La moralité

La moralité, genre didactique à sujet religieux, moral ou politique mettant en scène des entités allégoriques, occupe une place intermédiaire entre le théâtre édifiant et le théâtre satirique et comique. Le mot apparaît en 1427 dans le titre de la

Moralité faite en foulois pour le chastiement du Monde, qui relève d'ailleurs largement de la sottie. La notion est celle, familière au Moyen Age, de la tropologie ou interprétation allégorique visant, en particulier par le jeu des personnifications, à l'enseignement moral. C'est ainsi que les thèmes de la psychomachie ou de l'*homo viator* cheminant entre les vertus et les vices trouvent naturellement leur place dans la moralité : on trouve dès la fin du XIVᵉ siècle un *Jeu des sept Péchés Mortels et des sept Vertus*. Les personnages des moralités sont pêle-mêle les habitants du Ciel et de l'enfer, des états de vie, des vertus et des vices, des incarnations représentatives des uns et des autres (Homme Mondain, Homme Pécheur, Homme Juste), des facultés de l'âme, des entités comme Nature ou Fortune, des figures emblématiques de la condition humaine (Humanité, Monde, ou encore Chacun). L'expression des conflits entre les uns et les autres doit beaucoup au modèle de la dispute scolaire ou judiciaire. A cela se mêlent propos grivois et gaudrioles qui tirent parfois la moralité du côté de la farce : on parle alors de « farce moralisée ».

Certaines moralités s'intéressent à l'actualité, comme la *Moralité du Concile de Bâle* (1434). La *Moralité du Pauvre Commun* de Michault Taillevent est composée à l'occasion de la paix d'Arras (1435), celle de la *Paix de Péronne* de Georges Chastellain veut croire à la réconciliation de Louis XI et de Charles le Téméraire.

La sottie et la farce

Le théâtre comique se présente sous la forme de pièces brèves (300 à 500 vers environ), qui relèvent de deux genres principaux, la sottie et la farce. Généralement liée à l'activité des confréries joyeuses et des clercs de la basoche, la sottie a son origine dans les milieux intellectuels urbains, et particulièrement dans le monde des écoles. Les sots, reconnaissables à une tenue particulière, élisent un Prince des Sots et une Mère Sotte. Leur discours, fait de paradoxes et de non-sens, est supposé receler plus de vérité que les propos dictés par le sens commun. Les sotties, particulièrement celles produites dans les milieux de la basoche, reproduisent de façon parodique l'ordonnance d'un véritable procès, où les accusés s'appellent Chacun ou Les Gens.

Après le verdict, le juge charge les sots de réformer le royaume (*Sottie des Sots triomphants qui trompent Chacun, Sottie pour le cry de la Basoche*). D'autres mettent en scène des types sociaux, appartenant généralement à des catégories réputées misérables ou infâmes. La satire sous-jacente n'est pas très éloignée de celle qui s'exprimait à l'époque précédente dans les revues des états du monde, bien que le ton en soit tout autre et la coloration plus politique : on le voit, par exemple, dans la *Sottie à VII personnages* d'André de La Vigne (1507). La fantaisie verbale, les calembours, les coq-à-l'âne, le jeu constant de l'*annominatio* cachent sous une liberté apparemment totale une parenté réelle avec la virtuosité des rhétoriqueurs.

La farce exploite pour sa part de façon systématique les ressorts et les automatismes des retournements de situation qui font du trompeur le trompé. Etroitement apparentée à l'esprit du fabliau, elle met volontiers en scène les personnages du triangle amoureux, sous le regard du *badin*, naïf qui, en prenant tout à la lettre, fait jaillir la vérité et ridiculise sans le vouloir les conventions. La versification prend parfois une forme strophique pour permettre l'introduction dans le dialogue de scies et de rengaines. Certaines développent un proverbe entendu au sens littéral (*Farce des éveilleurs du chat qui dort, Farce des femmes qui font accroire à leurs marys de vecies que ce sont lanternes*). La plus célèbre, et la plus élaborée, est celle de *Pathelin* (entre 1461 et 1469 ?), qui doit sa longueur et sa complexité au fait qu'elle réunit en réalité les thèmes de plusieurs farces.

Toutes ces formes théâtrales appartiennent tout autant au XVIᵉ siècle qu'à la fin du Moyen Age, bien que les mystères, dont l'orthodoxie pouvait paraître suspecte, n'aient pas résisté aux tensions nées de la Réforme et aient été interdits, à Paris du moins, en 1548. Pas plus dans ce domaine que dans les autres, la fin du XVᵉ siècle ne marque en soi une coupure bien nette. Les rhétoriqueurs sont des poètes du XVIᵉ autant que du XVᵉ siècle et les formes lyriques « médiévales » resteront longtemps en honneur. Les romans de chevalerie feront la fortune des imprimeurs. L'écrivain lyonnais Pierre Sala, auteur d'un *Tristan*, offre à François Iᵉʳ comme une nouveauté une adaptation du *Chevalier au Lion* de Chrétien de Troyes. Montaigne cite Froissart. Le Moyen Age n'est pas une découverte du romantisme. Notre littérature n'a jamais complètement cessé d'en vivre.

ORIENTATIONS BIBLIOGRAPHIQUES

Accarie Maurice, *Le Théâtre sacré à la fin du Moyen Age : le mystère de la Passion de Jean Michel*, Genève, Droz, 1980.

Aubailly Jean-Claude, *Le Monologue, le dialogue et la sottie. Essai sur quelques genres dramatiques à la fin du Moyen Age et au début du XVI⁰ siècle*, Paris, Champion, 1976.

Cartellieri Oscar, *La Cour des ducs de Bourgogne*, Paris, Payot, 1946 (trad. franç.).

Coville Alfred, *La Vie intellectuelle dans les domaines d'Anjou-Provence de 1380 à 1431*, Paris, 1941.

Doutrepont Georges, *La Littérature française à la cour des ducs de Bourgogne*, Paris, 1909.

— *Les Mises en prose des épopées et des romans chevaleresques du XIV⁰ au XVI⁰ siècle*, Bruxelles, 1939.

Dubuis Roger, *Les Cent nouvelles nouvelles et la tradition de la nouvelle en France au Moyen Age*, Presses Universitaires de Grenoble, 1973.

Guenée Bernard et Lehoux Françoise, *Les Entrées royales françaises (1328-1515)*, Paris, CNRS, 1968.

Heers Jacques, *Fêtes, jeux et joutes dans les sociétés d'Occident à la fin du Moyen Age*, Montréal, 1972.

Huizinga J., *L'Automne du Moyen Age*, préface de Jacques Le Goff, Paris, Payot, 1977 (1ʳᵉ édit. aux Pays-Bas, 1919, 1ʳᵉ trad. franç. *Le Déclin du Moyen Age*, 1932).

Koningson Elie, *L'Espace théâtral médiéval*, Paris, 1976.

Lewicka H., *Etudes sur l'ancienne farce française*, Paris, Klincksieck, 1974.

Petit de Julleville Louis, *Les Mystères*, 2 vol., Paris, 1880.

Pickford Cedric Edward, *L'Evolution du roman arthurien en prose vers la fin du Moyen Age*, Paris, Nizet, 1960.

Piponnier Françoise, *Costume et vie sociale, la cour d'Anjou, XIV⁰-XV⁰ siècle*, Paris-La Haye, Mouton, 1970.

Poirion Daniel (sous la direction de), *La Littérature française aux XIV⁰ et XV⁰ siècles*, Grundriss der romanischen Literaturen des Mittelalters VIII/1, Heidelberg, Carl Winter, 1988, chap. XI (« L'Epopée », F. Suard), XII (« Les Formes narratives brèves », R. Dubuis), XIII (« Le Roman », M. Zink).

Rey-Flaud Bernadette, *La Farce ou la machine à rire. Théorie d'un genre dramatique (1450-1550)*, Genève, Droz, 1984.

Rey-Flaud Henri, *Le Cercle magique, essai sur le théâtre en rond à la fin du Moyen Age*, Paris, Gallimard, 1973.

Stanesco Michel, *Jeux d'errance du chevalier médiéval. Aspects ludiques de la fonction guerrière dans la littérature du Moyen Age flamboyant*, Leiden, Brill, 1988.

Suard François, *Guillaume d'Orange. Etude du roman en prose*, Paris, Champion, 1979.

QUELQUES ÉDITIONS

Romans

Antoine de La Sale, *Jehan de Saintré*, éd. J. Misrahi et Ch. A. Knudson, Genève, Droz, 1978.

Coudrette, *Mélusine*, éd. E. Roach, Paris, Klincksieck, 1982.

Jean d'Arras, *Mélusine,* éd. L. Stouff, Dijon, 1932. Traduction partielle par M. Perret, Paris, Stock/Moyen Age, 1979 (préface de J. Le Goff).

Jean Froissart, *Méliador,* éd. A. Longnon, 3 vol., Paris, SATF, 1895-1899. Extraits traduits par F. Bouchet dans *La Légende arthurienne* sous la direction de D. Regnier-Bohler, Paris, Laffont, « Bouquins », 1989.

Moyen Age et colportage. Robert le Diable et autres récits, textes choisis et présentés par L. Andries, Paris, Stock/Moyen Age, 1981.

Perceforest, première partie éditée par J. H. M. Taylor, Genève, Droz, 1979, troisième et quatrième (2 parties éditées par G. Roussineau, Genève, Droz, 1987) (4ᵉ partie, 2 vol.), 1988 et 1991 (3ᵉ partie, 2 vol.).

René d'Anjou, *Le Livre du Cuer d'Amour espris,* édité par S. Wharton, Paris, UGE, « 10/18 », 1980.

Théâtre

La Farce de Maître Pierre Pathelin, éditée et traduite par J. Dufournet, Paris, Garnier-Flammarion, 1986.

Le Mystère de la Passion d'Arnoul Gréban, édité par O. Jodogne, 2 vol., Bruxelles, 1965-1983. Traduction partielle par M. de Combarieu du Gres et J. Subrenat, Paris, Gallimard, « Folio », 1987.

Recueil de farces (1450-1550), textes édités par A. Tissier, 5 vol., Genève, Droz, 1986-1989.

En guise de conclusion

Nous avons conclu notre dernier chapitre en insistant sur la survie de la littérature médiévale par-delà le Moyen Age. Il serait facile de développer ce thème, par exemple en énumérant ceux qui l'ont lue, aimée et fait connaître, bien ou mal, aux époques où on la croit oubliée ou méprisée, à la Renaissance et à l'âge classique. On pourrait ainsi citer pêle-mêle Jean de Notre-Dame, Claude Fauchet, Voiture, Du Cange. Il serait facile de souligner que les récits hagiographiques ou romanesques du Moyen Age ont fait les beaux jours de la « Bibliothèque bleue », puis de la *Bibliothèque universelle des romans*. Il serait facile d'invoquer les romanciers du XVIIIe siècle, Baculard d'Arnaud ou Mme de Genlis, qui placent l'action de leurs romans au Moyen Age avant même que le Romantisme l'ait mis à la mode, avant même que le *Génie du Christianisme* de Chateaubriand ait opposé cette époque monarchique et chrétienne au monde révolutionnaire nourri de l'Antiquité.

Une telle démonstration serait facile, mais elle pécherait précisément par facilité. Quelques exemples n'autorisent pas à dégager une loi générale. Il est bien vrai, globalement, que le Moyen Age et sa littérature ont été redécouverts au XIXe siècle sous l'effet de l'esprit romantique qui cherchait à définir l'esprit des peuples en fouillant les racines de leur culture traditionnelle et en remontant dans leur passé. D'où l'association ancienne des études de folklore et des études médiévales. D'où les illusions et les ambiguïtés qui se sont développées autour de la notion de poésie populaire et que la philologie positive qui s'érige en science à la fin du XIXe siècle s'attachera à dissiper, pour les remplacer parfois par d'autres erreurs. Il est bien vrai, globalement, que pendant plusieurs siècles la littérature française a refusé l'héritage médiéval et que, quand elle l'a enfin accueilli, son enthousiasme nouveau s'est en partie fondé sur un malentendu.

En quoi la littérature du Moyen Age est-elle donc si différente de celle des siècles qui ont suivi ? Ou plus exactement, en quoi l'idée que le Moyen Age se fait de la littérature est-elle différente ? Vouloir répondre d'un mot à une telle question, c'est être assuré d'y répondre mal. S'il le fallait pourtant, on pourrait soutenir, en reprenant une suggestion faite à la fin de notre première partie, qu'à la différence de celles de l'Antiquité et de l'époque moderne, la littérature médiévale ne fait guère appel à la notion d'inspiration et ignore celle de génie. Pas de *furor*, pas de *numen*, pas de Parnasse, d'Apollon ni de Muses, chassées — et pour longtemps — par la Philosophie de Boèce comme inutiles et impuissantes à consoler le prisonnier. En renouant avec tout cela, les poètes de la Pléiade feront vraiment œuvre nouvelle et Boileau les suivra sur ce point en concédant que le travail ne suffit pas. Pas d'appel non plus au débordement des sentiments comme moteur de la création à la manière romantique. L'association de la passion amoureuse et de la composition poétique, où le Romantisme a cru se reconnaître, conséquence de la tendance, d'ailleurs nouvelle, à voir dans l'amour la grande affaire de la littérature, fait bien du poème un produit du sentiment, mais dans l'application presque abstraite de règles générales. Pour le reste, tout n'est qu'une question de compétence, de culture et de travail. Les auteurs ne se vantent que de connaître leur sujet, de maîtriser leurs sources, d'écrire avec soin. Que faut-il pour composer un poème ? Froissart répond au début du *Joli buisson de Jeunesse* :

... sens et memore,	... entendement et mémoire,
Encre, papier et escriptore,	encre, papier et écritoire,
Kanivet et penne taillie,	canif et plume taillée,
Et volonté apparellie.	et la volonté en éveil.

(V. 3-6).

Depuis deux cents ans, pourtant, la littérature médiévale a constamment exercé un certain attrait. On ne lui a donc pas trop tenu rigueur de ce caractère particulier. C'est qu'on a longtemps pu l'ignorer à la faveur de la confusion entre inspiration amoureuse et inspiration poétique. Quand il a été reconnu, il y a quelques décennies, les tentatives de théorisation et de formalisation de l'activité littéraire battaient leur plein. On a félicité les auteurs médiévaux de leur modernité. Cette modernité, bien entendu, n'existait pas, et beaucoup d'interprétations proposées alors paraissent aujourd'hui aussi désuètes que celles d'il y a cent ans.

La littérature du Moyen Age ne se laisse pas aborder à travers les poncifs des autres époques, y compris de la nôtre, mais elle n'est pas non plus aussi rebutante ni aussi glacée qu'on a voulu ou qu'on pourrait le croire. L'épanchement et la peinture de soi, comme la profondeur du mystère et la séduction du récit, ne lui sont nullement étrangers, loin de là. Mais elle poursuit un équilibre qui lui est propre entre la sensibilité et l'intellect, entre la représentation du monde et l'imaginaire, entre l'imitation et le renouvellement. Tenter de la comprendre et de la goûter n'est pas une tâche vaine. D'abord parce qu'on y trouve du plaisir. Et aussi parce que découvrir un monde à la fois aussi proche et aussi lointain invite à jeter un regard nouveau sur soi-même.

ORIENTATIONS BIBLIOGRAPHIQUES GÉNÉRALES

Bibliographies

Bossuat R., *Manuel bibliographique de la littérature française du Moyen Age*, Paris, d'Argences, 1951. *Supplément (1949-1953)*, avec le concours de J. Monfrin, Paris, d'Argences, 1955. *Second supplément (1954-1960)*, Paris, d'Argences, 1961. *Troisième supplément (1960-1980)*, par F. Vielliard et J. Monfrin, Paris, Editions du CNRS, t. 1, 1986, t. 2, 1991.

Le *Manuel* de Bossuat, qui a pour programme de répertorier la totalité des publications dans le domaine de la littérature en langue d'oïl, n'a pas d'équivalent pour la littérature en langue d'oc. Mais il existe un bon répertoire sélectif :

Taylor R. A., *La littérature occitane du Moyen Age. Bibliographie sélective et critique*, Toronto UP, 1977.

Le *Bulletin de l'Association internationale d'Etudes occitanes* a entrepris de mettre à jour la bibliographie de Taylor. La première liste de titres, concernant les troubadours, a paru dans le n° 5, 1990.
Une bibliographie thématique annuelle couvrant tout le domaine de la civilisation, de l'art, de la pensée et des littératures en Occident du Xᵉ au XIIIᵉ siècle est publiée depuis 1958 par la revue :

Cahiers de Civilisation médiévale (Centre d'Etudes supérieures de Civilisation médiévale de l'Université de Poitiers).

Pour le latin médiéval, une bibliographie annuelle est publiée depuis 1980 par la revue :

Medioevo latino (Bollettino bibliografico delle cultura europea dal secolo VI al XIII, a cura di Claudio Leonardi, Spolète).

Pour l'histoire médiévale et les sciences annexes, y compris l'histoire littéraire, mais en France seulement :

Bibliographie de l'histoire médiévale en France (1965-1990), textes réunis par Michel Balard, Paris, Publications de la Sorbonne, 1992.

Quelques bibliographies spécialisées ont été signalées à la fin des chapitres correspondant à leur domaine. On peut y ajouter celles publiées annuellement par certaines sociétés savantes :

Bulletin bibliographique de la Société internationale arthurienne.

Bulletin bibliographique de la Société internationale Rencesvals, pour l'étude des chansons de geste romanes.

Encomia, Bulletin de la Société internationale d'Etudes courtoises.

Enfin, on consultera bien entendu les bibliographies annuelles de la littérature française, en particulier celle de Otto Klapp et celle de René Rancœur.

Instruments de travail et manuels

Badel P. Y., *Introduction à la vie littéraire du Moyen Age*, Paris, Bordas, 1969, éd. revue 1984.

Baumgartner Emmanuèle, *Histoire de la littérature française. Moyen Age (1050-1486)*, Paris, Bordas, 1987.

Boutet Dominique et Strubel Armand, *La littérature française du Moyen Age*, Paris, PUF, 1978 (« Que sais-je ? », n° 145).

Dictionnaire des Lettres françaises, sous la direction du cardinal G. Grente. I : *Le Moyen Age*, vol. préparé par R. Bossuat, L. Pichard et G. Raynaud de Lage. Edition entièrement révisée et mise à jour sous la direction de G. Hasenohr et M. Zink, Paris, Le Livre de Poche, « La Pochothèque », 1992.

Gally Michèle et Marchello-Nizia Christiane, *Littératures de l'Europe médiévale*, Paris, Magnard, 1985. [Choix de textes traduits, commentés et illustrés, couvrant l'ensemble des littératures latine et vernaculaires de l'Occident médiéval.]

Grundriss der romanischen Literaturen des Mittelalters, Heidelberg, Carl Winter Verlag. Vol. I, *Généralités*, sous la direction de M. Delbouille, 1972. Vol. II, *Les genres lyriques*, sous la direction de E. Köhler (seuls trois fascicules concernant essentiellement les genres non courtois ont paru en 1979 et 1980). Vol. III, Les épopées romanes, sous la direction de R. Lejeune (seul un fascicule sur la *Chanson de Roland* et la Geste de Charlemagne a paru en 1981). Vol. IV, *Le roman jusqu'à la fin du XIII* siècle*, sous la direction de J. Frappier et R. Grimm, t. 1, 1978, t. 2, 1984. Vol. VI, *La littérature didactique, allégorique et satirique*, sous la direction de H. R. Jauss, t. 1, 1968 ; t. 2, 1970. Vol. VIII, *La littérature française aux XIV* et XV* siècles*, sous la direction de D. Poirion, t. 1, 1988. Vol. XI, *La littérature historiographique des origines à 1500*, sous la direction de H. U. Gumbrecht, U. Link-Heer et P. M. Spangenberg, t. 1 en 3 vol., 1986-1987. [Chaque volume du *GRLMA* est formé de deux parties, une partie dite historique, réunissant des articles de synthèse sur les genres et les périodes envisagés, et une partie dite documentaire, où chaque texte se voit consacrer une notice. Le plan général de l'ouvrage prévoit 13 volumes.]

Lexikon des Mittelalters, Munich, Artemis Verlag, 1977... [En cours de publication.]

Littérature française, collection dirigée par Claude Pichois, Paris, Arthaud. *Le Moyen Age*, I : *Des origines à 1300*, par Jean-Charles Payen, 1970. *Le Moyen Age*, II : *1300-1480*, Paris, 1971.

Poirion Daniel (sous la direction de), *Précis de littérature française du Moyen Age*, Paris, PUF, 1983.

Typologie des sources du Moyen Age occidental, sous la direction de Léopold Genicot (Université catholique de Louvain), Turnhout, Brepols. [Cet ouvrage, composé de fascicules qui paraissent au fur et à mesure de leur achèvement, mais qui s'inscrivent dans un plan d'ensemble précis, entend définir chaque type de source et ses règles herméneutiques particulières.]

Zink Michel, *Introduction à la littérature française du Moyen Age,* Paris, Le Livre de Poche, 1992.

Quelques collections consacrées entièrement ou largement aux textes médiévaux

Société des Anciens Textes français (SATF), Paris : éditions critiques.

Classiques français du moyen âge (CFMA), Paris, Champion : éditions critiques. Une série de traductions double partiellement celle des textes. Récemment, quelques œuvres ont été reprises en version bilingue.

Textes Littéraires Français (TLF), Genève, Droz : éditions critiques. La collection n'est pas réservée aux œuvres médiévales, mais leur fait une large place.

Bibliothèque française et romane, Paris, Klincksieck : éditions critiques.

Lettres gothiques, Paris, Le Livre de Poche : collection bilingue, offrant le texte original (édition critique allégée ou reprise d'une édition antérieure) et sa traduction en regard (parfois remplacée par des explications continues).

Bibliothèque médiévale, Paris, UGE, « 10/18 » : certains des volumes sont bilingues, d'autres ne donnent que la traduction.

Stock Plus Moyen Age, Paris, Stock : traductions seules.

Quelques œuvres médiévales ont été publiées par les Classiques Garnier (éditions critiques bilingues) ainsi que par Garnier-Flammarion et par Folio (le plus souvent réimpression d'éditions antérieures avec traduction en regard ou au-dessus du texte original).

Quelques ouvrages généraux ou théoriques sur la littérature médiévale

Bloch Howard, *Etymologie et généalogie. Une anthropologie littéraire du Moyen Age français,* Paris, Le Seuil, 1989 (original amér. 1983).

Boutet Dominique et Strubel Armand, *Littérature, politique et société dans la France du Moyen Age,* Paris, PUF, 1979.

Curtius Ernst R., *La littérature européenne et le Moyen Age latin,* Paris, PUF, 1956, nouv. éd. 2 vol. 1986 (origin. allem. 1947).

De Bruyne Edgar, *Etudes d'esthétique médiévale,* 3 vol., Bruges, 1946.

Jauss Hans Robert, *Alterität und Modernität der mittelalterlichen Literatur,* Munich, Wilhelm Fink, 1977.

Köhler Erich, *Trobadorlyrik und höfischer Roman,* Berlin, 1962.

Köhler Erich, *L'aventure chevaleresque. Idéal et réalité dans le roman courtois,* préface de Jacques Le Goff, Paris, Gallimard, 1974 (origin. allem. 1956).

Payen Jean-Charles, *Le motif du repentir dans la littérature française médiévale (des origines à 1230),* Genève, Droz, 1967.

Poirion Daniel, *Résurgences,* Paris, PUF, 1986.

Poirion Daniel, *Le merveilleux dans la littérature française du Moyen Age,* Paris, PUF, 1982 (« Que sais-je ? », n° 1938).

Ribard Jacques, *Le Moyen Age. Littérature et symbolisme,* Paris, Champion, 1984.

Vinaver Eugène, *A la recherche d'une poétique médiévale,* Paris, 1970.

Vinaver Eugène, *The Rise of Romance*, Oxford, 1971.

Zink Michel, *La subjectivité littéraire. Autour du siècle de Saint Louis*, Paris, PUF, 1985.

Zumthor Paul, *Essai de poétique médiévale*, Paris, Le Seuil, 1972.

Zumthor Paul, *Langue, texte, énigme*, Paris, Le Seuil, 1975.

Zumthor Paul, *Parler du Moyen Age*, Paris, Editions de Minuit, 1980.

Zumthor, Paul, *La lettre et la voix. De la « littérature » médiévale*, Paris, Le Seuil, 1987.

Langue d'oc et d'oïl

Anglade J., *Grammaire de l'ancien provençal ou ancienne langue d'oc*, Paris, Klinck-sieck, 1921.

Godefroy Frédéric, *Dictionnaire de l'ancienne langue française*, 10 vol., Paris, 1880-1902.

Hasenohr Geneviève et Raynaud de Lage Guy, *Introduction à l'ancien français*, Paris, SEDES, 1990.

Levy Emil, *Provenzalisches Supplementwörterbuch* , 8 vol., Leipzig, 1894-1924. [Se veut le complément de : François J. Raynouard, *Lexique roman*, 6 vol., Paris, 1836-1844.]

Levy Emil, *Petit dictionnaire provençal-français*, Fribourg-en-Brisgau, 1909.

Martin Robert et Wilmet Marc, *Syntaxe du moyen français*, Bordeaux, Sobodi, 1980.

Menard Philippe, *Syntaxe de l'ancien français*, Bordeaux, Bière, 3ᵉ éd. revue et augmentée, 1988.

Tobler A. et Lommatzsch E., *Altfranzösisches Wörterbuch*, 10 vol. parus (89 fascicules) de *a* à *vïaire*, Wiesbaden, 1955 (réimpr.)...

Zink Gaston, *L'ancien français*, Paris, PUF, 1987 (« Que sais-je ? », n° 1056).

Zink Gaston, *Le moyen français*, Paris, PUF, 1990 (« Que sais-je ? », n° 1086).

Histoire, civilisation, mentalités

Bloch Marc, *La société féodale*, Paris, Albin Michel, 1939.

Cardini Franco, *Alle radici delle cavalleria medievale*, Florence, 1981.

Delorme Jean, *Les grandes dates du Moyen Age*, Paris, PUF, 8ᵉ éd. corrigée, 1991 (« Que sais-je ? », n° 1088).

Duby Georges, *Les trois ordres ou l'imaginaire du féodalisme*, Paris, Gallimard, 1978.

Duby Georges, *Le chevalier, la femme et le prêtre*, Paris, Hachette, 1981.

Duby Georges, *Mâle Moyen Age*, Paris, Flammarion, 1988.

Flori Jean, *L'idéologie du glaive. Préhistoire de la chevalerie*, préface de Georges Duby, Genève, Droz, 1984.

Flori Jean, *L'essor de la chevalerie (XIᵉ-XIIᵉ siècle)*, Genève, Droz, 1986.

Guénée Bernard, *Histoire et culture historique dans l'Occident médiéval*, Paris, Aubier, 1980.

Heers Jacques, *Précis d'histoire du Moyen Age*, Paris, PUF, 4ᵉ éd. mise à jour, 1990.

Huizinga J., *L'automne du Moyen Age*, préface de Jacques Le Goff, Paris, Payot, 1977 (1ʳᵉ éd. aux Pays-Bas 1919, 1ʳᵉ trad. franç. *Le déclin du Moyen Age*, 1932).

Le Goff Jacques, *La civilisation de l'Occident médiéval*, Paris, Arthaud, 1964.

Le Goff Jacques, *Pour un autre Moyen Age*, Paris, Gallimard, 1977.

Le Goff Jacques, *L'imaginaire médiéval*, Paris, Gallimard, 1985.

Lemariginier Jean-Louis, *La France médiévale. Institutions et société*, Paris, Armand Colin, 1970.

L'histoire médiévale en France. Bilans et perspectives, préface de Georges Duby. Textes réunis par Michel Balard, Paris, Le Seuil, 1991.

Stock Brian, *The Implications of Literacy. Written Language and Models of Interpretation in the Eleventh and Twelfth Centuries,* Princeton UP, 1983.

Vie intellectuelle

Chenu M.-D., *L'éveil de la conscience dans la civilisation médiévale,* Paris, Vrin, 1957.

Gilson Etienne, *La philosophie du Moyen Age,* Paris, Payot, 1945.

Knowles David, *The Evolution of Medieval Thought,* 2ᵉ éd. revue par D. E. Luscombe et C. N. L. Brooke, Londres, Longman, 1988.

Le Goff Jacques, *Les intellectuels au Moyen Age,* Paris, Le Seuil, nouv. éd. 1985.

Libera Alain de, *La philosophie médiévale,* Paris, PUF, 2ᵉ éd. 1992 (« Que sais-je»? », n° 1044).

Paul Jacques, *Histoire intellectuelle de l'Occident médiéval,* Paris, Armand Colin, 1973.

Smalley Beryl, *The Study of the Bible in the Middle Ages,* Oxford, Basil Blackwell, 1952.

CHRONOLOGIE SOMMAIRE

Toutes les œuvres mentionnées dans le manuel ne sont pas reprises dans cette chronologie, mais seulement les plus importantes ou celles qui sont les premières de leur genre.

814	Mort de Charlemagne	
842		Serments de Strasbourg
ca **881-882**		*Séquence de sainte Eulalie*
ca **950**		Sermon sur Jonas
987	Couronnement d'Hugues Capet	
ca **950-1000**		*Passion* de Clermont, *Vie de saint Léger*
ca **1050**		*Chanson de sainte Foy d'Agen* *Vie de saint Alexis*
1054	Séparation des églises d'Orient et d'Occident	
1066	Bataille d'Hastings	
1095-1099	Première croisade	
ca **1100**		Chansons de geste : *Roland, Gormont et Isembart, Guillaume* Premier troubadour : Guillaume IX (1071-1127)
ca **1120-1140**		Troubadours : Marcabru, Cercamon, Jaufré Rudel
ca **1135**		*Roman d'Alexandre* d'Albéric de Pisançon
1137		*Historia regum Britannniae* de Geoffroy de Monmouth
1147-1150	Seconde croisade	
ca **1140-1170**		Troubadours : Bernard de Ventadour, Pierre d'Auvergne, Raimbaud d'Orange

1148		Bernard Silvestre, *De mundi universitate*
ca **1150**		*Roman de Thèbes*
		Jeu d'Adam
1152	Louis VIII répudie Aliénor d'Aquitaine, qui épouse Henri II Plantagenêt	
1155		Wace, *Brut*
ca **1155-1160**		*Roman d'Enéas*
		Benoît de Sainte-Maure, *Roman de Troie*
1160		Alain de Lille, *De planctu Naturae*
		Wace, *Rou*
1170	Assassinat de Thomas Becket	
ca **1170**		Marie de France, *Lais*
		Chrétien de Troyes, *Erec et Enide*
ca **1170-1175**		Thomas, *Tristan*
		Premières branches du *Roman de Renart*
		Chrétien de Troyes, *Cligès*
		Gautier d'Arras, *Ille et Galeron*, *Eracle*
ca **1176-1180**		Chrétien de Troyes, *Le Chevalier de la Charrette*, *Le Chevalier au lion*
1180	Règne de Philippe Auguste	Alain de Lille, *Anticlaudianus*
ca **1185**		Chrétien de Troyes, *Le conte du Graal*
		Béroul, *Tristan*
1187	Saladin reprend Jérusalem	
ca **1180-1200**		Trouvères : Châtelain de Coucy, Gace Brulé, Conon de Béthune
		Hélinand de Froidmont, *Vers de la Mort*
1191	Troisième croisade	
ca **1200**		Jean Bodel, *Jeu de saint Nicolas*
		Robert de Boron, *Estoire dou Graal*
		Jean Renart, *L'Escoufle*, *Lai de l'Ombre*
1202	Quatrième croisade	Jean Bodel, *Congés*
1204	Prise de Constantinople par les croisés	
1209	Début de la croisade albigeoise	
ca **1210**		Chroniques de Robert de Clari et de Villehardouin

1212-1213		Guillaume de Tudèle, *Chanson de la croisade albigeoise*
1214	Bouvines	
1215	Quatrième concile de Latran	
1219		*Chanson de la croisade albigeoise* (2ᵉ partie)
ca **1220-1230**		Gautier de Coincy, *Miracles de Notre Dame*
		Lancelot en prose, *Perlesvaus*
		Jean Renart, *Guillaume de Dole*
		Guillaume de Lorris, *Roman de la Rose*
1226	Règne de Saint Louis	
ca **1230**		*Quête du Graal, Mort le roi Artu*
		Tristan en prose (1ʳᵉ rédaction)
1248	Septième croisade	
1250	Captivité de Saint Louis	
1254-1259	Querelle universitaire parisienne	Poèmes sur l'Université de Rutebeuf
avant 1267		Brunet Latin, *Livre du Trésor*
1270	Mort de Saint Louis	Jean de Meun, *Roman de la Rose*
1276-1277		Adam de la Halle, *Jeu de la Feuillée*
1291	Chute de Saint-Jean-d'Acre	
1298		Marco Polo, *Livre des Merveilles*
1309	La papauté s'installe à Avignon	Joinville, *Vie de saint Louis*
		Guilhem Molinier, *Leys d'Amors*
1328	Philippe VI de Valois succède au dernier capétien direct	
1337	Début de la guerre de Cent Ans	
1340	Bataille de L'Ecluse	Machaut, *Le Remède de Fortune*
ca **1340**		*Perceforest*
1346	Bataille de Crécy	Machaut, *Le Jugement du roi de Bohême*
1348-1350	Peste noire, flagellants, pogroms	Machaut, *Le Jugement du roi de Navarre*
1356	Bataille de Poitiers. Captivité de Jean II	
1356-1358	Agitation à Paris (Etienne Marcel)	Pierre Bersuire, traduction de Tite-Live
	Jacquerie	Machaut, *Le Confort d'Ami*
	Traité de Brétigny	Machaut, *La Prison amoureuse*
1360	Philippe le Hardi reçoit la Bourgogne	Machaut, *Le Voir Dit*
1362	Règne de Charles V	
1364		
ca **1365**		Froissart, *L'Espinette amoureuse*

1370	Du Guesclin nommé connétable	Froissart, 1er Livre des *Chroniques*
1378	Début du Grand Schisme	*Le Songe du Verger*
1380	Règne de Charles VI	Froissart, *Méliador*
	Mort de Du Guesclin	Cuvelier, *Chanson de Du Guesclin*
1389		Philippe de Mézières, *Songe du Vieil Pèlerin*
		Honoré Bonet, *L'Arbre des Batailles*
1392	Folie de Charles VI	Eustache Deschamps, *L'Art de Dicter*
1394	Naissance de Charles d'Orléans	
1396	Nicopolis	
	Gerson, chancelier de l'Université	
ca **1400**		*Les Quinze Joies du Mariage*
		Monstrelet, *Chroniques* (1400-1444)
		Querelle du *Roman de la Rose*
1404	Mort de Philippe le Hardi	Christine de Pizan, *Livre de Mutacion de Fortune*
1405		*Journal d'un bourgeois de Paris* (1405-1449)
1407	Assassinat de Louis d'Orléans	
1408		Chr. de Pizan, *Livre du Corps de Policie*
		Livre des fais de Boucicaut
1415	Bataille d'Azincourt. Captivité de Charles d'Orléans	
1419	Assassinat de Jean sans Peur	Georges Chastellain, *Chroniques* (1419-1475)
1420	Traité de Troyes	
1422	Mort de Charles VI	Alain Chartier, *Le Quadrilogue invectif*
		Bucarius, *Le Pastoralet*
1424		Alain Chartier, *La Belle Dame sans mercy*
1429	Sacre de Charles VII	Chr. de Pizan, *Ditié de Jeanne d'Arc*
1431	Supplice de Jeanne d'Arc	
1435	Traité d'Arras	Olivier de la Marche, *Mémoires* (1435-1488)
1437		Charles d'Orléans, *La Departie d'Amour*

1440	Libération de Charles d'Orléans	
1452		Arnoul Gréban, *Mystère de la Passion*
1453	Prise de Constantinople par les Turcs	
1454	Banquet du Faisan	*Villon, Lais*
1456	Réhabilitation de Jeanne d'Arc	Antoine de La Sale, *Jehan de Saintré*
1457		René d'Anjou, *Cuer d'Amour espris*
1458		David Aubert, *Chroniques et Conquestes de Charlemagne*
1461	Règne de Louis XI	Villon, *Testament*
1465	Mort de Charles d'Orléans	*Farce de Maître Pathelin*
ca **1465**		*Les Cent nouvelles nouvelles*
1470	Première imprimerie à la Sorbonne	*Mystère des Actes des Apôtres*
1477	Mort de Charles le Téméraire	
1489		Commynes, *Mémoires* (1489-1498)
1500		Jean Molinet adapte en prose le *Roman de la Rose*

Index des noms et des titres

Cet index réunit les noms d'auteurs, de critiques, de personnages, de lieux, ainsi que les titres d'œuvres littéraires (mais non d'ouvrages critiques), mentionnés dans le développement et dans les notes, à l'exclusion de ceux qui figurent dans les bibliographies. Selon l'usage, les auteurs sont répertoriés sous leur prénom jusqu'au XIVᵉ siècle inclus, sous leur nom à partir du XVᵉ siècle. Les particules *de* et *d'* ne sont pas prises en considération pour l'ordre alphabétique. en revanche, *des, du, à, au, le* et *la* le sont.

Index des notions

Recueil lyrique, 271.
Refrain, 273-275.
Renaissance carolingienne, 44.
Renaissance du XIIᵉ siècle, 44.
Reverdie, 127.
Rhétoriqueurs, 298-299.
Rire, 211, 213, 218-219.
Roman, 23.
Roman (amour dans le), 134, 135-136, 143.
Roman (sens du), 144-147, 336.
Roman antique, 132-138.
Roman antique et vérité, 136-137.
Roman breton, 137-156, 157-159.
Roman breton et fiction, 137-138.
Roman d'éducation, 144-147.
Roman en prose, 181-190, 329-332.
Roman en vers, 131-172, 332-334.
Roman et destin individuel, 143.
Roman et histoire, 136-137, 306, 334-336.
Roman et nouvelle, 339-342.
Roman populaire, 333-334, 336-339.
Roman réaliste, 160-167.
Roman romanesque, 336-339.
Rondeau, 128-129, 272-274.
Rondeau : circularité et simplicité, 272-273.
Rondeau : épigramme et commerce poétique, 274, 293.
Rondeau : variantes, extension, reprise du refrain, 273-274.
Royaume latin de Jérusalem, 194.

Sagesse des lettres, 316.
Samaritain (bon), 231-232.
Satire, 207-209, 212-214, 225-226, 350.
Scatologie, 219.
Séquences, 32.
Sermones ad status, 62.
Sermons en vers, 62.
Sermons français, 61-62.
Sermons du temps, 61-62.
Sexualité, 219-220, 246-247.
Sincérité (lyrisme), 111-112, 287.
Songe, 214.
Sottie, 349-350.

Spiritualité, 29-41, 57-66, 203-205, 214, 230-232, 262-263, 317-320.
Strophe hélinandienne, 212.
Strophe printanière, 112.
Style épique, 73-75.
Style formulaire, 95-97.
Survie du Moyen Age, 350, 353-355.
Symbole, 229-230.

Taverne, 211.
Templiers, 59.
Temps de la conscience, temps du poème, 245.
Temps liturgique, 58.
Tercet coué, 216.
Testament littéraire, 294-298.
Texte (transmission du), 24.
Théâtralité, 202-203, 213-214.
Théâtre, 203-211, 345-350.
Théâtre arrageois, 204-210.
Théâtre religieux, 36, 203-206, 346-348.
Tournoi, 328.
Traductions, 38, 57-61, 132, 136.
Traités d'éducation, 64-65.
XIIIᵉ siècle (esprit du), 173-174.
Trivium et *quadrivium*, 52, 53.
Trobar clus, trobar leu, 109-111.
Troubadours, 101-119.
Troubadours (style des), 108-112.
Troubadours (vie des), 117-119.
Trouvères, 119-124.
Trouvères (style des), 121-122.

Universaux, 246.
Universités, 52-54, 214-215, 239, 243, 294.

Variantes, 24, 94-96.
Vers et prose, 60, 269, 330.
Vices, 215-217.
Victorins, 50-51, 215, 231.
Vidas, 118-119.
Vidas et *razos* comme roman des troubadours, 256.
Vies de saints, 31-35, 63-64.
Virelai, 274-275.
Virtuosité métrique, 299.
Vraisemblance, 161-162.

Imprimé en France
Imprimerie des Presses Universitaires de France
73, avenue Ronsard, 41100 Vendôme
Août 1992 — N° 38 486

Collection
Premier
Cycle

Marie-Claire BANCQUART, Pierre CAHNÉ — Littérature française du XXᵉ siècle

Olivier DUHAMEL — Le pouvoir politique en France. Droit constitutionnel, I

François ETNER — Microéconomie

Dominique FOLSCHEID, Jean-Jacques WUNENBURGER — Méthodologie philosophique

Jean-Michel de FORGES — Droit administratif

Edmond JOUVE — Relations internationales

Viviane de LANDSHEERE — Sciences de l'éducation

François LAROQUE, Alain MORVAN, André TOPIA — Anthologie de la littérature anglaise

Marcel LE GLAY, Jean-Louis VOISIN, Yann LE BOHEC — Histoire romaine

Chantal MILLON-DELSOL — Les idées politiques au XXᵉ siècle

Françoise PAROT, Marc RICHELLE — Introduction à la psychologie. Histoire et méthodes

Pierre PECH, Hervé REGNAULD — Géographie physique

Olivier REBOUL — Introduction à la rhétorique

Olivier REBOUL — Les valeurs de l'éducation

Dominique ROUX, Daniel SOULIÉ — Gestion

Daniel ROYOT, Jean BÉRANGER, Yves CARLET, Kermit VANDERBILT — Anthologie de la littérature américaine

Pascal SALIN — Macroéconomie

Dominique TURPIN — Droit constitutionnel

Michel ZINK — Littérature française du Moyen Age

Charles ZORGBIBE — Chronologie des relations internationales depuis 1945

Roger ZUBER, Emmanuel BURY, Denis LOPEZ, Liliane PICCIOLA — Littérature française du XVIIᵉ siècle